探索

2019—2023年
上海市卫生健康系统工会工作理论研究会
优秀论文集

上海市医务工会　编

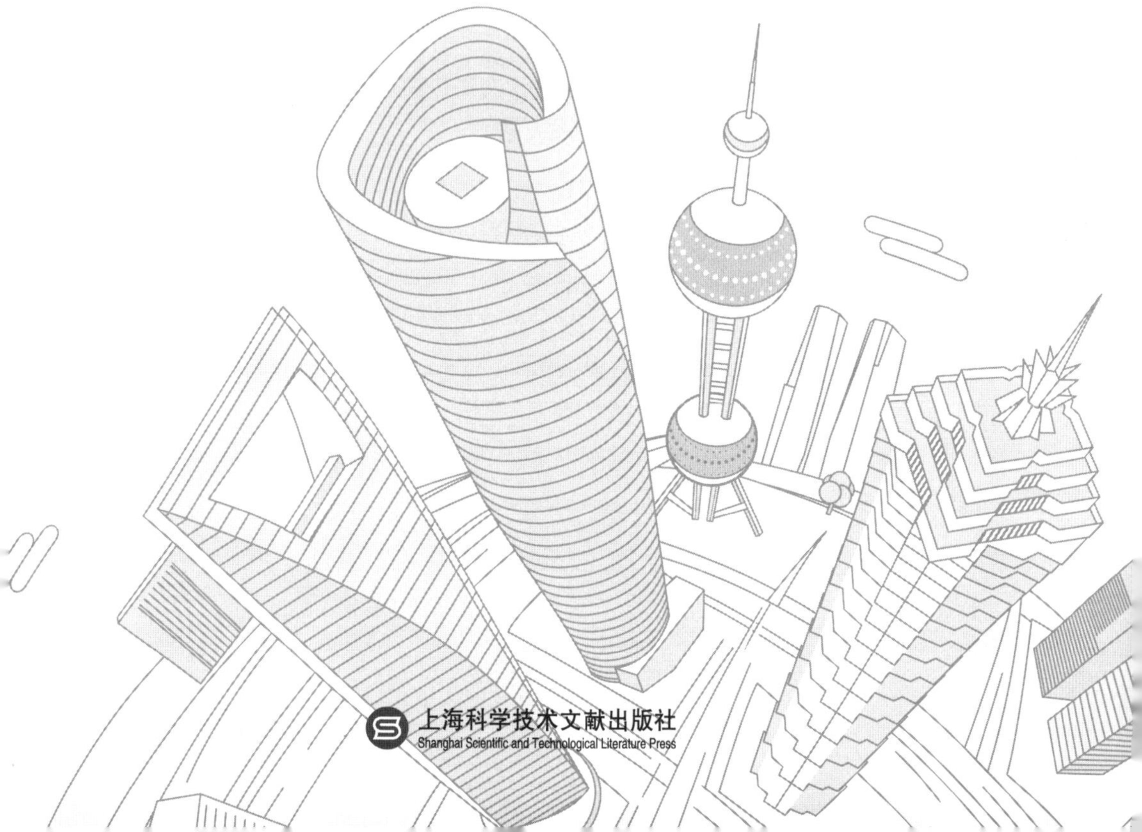

上海科学技术文献出版社
Shanghai Scientific and Technological Literature Press

图书在版编目（CIP）数据

探索：2019—2023年上海市卫生健康系统工会工作理论研究会优秀论文集/上海市医务工会编．—上海：上海科学技术文献出版社，2024

ISBN 978-7-5439-9078-4

Ⅰ．①探… Ⅱ．①上… Ⅲ．①医药卫生组织机构—工会工作—上海—2019-2023—文集 Ⅳ．① D412.6-53

中国国家版本馆CIP数据核字（2024）第093128号

责任编辑：徐　静
封面设计：袁　力

探索：2019—2023年上海市卫生健康系统工会工作理论研究会优秀论文集
TANSUO: 2019-2023 NIAN SHANGHAISHI WEISHENG JIANKANG XITONG GONGHUI GONGZUO LILUN YANJIUHUI YOUXIU LUNWENJI

上海市医务工会　编
出版发行：上海科学技术文献出版社
地　　址：上海市淮海中路1329号4楼
邮政编码：200031
经　　销：全国新华书店
印　　刷：商务印书馆上海印刷有限公司
开　　本：720mm×1000mm　1/16
印　　张：31
字　　数：539 000
版　　次：2024年7月第1版　2024年7月第1次印刷
书　　号：ISBN 978-7-5439-9078-4
定　　价：128.00元

http://www.sstlp.com

编委会名单

顾　问： 闻大翔

主　编： 罗　蒙

副主编： 郑　锦　　赵丹丹　　方秉华　　付　晨　　何　园　　马艳芳

编委会（按姓氏笔画排序）：

马建发　　江欲红　　池朝霞　　牟　姗　　李　耘　　周　莹

郑兴东　　柯　婷　　俞郁萍　　姚　政　　耿道颖　　高　源

序

调查研究是做好工作的基本功。上海市卫生健康系统各级工会坚持以习近平新时代中国特色社会主义思想为指导，深入学习贯彻习近平总书记关于工人阶级和工会工作的重要论述，扑下身子，沉到一线，了解掌握医务职工队伍状况和思想动态，在调查研究中加深对做好新时代工会工作的理解，研究新情况，解决新问题，增进同医务职工感情交流，不断增强医务工会组织责任担当，切实提高工会维权服务水平。

本书共收录了2019—2023年上海市卫生健康系统工会工作理论研究会评审出的68篇优秀调研报告和论文，分为思想引领、维权服务、民主管理、组织建设、职工队伍、文化建设、健康促进、关心关爱、女职工工作九个篇章，内容聚焦当前医务工会工作重点难点和医务职工关切点，是对系统内各级工会五年来理论创新、实践创新成果的汇总，凝聚了各级工会干部和医务职工的心血和智慧，希望对推动行业工会工作创新发展有启迪和借鉴意义。

以调研促发展，以研究增活力。在全面推进卫生健康事业高质量发展的新形势和新任务下，市医务工会将继续紧密结合行业实际，聚焦工会工作重点，努力满足医务职工期待，持续深化工会理论研究，以"严"的基调和"实"的标准，更好地推动行业工会工作提质增效，不断迈上新台阶。

因编辑时间紧迫，书中如有疏漏和不妥之处，敬请大家批评指正。

上海市医务工会
2024年5月

目 录

思想引领

新医改形势下上海市医务职工思想动态调查和监测指标体系的研究
.... 俞丽辉　张　蕾　吴佳琬　周　殷　刘也华　3

创新党建带工建机制　建立可复制可落实模式
.... 王　珏　张　铮　方　璐　李　晶　边欣月　麻慧琳　10

基于"三会一课"制度下对青年医务职工思想政治引领工作的思考
.... 金有欣　17

关于在医务青年中创新开展党史学习教育有效途径的调研报告
.... 邱　琼　22

维权服务

公立医院工会服务大局、服务职工的作用机制研究及其应用
.... 岑　珏　31

长尾视角下的员工意见及机制研究
　　——以复旦大学附属妇产科医院"员工心声码上提"项目为例
.... 王　珏　张　铮　方　璐　李　晶　薛文川　边欣月　麻慧琳　44

公立医院高质量发展下医务人员工作幸福感的影响机制及
　提升对策研究报告 .... 周国江　季沈楠　胡钟慧　崔文彬
　　　　　　　　　　　　　　　　　　 陈中建　蒋　卫　杨莉萍　50

T医院抗疫闭环管理医护人员与非闭环管理医护人员职业倦怠
　差异研究 .... 黄　洁　罗翠玲　郑　涛　郭本玉　庄晓军　57

医院工会对护士群体多源压力的干预探索
　　——以 S 市大型三甲综合性 Y 医院为例
　　………………… 冯　皓　刘友军　蒋　勇　吴卫青　吴　昱　徐　炜　63

关于闵行区卫生计生系统值班室建设调研报告
　　………………… 沈文英　吴恩贞　夏海英　黄仲辉　火鸿敏
　　　　　　　　　　　　　　　 孙　丹　孙桂芳　张洁梅　70

疫情防控背景下工会服务提升实效性的研究
　　……………………………………………………………… 沈　杰　张殷华　75

打造职工之家　凝聚人心士气
　　——"我用心·你关心"工会会员需求调研报告
　　………………………………………………………………… 方欣叶　沙小苹　82

医院职工工作环境满意度调查分析及管理对策研究
　　…………………………………………………… 杨石含　陈晓军　尤　仁　88

上海某三甲医院医务人员职业倦怠现状与其影响因素的相关分析
　　………………………………………………… 黎佩莺　姜　妍　田晓岚　95

市级医疗机构护工群体需求及工会服务现状的调研
　　………………… 冯　皓　吴　昱　蒋　勇　徐　炜　刘友军　100

急诊科护士抗逆力、隐性缺勤、职业承诺间的关系及现状调查
　　……………………………………… 张　娜　江　玉　周敏杰　赵立东　107

民主管理

现代医院管理制度下民主管理的现状与完善建议
　　——以上海部分三级甲等公立医院为例
　　………………………… 张驰东　何振宇　邱　琼　吴晓芹　115

新形势下关于医院工会网上职代会工作管理平台的应用
　　………………………………………………… 杨晓峰　张　燕　陶　蓉　121

新形势下提高职工代表参政议政能力思路研究
　　………………… 代超越　王　彧　邵益斌　鲍峰立　许岩翔　孙利发
　　　　　　　　　　 方　静　周　彬　胡文杰　计玲佳　陈　春　127

全过程人民民主视域下工会民主管理运行及作用研究
　　………………………………………………………………… 李晨倩　沙小苹　132

如何发挥职工代表在医院民主管理中的作用研究
　　——以上海市第十人民医院为例
　　………………… 秦　艺　陶建民　袁　静　范理宏　陈正启　138

组织建设

全面托管模式下的工会同质化管理研究
　　——以上海市某医院全面托管嘉定区JQ医院为例
　　……………………………………… 朱翔蓉　谢岳林　徐　迎　145
新时代上海市级公立医院工会干部"质与量"分析研究
　　…………………………………………………………… 邱　琼　152
上海市卫生行业工会干部队伍建设现状调查
　　…………………………………… 陈惠芳　李　青　陈元美　158
上海市某三甲专科医院工会工作调查报告…… 周　韵　王海云　薛　旻　164
疫情防控常态化下医务职工和工会工作现状调研及对策研究
　　……………… 吴恩贞　夏海英　成少华　吴玉华　王培红　唐丽莲　170
医院智慧工会信息化建设探索
　　………………… 罗翠玲　黄双慧　王　诚　查佳凌　胡晋阳　177
新时代闵行区卫生系统基层工会干部队伍建设现状与对策建议
　　……… 严玉洁　傅　虹　吴恩贞　严玉兰　王　伟　黄晓玲　江　振　184
在工会经审工作中运用企业风险管理框架浅析
　　……………………………………… 陈　岚　高围漱　蔡彦虹　192

职工队伍

公立医院发挥职工（劳模）创新工作室示范引领机制的作用研究
　　……………………………………… 谭莉疆　潘　琴　罗先俊　199
职业需求为导向提升医院护工综合职业素质的研究
　　……………………… 程　洁　蒋　勇　吴　昱　李晓康　刘友军　206
基层工会在职工职业发展技能素质提升中作用研究
　　……………………………………… 单梅青　蔡　锋　李　燕　严　岚　214

综合性医院青年医务人员职业期望现状调查研究
.... 许 虹 岳伟伟 赵一琼 傅 珺 220
上海某三甲公立医院执业医师责任保险保障现状及趋势研究报告
.... 王 瑱 吴嘉怡 沈嘉勇 李 文 徐赞新 计光跃 226
硕士护士毕业后在临床工作落差感的质性研究
.... 任君红 李晓悦 刘 芳 陈佳丽 胡 蝶 胡六梅 柏学青 233
常态化疫情防控下医务人员对突发公共卫生事件应急救援知信行调查及
　影响因素分析 .... 金玮韵 王梅娟 钱佳依 239
疫情常态下医务工会立功竞赛的形式探索与社会效益研究
.... 李晓琳 沈 菲 黄 玥 许雯俊 张雅君 余晓静 245

文化建设

上海公立医院文化建设现状及其影响因素分析
.... 陈 玮 唐文佳 吴 平 俞郁萍 253
医院文化建设与职工满意度的调查研究
.... 倪瑞珺 栾 骁 260
在医院文化建设中传承中华传统文化的实践探索
　——以上海中医药大学附属龙华医院为例
.... 陈 豪 刘 胜 周雨花 张艳丽 265
基层医疗机构立体职工书屋建设对策研究
.... 费 苛 沈 艳 王 燕 冯爱成 纪 慧 272
"巴林特小组"模式与职业心理调适
　——新医改背景下公立医院组织文化营建的探索 .... 陆 敏 279
疫情背景下工会利用新媒体开展文化培训活动的实践和
　策略探究 .... 沈 杰 张殷华 286

健康促进

品管圈在提高职工之家健身器材使用率的应用
.... 陆 敏 秦嗣萃 宋亦斌 295

上海市三甲医务人员心理健康影响因素及工会干预机制研究
.... 朱 辉 秦 艺 陈万里 靳 茜 李冠辰
　　　　　　　　　　　　　余 飞 陶建民 李昌斌 302
上海市抗击新冠疫情医务人员心理健康状况横断面调查比较及
　干预效果评价................ 柯颖达 苏家春 周 萍 卢 霏 陈 宏 308
工会开展医务职工健康促进工作的实践探索
.... 许红霞 庞医峰 陈 桑 314
基层医务工作者心理健康情况与影响因素研究
　——上海市社区卫生服务中心医务工作者心理健康调研
.... 董建树 王 怡 金 漪 万和平 陶 雷 李 晶 321
新冠肺炎疫情下医务人员压力、焦虑、抑郁状况及影响因素研究
.... 张宴萍 褚连芳 庄开岑 钱文芳 袁鹏亚 徐在华 夏仁娣 327
疫情防控常态化时期工会对临床一线护士心理健康状况的
　调查分析与应对策略................ 崔 屹 谈晓红 徐 敏 沈 超
　　　　　　　　　　　　　高月求 曹 康 陈映虹 王 静 334
疫情防控常态化背景下新冠疫苗接种点医务人员心理状态调查及疏导
　方式研究报告........................ 丁克颖 杨琴文 341
常态化疫情防控下"互联网＋"工会对一线医务人员心理健康的
　促进与实践研究................ 张松莉 曹 尉 王 健 351

关心关爱

突发公共卫生事件下定点收治医院的职工关怀与支持体系建设
　探索实践报告............................ 汪庭娟 359
公立医院党委关爱医务人员协同机制研究
.... 陈 娟 丁晓宇 杨新潮 徐 褘 吴琪玮 包 晞 367
基于员工关爱体系建设的工会参与医院管理新路径研究
.... 苏家春 372
新形势下医务人员对员工关爱计划的需求调研分析
.... 吴晓菁 陈晓勤 陆彩凤 仇佳妮 陆轶铖 顾琦静 377
在应对突发公共卫生事件中医院工会精准化关爱的实践研究
.... 张殷华 钱凤华 沈梦雯 沈 杰 邵 项 382

新冠疫情下构建医务人员人文关怀心理支持机制的探索
………………………… 苏家春　柯颖达　伍　蓉　卢　霏　周晓兰　389
突发公共卫生事件下医护人员"六大"关爱体系的建设
………………………… 吴玉华　吴恩贞　薛文雄　何春晓　卫莺雪　冷海燕
韩　骅　唐丽莲　李佳婉　394
基于EAP理念打造"平""战"结合员工关爱体系建设实践与探讨
……………………………………………… 李　晖　严叶霞　李　莉　403
突发公共卫生事件下传染病专科医院工会的职工心理关爱
体系建设 ……………………………………………………… 孙浩思　408
应对突发疫情实施闭环管理期间医院员工关爱的实践与探讨
……………………………………………… 李　晖　严叶霞　李　莉　417

女职工工作

疫情防控常态管理下医院妇委提升女职工权益保障工作研究
………………………………………………………… 傅晟静　刘友军　423
团队介入式音乐治疗改善急诊和重症监护女职工的负性心理研究
………………………… 滕　健　何　平　李颖川　胡龙军　张梦玲　428
工会助力医务女性成才相关性因素的探讨 ………… 陆为华　高　熙　434
浦东新区医务女性生育二孩意愿及其影响因素研究
………………………… 俞思伟　陈　英　杨小红　孙　非　郭薇琼　高　远　441
上海某大型三甲医院女职工现状及需求服务意向的研究与分析
……………… 俞郁萍　赵维苙　朱　凡　徐婉瑛　方　琼　倪俊超　张敏敏　449
上海市精神卫生中心医务女性需求调研报告 ………………… 王海云　454

附　录

上海市卫生计生系统工会工作理论研究会第二十二届年会获奖名单 ……… 461
上海市卫生健康系统工会工作理论研究会第二十三届年会获奖名单 ……… 465
上海市卫生健康系统工会工作理论研究会第二十四届年会获奖名单 ……… 470
上海市卫生健康系统工会工作理论研究会第二十五届年会获奖名单 ……… 475
上海市卫生健康系统工会工作理论研究会第二十六届年会获奖名单 ……… 480

思想引领

新医改形势下上海市医务职工思想动态调查和监测指标体系的研究

俞丽辉　张　蕾　吴佳琬　周　殷　刘也华
（上海市黄浦区医务工会）

2016年12月《国务院关于印发"十三五"深化医药卫生体制改革规划的通知》（国发〔2016〕78号）出台，标志着新一轮的医改正式启动。随着医改进入攻坚期和深水区，深层次体制机制矛盾的制约作用日益凸显，利益格局调整更加复杂，改革的整体性、系统性和协同性要求日益提高，医务职工站在医改的前沿阵地，思想压力巨大，可能会出现各种思想认识上的问题，如果处理得不好将直接影响医改的顺利推进。因此，迫切需要建立有效的医务职工思想动态监测体系，及时了解职工思想动向，对发现的问题苗头提供预警信号，从而采取及时有效地应对措施，避免和化解矛盾和问题，充分调动职工的积极性，维护职工队伍的稳定性，为新医改的深入推进提供坚强保障。为此，上海市黄浦区医务工会成立了专门的课题组，通过文献检索、实地调研和专家咨询，对新医改形势下上海市医务职工思想动态监测指标体系问题开展了深入研究。

黄浦区、浦东新区、青浦区是上海市中心城区、近郊、远郊区域的较典型代表。课题组选取三区医务职工为调查对象，依托市医务工会的支持，开展思想动态变化的调查，调查内容涉及受访者的个人基本情况、道德价值观、职业环境、新医改的目标认同感等等。同时，以思想动态调查情况为依据，探讨了新医改背景下医务职工思想动态及其动因，构建了一套科学、有效、易操作的医务职工思想动态监测指标体系，以期实现对医务职工思想动态的科学监测和管理，并提出相关的政策建议。

一、研究对象和方法

（一）研究对象

2018年8月至10月，课题组按照典型抽样的原则，共抽取了黄浦区、浦东新区、青浦区内21家医疗卫生机构（其中3家三级医院、9家二级医院、6家社区卫生服务中心、3家公共卫生机构）的615名医务职工进行了问卷调查。受访医务职工中，性别以女性为主，占78.7%。婚姻状况以已婚者为主，占83.41%。年龄以30～49岁为主，其中30～39岁组的调查对象人数最多，占到41.63%；其次是40～49岁组，占到34.63%；再次是25～29岁组，占到11.87%。文化程度以本科为主，占68.13%；大专和研究生相同，各占14.47%。职称以中级职称和初级职称为主，中级职称的医务职工占53.5%，初级职称占27.32%。从事岗位以医生和护士为主，分别占到30.41%和36.59%，合计为67%。从事岗位年限为11～20年的占35.45%，21～30年的占28.62%，6～10年的占17.4%，5年及以下的占11.54%，30年以上的占7.2%。调查样本的结构性分布特征与上海市医疗卫生机构的医务职工的总体特征基本上是吻合的，说明调查对象对总体的代表性较好。

（二）研究方法

1. 文献检索法

收集整理国内外有关数据、资料，为课题研究提供基础性材料。

2. 问卷调查法

采用自制思想动态变化调查问卷，对上海市有代表性的三区医务职工进行问卷调查。抽样中还要兼顾不同级别医疗卫生机构、不同年龄人员、不同性别、不同岗位人群。问卷回收之后，进行了问卷质量检查，615份问卷均符合要求，有效率为100%。

3. 定量分析法

根据抽样调查问卷数据，使用SPSS 19.0统计软件，定量分析医务职工的思想动态、需求及影响因素。

4. 德尔菲法

请专家结合医改背景及调研结果，从各个维度挑选一定指标，设计问卷及访谈。再请专家结合自身及问卷结果，根据思想动态监测指标体系的递阶层次结构，构造判断矩阵。

5. 层次分析法

根据问题的总目标，以系统的观点，把复杂的系统层次化，形成层次化的分析模型，通过逐层比较各种关联因素的重要性来分析，为决策提供定量的依据。

二、研究结果

（一）调查结果

1. 职工个人的思想观念

（1）价值观

此次调查了职工的价值观，主要包括医德操守在工作中的重要性、进取心、生活满意度以及对职业环境中片面追求经济利益的看法等情况。93.17%的受访者认为医德操守在工作中重要，回答比较重要和一般的比例分别为6.34%和0.49%。对待本职工作有无进取心的评价中，回答积极进取和比较积极进取的分别占59.35%和35.45%，说明医务职工对于自己的事业有比较高的要求。在回答"对当今职业环境中片面追求经济利益的看法"中，多数受访者表示理解或部分理解，分别占22.44%和55.28%，21.3%的受访者表示不认同。

（2）关注信息问题的方向以及获取信息的渠道

受访者关心的问题相当广泛，其中最突出的分别是健康状况、职业环境、民生问题等方面，比例分别为87.48%、77.07%和68.62%。由于现在网络等多媒体技术的发达，受访者获取信息的渠道也较多，85.85%的受访者通过社交软件获取信息，78.05%的受访者通过广播电视获取信息，61.95%的受访者通过单位组织的学习或自学获取信息。90.08%的职工认为单位对政治理论的学习非常重视或者比较重视，说明单位还是非常重视政治思想宣传教育工作的。

（3）努力工作的目的及人生规划

将近一半（44.55%）的受访医务职工都回答努力工作是为了保证基本生活需要，29.59%的受访者是为了获得职业的认同和尊重，16.10%的受访者为了实现自我价值，9.76%的受访者出于对职业本身的热爱。从调查结果中不难看出，医务职工的职业认同感有待加强，具体原因有待研究。在回答"是否有人生规划"时，绝大部分受访的医务职工都有长期或者短期的规划，比例分别是37.56%和50.89%，还有11.54%的受访者表示没有规划。

2. 职工对单位执业环境的评价

（1）单位对科研工作的重视程度

被调查的受访者中，48.13%的受访者认为单位对科研重视，41.46%的受访者认为单位比较重视，具体来看，黄浦区和浦东新区的受访者认为重视的受访者分别占52.06%和52.88%，而青浦区的受访者中，45.05%的受访者认为单位比较重视科研，重视的仅占38.12%。根据统计学卡方检验分析，三个区县结果相比有显著差异（$P<0.05$）。课题组分析认为，上海市中心城区医疗机构对科研工作的重视程度比郊区高。

（2）单位的发展前景和对职工业务水平提高的重视程度

对本单位的发展前景，选择有信心、比较有信心、有困难但不断发展的人员基本相近，分别占35.12%、28.94%和27.32%。从区县分组来看，黄浦区与浦东新区相比有显著性差异，$\chi^2=15.531$，$P<0.01$。而这两个区与青浦区相比无统计学意义（$P>0.01$）。类似的结果也发生在单位对职工业务水平提高的重视程度上，选择重视和比较重视的受访者分别占42.76%和44.07%，从区县来看，黄浦区与浦东新区相比有显著性差异，$\chi^2=14.828$，$P<0.01$。而这两个区与青浦区相比无统计学意义（$P>0.01$）。课题组分析认为，受访者对单位的发展前景与职工业务水平的提高呈正相关，单位对职工业务水平的提高越重视，单位的发展前景越好。

（3）单位的学习环境是否良好

被调查的受访者中，59.84%的受访者选择定期开展业务培训，22.11%的受访者选择到外单位学习进修，选择网络学习的仅占2.28%。根据统计学卡方检验分析，三个区县结果相比有显著差异（$P<0.05$）。结合受访者对单位发展前景及本单位对职工业务水平提高的重视程度这两个问题分析来看，课题组认为，尽管现在网络媒体发达，网络学习的内容和形式较为多样和便捷，但是针对医务职工来说，更多的受访者还是选择较为传统的学习方式，定期开展业务培训十分重要，较好地开展业务培训有助于单位整体发展水平的提高，这一结果与卫生系统的行业特点也较为类似。

（4）单位的激励机制是否有效

32.36%的受访者认为本单位有系统的激励机制，45.37%的受访者认为有但不完善，认为激励机制不明显的占15.61%。根据统计学卡方检验分析，三个区县结果相比有显著差异（$P<0.05$）。课题组分析认为，尽管调查对象同处于卫生系统，但是各区县甚至各医院的激励形式不尽相同，从而导致受访者的感受不同。

（5）单位的管理制度是否完善

72.52%的受访者认为单位有完善的管理制度，认为一般或没有的受访者仅占23.58%和2.60%。类似的，在回答"认为本单位的管理制度实施效果如何"这一问题上,53.17%的受访者认为有。利用确切概率法对黄浦区与青浦区的结果相比较,有显著性差异($P<0.01$)。

(6) 单位的医患关系是否和谐

53.66%的受访者认为单位的医患关系比较和谐,33.66%的受访者认为紧张,认为和谐的占6.83%。根据统计学卡方检验分析,三个区县结果相比有显著差异($P<0.05$)。课题组分析认为,由于当今社会方方面面的原因,医患之间的矛盾仍然存在,究其原因主要还是患者的期望值与医院职工提供的服务存有一定差距。

3. 职工对新医改目标的认同感和获得感

(1) 对新医改内容的了解程度

54.31%的受访者对新医改大致了解,33.5%的受访者了解不多,了解全面的仅占6.99%。根据统计学卡方检验分析,三个区县结果相比无显著性差异($P>0.05$)。课题组对受访者对新医改内容的了解情况进行了进一步的分析,结果显示,新医改内容中分级诊疗、医疗保障制度、公立医院改革、药品供应保障机制成了受访者最关心的话题,其中分级诊疗制度更是占到了83.58%。课题组分析认为,由于医疗卫生行业的特殊性,特别是在现行医疗体制下,看病难、看病贵的问题突出,公立医院分级诊疗改革虽为重要环节,但各区县的机构设置和管理仍存在一定的差异,改革推进必须结合各地方的实际情况,这样才能更好地实现分级诊疗的初衷。而分级诊疗制度的完善也将有助于解决这一问题。

(2) 对放开特需医疗、多元化办医的看法

49.27%的受访者认为"开放的道路刚起步,配套政策尚不完备,形势未明",31.71%的受访者认为"对一线临床医务人员有利,有多种择业可能"。根据统计学卡方检验分析,三个区县结果相比无显著性差异($P>0.05$)。课题组分析认为,大部分医务职工对放开特需医疗、支持多元化办医态度积极,认为这一系列的改革对医疗机构甚至医务职工本身的发展有利。

(3) 对发展中医药事业的看法

65.85%的受访者认为"中医是民族文化瑰宝,发展中医药有利于弘扬中国文化",18.05%的受访者认为"虽然很好,但总跟不上时代发展的步伐"。仅1.3%的受访者认为"中医药事业没什么长处,应全面否定"。根据统计学卡方检验分析,三个区县结果相比无显著性差异($P>0.05$)。课题组分析认为,中医药事业是民族文化和传统医疗的传承,但是当今社会,中医药事业也面临着西方医学技术的冲击,这种文化的碰撞既是机遇也是挑战。

（4）职工对其他医改目标的看法

课题组对受访者对新医改其他目标的认同感和获得感进行了进一步的分析，主要包括对家庭医师签约、药品保障制度、医疗人才培养等。超过半数（60.65％）的受访者认为家庭医师签约制虽然增加了医务职工的工作量，但有利于推进分级诊疗制度的推进。53.98％的受访者对规范药品供应保障制度表示支持。在回答"对住院医师规范化培训、专科医师培训、全科医师建设的看法"这一问题时，46.18％的受访者认为很有必要，医学人才的专业规范化培训有助于提高整体医疗水平。同时，48.46％的受访者认为培训很有必要，但是仍需完善相关政策提升保障力度和水平。结果显示根据统计学卡方检验分析，三个区县结果相比无显著性差异（$P>0.05$）。课题组分析认为，医务职工作为医改的主体，对医改的推进、对制度的完善落实，表示乐观。

（二）指标监测体系

根据文献研究、调查问卷结果，项目组邀请了来自上海市卫生和健康发展研究中心、上海社会科学院城市与人口发展研究所、瑞金医院卢湾分院、上海市第二人民医院、黄浦区委党校的多名专家，通过德尔菲法专家意见函询，各位专家从临床、卫生管理、意识形态等多角度，遵循全面性、针对性、发展性、现实性原则，将医务职工思想动态影响因素划分为个人情况、价值观、就业环境、新医改目标认同感和获得感等四个维度，亦即四个一级指标，并建立层次分析法模型，通过 Excel 2007 软件，运用函数计算各指标权重，并通过了一致性检验。

可以看出，"新医改目标认同感和获得感"以及"价值观"是对医务职工思想状况影响较大的指标。其中一级指标"价值观"中的"医德"、"新医改目标认同感和获得感"中的"医疗人才规范化培养"及"绩效工资改革"是影响医务职工思想，引起思想波动的重要因素。为平稳推进医改各项工作，主管部门需要在今后的推进工作中完善各项政策，并做好政策解释，加强正面引导。同时着重加强医务职工的医德医风建设，使其更好适应新形势新任务。

三、讨论和建议

（一）充分发挥广大医务职工的积极能动性，增强新医改的动力

在医疗机构推进新医改的过程中，要充分征求医务人员的意见与建议，增加

医务人员对医改工作的参与度,提高医务人员对医改成果的获得感。要重视发挥工会联系职工和管理部门的中间桥梁作用,及时反映职工的合理诉求,做好职工的思想引导工作。要发动广大医务人员在实践工作中及时发现问题,并探讨解决问题的办法,把职工的一些可行性建议及时总结提炼,成为单位的有效管理制度。针对部分医务人员对新医改的认识还不够清楚的问题,要加强对医务人员的宣传教育,让医务人员知晓、理解当前的医改政策以及给自身带来的积极影响,积极支持、配合和参与到新医改中去。

(二) 不断优化医务人员的工作环境,增强职工的荣誉感和归属感

医疗卫生机构的管理者在推进新医改过程中,除了重视良好的物质条件外,更要充分注意人性要素在工作环境中的重要作用。要建立体现医务人员劳动技术价值的薪酬制度和激励机制,增强职工的责任感与集体荣誉感,为患者提供更加优质的服务。要建立公平公正的选拔制度,尤其是在干部选拔、职称晋升、学科带头人的遴选和培养等方面,形成良性的竞争氛围,有力推进医改的各项目标落实。

(三) 医务工会要推动建立医务职工思想动态检测体系,及时发现职工思想问题,并采取有效的应对办法

医务工会要建立职工思想动态的监测体系,通过对职工思想动态各方面信息的收集和处理,及时发现新情况、新问题,并反映给有关管理部门,防范和化解各种思想认识问题。医务工会要积极参与医疗机构管理部门开展的宣传教育活动,对广大职工进行理想信念的教育和引导,大力倡导爱岗敬业、进取奉献的职业精神。医务工会要发挥与职工联系密切的优势,做好职工的思想沟通工作,妥善化解负面的思想观念和消极情绪,尤其是要消除一些对新医改的模糊认识,坚定职工对新医改的信心。医务工会要坚定维护医务人员的合法权益,在医务人员的合法权益受到侵害时要依法行使工会被赋予的职能,同时针对新医改过程中可能出现的对医务人员权益的影响,应与有关部门充分沟通协调,保护职工正当权益不受影响。要积极关心医务人员的心理健康问题,制订实施员工心理援助计划(EAP),为员工设计一项长期、系统的援助和福利计划,更好地发挥医务工会在促进职工心理健康服务工作中的积极作用。

(本文获第二十二届年会征文一等奖)

创新党建带工建机制　建立可复制可落实模式

王　珏　张　铮　方　璐　李　晶　边欣月　麻慧琳

（复旦大学附属妇产科医院工会）

工会是党领导的工人阶级群众性组织，是党联系职工群众的桥梁和纽带。在实际中，公立医院工会工作存在不受重视、缺乏有力指导、基层基础薄弱等现象。如何继承创新和推动高质量发展，值得探讨。

一、研究背景

（一）研究理论基础

党的十七大提出，要以党的基层组织建设带动其他各类基层组织建设。中组部和全国总工会联合组织了"党建带工建"活动，并明确目标和要求。

"党建带工建"，重在以"带"促"建"，党建从思想上、组织上、制度上、作风上带动工建，努力实现"领导班子好、干部队伍好、工作机制好、工作业绩好、职工群众反映好"的要求。思想上，党委把握工会工作的正确方向。组织上，党委要支持和加强工建，将工建纳入党建部署，重视培养领导干部队伍。制度上，党委应指导工会贯彻落实各项方针、政策。作风上，党组织要以优良的作风带动工会建设，充分发挥密切联系群众的优势，提高服务水平。

习近平总书记在中央党的群团工作会议上强调，要保持和增强群团组织的政治性、先进性、群众性，不断开创党的群团工作新局面。政治性是首位的，工会要坚持党的领导，融入党和国家发展大局；先进性要求工会加强自身建设，动员职工在新时代第一线建功立业，焕发创新活力。群众性是根本特点，要以职工群众为中心，维护其合法权益。

在医疗卫生领域，《关于加强公立医院党的建设工作的意见》提出，要明确公立医院党委职责，领导和支持工会等群团组织和职工代表大会开展工作。

(二) 研究实践基础

国内各级各类企事业单位正在探索可行的"党建带工建"机制和举措,并积累了一定的实践经验。

在思想政治建设方面,天津城建集团三公司要求工会与党委宣传部门合作,利用局域网、宣传栏等载体,宣传社会主义核心价值观;黑牡丹(集团)股份有限公司开设党建知识培训班;北京市民政局各级工会在职工之家和党建活动室购置学习资料等。

在组织建设方面,复旦大学附属妇产科医院由专职党委副书记兼任工会主席,将72个工会小组对接至35个党支部,由支部牵头开展科室职工座谈会,进行党员职工"五必访",参与工会文体活动等,并将落实情况纳入年度党支部考核和中层干部量化考核;华达汽车科技股份有限公司将支部建到厂区,党小组和工会小组覆盖所有班组;襄阳市总工会提出实行组织联设、队伍联管、活动联办、制度联建、保障联筹、工作区域化的党工共建方式。

在民主管理方面,浙江大学医学院附属妇产科医院党支部通过职代会提交逐步提高编外人员待遇的提案,被医院采纳;信阳市总工会坚持把实施党内监督与推进职工民主管理相结合。

在人才队伍建设方面,黑牡丹(集团)股份有限公司、华达汽车科技股份有限公司、信阳市总工会坚持党员骨干双向培养;绍兴市世纪新企业管理服务公司推行党工负责人"交叉任职"。

在凝聚职工方面,信阳市总工会、绍兴市世纪新企业管理服务公司坚持把党组织的民生工程与工会组织的"送温暖"活动相结合;北京市民政局各级工会把党员书屋与职工书屋建设相结合;浙江大学医学院附属妇产科医院党支部在创先争优活动中发挥工会小组维权、教育、建设和服务的职能,与困难离退休职工结对,为群众排忧解难。

在建功立业方面,复旦大学附属妇产科医院工会响应组织部牵头的"午间分享会"劳模工匠专场,让包括优秀党员在内的技术专家及骨干人才分享心得;黑牡丹(集团)股份有限公司通过创建劳模创新工作室、"名匠带高徒,党员带群众"结对等方式,形成职工成长"全培养链";张家峁矿业公司在"智创工建"App开展专业知识"网上练兵"活动;北京市民政局各级工会组织广大职工党员参与思想道德建设和职业技能素质提升活动。

二、研究目的与意义

各类企事业单位目前在"党建带工建"上的探索深浅不一,党建与工建结合不够紧密;关于国内医疗卫生系统的"党建带工建"活动总结资料较少,有较大拓展空间。

基于上述分析,结合医疗机构的特点,本研究拟在上海市公立专科医院中调研"党建带工建"的实践情况,形成可复制、可落地的方案,供医疗卫生机构乃至其他行业单位参考,进而丰富"党建带工建"意义。

三、研究内容与方法

(一)研究内容

本研究从组织制度、凝聚职工、建功立业三方面调研,总结"党建带工建"的做法。组织架构和制度是工作基础和保障;凝聚职工,使职工产生认同感和归属感,情感留人;助力建功立业,使职工产生获得感与价值感,发展留人。

(二)研究方法

1. 文献研究法

查阅相关期刊、论文、政策文件等资料,搜集各企事业单位落实"党建带工建"的成功案例、问题与难点。

2. 问卷调查法

向上海市儿童医院、上海市精神卫生中心、复旦大学附属眼耳鼻喉科医院、国际和平妇幼保健院、复旦大学附属妇产科医院、上海市胸科医院等6家上海市公立专科医院党工部门人员发放问卷。问卷内容涉及单位职工会员的人数等基本信息与"党建带工建"工作的基本情况等。

3. 半开放式访谈法

对上述6家上海市公立专科医院的党工部门负责人进行访谈,了解单位"党建带工建"工作的具体落实情况,包括组织制度、凝聚职工、建功立业三方面,并探讨优化建议。

四、研究结果

(一)"党建带工建"调查基本情况

本次调研的6家上海市公立医院每家单位工会会员人数在1 300～1 900人;会员中,预备党员及正式党员占比26.2%～40.6%;在会员的学历方面,本科及以上学历的占60%以上;在职称方面,调研的6家医院的人员职称结构均呈橄榄形分布。

此次问卷调查,共回收有效问卷255份。在接受调查的职工中,党务工作者82人,占32.2%;工会工作者173人,占67.8%;正式党员、预备党员、入党积极分子占63.1%;63.9%的受访者工龄10年以上,36.1%工龄不到10年。

由此可见,调研单位均属医疗卫生行业,职工会员以高学历、高职称为主,党员占比约1/3。问卷调查对象涵盖不同工作部门、政治面貌和工龄层。

(二)"党建带工建"与医院组织制度建设的情况

在组织架构方面,6家医院的工会均属党群部门,接受医院党委领导;2021年,3家医院由党委副书记兼任工会主席,2家医院换届后将由党委副书记兼任工会主席;工会常务副主席、工会干部、工会积极分子中均有临床科室骨干,部分有支部书记、支部委员等,1家医院工会委员有明确的工作条线;3家医院的党支部与工会小组存在明确的对应关系,1家医院的党支部、工会小组具有核心小组关系。

在制度建设方面,上海市儿童医院党群部门每周工作汇报,每季度上党委会进行工作汇报,每年参加中层干部述职,由组织科、纪委监察办、绩效办进行指标量化考核,工会工作纳入党委考核体系;复旦大学附属眼耳鼻喉科医院党委每年主要从德、能、勤、绩、廉五方面对工会干部进行考核;上海市精神卫生中心、复旦大学附属妇产科医院的党委对工会干部的考核有工会工作满意度、工会主席满意度等,工会工作的完成情况纳入对科室和党支部的考核中。

调研结果显示,部分医院的顶层设计从人员、制度等层面形成联动机制,将党工工作紧密结合,扩大辐射范围,形成"1+1>2"的效果,职工对党工干部、党工工作的认知度、满意度均有提高;部分医院的"党建带工建"工作在组织制度方面没有显著体现,党群部门存在"单打独斗"现象。

(三)"党建带工建"与医院凝聚职工的情况

所调研的6家医院均考虑挖掘党建与工建的结合点,以密切联系群众、服务职工。例如,上海市胸科医院从2021年起,党务条线召开年初务虚会、年中分享会、年底总结会。

在党建主题活动方面,上海市儿童医院工会组织的文化月活动围绕党委工作主题开展;上海市精神卫生中心营造"党的盛典、人民的节日"浓厚喜庆氛围,开展"百年征程,初心领航"党史知识竞赛、"红色经典,源远流长"弦乐四重奏赏析会等活动;复旦大学附属眼耳鼻喉科医院工会组织了以"学党史'医'心向党,传薪火携手追梦"为主题的"重走长征路"活动;复旦大学附属妇产科医院工会积极响应党委牵头组织的"传承红色基因·献礼建党百年"文化主题系列活动,策划并开展"百字建言十四五"等活动。工会配合党委,用喜闻乐见的方式向全体职工传播党的方针、政策、历程,增强职工对党的认同感与对医院的归属感。

在职工关怀方面,疫情防控关键期、新春等节点,复旦大学附属眼耳鼻喉科医院党政领导和工会干部一同慰问坚守一线的职工,在职工生病住院、退休时前往探望;复旦大学附属妇产科医院工会围绕"不忘初心、牢记使命"主题开展深入基层调研活动,协同工会委员实地走访,2021年共走访17场次,整理建议和意见146条,反馈给相关部门;上海市精神卫生中心工会EAP团队心灵驿站人员80%是党员,不仅为职工疏导,疫情防控期间还为武汉等地3 000多人次提供心理服务,接听疫情心理热线来电1 000多个,举办疫情健康讲座20余场,受众万余人次,开发新冠相关情绪自我评估工具;上海市胸科医院员工福利慰问财务申请由支部书记发起,实物慰问由部门工会主席负责,获得良好反响。

(四)"党建带工建"与职工建功立业的情况

在建功立业方面,上海市儿童医院工会每年开展岗位科技创新评选,前十名申报上海市医务职工科技创新"星光计划",党员、团员积极参与;复旦大学附属眼耳鼻喉科医院党员参与"星光计划"的比例近年均超50%;上海市精神卫生中心工会组织岗位技能竞赛,党员参与率达100%;复旦大学附属妇产科医院工会组织的岗位技能竞赛获得各党支部积极响应,参与率创新高;上海市胸科医院的岗位技能竞赛,每个部门工会要求至少有1名党员参与。

在评优评先方面,职工在工会条线可以申报劳模、工匠、巾帼标兵等荣誉称号,调研的6家医院均有获相关荣誉的先进职工,以党员为主。但大部分医院工会未就如何发挥先锋带头作用进行良好的规划和落实,致使创新工作室等流于形式。

(五)"党建带工建"实践的评价

在意识形态层面,83.9%的问卷调查对象认为单位非常重视"党建带工建"工作,15.7%表示重视。

在活动参与层面,部分活动参与率超过50%,也有活动参与率仅10%~20%。

在以带促建层面,80.8%的问卷调查对象表示"党建带工建"工作对提高本单位工会的创造力、凝聚力、战斗力的效果非常显著,16.5%表示显著,2.7%表示不显著。

五、讨论与建议

在问卷与访谈中,调研对象对单位"党建带工建"工作的不足之处与展望进行阐述。

总结问题如下:一是"党建带工建"中存在从"带"变成"包办"的现象,削弱了工会的作用,如各类党工活动均由党委办公室、支部组织、执行,工会仅仅提供经费支持;二是党建带工建,"带"的方式比较单一,流于形式;三是党工联动中,工会积极组织、参与、号召,但不为职工所知,影响力不够;四是临床人员多,业务重,党工活动的参与度有待提升;五是未充分发挥医院劳模、工匠、优秀党员的带头作用。

基于上述分析,结合文献资料和对公立医院的调研,对推动落实"党建带工建"工作提出以下建议。

一是积极发挥医院劳模、工匠、巾帼标兵、优秀党员等先进职工在"党建带工建"工作中的先锋模范作用。例如,劳模、工匠可依托工作室进行"师徒结对",发挥传帮带作用;围绕党建大主题,召开先进人物事迹分享会,帮助职工坚定初心与鼓舞前进;工会加强自身建设,争创"党员示范岗",立足岗位,补短板、强弱项、固优势,更好地为医院、职工服务;鼓励先进党员牵头策划、参与医院"我为群众办实事"项目,由工会提供支持等。

二是完善组织架构与相关制度,形成"党建带工建"的闭环机制,督促各科室干部支持"党建带工建"工作,化被动为主动。例如,党委领导分管工会工作,提高临床骨干、党员干部在工会委员中的比例,将党工工作与临床工作更好结合;

党支部与工会小组充分对接,支部牵头组织学习、实践活动,工会小组中非支部成员可列席;工会定期向党委汇报工作,党委明确对工会的考核指标,将支部参与工会工作的情况纳入对党支部的考核中,双向考评。

三是从资源、主题等多角度深入融合,从策划到落实全面以"带"促"建"。例如,依托区域党建共同体建立工建共同体,实现资源共享;积极将党建主题与职工兴趣特长结合起来;党工活动可由支部联合工会小组落实。

四是多渠道充分宣传党工工作,让职工"看见"工会就在身边。工会除了提供经费支持,还可以图文、视频等融媒体形式,通过OA网站、公众号、微信群等途径宣传党工等信息;以工会组长为抓手扎根基层,密切联系职工,使职工充分知晓和参与。

五是进行需求调研,结合医院实际与职工特点,通过问卷、座谈等形式了解诉求,针对性安排活动时间、地点、主题,提高参与率与积极性。

在党建的引领下,党工同组织、同部署,下至凝聚职工力量,上至服务国家发展。"党建带工建"将在更广泛的实践中发挥积极作用。

(本文获第二十四届年会征文二等奖)

基于"三会一课"制度下对青年医务职工思想政治引领工作的思考

金有欣

（上海市第六人民医院工会）

一、课题研究的背景

2022年5月10日，习近平总书记在庆祝中国共产主义青年团成立100周年大会上寄语新时代的广大共青团员，青年人是国家的未来，更是党和民族的希望，他们是党员队伍中的生力军和重要的后续力量。党的十八大报告明确提出，以改革创新精神全面推进党的建设新的伟大工程，要加大培养选拔优秀年轻干部力度，提高年轻干部理论素养和政治素质。新形势下，青年医务职工作为党的中流砥柱，发挥着越来越关键的作用，由此加强对于青年医务职工的思想政治引领工作尤为重要。

二、课题研究的目的

本课题以青年医务职工思想政治引领工作的现状及运行机制为研究重点，通过电子问卷的形式，调查青年医务职工思想政治状况，分析思想政治引领工作现状，探究其存在的主要问题及成因，对思想政治引领工作的问题进行剖析，探索青年医务职工思想政治引领的长效机制，并提出实质性的建议和措施。

三、课题研究的方法

本研究运用定性、定量相结合的方法，通过政策研究、文献研究、问卷调查、实地考察和专家咨询来获得资料。

（1）政策研究：查询并学习"三会一课"实施细则，为此次研究提供政策支撑。

（2）文献研究：查阅杂志期刊、论文集以及网上检索相关文献资料，收集和归纳青年医务职工思想政治引领工作相关的研究现状。使用 Note Express 文献管理软件，对查阅的资料进行归纳分析，从而找出可以供本次研究借鉴的文献，同时为问卷的设计，调查的对象、内容、方法以及调查工具的设计提供依据。

（3）问卷调查：采用横断面调查，设计《上海市三级甲等医院青年医务职工思想政治引领工作现状调查问卷》，对上海市 6 家三级甲等综合性医院、3 家三级甲等专科医院的青年医务职工思想政治引领工作现状进行调研。

（4）实地考察：走访上海市三级甲等医院，召开"三会一课"实施状况下目前青年医务职工思想政治引领工作现状的座谈会，组织现场调研和关键知情人访谈，通过对关键知情人的访谈，了解医院内青年医务职工思想政治引领工作的实施状况，探索优化其长效机制的方法，讨论如何更好地将青年医务职工的思想政治引领工作机制落实到位。

（5）专家咨询：针对上述调查成果召开专家咨询会，对构建上海市三级甲等医院青年医务职工思想政治引领工作长效机制提出实质性的建议和措施。

四、课题研究的主要内容

本课题以积极落实"三会一课"制度为抓手，分析发现当前青年医务职工思想政治引领工作机制中存在的问题，并在分析问题的基础上，探索完善思想政治引领工作运行机制的路径，创新方式方法，提高青年医务职工的综合素质，努力打造一支立场坚定、爱岗敬业、无私奉献的先锋队。

本项研究主要采取问卷调查和走访咨询相结合的研究方法。设计了《上海市三级甲等医院青年医务职工思想政治引领工作现状调查问卷》，面向上海市 6 家三级甲等综合性医院、3 家三级甲等专科医院的青年医务职工发放。其中，问卷发放 600 份，回收有效问卷 584 份，有效回收率 97.33%。其中，年龄层次：23～30 岁占 24.8%，31～35 岁占 36.7%，36～40 岁占 38.5%。学历层次：专科占 18.2%，本科占 50.2%，研究生及以上占 31.6%。实地考察走访相关医院，召开青年医务职工思想政治引领工作座谈会。

五、青年医务职工思想政治引领工作中存在的问题及其成因

(一) 青年医务职工思想政治引领工作中存在的问题

随着时代的快速发展,社会为青年人的成长、发展提供广阔的发展机遇,也为青年人能否树立正确的人生观、世界观、价值观带来考验。

1. 理论学习的自觉性有待进一步提高

医疗机构中的青年医务职工比较注重业务知识,他们的组织生活体现在不定期的小组学习和新党员入党、预备党员转正等会议,对于集体学习政治理论的积极性、主动性和自觉性相对不高。调查显示,大家对于参加一系列培训或本单位组织的集中学习教育积极性不高,年度参加集中学习教育的时间超过10天的仅为15.2%。

2. 理论学习的形式有待进一步拓展

在调查中,我们发现,基层党组织的组织生活会局限于传达方针政策和理论知识,教育形式较为单一,会议大多缺乏互动交流,客观上导致青年医务职工对理论学习的兴趣不浓厚。关于大家对于党的组织生活会有哪些不足之处的调研,35.6%的被调查者认为党的组织生活会形式单调,21.1%的被调查者认为党的组织生活会没有形成常态化的工作机制,25.4%的被调查者认为没有紧密结合青年医务职工的思想工作实际。党组织生活联系实际工作和生活中的现实问题较少。

3. 理论学习的考核制度有待进一步落实

相对于业务学习而言,医疗机构青年医务职工的政治理论学习缺乏量化考核指标。通过对"你认为什么外因主要制约着青年医务职工的个人发展"问题进行调研,88%的青年医务职工选择了需要量化考核指标。目前,考核指标大多停留在文件上,缺乏量化考核制度和指标,导致青年医务职工思想政治引领工作简单化。

(二) 青年医务职工思想政治引领工作中存在问题的成因分析

1. 青年医务职工对思想政治引领工作的重要性认识不足

理论学习是党员提高自身修养必不可少的路径。从青年医务职工的基本信息来看,本科及以上学历占比为71.8%,整体学历素质虽然较高,但却不愿花时

间在理论学习上。另一方面,青年医务职工会更重视业务工作,他们认为业务工作是硬指标,这很大程度上削弱了青年医务职工对理论学习的重视。

2. 青年医务职工的理论学习氛围不够浓厚

青年医务职工的理论学习氛围比较单薄,未形成学习型的集体。医疗机构青年医务职工由于工作的特殊性,工作的内容和时间不一致,因而开展集中学习的讨论的时间相对较少,以个人的日常自学为主,所以在基层党组织中,没有形成一个良好的理论学习氛围,导致学习效率无法提高。

六、增强青年医务职工思想政治引领工作实效性的措施和建议

医疗机构中的青年医务职工具有普遍的高学历,他们具有非常活跃的思维,因此,如何创新党员教育形式内容,打造党员教育学习氛围,组织青年医务职工实践锻炼,让他们更好地投身到党的各项事业当中,是摆在我们面前的重要课题。

(一) 提高青年医务职工内在动力

新形势下,面对青年医务职工的思想政治引领工作,关键是要激发青年医务职工的内在动力,着力培养忠诚干净担当的高素质青年医务职工,强化锤炼青年医务职工的"三种精神"。一是强化学习精神,注重培养良好的学习习惯,重视实践积累,运用红色文化教育和传统文化来提高青年医务职工的道德修养,传承中华民族的担当精神,积极调动青年医务职工的内在动力。二是强化担当精神,担当是一种责任更是一份使命,新时代需要青年医务职工不忘初心、牢记使命,要不断提升青年医务职工的思想担当。三是强化自律精神,青年医务职工要严守纪律规矩,自觉接受党的政治纪律约束,牢牢树立纪律和规矩意识,发挥表率作用。

(二) 创新党员教育形式内容

理论的说教已远远不能满足当代青年医务职工的教育形式,如何让党员教育更符合青年人的个性特征,这个是我们需要探索的。具体可以从这几点入手:一是充分运用"互联网+"教育手段,实现全方位覆盖教育。党支部可以通过台账建立支部网站,设立教育论坛,并邀请专家做客论坛,解答党员们在思想方针政策上的疑问。也可以利用多媒体授课(比如影视教学、DV 教学),这样可以避

免过去枯燥的讲述,从而提高大家学习的积极性;二是寓教于乐,丰富党员教育内涵。让党员教育由单一的课堂教学延伸到课外,可以把党的思想路线、方针政策写入歌曲、话剧里,通过小品、话剧的形式把先进党员的光辉事迹表现出来,增强党员教育的文化性和趣味性。

(三)积极组织青年医务职工实践锻炼

青年医务职工通常刚踏上社会,缺乏工作经验,能力和现实需要有一段时间的磨合,所以要大力推进年轻党员参加基层实践,将头脑中的知识充分融入实践中,才能提升自身的能力。可以定期组织青年医务职工去一线实践,下基层历练,也可以发挥青年医务职工年轻的优势,组建青年志愿服务队、突击队,积极投身志愿服务活动,提供医务技术服务,为领导科学决策提供重要依据。同时,基层党组织可以选派优秀的青年医务职工进行帮扶活动,让广大青年医务职工在基层一线挥洒青春、奉献青春,增强为人民服务的主动性和对人民负责的责任感。

(本文获第二十五届年会征文二等奖)

关于在医务青年中创新开展党史学习教育有效途径的调研报告

邱 琼

(华东医院工会)

一、调研的基本情况

(一) 调研对象

本次调研以电子问卷形式主要投放在上海地区公立医院青年群体中,共收到649份电子答卷,有效答卷率为100%。其中,男性180人(27.73%),女性469人(72.27%);40周岁以下医务青年573人(88.29%);中共党员(含预备党员)259人(39.91%),共青团员293人(45.15%),民主党派4人(0.62%),群众93人(14.33%);本科及以上学历者达77.04%;岗位较高占比依次为护士305人(47%),临床医师162人(24.96%),职能部门79人(12.17%),医技人员74人(11.4%);初级职称321人(49.46%),中级职称176人(27.12%),高级职称54人(8.32%),暂无职称98人(15.1%)。

(二) 调研方法

本次调研均采用无记名的电子问卷形式着重针对医务青年群体开展有关党史学习教育创新途径的探索,研究者采用统一问卷导语对问卷的填写与调研目的进行说明。此外,对7名资深党务工作者和团干部作了面对面访谈。

(三) 调研内容

问卷调查的内容主要包括以下四个方面:第一,调查对象的基本信息收集;第二,党史学习教育在医务青年主观思想认知的程度;第三,党史学习教育目前在公立医院开展的现况;第四,创新开展更适用于医务青年的党史学习教育有效途径的初探。在访谈调研环节,主要涉及公立医院党史教育的资源配置情况、党史学习教育的统筹组织情况以及医务青年参与党团学习教育的反馈。

二、调研结果

(一)医务青年党史学习教育的主观思想认知程度及参与度

医务青年党员和团员是创新开展党史学习教育的主体受众,根据调研结果显示,91%以上的党员和66%以上的团员青年对现有党史学习教育的知晓度与感兴趣程度较高,可见,着力开展具有创新性的学习教育模式对深度吸引医务青年,从而提升整体的学习意识和黏性极有必要;94%以上的党(团)员都认为党史学习教育对医务青年的思想引领和成长发展起到至关重要的作用。

对医务青年已参与过的党史学习教育进行调查时发现,"红色景点参观"和"党课学习"作为排名最靠前两项活动皆超过65%,"观影活动"和"专题讲座"紧随其后;线上以相关的"学习应用软件"为主,有超半数受访者使用学习过;就线下活动而言,党员的参与频次普遍较高,65%以上至少每季度都参与一次线下活动甚至更多,相对同比例的团员青年参与次数为1~4次/年。

(二)党史学习教育在医务青年中开展的现况

客观环境来说,在党中央的号召和引领下,党史学习教育的整体氛围较为良好,有92.45%的受访者表示目前所在党(团)组织都会定期开展党史学习教育;有81.36%的所在单位已设有领学专员或专组;接近90%的受访者也表示总体的活动参与非常或较为积极。

现有党史学习教育的模式依然存在一些固有的痛点,从调研数据上不难发现,活动形式缺少创新和学习内容关联性不强等原因仍然是无法深度吸引医务青年的突出问题。

(三)创新开展医务青年党史学习教育有效途径的初探

在关于建议设立针对青年群体的党史领学专员(专组)问题上,达88.14%的受访者支持设立"党史领学"的倡导,并在领学员的角色担当上给出了倾向选择,其中依次是党(团)组织干部、青年骨干人才、行业或学科领军人及劳动模范或先进工作者的呼声较高。使用卡方拟合优度检验进行分析,拟合优度检验呈现出显著性($\chi = 160.435, P = 0.000 < 0.05$),意味着各项的选择比例具有明显差异性,具体来看,党(团)组织干部和青年骨干人才共 2 项的响应率和普及率明显较高。

鉴于诟病比例颇高的"党史学习内容与专业关联性不强"这一点,本次调研数据也给出了较明确的调整方向,有 91.37% 的受访者对融入医务题材相关的学习内容明确表示更感兴趣,在学习内容的选项排序上,"专业相关"的选项平均综合得分仅次于"人物传记"。

在党史学习方式的意愿选择上,更愿意参加"线上"学习比例占半数以上,"线下"比例仅为个位数,"两者都愿意"的不到五分之二。

在线上党史学习教育形式的选择上,拟合优度检验呈现出显著性($\chi = 961.810, P = 0.000 < 0.05$),意味着各项的选择比例具有明显差异性。具体来看,依次是党史微电影、视频网站专题短片、党史云课程、音频讲故事共 4 项的响应率和普及率明显较高。

在线下党史学习教育的选择上,拟合优度检验呈现出显著性($\chi = 1\,040.909, P = 0.000 < 0.05$),意味着各项的选择比例具有明显差异性。具体来看,情景互动式党课、红色景点参观、户外走读定向赛、室内益智类团建(剧本推理或情景密室等)、电影观摩共 5 项的响应率和普及率明显较高。

三、结论与分析

(一)有机融合行业或专业相关的素材是创新探索党史学习内容的重要切入口之一

医务工作者有着较为典型的行业特征,在影响医务青年党史学习积极性的调查中显示,"工作负荷过重无暇参与"成了高居榜首的主要原因。尤其是医务青年在入行初期,不仅承担着临床科研的繁重工作量,又要同时面对评聘职称的长期压力以及调适好医患关系等现实问题。传统的党史学习内容显然无法深度吸引青年群体的注意力,提倡融入与医疗卫生专业相关的元素,或与本单位院史、先进党员模范等相关的实例、人物,更易于抓住青年群体的好奇心和兴趣点。

(二)充分发挥线上党史学习的机动效能,融汇新媒体方式切实迎合青年群体的学习特性

鉴于疫情防控常态化线下活动的受制性及医务青年繁重的工作负荷,透彻

发展线上党史学习教育成为新时代下顺势而为的必然选择。透过调查数据中，对线上学习的频次、时长和习惯的排摸，打造"党史云学习"应注重文章与视频、答题类相结合的形式，主推短篇幅的高质量文章和视听内容，借鉴时下热门视频网站优质 UP 主的原创作品，令医务青年能够利用碎片时间以相对寓教于乐的方式同样达到高效党史学习的目的。

（三）针对医务青年设立党史领学专员（专组）有利于快速提升青年群体的学习和参与热情

基于各大医院现已配备的领学队伍，参考医务青年的跟学意愿，继续发挥好党建促团建的主力作用，更要广泛纳入青年骨干人才到领学队伍中，让更多的"同龄人""身边人"带动医务青年的学习激情。

（四）党史学习教育要顺应时代需求，线上线下齐抓并行，从"要我学"向"我要学"转化

从调查中受访者对线上、线下学习内容的响应度分析来看，个体自主学习的角度，"党史微电影""专题短片""党史云课程"更受大家青睐。群体组织学习的角度，"红色景点参观"依然是最受欢迎的保留项目，"电影观摩"和"情景互动式党课"也是近六成受访者乐于参与的项目。由此可见，情节性的优于贫乏性的，互动性的优于单一性的，线上与线下也可以发展为可交互的。

四、对策与建议

在全团开展"学党史、强信念、跟党走"学习教育是基于共青团的性质定位和职责功能作出的重要部署，切实探索针对医务青年党史学习教育的途径和举措势在必行且迫在眉睫。基于本次调研，提出以下几点建议供参考。

（一）高效促生院内党史教育合力为先

聚医院内各党政职能部门之所长，集中火力攻坚克难，把提高青年自主学习党史的意识摆在首位。思想的高度重视才能有效地转换成行动力。此外，要加强对党史教育的组织领导力，引领广大医务青年融入团支部主题活动中，党团联动，以对应党支部为领导小组，统筹规划每一阶段的党史学习教育，明确职责，定期例会，检查督导，形成制度化，使党团间的党史学习教育协调一致，齐抓共管，

形成院内党史教育合力。

(二)医务青年党史教育注重战略化布局,主题贴合紧密

基层团工作要充分发挥思政课堂为教学主渠道的作用,响应党中央、团中央的号召,组织专题学习、专题宣讲、专题培训等一系列进阶式中长期规划,分层级深入推进教育实效的落实。要将党史学习教育作为贯穿院内青年马克思主义者培养工程的主体主线,引导青年赓续红色血脉、担当时代责任。

(三)打破命题式党史教学固有模式,设置自主管理模块

定期组织青年开展寓教于乐的实践拓展活动有益于凝聚智慧团结青年,更有益于增强党史教育的感染力。诸如征文、演讲、知识竞赛、参观纪念馆等传统固有的活动方式早已难以满足当代青年的精神需求,以往喜闻乐见的活动要传承保留,而探新求变才能真正吸引青年驻足于团建活动,由表及里养成党史学习的惯性。要顺势而为,顺应青年之擅长,以融合跨界的活动形式给予更多自主选择的空间。

(四)构建卫生医疗行业专题党史学习教育线上阵地,交互式资源共享

一方面,开设具有行业特色的专题党史网站或小程序,开辟党史人物、党史事件和党史成果展示等栏目,不断扩大网站库容量,定期更新维护,为医务青年学习党的知识提供新的途径。另一方面,通过网络互动方式答疑解惑。对青年关注的重大热点、难点和民生问题,及时进行解答,甚至包括促进解决他们在学习、工作上的相关问题。在网络信息高速更新发展的背景下,更要采取多媒体教学手段,利用碎片时间,使党史教学集声、图、文等一体,生动形象,结合案例式、启发式和讨论式等教学方法提高教学知识性、趣味性和互动性,强化教学效果。

(五)优化党史教育工作队伍建设机制

建设一支政治素质高、业务能力强的党史教育工作队伍,是实现党史学习教育目标的保障。践行过程中,先要严把党史教育工作队伍的进入门槛,通过完善选拔机制,确保选拔的人才有坚定的政治立场和正确的价值观,以此为基础,考察其专业素养和能力。

（六）加强完善医务青年在党史学习中的赋值评分制度

通过相对精准有效的赋值评分法则，将学习成果量化，既可在某一阶段纵向追踪自己的学习状态，也可在各部门间进行横向比较，那么考量结果既可以促进医务青年学习党史的积极性，带动良性激励机制，也可作为终期考察、成果评比时的有效数据参考依据。

（本文获第二十四届年会征文二等奖）

维权服务

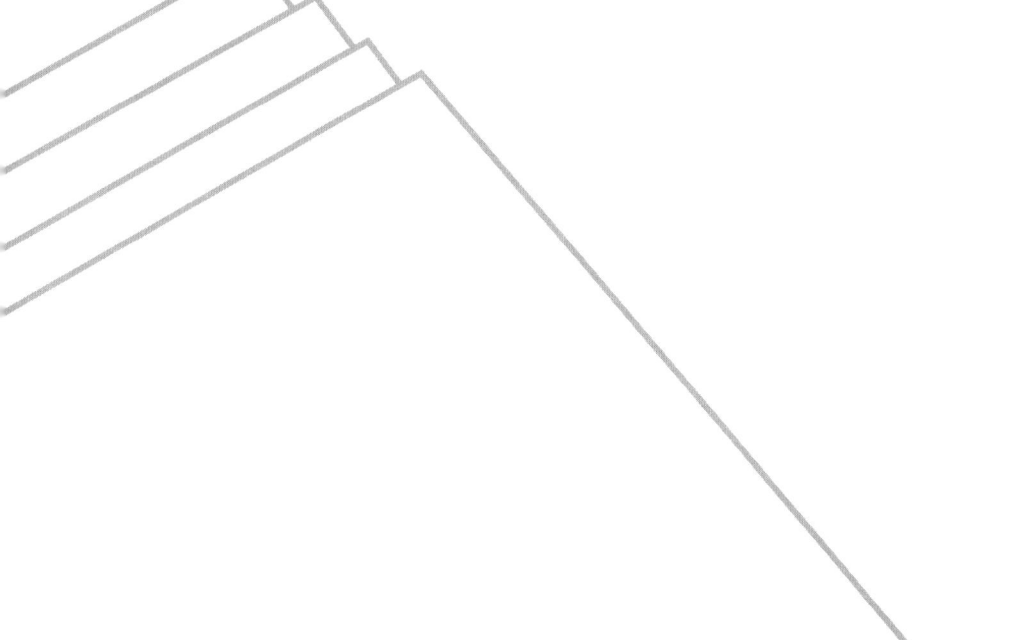

公立医院工会服务大局、服务职工的作用机制研究及其应用

岑 珏

(上海市第六人民医院工会)

一、课题概述

(一) 研究的理论意义与实践意义

党的十九大胜利召开以来,党中央对工运事业和工会工作提出新的要求。面对新形势、新要求,如何更好地引导和推动公立医院工会"围绕中心、服务大局,维护权益、服务职工",是新时期公立医院工会赋能转型的重要命题,是全面深化公立医院综合改革的重要保障,也是完善现代医院管理、实行党委领导下院长负责制的重要实践,意义重大,影响深远。

党的十九大报告指出,坚持党对一切工作的领导,提高党把方向、谋大局、定政策、促改革的能力和定力;要增强群众工作本领,创新群众工作体制机制和方式方法,推动工会等群团组织增强政治性、先进性、群众性,发挥联系群众的桥梁纽带作用,组织动员广大人民群众坚定不移跟党走。习近平总书记在同中华全国总工会新一届领导班子成员集体谈话并发表重要讲话时强调,我国工运事业是党的事业的重要组成部分,工会工作是党治国理政的一项经常性、基础性工作。要坚持党对工会工作的领导,团结动员亿万职工积极建功新时代,加强对职工的思想政治引领,加大对职工群众的维权服务力度,深入推进工会改革创新,勇于担当、锐意进取,积极作为,真抓实干,开创新时代我国工运事业和工会工作新局面。

牢固树立"四个意识",积极主动开展工会服务和作用机制的相关课题研究,将有利于加强党对群众工作的领导;有利于工会组织架构的合理化,维护和发展广大职工的权益;有利于更加紧密联系职工群众,在沟通、教育、培养、服务中,维护和巩固党的执政基础;有利于加强工会组织建设,让职工群众表达其利益诉求,维护职

工合法利益,融洽职工与医院的关系,打造良好的医院文化。通过对医院工会作用机制的研究,学习和解读工会相关政策、制度,通过数字看政策导向,切实转变工作作风,切实解决宗旨意识淡化、服务工作不实等问题,不断提高工会服务党的中心工作、服务职工群众需求的能力水平,为公立医院工会进一步发展作出贡献。

(二)研究目标

本课题在理论研究的基础上,探索构建公立医院"两个服务"(服务大局、服务职工)的作用机制,并在一家大型公立医院工会开展实证观察。本研究的特色和创新点。一是在群团改革的新时期,首次较为系统地探索研究医院工会服务大局、服务职工的作用机制。二是开创性提出公立医院工会"两个服务"运作机制模型,并在医院实际应用。三是基于问题导向、需求导向、目标导向的管理应用型课题,将对工会相关理论体系的构建和实施提供较好的研究和实践积累。

(三)研究思路与研究内容

1. 政策研究

主要包括:党的十九大以来工会工作面临的新形势,中央对群团改革的新要求;工会法,全国总工会、上海市总工会、市医务工会等上级工会的相关政策、文件精神与要求,本院党委对相关工作的要求。

2. 文献研究

主要包括:工会职能、作用机制、作用发挥机制等的文献评阅。

3. 理论建模

构建"两个服务"(服务大局、服务职工)作用机制模型,并在一家医院开展实证研究,评价运用效果,完善机制模型。

(四)拟解决的难点问题

- 探索研究医院工会服务大局、服务职工作用机制的路径。
- 公立医院工会"两个服务"运作机制模型,并在医院实际应用。
- 将政策和理论研究运用于医院管理实际的实证研究方法和预期成果。

(五)研究方法和技术路线

1. 研究方法

本研究通过定性研究,通过文献荟萃、头脑风暴、参与观察和专题调研来获得资料。

文献荟萃：梳理国内外研究进展，着重对国内发表的有关服务型工会作用机制的文献进行总结、归类整理与分析，了解国内医院工会在服务职工中的组织架构。文献将通过电子期刊系统（万方数据、维普数据和 CNKI 全文数据库）搜集国内有关服务型工会作用机制方面的研究发现，为此次研究提供理论支撑。

头脑风暴：邀请相关领域专家就公立医院服务大局、服务职工的作用机制的方向、设计思路和重点进行开放式讨论，架构作用机制模型。专家领域初步确定为：上级工会领导、公立医院工会领导、相关领域专家等。

参与观察（实证）：以上海市第六人民医院工会为研究对象，研究其与服务大局、服务职工的作用机制相关的政策、制度及事件，并加以分析。

专题调研：组织现场调研和关键知情人访谈，通过对关键知情人的访谈，收集上级工会领导和各公立医院工会领导对如何更好地服务大局、服务职工的看法，对医院工会相关政策和制度的解读。

2. 技术路线（图 1）

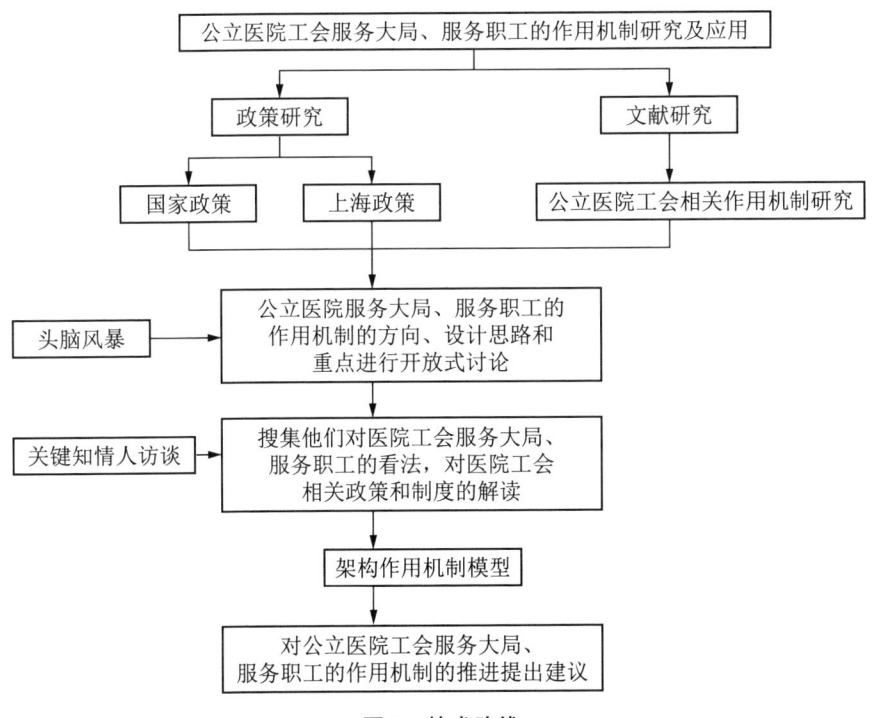

图 1　技术路线

二、研究结果

（一）政策与文献研究

1. 相关概念和定义

工会是中国共产党领导的职工自愿结合的工人阶级群众组织，是党联系职工群众的桥梁和纽带，是会员和职工利益的代表，工会以宪法为根本活动准则，按照《中华人民共和国工会法》和《中国工会章程》独立自主地开展工作，依法行使权利和履行义务。工会的基本职能包括代表和组织职工参与民主管理、实施民主监督、维护职工合法权益、引导广大职工群众参与建设和改革、认真履行教育职能。

新形势下，工会组织要不断突出自身职能，拓展服务的领域和范围。首先要围绕中心，服务大局。习近平同志指出，一定要把围绕中心、服务大局作为基本职责，胸怀大局，把握大势，着眼大事，找准工作切入点和着力点，做到因事而谋、应势而动、顺势而为。其次是维护权益，服务职工。维护权益、服务职工是工会是凝聚职工、促进团队和谐的一个重要抓手，《中国工会章程》明确指出，中国工会的基本职责是维护职工合法权益、竭诚服务职工群众，把工会建设成为深受职工群众信赖的学习型、服务型、创新型"职工之家"。强化公立医院公益性、服务性功能，医院工会要把握机遇，切实增强大局意识和服务意识，凸显公立医院工会"两个服务"职能，奋力谱写新时代医院工会事业创新发展的新篇章。

作用机制是指为实现某一特定功能，一定的系统结构中各要素的内在工作方式以及诸要素在一定环境条件下相互联系、相互作用的运行规则和原理。工会的作用机制可以从动员机制、引领机制、维权机制、创新机制四个方面加以说明。通过对医院工会作用机制的研究，一是健全工会服务体系，不断提升工会服务党的中心工作、服务职工群众需求的能力水平；二是完善工会组织架构，丰富和发展工会的工运理论，推进新时代工运事业和工会的工作。

2. 文献评阅

（1）以"医院"+"工会"+"服务"为主题词，在 CNKI 检索，共检索到文献 57 篇。

（2）以"医院"+"作用机制"为主题词，在 CNKI 检索，共检索到文献 7 篇。

3. 政策要点

2015年7月,中共中央关于加强和改进党的群团工作的意见中提出,新形势下,党的群团工作只能加强,不能削弱;只能改进提高,不能停滞不前。为党和国家工作大局服务,始终是群团工作的价值所在。群团组织要坚持在大局下思考、在大局下行动,明确职责定位、展现自身价值,更好促进改革发展。群团组织是党直接领导的群众自己的组织,为群众服务是群团组织的天职。各级党组织要推动群团组织贯彻党的群众路线,为群团组织服务群众创造条件。群团组织要增强群众观念,多为群众办好事、解难事,维护和发展群众利益,不断增强自身影响力和感召力。

2017年9月,中央召开群团改革工作座谈会并传达习近平总书记的重要指示,要牢牢把握群团改革正确方向,始终坚持党对群团工作的领导,加强群团组织自身党的建设,不断增强"四个意识",在思想上、政治上、行动上同以习近平同志为核心的党中央保持高度一致,把保持和增强政治性、先进性、群众性贯穿改革全过程。要自觉服从服务党和国家工作大局,找准工作结合点和着力点,落实以人民为中心的工作导向,切实解决好代表谁、联系谁、服务谁的问题,增强群团组织的吸引力影响力。

2018年5月,上海市召开工会第十四次代表大会,会上莫负春做重要报告,面对新形势新要求,提出今后五年上海工会工作的总体要求:高举中国特色社会主义伟大旗帜,以马克思列宁主义、毛泽东思想、邓小平理论、"三个代表"重要思想、科学发展观、习近平新时代中国特色社会主义思想为行动指南,始终坚持全心全意依靠工人阶级方针,始终围绕中心、服务大局,以职工群众为服务和工作中心,持之以恒深化工会改革,切实增"三性"、去"四化"、促"三转",努力构建与上海社会主义现代化国际大都市特点相适应的工会工作新格局,为开创新时代上海工作新局面作出更大贡献。

2018年10月,中国工会第十七次全国代表大会于在北京人民大会堂召开,大会审议通过《中国工会章程(修正案)》,在中国工会的基本职责中增写"竭诚服务职工群众"的内容,这充分体现新时代对工会工作提出的新要求。习近平强调,我国工运事业是党的事业的重要组成部分,工会工作是党治国理政的一项经常性、基础性工作。要坚持党对工会工作的领导,团结动员亿万职工积极建功新时代,加强对职工的思想政治引领,加大对职工群众的维权服务力度,深入推进工会改革创新,勇于担当、锐意进取、积极作为、真抓实干,开创新时代我国工运事业和工会工作新局面。

4. 相关规制

工会依法依规开展各项工作,在工会工作、职工维权、民主管理、经费管理方面都有相关法律法规规定,为了加强工会工作的制度化、规范化,工会从不同纬度收集整理有关工会工作的法律、国务院行政法规、部门规章、地方法规(文件)和医院规章制度(见表1),切实保障职工的合法权益。

表1 工会相关法律法规一览表

项目	工会工作	职工维权	民主管理	经费管理
法律	《中华人民共和国工会法》	《中华人民共和国劳动法》《劳动争议调解仲裁法》《中华人民共和国劳动合同法》《社会保险法》		《中华人民共和国会计法》《中华人民共和国审计法》
国务院行政法规	《中国工会章程》	《劳动合同法实施条例》《工伤保险条例》《职工带薪年休假条例》《劳动保障监察条例》《事业单位人事管理条例》《社会保险费征缴条例》《女职工劳动保护规定》	《全民所有制工业企业职工代表大会条例》	《中华人民共和国审计法实施条例》
部门规章	《工会基层组织选举工作暂行条例》	《最低工资规定》《工伤认定办法》《劳动人事争议仲裁办案规则》	《卫生部关于全面推行医院院务公开的指导意见》	《基层工会经费收支管理办法》《工会预算管理办法》《工会会计制度》《工会财务制度》
地方法规(文件)	《上海市总工会关于进一步推进基层工会主席直接选举工作的意见》	《上海市事业单位聘用合同管理办法》《工伤保险条例》	《上海市职工代表条例》	《上海市总工会关于印发〈上海市基层工会经费收支管理实施办法〉的通知》《上海市医务工会基层工会经费收支管理实施办法》
医院规章制度	《医院职工疗休养暂行规定》《工会福利采购制度》《医院妇女工作委员会工作条例》	《医院在职职工特种重病互助医疗保障基金章程》《医院救急济难基金章程》	《上海市第六人民医院职工代表大会实施细则》《上海市第六人民医院院务公开实施办法》	《工会经费收支管理办法》《工会固定资产清理制度》《工会经费支出审批程序与使用流程》

5. 问题研究

(1) 职能履行不全

工会的主业主责是职工维权,但是职工心理上把工会视为福利机构,缺少对工会职能的系统认识,有劳动关系矛盾、劳资纠纷、利益诉求时,没有第一时间选择反映给工会组织,转而通过仲裁机构、法院等途径解决。

(2) 工会干部自身建设不强

有些工会干部在理论研究和思维方式上明显滞后,工作方式方法上缺乏创新,法律意识上相对薄弱,存在不少短板和弱项,已不适应新时期医院工会发展的需要。

(3) 工会活动覆盖面不广

工会活动覆盖面不广,针对性不强,离紧贴职工需求、紧跟时代步伐、更加全面和更高水平增进职工群众的获得感满意度的要求还有一定的差距。

(二) 建模

通过文献荟萃、头脑风暴、参与观察和专题调研等研究方法,基于C管理模式理念的基础上,围绕引领机制、动员机制、维权机制和自我创新机制这四个机制,研究工会职能作用发挥机制,构建"两个服务"运作机制的智能管理系统(intelligent management system,简称IMS模型)。

C管理模式是继金字塔型机械式组织(A管理模式)、学习型扁平式组织(B管理模式)之后出现的第三种组织模式。C管理模式是在对西方现代企业管理模式先进经验继承的基础上,创造性融入中国国学的智慧和传统文化精髓,构建以人为核心和"人形结构"为特征的企业智慧型组织,创立"天人合一"的组织管理的全新模式,首次提出"道法自然"的企业经营哲学、"以人为本"的组织管理思想,因而赋予企业更大的能动性、灵活性与应变能力。习近平总书记在同中华全国总工会新一届领导班子成员集体谈话时就指出工会要坚持以职工为中心的工作导向,与C管理模式理念是相一致的。

在引领体制研究方面,运用PEST分析法进行分析。PEST分析一般是指宏观环境的分析,P是政治(political system),E是经济(economic),S是社会(social),T是技术(technological)。宏观环境又称一般环境,是指影响一切行业和企业的各种宏观力量、因素。政治因素方面,习近平总书记强调引导职工群众听党话、跟党走,巩固党执政的阶级基础和群众基础,是工会组织的政治责任。经济因素方面,李克强总理在中国工会十七大上做的经济形势报告中指出我国经济运行稳中有缓、稳中存忧,既要看到我国发展具有较大韧性和回旋余地,又要高度重视困难挑战,我国拥有世界上规模最大的人力人才资源,只要我们把千千万万劳动者的积极性、主动性、创造性调动起来、发挥出来,就没有克服不了的困难。社会因素方面,人们健康意识的不断增强,社会老龄化趋势明显,医患关系变化等,与医院职工的日常工作息息相关。技术因素方面,20世纪以来科学与技术迅猛发展,使医学也随之发生广泛而深刻的变化。这种变化的表现是多方面的,它不仅包括基础理论研究的进展,更多是临床诊治技术手段的日新月异。因此,要切实加强对职工的思想政治引领,更加巩固党执政的阶级基础和群众基础,要立足新时代中国特色社会主义新方位,大力弘扬劳模精神、劳动精神、工匠精神,引领医院全体职工在实现党的十九大描绘的宏伟蓝图中贡献力量,为大局服务。

在动员机制方面,运用双因素理论进行分析。双因素理论(two factor theory)亦称"激励-保健理论",由美国心理学家赫兹伯格1959年提出。激励—保健理论把企业中有关因素分为两种,即满意因素和不满意因素,满意因素是指可以使人得到满足和激励的因素;不满意因素是指容易产生意见和消极行为的因素,即保健因素。他认为这两种因素是影响员工绩效的主要因素。在中国工会十七大会议上关于今后五年工会工作的主要任务时提到"四个着力"的目标要求,第一个目标要求就是着力推进产业工人队伍建设改革,充分激发职工劳动热情和创造活力,这就是要发挥工会动员的作用机制。激励因素主要有:(1)工作表现机会和工作带来的愉快;(2)工作上的成就感;(3)由于良好的工作成绩而得到的奖励;(4)对未来发展的期望;(5)职务上的责任感等。这种因素是积极的,是影响人的工作动机并长期起主要作用的因素,是职工工作动机的源泉。而工资报酬、工作条件、企业政策、行政管理、劳动保护、领导水平、福利待遇、安全措施、人际关系等这些都是保健因素。如果满足这些因素,能消除不满情绪,维持原有的工作效率,但不能激励人们更积极的行为。因此,为更好地发挥工会动员的机制作用,为职工提供适度的保健因素以防止出现工作不满意感,同时通过激励因素来达到激励职工的目的,围绕医院中心工作,服务大局,提高业务技术水平和自身科研能力,为医院建设做贡献。

在维权机制方面,运用SMART原则进行分析。所谓SMART原则,是一种目标管理,是使工作变被动为主动的一个很好的手段,即:(1)目标必须是具体的(specific);(2)目标必须是可以衡量的(measurable);(3)目标必须是可以达到的(attainable);(4)目标必须和其他目标具有相关性(relevant);(5)目标必须具有明确的截止期限(time-based)。习近平总书记在同中华全国总工会新一届领导班子成员集体谈话时提到要抓住职工群众最关心最直接最现实的利益问题，认真履行维护职工合法权益、竭诚服务职工群众的基本职责，把群众观念牢牢根植于心中，哪里的职工合法权益受到侵害，哪里的工会就要站出来说话。借鉴SMART原则，设立职工维权的具体目标可衡量、可达到，依法维权，制定维权的时间节点，来提升工会组织对于维权职能的履行和成效的大小，体现出工会服务职工作用。

在工会自我创新方面，运用SWOT分析法进行分析。SWOT分析法，即态势分析法，S(strengths)是优势、W(weaknesses)是劣势、O(opportunities)是机会、T(threats)是威胁。SWOT分析法就是将与研究对象密切相关的各种主要内部优势、劣势和外部的机会、威胁等，通过调查列举出来，然后用系统分析的思想，把各种因素加以分析，从中得出一系列相应的结论。运用这种方法，可以对研究对象所处的情景进行全面、系统、准确地研究，从而根据研究结果制定相应的发展战略、计划以及对策等。在中国工会十七大会议上王沪宁同志代表党中央向中国工会第十七次全国代表大会的致辞时提到，希望各级工会不断深化工会改革创新。要聚焦增强政治性、先进性、群众性，构建联系广泛、服务职工的工会工作体系，切实增强团结教育、维护权益、服务职工功能，增强工会工作的动力活力。优势方面，工会以职工为中心的鲜明工作导向，把竭诚为职工群众服务作为工会一切工作的出发点和落脚点，把群众路线作为工会工作的生命线和根本工作路线，所以工会组织的吸引力、凝聚力、战斗力是很强的。劣势方面，工会工作载体和手段还不够丰富，运用互联网开展工作的方式方法还不够多，与青年职工的需求存在一定差距。机会方面，时代在前进，不断有新的形势和新的任务产生，要把握工会组织的新使命、新目标、新要求，来进行自我的创新。威胁方面，工会体制机制与劳动关系、职工队伍的新变化还不适应，还滞后于形势发展的需要。因此，在自我创新方面，要发挥群众的智慧和力量，把握新时代新机遇，不断地完善工会自身的建设，提升工作组织的动力和活力，更好地为广大职工服务。

（三）实证研究

1. 工会组织建设专题调研

人才是第一生产力。队伍建设是组织建设的重要抓手。为了解本市公立医院工会组织建设相关情况，我们选取12家医院工会做专题调研。12家医院全部为三级医院，约占全市三级医院的1/3。其中，局级单位6家、处级单位6家；

综合性医院9家、专科医院3家;申康系统4家、交大系统2家、复旦系统3家、中医系统2家、同济系统1家。样本选取具有一定的覆盖面和代表性。

(1) 性别比例。女性占75.61%,与卫生系统性别比例特征较为接近。

(2) 年龄比例。30～50岁接近六成(占58.5%),为中坚力量。30岁以下仅4人(占9.7%),年轻力量有待补充。

(3) 工作年限。工作20年以上占比51.1%,工作经验较为丰富。但由于调查问卷未设计工作人员在工会的实际工作年限,因此缺少对工会直接工作经验的判断。

(4) 学历结构。学历结构逐步优化,多以本科学历为主,占比为73.17%。由研究生学历的占比也可以看出工会对于人才队伍建设的重视及人力资源结构的完善。

(5) 职称结构。高级职称占比仅为17.08%,初中级职称占比高达82.92%。2012年,政工系列职称关闭,之后没有职称晋升通道。

(6) 职务职级结构。6家局级单位的工会负责人,全部达到中层正职的职级。

2. 某三甲医院工会"两个服务"作用机制观察研究

(1) 研究对象

以近两年某三甲医院工会围绕引领机制、动员机制、维权机制和自我创新机制四个机制所开展的工作和成效为对象,进行研究分析。

(2) 研究因素

引领机制:用劳模精神打造一支能战队伍。劳动模范是宝贵的精神财富,更是激励员工成才的动力,市行政搭建平台,提供岗位成才(劳模评选、工匠评选、各类先进评选)。医院积极组织员工参加卫生系统劳模摄影展,深切感受劳模的榜样精神;组织医疗专家参与全国劳模医疗结对工作,以实际行动学习劳模、服务劳模;以劳模宣传片拍摄为宣传途径,组织广大职工学习身边的劳模,开展劳模事迹座谈会,讨论学习劳模精神,把学习的精髓运用到自己的本职工作中去。

动员机制:组织动员职工建功立业,深入开展群众性科技创新活动,进一步激发医务在科技创新的活力,组织引导职工岗位成才、岗位建功。医院开展"我为医院发展献一计"优秀金点子评选活动,以职工的角度来"服务大局",为医院的节能增效出一份力。

为缓解职工工作压力,让职工工作之余有锻炼的机会,医院工会每年会设计开展简单易学的体育项目,并动员全院职工参加。让职工增强体质,在学习的基础上进行集中展示,近几年医院开展排舞、广播操、八段锦、健身操等比赛。

动员职工积极参加医院社团,医院的民乐队在2018年获得四星社团称号,除此之外还有羽毛球社、乒乓球社、街舞社、摄影社、合唱社等,多种类,全覆盖,由此激发动员机制。

维权机制:坚持工会经费重点用于维护职工权益,开展职工教育和职工群众活动为主,工会经费在医院维权机制作用下,提高缴费基数,改善经费使用。工会经审工作进一步规范,加大财务审计的力度,确保工会经费合理使用。

坚持在维护医院公益性的基础上维护职工权益,医院组织召开八届二十一次职代会,审议通过《上海市第六人民医院内部绩效考核与分配方案》(2018版),调动员工积极性的同时促进医院的改革发展。

自我创新机制:积极打造医院文化品牌,首次开展医院主题活动——书香医院,并展开举行一系列活动,包括十九大征文撰写和演讲比赛、好书推荐、书展活动、漂流瓶活动等,吸引更多职工放下手机重拾书本,一起交流阅读,感受书本带来的快乐。

在"互联网+"工会模式的推动下,积极探索新媒体在工会工作中的运用,除了在医院内外网、微信平台展示工会活动和工作之外,也将继续思考构建信息化工会建设,着力构建资源共享、工作互动、网上网下深度融合的"互联网+"服务职工体系。

(四) 小结

1. 政策与文献研究

中国工会职能的发展是伴随中国共产党以及中国工人阶级的政治诉求和经济诉求演变的,由于近几年对中国工会的研究更加侧重对经济利益诉求以及构建服务型工会的研究,所以本研究在文献研究的基础上,增加对政策要点和相关规制的整理,根据文献评阅分析和政策要点学习,研究得出在新形势下,公立医院工会工作具有两方面深刻内涵:围绕中心,服务大局;维护权益、服务职工。近年来随着医院的不断发展,服务大局、服务职工的作用机制建设也在逐步改进,要不断提高大局意识和服务意识,充分发挥医院工会工作的基本职能,切实担负起新时代工会组织的政治责任、社会责任、发展责任和改革责任。

2. 建模研究

基于C管理模式理念的基础上,围绕引领机制、动员机制、维权机制和自我创新机制四个机制,研究工会职能作用发挥机制,构建"两个服务"运作机制的智能管理系统（intelligent management system，简称 IMS 模型）。运用 PEST 分析法、双因素理论、SMART 原则和 SWOT 分析法对四种机制进行分析。

引领机制方面，切实加强对职工的思想政治引领，加巩固党执政的阶级基础和群众基础，立足新时代中国特色社会主义新方位，大力弘扬劳模精神、劳动精神、工匠精神，引领医院全体职工在实现党的十九大描绘的宏伟蓝图中贡献力量，为大局服务。

动员机制方面，为职工提供适度的保健因素以防止出现工作不满意感，同时通过激励因素来达到激励职工的目的，围绕医院中心工作，服务大局，提高业务技术水平和自身科研能力，为医院建设做贡献。

维权机制方面，抓住职工群众最关心最直接最现实的利益问题，认真履行维护职工合法权益，设立职工维权的具体目标，依法维权，制定维权的时间节点，来提升工会组织对于维权职能的履行和成效的大小，体现出工会服务职工作用。

自我创新机制方面，要发挥群众的智慧和力量，把握新时代新机遇，不断地完善工会自身的建设，提升工作组织的动力和活力，更好地为广大职工服务。

3. **实证研究**

（1）通过专题调研，了解到 12 家样本医院工会人员在性别、年龄、工作年限、学历结构、职称结构、职务职级结构方面的比例情况。性别结构以女性为主；年龄结构以中青年为主，年轻力量有待补充；学历结构逐步优化，人才队伍建设受到重视；职称结构以初中级为主，晋升困难。

（2）通过观察研究，以近两年某三甲医院工会围绕引领机制、动员机制、维权机制和自我创新机制四个机制所开展的工作和成效为对象，进行研究分析。

引领机制方面，提供岗位成才（劳模评选、工匠评选、各类先进评选），充分发挥典型的示范和引导作用，以形势任务教育、宣传思想工作、文明创建活动等为"连线"，搭建引导平台，坚持在服务职工中教育职工，在依靠职工中宣传职工，在组织职工中动员职工，在构建和谐医院中充分发挥工会组织的"传感器"作用。

动员机制方面，工会引导各部门工会干部有正确的群众观念和服务意识，深入基层、深入职工，了解职工的需求，以此激发动员机制，激励职工参与工会活动。

维权机制方面，严格按照《中华人民共和国工会法》《中华人民共和国工会章程》执行，以法律为依据帮助劳动者维护其合法权益。依法维权是工会履行基本职责的有效保障，为了创造良好的维权法治环境，为了确保维护职工合法权益工作取得实效，各级工会必须强化法律监督机制。

自我创新机制方面,工会要以职工需求为导向,注重职工的反馈和互动,贴近职工群众,从便民出发,将服务窗口搬到网上,打造"网上职工之家",对线下工作流程进行优化重组,建立配套机制,使线上线下相互促进、有机融合,提升工作效率。

(本文获第二十二届年会征文一等奖)

长尾视角下的员工意见及机制研究

——以复旦大学附属妇产科医院 "员工心声码上提"项目为例

王 珏 张 铮 方 璐 李 晶 薛文川 边欣月 麻慧琳

(复旦大学附属妇产科医院工会)

员工是单位的主人翁。坚持以人为本,充分调动员工积极性、创造性、能动性,是激活医院高质量发展的新动力。近年来,"医务人员满意度"也作为指标之一纳入全国二、三级公立医院绩效考核。

员工的意见及建议是员工参与民主管理、反映心声的重要方式之一。在大兴调查研究的背景下,更好地搜集基层提议并且充分发挥其价值意义非凡。

在"长尾理论"的启发下,本研究聚焦日常化、多样化、琐碎性的、细节性的员工心声这一"长尾",搭建切合实际、反映问题、与时俱进、高效畅通的员工意见闭环处理机制,以探索员工意见在民主监督、单位决策等方面的"长尾效应"。

一、研究背景

(一)群众路线

群众路线是党的生命线和根本工作路线。习近平总书记在党的二十大报告中强调:"全党要坚持全心全意为人民服务的根本宗旨,树牢群众观点,贯彻群众路线,尊重人民首创精神,坚持一切为了人民、一切依靠人民,从群众中来、到群众中去,始终保持同人民群众的血肉联系,始终接受人民批评和监督,始终同人民同呼吸、共命运、心连心,不断巩固全国各族人民大团结,加强海内外中华儿女大团结,形成同心共圆中国梦的强大合力。"做好群团工作是党的群众路线的内在要求。工会作为联系党和群众的桥梁,需要坚持群众路线这一工作方法,以党建带工建,以工建促党建。

（二）长尾理论

"长尾理论"是由克里斯·安德森提出的、在网络时代兴起的一种新理论，阐释的是丰饶经济学概念。与众所周知的"二八定律"（少数主流的人或事物可以造成主要的、重大的影响）不同，"长尾理论"认为随着网络传播及零售的兴起，我们正在进入一个丰饶的世界，值得注意的应是需求曲线中那条长长的尾部，只要产品的存储、流通渠道足够大，需求、销量低的产品所共同占据的市场份额可以和那些少数热销的主流产品所占据的市场份额相匹敌，甚至更大，即众多小市场汇聚成可以产生与主流相匹敌的市场能量。"长尾理论"在各行业具有广泛适用性，经典案例有：谷歌为中小型网站和个人提供个性化定制广告服务，亚马逊的商业和经济模式，iTunes提供的纯粹数字音乐服务等。

（三）上海市医疗卫生单位民主管理现状

现阶段我国社会主要矛盾是人民日益增长的美好生活需要和不平衡不充分的发展之间的矛盾。在医疗事业单位中，存在医务人员多样化诉求与反映解决渠道不畅通的现象。

一方面，职工是单位的主体，关注的焦点大至医院发展、学科建设等顶层设计，小至餐饮娱乐、环境设施等日常事务，可能会随时随地发现各种问题，并提出多样化的建议或意见。对上海交通大学医学院附属新华医院、上海市皮肤病医院、复旦大学附属儿科医院、国际和平妇幼保健院、上海市胸科医院等10家医院的问卷调查结果显示，员工人数少于1 000的单位，年均搜集的员工意见均少于100条；员工人数在3 000和5 000之间的单位，年均搜集的员工意见多数在100～500条，少数少于100条；建言内容涉及后勤服务、医院发展、心理支持、职工福利、信息服务、工作设施等多个方面。

另一方面，现有的员工意见搜集、处理方式尚未适配各级各类需求。比如职代表提案，往往聚焦与职工利益密切相关的重大事项和共性问题，工作机制较完善，但不适用于解决个性化的小问题；院长信箱或工会主席信箱、意见簿，可接收员工日常诉求，但不符合移动互联时代使用习惯，而且反馈机制缺乏保障；座谈、来电来访，可充分沟通了解情况，但有接待时间或空间限制，而且不适用于匿名提议。这些可能会挫伤民主参与积极性，也可能导致服务职工群众效果打折。在对10家医院的调研中发现，员工意见收集方式前三位是工会组长报告（100％）、座谈（90％）和来电、来访（80％）；多数单位的落实率在50％～75％之间;超过半数的受访医院工作人员认为处理效率(80%)、搜集方式(50%)、相关工作制度和流程(50%)等是需要优化的要点。

在"互联网+"浪潮下,群众路线的践行方式应与时俱进,借助新技术手段,探索满足即时性、隐私性、可溯性、联动性等特点的新方式,挖掘员工真实的想法和意见,以更好地服务职工,助力医院发展。

二、研究设计

(一) 研究对象

本研究调查对象为复旦大学附属妇产科医院员工日常化、多样化、琐碎性的、细节性的但可能被忽视的诉求和建议,属于长尾理论中的长尾部分。

(二) 调查方式

在医院信息科的协助下,在钉钉办公系统中开发"员工心声码上提"程序模块。提议处理流程为:(1)员工随时可扫描张贴在科室的二维码海报或访问钉钉系统的意见反馈应用,进入提议界面,描述问题并提供处理建议,选择匿名或实名填写,进行提交。(2)工会工作人员在钉钉系统后台接收到员工意见反馈提醒后,根据提议内容,在系统内选择需要流转处理的部门负责人,报工会主席或副主席审批。(3)工会主席或副主席审批通过后,该建议将流转至指定部门负责人,一事一议。(4)相关部门负责人在钉钉系统后台接收信息后,在7日内进行核实、处理、答复。(5)工会工作人员接收相关部门答复,报工会主席或副主席同意。如为匿名提议则结束流程;如为实名提议,则回复提议者并请提议者进行满意度评价,结束流程。(6)完整流程结束后,通过信息化手段进行结构化自动归档。

三、结果与分析

(一) 基本情况

截至2023年6月30日,"员工心声码上提"后台共收到员工意见199条。
1. 提议方式

在199条提议中,35.68%为实名提议,64.32%为匿名提议。可见,匿名提议的现实需求不可忽视。

2. 提议内容

提议的内容均为员工日常工作中遇到的与自身密切相关的问题,以小微而具体的提议居多。比如,反映查房车写字板太慢问题,希望完善对某一区域的禁烟管理,建议增加幽门螺杆菌等体检项目,建议食堂推出减脂餐等餐品,希望明确某个月的薪资分配及计算方式等。

提议数量从多到少依次为工作设施(55条,27.64%)、工作流程(32条,16.08%)、后勤服务(31条,15.58%)、薪资酬劳(22条,11.06%)、职工福利(14条,7.04%)、举报投诉(12条,6.03%)、职业健康(10条,5.03%)、工作安排(10条,5.03%)、人才教育(4条,2.01%)、住房保障(4条,2.01%)、信息服务(3条,1.51%)、文体活动(1条,0.50%)、医院发展(1条,0.50%)、其他(1条,0.50%)。

3. 归口部门

提议转交涉及医疗、医技、护理、行政、后勤等条线23个科室,覆盖面较广。

4. 处理效率

在院部的支持、职能科室的配合和"员工心声码上提"机制的保障下,97.99%的提议在转交后7日内得到相关职能部门的处理和答复,形成闭环。

5. 处理满意度

对实名提议者的回访结果显示,97.18%的实名提议者对处理答复表示满意或较满意。

(二) 成效分析

1. 员工层面

对于员工而言,"员工心声码上提"平台的作用主要有三个。

一是破除信息壁垒。由于科室细分、信息发布渠道多元化、流程机制繁多等因素,部分员工不了解相关信息,也不清楚了解渠道。比如,规培医生轮转频繁,咨询其福利品的领取安排;询问留学博士申请落户、申请公租房的时间等等。在"员工心声码上提"的机制流程中,工会作为中转站,将搜集的信息进行分拣,点对点流转至相关职能科室负责人进行核查处理,可在一定程度上解决信息不对称问题,发挥上传下达作用。

二是反映急难愁盼。"员工心声码上提"后台收到了职工缺药等急事,院区停车等难题,单身交友等愁事和提高值班费等期盼,为职工拓展了倾诉和求助的途径。

三是增强主人翁意识,发挥民主监督作用。在众多提议中,有的从管理者角度出发,关注"僵尸车"的处理问题、值班床褥更新和消毒问题;有的从监督者角度出发,投诉或举报科室内部制度不合理、管理不到位等问题;有的从患者角度出发,指出某一区域标识指示不清、患者等候区缺少座椅、自动贩卖机上缺少卫生用品、患者复印打印不方便、患者错过医院电话无法回拨到具体科室等问题。这些提议为加强内部管理,提升细节服务提供依据和思路。

2. 科室层面

对于科室而言,员工提议和处理机制是对相关科室工作的监督,也对工作方式提出了新的要求。

一是优化和规范工作制度和流程。比如,部分员工基于实际情况对薪资明细、评优规则提出疑问,敦促相关科室将实施依据和细则透明化,确保权限合规、程序正当、过程公开。又如,数条员工意见表示设备报修后未得到及时处理或者多次维修仍未解决问题,希望相关科室明确时限和提高效率。

二是查漏补缺,解决问题。比如,有提议指出某病房床位数量与诊疗任务量之间的矛盾,以及相应产生的露天候诊等问题,希望相关部门制定排班和预案。又如,有员工提出信息流程审核对于轮转人员不太友好,希望可以根据排班表开放权限。经相关科室核查,解决该问题需要多部门协作完成,已经明确解决方案并在改进过程中。

3. 医院层面

对于医院而言,关注员工意见的"长尾效应"主要体现在三点。

一是员工心声为医院开展实事工程奠定基础。比如,针对员工呼声最高的工作环境设施问题,医院开展专项调研,对十余个点位的空间布局进行规划改造,升级职工健康休息室,改善员工工作体验。针对工作流程问题,医院业务提升专班正在有针对性地推进解决中。这一过程很好地贯彻了从群众中来到群众中去的工作作风。

二是搜集员工意见是提升医务人员满意度的有力抓手。全国三级公立医院绩效考核的"医务人员满意度"指标明确关注医务人员对薪酬福利、发展晋升、工作内容与环境、上下级关系、同级关系等方面的满意程度。员工意见将满意度结果数据表现为具体的事项,坚持问题导向是提升医务人员满意度的突破口。

三是群策群力赋能医院高质量发展。员工通过提议自下而上进行民主监督,促使职能科室见微知著,有所作为,进而影响顶层设计,推动高质量发展。

四、思考与讨论

基于上述实践和分析,以员工意见为切入点,践行群众路线,推动医院高质量发展可着眼于以下三点。

一是关注员工日常建议带来的"长尾效应"。以问题为导向,从一事一议到化零为整,从员工、科室、医院等不同层面挖掘其价值,进而提高医务人员满意度,推动医院高质量发展。

二是重视渠道建设,综合运用多种意见收集方式,实现优势互补。畅通提议渠道是获得真知灼见的有力保障。线上、线下的员工意见收集方式在人群覆盖率、便捷性、时空限制性、隐私性、处理效率等方面各有利弊,结合实际,扬长避短,打好"组合拳"是高效了解员工心声的重要举措。

三是建设自上而下的支持体系,保障意见处理效率。除了完善的流程和机制,运行还需要党政部门的支持和各职能部门的通力协作,以保证意见处理质量和效率,赢得职工的信任,进一步调动员工积极性,促进医院发展。

(本文获第二十六届年会征文一等奖)

公立医院高质量发展下医务人员工作幸福感的影响机制及提升对策研究报告

周国江 季沈楠 胡钟慧 崔文彬 陈中建 蒋 卫 杨莉萍
(上海市皮肤病医院工会)

一、问题提出

2022年12月,为落实《国务院办公厅关于推动公立医院高质量发展的意见》《公立医院高质量发展评价指标(试行)》和《公立中医医院高质量发展评价指标(试行)》文件精神,指导各地规范开展高质量发展评价工作,国家卫健委制定包含五方面18项具体指标的《公立医院高质量发展评价指标(试行)操作手册(2022版)》,其中一个重要指标就是医务人员满意度。可见,医政管理已经从之前重点关注患者满意度转向同时关注医务人员满意度和患者满意度的新时代。

在生活水平日益提高的当下,精神需求的满足逐渐成为人们生活中更为关注的重点,民众的幸福感、获得感等主观体验指标也逐步被政府纳入相关政策文件中。在学术界,工作幸福感被用于个体对其自身的工作经历和职能进行心理、生理和社交方面的整合性评估,是以往对工作满意度研究基础上进一步发展出来的一个全新概念,在内涵上较后者更加宽泛。有研究发现,工作幸福感对员工的身心健康和组织的健康发展均会产生重要影响。从组织管理的实践来看,能感受到幸福的员工的工作参与度会更高,有更好的工作绩效和更具创造力。因此,本研究将医务人员幸福感作为主要关注点。

以往关于幸福感前因的研究大多聚焦于工作特征或个人因素,尽管也有学者探讨组织情景因素对员工幸福感的影响,但鲜有研究具体探讨发展型人力资源管理实践与员工幸福感之间的内在作用机制。发展型人力资源管理实践是由Kuvaas提出,主要强调以员工的个人发展为核心,组织为员工提供更多的职业培训和职业发展机会,并以此来提高员工对组织的情感承诺。由于其与当前年青一代员工追求职业能力的提升和自我发展的理念比较契合,因此引起越来越多的学者关注和重视。

现有的研究发现,发展型人力资源管理实践能够对员工的态度和行为产生影响,如员工的即兴行为、知识共享行为、工作绩效、敬业度和主动创新行为等。根据资源保存理论,组织有价值的、前瞻性的资源投资会促使个体进一步做出资源投入,而拥有较少资源的个体则倾向于保留既有资源,而不愿进行资源投资以避免损失。发展型人力资源管理实践作为一种组织赋予员工自我提升空间和机会的重要资源,可以促使员工重构工作内容、角色和人际关系以促进其与岗位的适配性,使得工作更有意义,并促使员工收获幸福感。基于此,本研究拟引入工作重塑作为中介变量,探讨发展型人力资源管理实践影响医务人员工作幸福感的中间机制。

需要进一步思考的是,通过推行发展型人力资源管理实践一定能够激发员工的工作重塑行为吗?组织推行发展型人力资源管理实践为员工提供可持续发展平台,目的就是促进员工的职业成长,提升员工的满意度和获得感,同时帮助组织获得长期发展。有研究者认为,发展型人力资源管理实践主要从技能培训、绩效反馈与职业发展三方面为员工提供工作资源,根据资源保存理论,获得丰富资源的员工更倾向于保护或扩展对其有价值的资源。发展型人力资源管理实践为员工的工作重塑提供机会和动机,但是这一动机激发过程通常会受到外部环境因素的影响和制约。尽管员工通过工作重塑可以获取更多的工作资源,但是工作重塑并不一定会成功,意味着工作重塑行为本身是有风险的,当员工感知到工作重塑的风险过高,即便组织为员工提供足够的发展支持,也很难激发员工的工作重塑动机。相反,若员工感知到组织的外部环境对差错的容忍度较高,就会为员工提供足够的心理安全感,促使他们更愿意去进行一些冒险行为,此时组织的一些支持性行为,如发展型人力资源管理实践,则可能会激发员工的工作重塑。因此,员工对组织差错管理氛围的感知将影响发展型人力资源管理实践与工作重塑之间的关系。

具体来说,那些积极开展工作重塑的员工更易获得工作资源,因此在工作过程中可以获得更多的满足,从而进一步产生工作幸福感。然而,也有员工尽管在组织推行发展型人力资源管理实践过程中获益,但由于其担心失败而裹足不前或满足于现状。因此,可以合理推断,工作重塑的意愿不仅取决于员工获取资源的动机水平,还取决于组织对待差错与失败的态度。简单来讲,组织中差错管理氛围水平的高低影响着员工进行工作重塑的意愿,进而可能影响员工幸福感的获得。因此,本研究有必要探究差错管理氛围水平对发展型人力资源管理实践影响工作重塑的调节作用。

综上所述,本研究主要关注发展型人力资源管理实践影响医务人员幸福感的作用机制及边界条件,具体研究内容可以概括为:一是探讨工作重塑在发展型人力资源管理实践与医务人员幸福感之间的中介作用;二是探讨差错管理氛围感知在上述作用中发挥的调节作用;三是根据研究结论提出提升医务人员幸福感的相关政策建议。

二、研究方法

(一)研究样本与数据采集

本研究采用问卷调查法收集数据,量表的所有题项均基于员工个体的感知层面,问卷收集方式主要通过网络平台采集。选择上海市三级、二级医院以及社区服务中心总计14家,共发放问卷400份,最终获得有效问卷311份,问卷回收率为77.75%。被试样本中,男性占比34.4%,女性占比65.6%;26岁以下的员工占比8.4%,26~35岁的占比34.7%,36~45岁的占比40.2%,46~55岁的占比15.4%,56~65岁的占比1.3%;大专及以下学历的员工占比4.2%,本科学历占比50.5%,硕士学历占比28.0%,博士学历占比17.4%;职称未聘的员工占比7.1%,初级职称占比27.7%,中级职称占比41.2%,副高级职称占比17.4%,正高级职称占比6.8%;三级综合医院人数占比47.6%,三级专科医院占比24.4%,二级综合占比3.5%,二级专科占比6.1%,社区服务中心占比18.3%;工作年限在1年及以下的员工占比4.2%,2~3年的占比14.5%,4~5年的占比8.7%,6~10年的占比15.4%,11年及以上的占比57.2%。

(二)研究工具

本研究中的量表均选自国内外成熟量表,具体如下。

发展型人力资源管理实践感知量表。本文使用 Kuvaas 等(2008)开发的量表,内容包括"我们医院对我的职业发展情况比较关注"等19个题项。在本研究中,该量表的克隆巴赫系数(Cronbach's alpha)为0.971。

工作重塑量表。本文使用 Slemp 和 Vella-Brodrick 等(2015)编制的量表,一共包含"引入新方法来改进我的工作"15个题项。该量表的克隆巴赫系数为0.909。

员工幸福感量表。本文使用 Zheng 等(2015)开发的量表,总共18个题项。

该量表的克隆巴赫系数为 0.948。

差错管理氛围感知量表。本文使用 Cigularov 等（2010）等开发的量表，内容包括"如果在犯错后不能继续工作，我们可以依靠别人"等 16 个题项。该量表的克隆巴赫系数为 0.955。

控制变量。根据已有的关于员工幸福感的相关实证研究文献，文章的控制变量包括员工的性别、年龄、学历和工作年限。

三、数据分析与研究结果

（一）共同方法偏差检验

由于本研究对各变量的测量都是由同一被试者填写，可能存在着共同方法偏差的影响，为了检验共同方法偏差，本研究采用 Harman 单因子检测法予以检验，经检验得到未旋转时的第一主成分为 37.53%，小于 40%，因此可以认为本模型的共同方法偏差检验达到要求。

（二）验证性因子分析

本研究采用 Mplus 8.3 软件验证性因子分析检验发展型人力资源管理实践感知、工作重塑、员工幸福感以及差错管理氛围感知这个几个变量的区分效度。由结果可知，四因子模型中的各项指标均符合要求，且拟合度最好，说明本研究变量间具有良好的区分效度。

（三）描述性统计与相关分析

本研究对各变量进行描述性统计及相关性分析，发展型人力资源管理实践感知与工作重塑、员工幸福感呈显著正相关（$r=0.505$，$P<0.01$；$r=0.557$，$P<0.01$），工作重塑与员工幸福感显著正向相关（$r=0.594$，$P<0.01$）。

（四）假设检验

1. 主效应与中介效应检验

本研究采用分层回归方法对相关假设进行检验。结果显示，在控制人口统计学变量后，发展型人力资源管理实践感知对员工幸福感具有显著正向影响（$\beta=0.423$，$P<0.001$）。在固定控制变量的影响后，发展型人力资源管理实践

感知对工作重塑有显著的正向影响(模型 2，$\beta = 0.351$，$P < 0.001$)；从模型 5(模型 5，$\beta = 0.468$，$P < 0.001$)可见，工作重塑对员工幸福感有显著的正向影响。在加入中介变量(工作重塑)后，发展型人力资源管理实践感知对员工幸福感有显著的正向影响(模型 5，$\beta = 0.259$，$P < 0.001$)，但回归系数较之前 0.423 降低，说明工作重塑在发展型人力资源管理实践感知与员工幸福感之间发挥着部分中介作用。

本研究采用 SPSS 22.0 中的 PROCESS 程序来进一步检验中介效应是否存在。由分析结果可知，发展型人力资源管理实践感知通过工作重塑到员工幸福感的间接效应值为 0.158，95％置信区间为[0.106，0.222]，不包含 0，说明发展型人力资源管理实践感知经由工作重塑对员工幸福感的间接作用达到显著水平。

2. 调节效应检验

为了验证差错管理氛围感知可以调节发展型人力资源管理实践感知与工作重塑之间的关系，本研究利用 SPSS 22.0 检验调节作用。首先将发展型人力资源管理实践感知与工作重塑进行中心化处理，构建两者的交互项。交互项正向影响工作重塑($\beta = 0.045$，$P < 0.05$)。

为了更直观地体现差错管理氛围感知的调节效应，本研究以差错管理氛围感知的均值加减一个标准差来绘制调节效应图。当差错管理氛围感知水平较高时，发展型人力资源管理实践感知对工作重塑的正向影响较强；当差错管理氛围感知水平较低时，发展型人力资源管理实践感知对工作重塑的正向影响较弱。

3. 被调节的中介效应检验

本研究运用 SPSS 22.0 的 PROCESS 插件检验被调节的中介作用。在不同水平的差错管理氛围感知下，发展型人力资源管理实践感知对员工幸福感的条件间接效应的偏差校正 95％置信区间都不包括零。这些结果表明，发展型人力资源管理实践感知通过工作重塑对员工幸福感的间接效应均显著，因此，进一步验证发展型人力资源管理实践感知通过工作重塑对员工幸福感产生的间接效应被差错管理氛围感知正向调节。

(五)员工幸福感的总体及各维度情况

本研究对构成员工幸福感的三个维度(生活幸福感、工作幸福感和心理幸福感)分别进行测量，各自最高分为 5 分，最低分为 1 分，理论中值为 3 分，得分越高说明幸福感越强。三个维度的得分均高于理论中值(3分),各维度得分自高到低排序依次为:心理幸福感、工作幸福感、生活幸福感。其中,生活幸福感的平均值最低,说明员工对生活幸福感的评价较差。

四、讨论与建议

本文基于资源保存理论,通过问卷调查与数据分析,探究发展型人力资源管理实践感知对员工幸福感的影响和边界条件,以及员工幸福感及其各维度得分情况。研究结果表明:

第一,发展型人力资源管理实践可以促进员工的工作重塑,并提升医务人员的员工幸福感;工作重塑在发展型人力资源管理实践与员工幸福感之间起部分中介作用,差错管理氛围感知不仅正向调节发展型人力资源管理实践与工作重塑之间的关系,还正向调节发展型人力资源管理实践通过提升工作重塑对员工幸福感的间接效应。

第二,员工幸福感总体评价尚可,各维度得分情况从高到低依次是:心理幸福感、工作幸福感、生活幸福感,其中心理幸福感得分为4.03分。

(一) 理论意义

首先,尽管有对临床医师幸福感与工作压力的影响因素进行研究,但很少有研究聚焦于组织人事管理方面与员工幸福感的内在机制研究,本研究丰富了发展型人力资源管理实践与员工幸福感的研究内容,从理论上推导并从实证上检验发展型人力资源管理实践对员工幸福感的影响。

其次,从工作重塑视角探讨发展型人力资源管理实践对员工幸福感的影响机制。发展型人力资源管理实践可以显著影响员工的工作重塑,这与唐春勇等(2023)提出的发展型人力资源管理实践可以通过工作重塑进一步激发员工的主动变革行为的研究结果相类似。研究探讨工作重塑这一资源获取策略在组织实践对员工心理满足的中介作用,为后续的相关研究提供借鉴意义。

最后,本研究引入差错管理氛围作为调节变量,揭示员工在组织资源支持情形下进行工作重塑还受到所在组织对待差错和失败的态度影响。良好宽容的组织环境有利于员工在实际工作中进行试错,并在失败中发现规律、总结经验,根据资源保存理论,在积极的差错管理氛围的影响下,更能促进员工开展工作重塑并从中获得幸福感。

（二）管理启示

第一，通过广泛开展发展型人力资源管理实践的推广，发挥组织管理的良好优势，着力从职业发展、技能培训以及绩效反馈三方面了解员工需求并给予满足，从而进一步提升员工对组织的情感承诺，促进其进行工作重塑。

第二，鼓励员工积极开展工作重塑，一方面有助于员工与工作形成密切的情感联系，还可以通过工作重塑来提高个人与组织之间的匹配度，使其更加自信并提高员工对工作意义和认同感的认知水平，从而提升员工幸福感。

第三，卫生行政部门和医院的管理者可以通过创造更宽松的工作氛围，提供容错机制的存在条件，比如当年轻员工在面对大型手术场景不敢独当一面时，带教导师应该给予积极鼓励，甚至在出现重大失败时，保持宽容的心，给予失败者更多关心和支持，这样自然可以培养员工的冒险精神，激发员工的创新意识。

第四，医务人员的幸福感总体水平不是很高，亟待需要引起相关部门的注意，这可能与当前的医患关系紧张、医疗资源不足引发医务人员的情绪紧张、工作负荷超重等因素有关。

（三）提升策略与路径

上述分析表明，医务人员的幸福感可以通过提升组织资源，如给予员工更多的职业发展机会、加强技能培训以及适时地进行绩效反馈等形式满足员工的需求。同时，可以通过营造轻松的工作氛围，创造更多创新、创业的机会，给予失败者更多鼓励和宽容，激发员工进行主动行为改变以顺应工作，从而提升员工对当前工作环境的适应和心理认知。此外，切实从根本上解决医疗资源不足和医患关系紧张的问题，消除影响临床医师以及其他医务人员幸福感的外在因素。

（本文获第二十六届年会征文一等奖）

T医院抗疫闭环管理医护人员与非闭环管理医护人员职业倦怠差异研究

黄 洁 罗翠玲 郑 涛 郭本玉 庄晓军

（上海市同仁医院工会）

2022年3月，上海新冠疫情暴发。为了有效防控疫情，T医院对重点岗位医务人员实行闭环管理，点对点（工作岗位至住宿），不与他人近距离接触，目的是对疫情风险人员进行精准管控。在与疫情交锋、与病毒对峙中，广大医护人员用实际行动践行伟大抗疫精神，冒着被感染的风险奔赴一线守护生命。每天高强度的工作量，对病毒未知的高风险，穿上防护服大量流汗脱水，过度的身体消耗对医护人员的体力、耐力和心理都是不小的考验，长时间较大的高压环境不利于身心健康。以往研究显示，医护人员的心理健康及日常工作行为可能更容易受到疫情的负面影响，严重时会导致职业倦怠。

一、对象和方法

（一）研究对象

采用整群随机抽样方法，选取参加抗击新冠疫情的T医院医护人员为研究对象，纳入标准：（1）参加抗疫工作且自愿参加本调查；（2）根据实际工作岗位，把2022年3至6月参加抗疫工作时间大于等于2周，在方舱、定点医院、发热门诊、隔离病房、采样队、封控血透、PCR实验室（基因扩增实验室）工作的医护人员归为抗疫闭环管理医护工作者；（3）把实际工作岗位在手术科室、非手术科室、医技、急诊、门诊、互联网门诊等医护人员归为抗疫非闭环管理医护工作者。排除标准：（1）各类未取得执业资质的实习生和见习生；（2）疫情防控期间，非在岗的医护人员；（3）非自愿参与及不具备填写问卷能力者。本研究通过T医院伦理委员会批准（2022-007），最终收回问卷1 713份，有效问卷1 650份，有效率96.32%。

（二）调查方法

2022年6月20日至7月3日，通过医院内网OA发布问卷，对T医院抗疫医护人员进行问卷调查，按要求完成每个选项，提交后审查、统计、分析调查结果。

（三）调查材料

（1）一般情况调查：采用自编一般情况调查表，搜集被调查者年龄、性别、婚姻状况、文化程度、户籍、职务、工作年限、工作岗位、身体状况、收入状况、家庭状况和人际状况的一般人口学资料。

（2）职业倦怠量表：本研究使用职业倦怠量表MBI（包括情绪衰竭、人格解体和成就感低落三个维度）来测量职业倦怠情况，该量表共有15个条目，采用每个条目评分为0（从不）～6（每天）7级评分。以情绪衰竭维度大于25分、人格解体维度大于11分、成就感低落维度大于16分为职业倦怠临界值，无职业倦怠则为各维度得分都低于临界值，轻度、中度、高度职业倦怠评价标准分别为1、2或3个维度得分高于临界值。职业倦怠总分＝情绪衰竭×0.4＋去人格化×0.3＋成就感低落×0.3。本研究中，职业倦怠量表总的信度系数为0.905，各维度信度系数分别为0.950、0.949、0.931。

（3）健康问卷抑郁量表（PHQ-9）：该量表由9个条目组成，每个项目0（没有）～3（几乎每天）4级评分，总分0～27分，其中5～9分为轻度抑郁；10～14分为中度抑郁；≥15分为重度抑郁。本研究PHQ-9量表的信度系数为0.932。

（4）广泛性焦虑量表（GAD-7）：该量表共包含7个条目，每个条目0（完全没有）～3（几乎每天）4级评分，总分0～21分，分数越高表明症状越严重，轻度、中度和重度焦虑的界值分别为5分、10分和15分。本研究GAD-7量表的信度系数为0.949。

（5）睡眠质量指数量表：自评匹兹堡睡眠质量指数量表（PSQI），该量表共18个条目组成，包含7个成分（睡眠质量、入睡时间、睡眠时间、睡眠效率、睡眠障碍、催眠药物、日间功能障碍），每个成分（0～3）4级评分，总分越高睡眠质量越差；若＞5分可能存在睡眠障碍。本研究PSQI量表的信度系数为0.908。

（6）社会支持评定：社会支持评定量表（SSRS，包括客观支持、主观支持、对支持的利用度三个维度）共10个条目。总分越高，说明社会支持水平越高。本研究SSRS量表的信度系数为0.782。

（四）统计分析

采用 SPSS 22.0 软件进行统计分析，对一般人口学特征进行描述性分析，采用独立样本 t 检验，用多元线性回归分析进行影响因素分析。

二、结果

（一）两组一般人口社会学特征

774 名抗疫闭环管理医护人员，年龄 18～40 周岁的占比 76.49%；男性 186 人（24.03%）、女性 588 人（75.97%）；已婚 440 人（56.85%）、未婚 323 人（41.73%）；文化程度主要为本科（53.49%）、硕士及以上（26.49%）；上海本地 409 人（52.84%）；普通职工 704 人（90.95%）、中高层职工 70 人（9.05%）；工作年限 10 年以下占比 54.52%、工作年限 11～20 年占比 29.46%；临床医生占比 31.27%、临床护士占比 53.10%、其他岗位职工占比 15.63%；对身体状况不满意和较不满意占比 18.87%；对收入状况不满意和较不满意占比 42.63%；对家庭状况不满意和较不满意占比 6.72%；对人际情况不满意和较不满意占比 7.1%。876 名抗疫非闭环管理医护人员，年龄 18～40 周岁的占比 59.59%；男性 235 人（26.83%）、女性 641 人（73.17%）；已婚 633 人（72.26%）、未婚 216 人（24.66%）；文化程度主要为本科（55.13%）、硕士及以上（28.77%）；上海本地 627 人（71.58%）；普通职工 777 人（88.70%）、中高层职工 99 人（11.30%）；工作年限 10 年以下占比 36.07%、工作年限 10～20 年占比 32.42%；临床医生占比 34.13%、临床护士占比 39.73%、其他岗位职工占比 26.14%；对身体状况不满意和较不满意占比 13.25%；对收入状况不满意和较不满意占比 36.42%；对家庭状况不满意和较不满意占比 3.08%；对人际情况不满意和较不满意占比 4.68%。

（二）职业倦怠得分情况分析

774 名抗疫闭管理环医护人员，职业倦怠总分为 11.02±5.34，其中三个维度：情绪衰竭、人格解体、成就感低落得分分别为 12.45±6.94、6.91±5.58、13.23±9.54。876 名抗疫非闭环管理医护人员，职业倦怠总分为 10.29±5.39，其中三个维度：情绪衰竭、人格解体、成就感低落得分分别为 11.90±6.91、6.63±5.49、11.79±9.346。抗疫闭环管理医护人员职业倦怠总分、成就感低落得分显著高于抗疫非闭环管理医护人员（$P<0.05$），抗疫闭环管理医护人员与非闭环管理医护人员情绪衰竭、人格解体得分无显著性差异（$P>0.05$）。

（三）相关量表得分情况分析

抗疫闭环管理医护人员抑郁量表总分（7.53 ± 5.74）、睡眠质量指数量表总分（16.59 ± 9.64）显著高于非闭环管理医护人员抑郁量表总分（6.98 ± 5.59）、睡眠质量指数量表总分（15.09 ± 9.10），且差异有统计学意义（$P<0.05$）；抗疫闭环管理医护人员社会支持评定量表总分（51.52 ± 11.89）显著低于非闭环管理医护人员（54.26 ± 11.50），且差异有统计学意义（$P<0.05$）；抗疫闭环管理医护人员与非闭环管理医护人员广泛性焦虑量表总分无显著差异（$P>0.05$）。

（四）研究对象职业倦怠的影响因素多因素分析

根据单因素分析的结果，以职业倦怠总分为因变量，将单因素分析及相关性显著的变量提取为自变量，进行多因素线性回归分析，结果显示，受教育程度、工作年限、身体状况、收入状况、人际关系、广泛性焦虑、睡眠质量是影响职业倦怠总分的因素（$P<0.05$），且广泛性焦虑和睡眠质量是抗疫闭环管理医护人员职业倦怠的主要影响因素。其中，抗疫闭环管理医护人员职业倦怠总分高于非闭环管理医护人员，工作年限越长，职业倦怠得分越低；人际关系越满意，职业倦怠得分越低；身体状况越不满意，职业倦怠得分越高；教育程度越低，职业倦怠得分越高；收入状况越不满意，职业倦怠得分越高；情绪越焦虑，职业倦怠得分越高；睡眠质量越不好，职业倦怠得分越高。

三、讨论

新冠疫情的暴发，不仅影响着人们的身心健康，还对抗疫医护人员造成心理健康伤害。在工作年限、受教育程度、收入状况、身体状况、人际关系、广泛焦虑及睡眠质量等多因素的影响下，引起职业倦怠不同程度的心理健康问题。

（一）社会人口学因素对职业倦怠影响

根据调查数据显示，抗疫闭环医护人员较抗疫非闭环医护人员工作年限10年以下的人员占比高18.45％，大专及以下学历人员占比高3.92％。工龄短、学历低的医护人员对自身职业尚无无明确规划，自我评价不足，成就感低，医护人员的职业倦怠程度比较高。

（二）薪酬收入水平不高导致职业倦怠

本研究显示，收入状况是影响职业倦怠的重要因素，收入状况与职业倦怠严重度呈负相关。薪酬包括工资、绩效、福利等，更大的差异是在绩效的部分，它与科室的业务开展、病种收治、运营管理、医疗质量、学科建设等密切相关。疫情防控期间正常医疗受到影响，综合医院门急诊及入院患者数量锐减，运营收入减少，学科建设任务不能完成，必然会影响绩效。虽然疫情的发生发展存在不可抗拒，但职工的收入减少或付出与回报不成正比，会产生负面情绪，在一定程度上导致员工职业倦怠。对医院来说，科学的薪酬分配体系可以起到正向激励优秀员工的作用。

（三）持续而高强度的身心压力导致职业倦怠

本研究显示，焦虑和睡眠障碍是职业倦怠关键影响因素。在疫情防控工作中医护人员承受着持续而高强度的身心压力，如新冠定点医院、方舱医院、隔离病房、核酸采样队等闭环管理医护人员，更多地体验到不确定感、对被感染和可能传染给家人的恐惧、医患关系压力等。长期以来，医护人员在抗疫及临床医疗的同时容易忽略自身的个体需要，如安全防护、精神慰藉、心理疏导等，与常规的医疗相比，抗疫期间的日常工作需要承受更大的身心压力。长时间的身心压力易造成焦虑及睡眠障碍，导致职业倦怠的出现。

（四）疫情防控工作环境相对封闭导致职业倦怠

在新冠疫情防控中，闭环管理医护人员根据岗位需要短则14天换防，长则2个月，通勤时间长、通勤方式不方便限制医护人员活动的区域，减少医护人员与其家人相处的时间，削弱医护人员对于亲密性情感的获取，从而给医护人员造成一定的负面情绪影响。由于疫情防控要求及交通、生活的不便，也减少员工获取其他正面资源的机会，易导致医护人员产生职业倦怠感。

四、建议

（一）加强医院内部管理，构建科学合理的薪酬分配体系

完善科学、公正的医疗绩效考核机制，分析和进一步完善相关绩效考核结

果,规范绩效行为,充分研究并进行量化分析,确保考核指标的科学实用性。当然评估指标和评估环节的建立,也必须公平、公开和透明。要建立动态调整机制,稳步提高医务人员薪酬水平,让医务人员的收入趋于合理至关重要。绩效分配要向岗位风险大、技术难度系数高的岗位倾斜,真正体现医疗技术的服务价值,使医务人员的付出能得到合理的报酬,以充分调动职工的积极性。科室二次分配尽可能体现"多劳多得、优绩优酬"的理念,充分发挥激励医务人员的作用。

(二)重视医护人员职业倦怠现状,合理安排工作负荷

疫情防控进入常态化后,医护人员既要面对复杂的医患关系、职场人际压力等,又要面临疫情反弹风险压力,其工作负荷加大。建议在日常医疗活动中要着力提高医护人员的积极情绪,加强医护人员之间的相互支持和联系,增强医护人员的自我效能感,提高医护人员心理韧性。同时,呼吁家庭关怀,改善团队氛围,增加社会支持。如在工作场所中设立短暂休息娱乐等设施、团队人员之间相互尊重支持、营造和谐充满活力的团队氛围,并提倡全社会尊医爱医风气等,从而改善医护人员常态化期间由于工作负荷带来的倦怠感、疲劳感,增加使命感和愉悦感,提高工作效率。

(三)精准施策,差异化预防职业倦怠

对于工龄短、年龄小导致的职业倦怠,医院可以加强人力资源管理,帮助其树立健康可持续发展的工作观念,一方面要鼓励职工进行自我职业生涯规划设计,结合自身优势、特长及对本行业的理解,在不断学习的基础上优化,以满足上升渠道的需要;另一方面,医院要开展多种形式的、富有实效的人力资源规划指导工作,加强对医护人员职业规划的帮助与指导,并加强舆论宣传,提高职工对职业规划的认识,营造良好的医院文化氛围。对于身体状况、婚姻状况等导致的职业倦怠,可以通过组织开展心理咨询、心理知识讲座、健康教育、联谊活动、娱乐活动等方式,提高医护人员自我认知,提升职业价值感,降低职业倦怠情绪。

(本文获第二十五届年会征文一等奖)

医院工会对护士群体多源压力的干预探索
——以 S 市大型三甲综合性 Y 医院为例

冯 皓　刘友军　蒋 勇　吴卫青　吴 昱　徐 炜

（上海市第一人民医院工会）

习近平新时代中国特色社会主义思想和党的十九大精神，对群众工作的创新发展、群团组织的作用发挥提出了新的要求。新时代背景下，医院工会作为基层单位组织，需切实增"三性"、去"四化"、促"三转"，在转变工作方式方法、创新工作体制机制、切实履行职责职能、密切联系职工群众、满足职工日益增长的美好生活需要等方面亟待实现突破发展。上海市总工会第十四届代表大会报告指出，当前工会工作的针对性有效性还有待增强，内容和形式需紧贴职工需求、紧跟时代步伐，更加全面和更高水平增进职工群众的获得感和满意度，这也对基层工会工作开展提出了更高的要求。

当前，医院工会的相关研究主要包括其在思想政治工作中的作用发挥、在医院文化建设中的作用、医院职工心理动态及影响因素分析、在减轻女职工心理压力中的工作策略、开展人文关怀和心理疏导工作及通过提升职工文体活动质量服务职工等方面。近年来，医院工会对于职工减压、心理健康、人文关怀的重视程度逐渐提高。

医院中护士是完成医院医疗任务的重要力量之一，承担着维护患者健康、提供医疗服务保障等重要职责。近几年，我国护士群体的各方面压力不断加大，十分容易产生躯体及精神方面的问题，进而对工作和生活产生不利影响。因此，医院工会关心关爱护士群体，在明确分析护士群体压力源的基础上，舒缓其压力并发展多种应对方法，对护士群体的压力进行有效干预就显得尤为重要。

一、研究目的和方法

本文从 S 市大型三甲综合性 Y 医院的实际出发，以护士群体为核心干预对象,以实际需求为中心,聚焦其主要压力来源,通过分析压力水平等级和主要压力来源的相关性,有针对性、指向性地规划医院工会工作和设计医院工会活动,探索舒缓护士群体压力的多种方式方法,切实提高医院工会工作的有效性,提升护士群体的满意度和获得感。

本文主要采用文献研究、问卷调查、小组访谈等研究方法。

文献研究主要通过中国万方数据库、中国知网和中国期刊网,搜集并整理护士压力源、压力管理和干预、护士减压等相关主题文献,系统梳理既有研究结果,形成对护士压力和压力源、压力管理和干预的一般性认识。

问卷调查主要对护士情绪和压力源情况进行调查,除一般人口学统计资料外,采用《中国护士工作压力源量表》和《抑郁-焦虑-压力量表(DASS-21)》,运用随机抽样方法,选取Y医院内护士进行调查。其中护士工作压力源量表共有35个条目,主要包括护理专业及工作、工作量及时间分配、工作环境及仪器设备、患者护理、管理及人际关系等五个方面,在1至5分量尺上评定工作相关情境中所感受的压力,分值越高压力程度越大。DASS-21量表共有21个条目,分别测试压力、焦虑和抑郁情况,在0至3分量尺上根据一周内的自身情况作答,并按照各题所得分值计算总分,乘以2倍后为最终得分。调查所得数据采用SPSS 21统计软件进行分析,运用描述性统计、独立样本检验、变异数分析、Pearson相关性分析等统计学分析方法。

小组访谈主要对20名护士分两组进行多次小组访谈,主要涉及压力来源、支持来源、压力管理策略等主题,并跟踪其参与工会及其他医院活动的情况,采集其对于各类各项活动的满意度评价和反馈意见。

二、研究结果

(一)问卷调查的一般人口学统计资料分析

调查共发放问卷800份,回收问卷746份,有效问卷743份,有效回收率92.86%。在所有被调查者中女性占比98.5%(732人),近四分之三(536人)护士年龄不超过35岁,已婚护士占比63.3%(470人),未生育和生育一胎的护士各占比约46%,从事护理工作不足5年的护士占比最大(35%),大专学历护士仍有较大比例(48%),初级职称护士占比78.2%(581人),近90%(663人)被调查护士不承担护理行政、教育或管理职责。

(二)影响护士压力—焦虑—抑郁水平的一般人口学因素

通过对护士压力、焦虑和抑郁得分与一般人口学统计资料的数据分析可知,护士的专业技术职称对其压力和焦虑水平均有显著性影响($P<0.05$),护理工作的领域以及是否担任行政、管理和教育职责对抑郁水平有显著性影响($P<0.05$)。

进一步就专业技术职称与压力和焦虑得分的描述性统计分析可知,副主任或主任护师的平均压力和焦虑水平最低,护师的压力和焦虑水平均相对较高。在护理工作的领域中,ICU护理的护士有明显较高的抑郁水平,医技科室护理的护士抑郁水平相对较低。此外,担任行政、管理或者教育职责岗位的护士抑郁水平明显低于其他护士。

(三)影响护士工作压力源的一般人口学因素

通过护士工作压力源与性别的独立样本检验可知,男性和女性在护理专业及工作、工作量及时间分配方面的压力得分均值存在差异($P<0.05$),且女性得分均高于男性。在工作环境仪器设备、患者护理、管理及人际关系方面,性别差异则不显著。

通过护士工作压力源与年龄、护理工作时间的相关分析可知,护理专业及工作、工作量及时间分配、管理和人际关系等三方面和年龄因素存在弱正相关;护理专业及工作、工作量及时间分配、患者护理、管理和人际关系等方面和从事护理工作的时间因素存在弱正相关。

通过护士工作压力源与生育状况、从事护理工作领域的变异数分析可以看出,护士工作的压力源与生育状况无显著性差异;而与从事护理工作的领域存在显著性相关($P<0.05$)。护理专业及工作、工作量及时间分配、工作环境及仪器设备、患者护理等方面的压力得分平均值在ICU护理中最高,而医技科室护理最低;管理和人际关系方面的压力得分平均值在医技科室护理最高,在急诊护理中最低。

此外,根据独立样本检验、组间变异数分析结果,护士工作的压力源与护士是否承担行政、管理或教育职责以及护士最高学历、专业技术职称水平等均没有显著性相关。

(四)护士压力水平及护士工作压力源的相关分析

在所有被调查护士中,压力水平得分大部分为正常(67.4%)以及轻度

(14.3%)水平。

通过护士压力水平与护士工作压力源的相关分析可知,护理专业及工作、患者护理、工作量及时间分配与护士压力水平有较强相关关系。

进一步的相关性分析可知,在护理专业及工作方面,晋升机会少、护理工作社会地位低与其压力水平有较强相关关系;在工作量及时间分配方面,工作量太大与压力水平的相关性明显高于其他因素;在患者护理方面,担心工作中出现不良事件、护理的患者病情过重与压力水平有较强相关关系。

(五) 护士小组访谈的结果

本研究选择20名护士分组进行多次小组访谈,被访者基本情况如表1。

表1 小组被访者背景资料

编号	年龄	婚姻状况	生育状况	工作年限	工作领域	最高学历	技术职称	管理职责
N1	29	已婚	1胎	7	ICU	本科	护师	是
N2	31	已婚	1胎	9	急诊	研究生	护师	是
N3	33	已婚	1胎	12	外科病房	研究生	主管护师	是
N4	33	已婚	1胎	10	外科病房	研究生	主管护师	是
N5	37	已婚	1胎	18	综合病房	本科	主管护师	是
N6	37	已婚	1胎	18	急诊	本科	主管护师	是
N7	42	已婚	1胎	24	综合病房	本科	主管护师	是
N8	43	已婚	1胎	24	内科病房	本科	主管护师	是
N9	50	已婚	1胎	32	综合病房	本科	主管护师	是
N10	30	已婚	无	7	ICU	本科	护师	否
N11	30	未婚	无	10	内科病房	本科	护师	否
N12	31	已婚	2胎	8	内科病房	本科	护师	否
N13	44	已婚	无	25	综合病房	大专	主管护师	否
N14	25	已婚	无	3	内科病房	大专	护士	否
N15	24	未婚	无	1	外科病房	大专	护士	否
N16	26	未婚	无	4	手术室	本科	护师	否
N17	26	已婚	无	4	外科病房	大专	护士	否
N18	40	已婚	1胎	20	外科病房	大专	主管护师	否
N19	45	已婚	无	24	门诊	大专	主管护师	否
N20	37	未婚	无	19	急诊	大专	护师	否

通过访谈可知,护士的压力来源主要包括家庭压力和工作压力两方面。家庭压力主要包括对于家庭成员的照顾、与家庭成员相处时间少、与家庭成员关系的紧张等。工作压力主要包括工作量大、来自患者及家属的不理解以及责骂批

评等。

护士的支持来源同样包括家庭支持和工作支持两方面。值得注意的是,家庭成员在造成护士压力的同时,也是护士支持的重要来源。工作支持主要包括来自同事间的支持以及上级对于工作的理解和包容等。

当前护理的压力管理策略比较局限,主要通过听歌、运动、吃饭、购物等娱乐消遣活动实现自我调节,也通过朋友、同事间倾诉等非正式支持实现,寻求正式支持和帮助的意愿较低,对于正式支持获得的信息和渠道掌握也较少。

三、讨论与建议

(一)推动"互联网+"工会服务,互动式响应护士需求

伴随着社会经济和科学技术的革新,社会生活快速进入"互联网+"时代。互联网的深度应用多维度地改变着人们的日常生活,互联网已成为广大职工生活必不可少的要素。互联网为工会工作的开展创造了发展机遇,也提出了现实挑战。

上海市总工会第十四届代表大会报告要求,工会要积极开展"互联网+"工会建设,优化网络服务平台,建设微博、微信公众号,开发App客户端等,推出网上服务职工项目,形成线上受理、线下服务的全方位、全时段工会服务机制。面对新形势、新挑战和新任务,医院工会工作者应主动适应互联网时代要求,积极运用互联网手段及时精准把握护士个人和群体需求,合理响应护士诉求,探索"互联网+"工会工作新模式,形成线上线下多维度融合、多层次联动的工会工作新格局,更直接、便捷和精准地服务临床护理人员,从而不断提升基层工会对临床护理人员的辐射吸引力力及强大凝聚力。

在具体实践中,医院工会可积极打造"互联网+"工会民主管理互动平台,更好地加强民主管理和民主监督,提升护士群体在医院管理中的能动性。同时,护士群体可通过互动平台将自身的意见建议、维权诉求与工会工作者开展互动,医院工会则及时通过工会专用平台对相关问题进行审核、答复和转介,从而使更多的职工对工会工作知情并满意。

此外,医院工会应形成多个渠道、多种形式的反馈机制,从而引导职工积极自主运用互联网平台反映合理诉求,工会工作者则能及时开展针对性服务,形成积极向上的发展方向。不断拓展"互联网+"工会的服务功能,构建具有普惠性

和普适性的"互联网+"工作模式,为广大职工提供政策介绍、教育培训、法律咨询、技能提升、生活服务、健康咨询等所需的工会服务,更好地增强"互联网+"工会的吸引力和影响力。

(二)促进职能部门联合联动,全方位支持护士发展

医院工会应积极搭建职工服务平台,协调医院党办、护理、人事、教育、科研等诸多管理部门,多层次、全方位地促进护理专业人才成长和发展。

从医院管理角度来看,医院工会可提供民主调研与讨论的平台,在医院管理的诸多层面邀请护士群体参与讨论。在部分人事政策方面给予护士群体适当倾斜,改善组织内的信息沟通,给予低层人员更多的自主权,为年轻优秀的护理人员提供更多的培训和晋升机会等;进行全面、科学的工作岗位分析,合理调整工作岗位设计,避免超负荷工作的同时使得护理人员能够发挥最大的工作效率;落实绩效考核,不只是停留于形式层面,而是以提高组织绩效为目标,不只是反复对护理人员进行简单考核,而更注重沟通与帮助。

从护士群体的发展角度来看,面向新入职和低年资护理人员,医院工会及时开展护理职业生涯规划和职工道德素质讲座,树立职业自信心,坚定职业理想信念;联合医院人事管理部门,对护理人员的职称晋升和聘任条件等有关医院人事政策进行清晰的解读并分类指导,使广大护理人员熟悉相关制度标准,及早对标参照进行准备;联系医院教育管理部门,持续支持护士群体的岗位培训和在职教育,并对参与职业继续项目的护理人员给予一定程度奖励,注重护理人员职业能力的提升;联系医院科研管理部门,对护理人员从科研选题、研究过程到论文撰写、文章发表等方面予以充分指导,切实提升护士群体的科研能力。

此外,医院工会应创新性地举办护理岗位技能竞赛,改变传统竞赛组织方式方法,契合青年人群、特别是80、90后群体的特征,举办例如临床护理SBAR情景剧竞赛,灵活多样的增进临床护理人员对人际沟通的理解,提升临床场景下医患沟通的能力。

(三)发挥群团组织聚合优势,多面向调节护士压力

医院工会应充分发挥群团组织聚合优势,联合妇委、团委等群团组织,充分发挥服务职工职能,有效舒缓调节护士群体压力。

医院工会可联合妇委举办丰富多样的职工亲子活动,促进护理人员家庭和谐和睦;办好妈咪小屋,服务哺乳期女性职工;在充分调研的基础上,灵活利用时间、场地等资源,举行多样的文体活动,充分满足护理人员愉悦身心、调剂压力的需要;联合团委举办青年交友联谊活动,减轻护士群体来自家庭的部分压力。

医院工会可为护理人员开展情绪管理的课程。通过情绪管理的学习,使护理人员理性认识到自身的情绪特点,准确把握情绪与行为的关系,掌握调节情绪的方法,提升自我情绪的社会适应性。医院工会也可开设沟通培训课程。基于特殊工作性质,相比其他的职业,沟通对于护理人员来说更加重要。要提供优质的医疗服务,就必须做好与患者的沟通,与家属的沟通,与其他合作的医务人员的沟通,以及与上下级的沟通。面对巨大的压力与风险,就必须学会与人进行适当沟通来缓解压力。通过沟通技巧的培训,有助于护理人员之间增进彼此的信任和感情;通过沟通,彼此进行平等真诚的交流,不仅能够提升工作的效率,还能够有效缓解压力,及时调节不良情绪。

此外,医院工会应联合护理部对护理人员的压力进行积极干预,依托院内心理科专家定期对护理人员的心理健康状况进行评估,发现问题以及产生问题的原因,根据专家的建议定期举办心理相关的群团活动,对护士群体工作和生活中遇到的困扰长期提供团体心理辅导,并且构建咨询平台方便个人寻求心理咨询等。

总之,新时期新形势下,医院工会应积极推进"互联网+"工会建设,运用信息技术手段精准把握职工需求,跨部门、共聚力,围绕护士群体需要开展工作,促进护理人才成长与发展,舒缓调节护士群体压力,切实提高护士群体获得感和满意度。

(本文获第二十二届年会征文一等奖)

关于闵行区卫生计生系统值班室建设调研报告

沈文英　吴恩贞　夏海英　黄仲辉　火鸿敏　孙　丹　孙桂芳　张洁梅
（上海市闵行区医务工会）

医护人员在人们的生活中发挥着非常重要的作用。他们承担着救死扶伤、治病救人的崇高使命，他们治愈着别人的伤痛甚至从死亡线上抢救回来的生命，他们是广大人民群众健康的守卫者，也是实现"中国梦"的主力军。关心和重视医护人员的身体健康、生命安全，应成为医疗机构工会组织的重要责任和必然使命。

医护休息室亦称值班室，是医护人员工作期间临时休息的场所。医护人员每天都在超负荷的工作，一台手术后的筋疲力尽、几个小时抢救后的疲惫不堪、默默无闻的护理工作等等，这些是很多医护人员常常经历的。工作的特殊性需要他们夜以继日地忙碌在临床一线，为生命保驾护航的同时，医护人员的身心能否得到及时的休整也是极为重要的。

为了解和掌握闵行区医疗机构值班室现状及存在的缺陷，加强党委政府、医疗机构领导以及工会的重视和关心，推进医疗机构值班室环境建设，关心医护人员身心健康，维护广大职工权益。2018年10月闵行区医务工会开展全区医疗机构医护人员值班室环境建设调研活动。通过排查摸底、问卷调查、走访访谈，基本摸清医疗机构值班室现状、存在问题及原因。为此，工会应积极发挥党和政府的桥梁纽带以及"参政议政"作用，提出切实可行的建设意见与对策，助推医疗机构值班室建设，打造一个温馨的"医护之家"。

一、研究对象与方法

2018年10月，闵行区医务工会调研小组对全区13家社区卫生服务中心、2家专业站所及3家综合性医院约300名医护人员进行抽样调研。调研方式为发放《闵行区卫生计生系统医护人员值班室环境情况调查表》、实地走访和个别访谈等。本次调研共发放调查表 300 份,回收有效调查表 300 份。调查表内容涵盖值班室所处位置、值班室朝向、值班室环境、值班室大门安全、值班室配备的物品、值班室的整体色系、对值班室的满意度等,并分别听取社区卫生服务中心、专业站所及综合性医院部分医护人员对所在地值班室环境改善或建设的需求。

二、数据分析

(一)问卷调查结果

问卷调查显示:在 300 名问卷调查者中,值班室处在楼道尽头占 36.3%,处于楼道中间占 63.7%;值班室朝阳面占 35.3%,背阳面占 64.7%;认为值班室环境嘈杂占 43.7%,相对较安静占 56.3%;认为值班室门不结实不安全占 75.3%,仅有 24.7% 认为大门结实安全;值班室配备的物品设施中,空调和储物柜配备所占比例最高,其次为书桌文具占 54.3%,固定电话、冰箱和微波炉分别为 86.7% 和 78.3%,所占比例最少的卫生间、电脑、淋浴间和网络分别为 34%、33%、29% 和 28%;值班室暖色占 27%,冷色占 73%;对值班室非常满意占 16%,满意占 39.7%,对值班室一般满意占 36%,对值班室非常不满意占 8.3%。

综合起来,被问卷调查医护人员对值班室满意的占 55.7%,不满意的占 44.3%。统计结果表明:医护人员希望值班室增加电话、网络、卫生间、淋浴间、洗衣机、冰箱和微波炉等的呼声比较高。此外,还有要求增大房间空间,改善环境卫生,能够向阳通风,对于旧式空调漏水和房顶漏水能及时予以维修。在所有被问卷调查者中,来自社区卫生服务中心的医护人员 120 名,选择对值班室非常满意、满意或一般满意的共 110 人,占 91.7%;专业站所被调查者 60 人,选择对值班室非常满意、满意或一般满意的共 60 人,满意度 100%;专科医院共调查 20 人,满意度 95%;综合性医院共调查 100 人,满意度 86%。

(二)现场调查结果

现场走访中,我们看到大部分值班室环境条件不尽如人意。少部分值班室位于相对僻静的楼道尽头处,相对好些,而位于楼道中间的值班室大部分环境嘈杂,人来人往,影响医护人员休息。极少部分由于将值班室分隔为里外两间,外间更衣,里间休息,嘈杂程度相对较低。部分值班室不论向阳或背阳均无窗,背阳的潮湿阴冷,夏季蚊虫多,衣物无法晾晒,甚至有些值班室无窗户且又紧邻马路。还有的值班室设在医生办公室内，随意摆放两张上下铺的床，拉一块布遮挡一下即称为值班室。部分值班室甚至由原来的开水供应室改建而成，旧式的热水器24小时发出的嗡嗡声，还有患者或家属络绎不绝地频繁用水，导致医护值班人员根本无法安心休息。

虽然大部分值班室配备空调，但还是看到不少值班室没有安装空调仍然使用电风扇。大部分值班室配备储物柜，但由于值班室空间狭小，暗淡无光，室内物品摆放显得比较杂乱。配备有冰箱微波炉的值班室仅占少数，网络、卫生间和淋浴间的配备更是少见。走访中还发现几乎所有值班室墙面均是白色的，并无特意装饰成暖色或冷色。现场走访还遇到有的值班室设在离污物间极近的地方，严重影响医护人员的身心健康和安全。

（三）访谈结果

与医护人员个别面谈交流值班室综合满意度时，他们普遍流露出对值班室环境不满意的感觉。由于医护人员在科室轮转过程中在不同值班室休息过，遇到条件稍好些的值班室，即使面积再小，但只要有窗能通风，有洗漱台、微波炉，他们会感到很满意。遇到向阳又有窗通风的值班室，即使设施简单一点他们也是能接受的，如值班室是原来的病房改造而成的，那他们肯定非常满意。正是由于环境普遍较差，他们才希望能够增大值班室面积，增添值班室内物品和设备。呼声较高的是希望增添微波炉、冰箱、电话、网络、卫生间和淋浴间，改善室内环境，优化值班室周围的卫生环境，减少嘈杂，保证值班人员夜班短暂的高质量休息。

三、相关因素分析

（一）政府投入不足

目前，我区大部分医疗机构值班室用房不达标，基础设施陈旧，难以满足大部分医护人员的需求。虽然公立医院名义上属于国家政府拨款，实际上捉襟见肘的经费还是难以维持医院的运营。为了尽可能地减少开支，维持整个医院的正常运转，医院领导迫不得已只能利用有限的空间最大限度地扩大医疗用房，产生更多的经济效益。现在不少医院由于效益不好，缺少资金，无法改善医疗条件，连落后的医疗设备、落后的信息系统等直接关系到医疗质量的尚且无力改善,医生办公室和护士站这些人人看得见的地方也十分简陋,更不要谈改善隐蔽的值班室住宿条件。

(二) 缺乏人文关怀

有些医疗机构领导很重视扩大医院规模,重视建楼、建科、买仪器,高薪引进高学历人才,却对医护人员值班室环境建设不够重视。甚至认为值班室有间房、有张床、有个桌子就可以,不必花钱建设值班室。正是因为有些领导层对医护人员人文关怀不够,导致医护人员的值班室硬件、软件都与医院整体发展脱节,也使部分医护人员感觉不到医院的温暖,岗位价值得不到认可,自身价值得不到体现,"爹不疼,娘不爱"的失落感让医护人员心情总是阴沉沉的。

(三) 医务人员对获得感缺乏提升

医护人员繁忙众人皆知,每天早上匆匆踏进值班室更衣后就开始忙碌,午间抽空去值班室小坐小憩,夜间处理完所有事情后回到值班室匆忙休息,累了也来不及多想。半夜可能因为患者呼叫、紧急状况等需要数次起床,无法安睡。长期处于忙碌状态的医护人员根本无暇顾及自身权益。另外,社会媒体一方面将医生的职业捧上天,奉他们为"白衣天使";另一方面要求医生无原则地无私奉献自己,让医护人员感觉自己职业无上崇高,可以牺牲自己。因此对于医院简陋的值班室他们只能默认,无奈地选择包容和接受。

四、对策与建议

(一) 呼吁加快医疗改革

目前,公立医院综合改革正在逐步推进,我们呼吁要尽快加大改革步伐,改革公立医院现有运行机制,调动医务人员积极性,将"1+1+1"家庭医生签约、医师多点执业等真正落实,使一、二、三级医院在医疗改革中各自发挥自己的独特作用,使长期被少量财政拨款束缚的医院爆发出真正的活力与能量。医院效益得到提高,设身处地为医务人员的切身利益考虑,为他们提供和营造温馨美好的值班室环境。

(二) 和医院领导层沟通协调

医疗机构应按照"填平补齐、完善功能、满足需求、提升能力"的要求,把医护人员值班室建设摆上重要议事日程。工会组织针对医护人员提出的值班室存在问题，要及时与医院党政协调解决，维护医护人员的正当权益，通过本次的调研，把医护人员关于值班室建设意见和要求，尤其是对医护人员的合理需求，工会要把它作为贯彻落实习近平总书记关于服务职工群众的一个举措，积极主动与有关医院沟通和联系，共同寻找解决医护人员值班室建设的途径和办法，主动维护医护人员的合法权益，疏导、缓解职工心理压力。

（三）关心医护人员身心健康

针对医疗机构值班室环境普遍差，影响医护人员的身心健康的现状，医务工会组织要把建设值班休息室作为工会2019年一项"惠医工程"，制订建设的实施意见和计划，争取党政支持，坚持以人为本的理念，切实做到在生活上关心医护人员，优化值班室环境。工会组织可以预算经费为值班室增添一些文化娱乐设施和体育锻炼用品，积极主动参与对值班室进行专项整治，给医护人员提供一个悦目、爽心、舒适的休息空间，提高医护人员的安全感和幸福感，营造一个医护人员"家"的氛围。

五、结束语

最近，习近平总书记在同中华全国总工会十七大领导班子成员集体谈话时说，"工会要坚持以职工为中心的工作导向，抓住职工群众最关心最直接最现实的利益问题，认真履行维护职工合法权益、竭诚服务职工群众的基本职责，把群众观念牢牢根植于心中，哪里的职工合法权益受到侵害，哪里的工会就要站出来说话。"我们工会要学习贯彻习近平总书记的重要讲话精神，紧紧依靠党组织的领导，发挥工会组织优势和作用，"党工共建"创新工会工作，把解决职工需求"最后一公里"变成"零距离"，积极主动协调闵行区医疗机构值班室建设工作，为医护人员打造一个能放松身心、使用需求得到基本满足的休憩空间，减少广大医护人员的工作压力，使医护人员能更好地为患者服务。

（本文获第二十二届年会征文一等奖）

疫情防控背景下工会服务提升实效性的研究

沈 杰 张殷华

(上海中医药大学附属岳阳中西医结合医院工会)

习近平总书记多次在党的群团工作会议以及对地方进行调研指导实践活动中提出"贴近和务实地服务职工,切实发挥好工会对党与职工相联系的桥梁与纽带作用"的观点,此观点更加明确工会应当从自身的能力与作用入手,切实树立好为职工服务的意识,并不断提升服务职工的能力。中华全国总工会2020年2月2日印发《关于充分发挥工会组织作用团结动员广大职工坚决打赢新型冠状病毒感染肺炎疫情防控阻击战的通知》要求各级工会要加强帮扶服务,做好对坚守疫情防控一线职工的关心关爱工作。

疫情防控期间,医院的思想政治宣传教育工作更为艰巨和严峻,即便是训练有素、经验丰富的医务人员也无法避免地会出现恐慌心理;由于条件的有限性,工会无法持续、长效地进行部署跟踪,工会关爱措施种类多,服务对象、支撑制度具有单方面侧重点,群众性宣传教育活动无法普及开展。

因此,探索在抗击新型冠状病毒肺炎期间,对以医护人员为主体地位,开展分级分类服务措施,掌控思想导向主动权,进行心理健康教育,缓解医护人员的精神压力,满足医护人员获得尊重的心理需求;探索多部门协同联动参与应对突发事件的研究;进一步利用新媒体开展职工文化培训活动,推动医院精神文明建设,形成有利于医院和谐发展的价值体系,为党建引领下的工会工作提供多种活动形式和载体。以上探索对于"工会提升服务实效性问题",就具有极大的研究意义。

一、疫情防控背景下影响工会服务实效性的问题

(一) 抗击新型冠状病毒肺炎期间,不同岗位医护人员的心理现状调查及结果分析

2022年3月,由奥密克戎变异毒株引起的新冠疫情在上海肆虐。自4月1

日至5月31日,上海实行全域静态管理。直到6月1日,疫情得到有效控制,上海开启复工复产。随后,逐步恢复常态化管理。课题组通过问卷调查形式对我院不同岗位医护人员(支援定点医院、集中救治点、公共卫生中心、医院发热门诊、急诊、PCR实验室、核酸检测外采人员,以及除以上岗位外的医护人员)心理健康现状进行调查分析。

1. 医护人员心理现状分析

调查显示,大部分职工的心理压力比较适中。34.13%的支援一线的职工感觉紧张,33.33%的职工感受平静,22.93%的职工觉得焦虑。第二次调查显示47.14%的职工认为自己心理健康。

调查还显示,对自己生活工作的期望是职工心理压力的主要来源。53.65%的职工(各岗位)认为目前的压力来自生活物品、物资缺乏问题,而认为目前的压力来自家庭成员的就医问题的有13.99%,正常上下班通勤问题的有33.61%。第二次调查显示,仅有271人、44.57%的职工认为疫情对自己学习、工作、生活有影响。

2. 医护人员的人际交往现状分析

调查显示,在第二次问卷中,面对"你觉得最需要进行心理咨询的是哪方面的问题?"84.4%的职工认为需要"解决情绪焦虑心理障碍",面对"对您调节情绪的方式有?"选择朋友、父母倾诉的有48.18%,69.15%的职工选择刷手机、看视频,72.96%的职工选择听音乐、看书放松。

由此可见,在职工的人际交往过程中,大部分人对与他人的交往比较满意,但普遍不太愿意公开自己的情绪心理问题,这种现象对工会与职工间的沟通交流不太有利,所以开展个性化的心理干预措施有必要。

3. 医护人员承受挫折的能力

37.79%的职工表示在遇到疫情闭环期间遇到"焦虑、紧张等心理问题",34.46%的职工希望得到的关爱举措是"心理支持",42%的职工表示希望医院"帮助解决职工疫情防控期间心理问题",38.23%的职工面对"疫情防控期间服务员工举措您更愿意参加的是?"选择"线上心理课堂"。

这说明大部分职工在面对挫折的时候都能够承受,并能够选择正确的方式来对待。

我院课题组进行的《上海新冠疫情中各岗位医护人员心理状况调查及工会关爱措施落实调查》的调查问卷中显示,当获知支援服务一线时(定点医院、集中救治点、公共卫生中心、医院发热门诊、急诊、PCR实验室、核酸检测外采),当时的感受是：紧张（34.13%）、焦虑（22.93%）、睡眠障碍（15.2%）是此类医护人员主要的负面情绪。但随后的支援过程中，数据有所下降：紧张（20%）、焦虑（21.07%）、睡眠障碍（25.07%）。面对上述原因，笔者认为，通过积极的心理干预，尽早对一线不同岗位医护人员进行情绪调节及心理疏导，有利于减轻疫情带来的心理损害，心理健康教育起到防患未然的目的。

（二）抗击新型冠状病毒肺炎期间，缺乏多部门协同联动参与应对

工会在医院党委直接领导下紧密配合，整体上形成依靠党组织、依托行政，立足工会优势，发挥群团主力军作用，建立党政工团齐抓共管的有效工作机制。但突发事件如本轮上海新冠肺炎疫情应对中，工会应进一步将群团组织优势转化为疫情防控优势，使工会小组作为医院部门工会的组成细胞，在突发事件应对工作中深入群众、主动作为，充分发挥小组活力、特色和优势，助力突发事件应对工作；突发事件应对是一项系统性、社会全员参与的社会活动，医院在进行关于疫情重大防控决策议事、工作组成员范畴时，应将工会意见纳入。

（三）抗击新型冠状病毒肺炎期间，工会教育培训职能缺位

本轮上海新冠肺炎疫情防控期间，由于条件的有限性，工会只能网上开展防疫工作，无法持续、长效性地进行部署跟踪，群众性宣传教育活动无法普及开展。根据课题组调查问卷显示广大职工对疫情的关注度依旧在高位，对于新型冠状病毒防治知识的储备量和相关防疫要求等依赖于医院相关部门，调查问卷中"你对新冠病毒理解的途径有哪些"显示有85.44%的职工依赖于医院相关部门。64.47%的职工会利用网络新媒体等接受学习或培训；79.55%的职工会浏览网站等获取相关知识；32.06%的职工会通过网络参加相关知识培训。

二、工会提升服务实效性的实施策略

（一）以医护人员为主体地位，进行心理健康教育

按照不同岗位医护人员的心理特点，及时发现医护人员的"压力火苗"，进行必要的、针对性的心理问题疏导，这是提高工会服务职工实效性的重要手段之一。通过根据课题组前后两次对不同岗位医护人员的心理状况形成原因的分析，可从以下途径来实施策略和措施。

(1)通过组建形成心理关爱小组。以医护人员为主体地位,开展员工分级分类心理援助,把心理健康教育真正作为职工素质教育的一个重要组成部分摆在工会教育职能的重要地位。开展适宜在疫情防控背景下进行的线上、线下心理健康知识培训讲座,通过上级工会服务平台、院内微信群、电话会议等形式开展专题热门话题讨论,案例分析等拓宽心理健康教育渠道;有针对性、个性化地辅导,缓解医护人员的精神压力,使医护人员充满前进的动力,增强战胜新型冠状病毒肺炎的信心。

(2)疫情防控期间,医院的思想政治宣传教育工作更为艰巨和严峻,即便是训练有素、经验丰富的医务人员也无法避免地会出现恐慌心理。面对以上状况,医院工会积极探索疫情防控背景下正确安抚和引导职工的方式和举措,尽可能消除医护工作人员的负面情绪,维持医院各项工作的稳定运转。加强院内精神文明,医院文化建设,洁净的院区环境、积极向上的医院文化、人际关系等,能使各岗位医护人员从中得到教育和心灵的净化。

(3)关爱特殊人群。对于心理压力过大、精神痛苦的员工,通过网络心理辅导和思想咨询,解惑、去痛,提高健康程度和幸福指数。关爱特殊人员应采取个性化的实施方法,帮助他们回归正常的心理状态,形成积极向上的心理品格。宣传和倡导来自社会、家庭、单位中的巨大力量对职工群众、不同岗位的医护人员进行服务,提供职工服务的心理咨询场所。

(二)多部门联动协同理应是新冠肺炎疫情防控应对的重要原则

习近平总书记强调"工会是党联系职工群众的桥梁和纽带,工会工作是党的群团工作、群众工作的重要组成部分,是党治国理政的一项经常性、基础性工作"。突发事件应对是一项系统性、社会全员参与的社会活动,医院工会是这项系统工程和全员参与过程中的重要组成部分。

1. 有效联系基层,杜绝官僚现象和形式主义

工会代表是广大工会会员的代表,代表着广大会员参与突发事件应对的建议,代表着突发事件应对中广大会员的权益。在疫情防控常态化环境下稳步推进医疗卫生事业的建设与发展,工会在其中扮演着重要的角色,积极履行工会的参与职能。

工会小组作为医院部门工会的组成细胞,是突发事件应对工作触角深入的直接载体和参与者,工会小组要充分发挥小组活力、特色和优势,助力突发事件应对工作;在疫情防控政策落实、工作推进、关怀慰问等过程中充分发挥民主管

理功能,推动疫情防控工作在各岗位医护人员,职工群体中落实落细;通过开展相关扩大会议,组织工会干部进行服务意识学习,使工会干部将服务职工当成自身的习惯和责任,在不断提升服务意识的同时,自身的主动性和积极性也得以有效提升。

2. 群防群控和联动防控应对新冠肺炎疫情的系统性、复杂性

立足工会的地位和角色,建立其参与突发事件应对的联动机制:一是建立上下联动机制,在上级工会及医院党委指导下,工会对部门工会小组有领导和指导的职责。在突发事件应对情景中,工会作为上传下达的桥梁和纽带,建立上下联系机制;以劳模、工匠、巾帼先进为先锋,号召全体会员要立足岗位、争当先锋,勇作疫情防控主力军;打好意识形态"主动仗",掌控思想导向"主动权";二是建立横向协同机制,本轮疫情情况复杂,突发情况瞬息万变。参与应对的主要职能部门,打破固有职责,联动协同作战,物资缺乏时期,工会落实慰问及时上报需求,物资配给以后勤设备部门为主,配合疫情相关培训以院感部门为主,摸排各岗位医护人员医疗任务及需求以医务处、护理部为主;工会在此期间落实落细慰问之外,更多的是部门与部门间联动协同,与医护人员的沟通联络工作;三是建立内外协同机制,工会在参与突发事件应对中,依托上级工会充分联动协同其他兄弟单位工会、其他系统工会相互汲取经验,提升工会系统参与突发事件应对的质量和效率。

通过工会干部、各工会小组积极分子、职工会员代表多元一体的网络,实现"党委领军—行政主战—工会助战"的抗疫工作格局,构建工会应对突发事件参与的联动协同体系,同心合力打赢新冠疫情防控阻击战。

(三)加强实效性创新活动,分类分层精准服务职工

医院联动协同服务职工工作机制下,分层分类服务好职工,开展专项学习体验活动,创新主题活动形式,注重教育实效,形成问题联治、工作联动、平安联创的良好局面,增强职工安全感、获得感、幸福感,有力保障医院各岗位各职能工作的顺利开展,提升工会服务实效性。

1. 利用新媒体开展具有医院核心文化内涵的培训活动

把握工会工作与新媒体的契合点,基于微信H5形式做技术支撑,针对职工实际特点,紧扣当前工作,开展"职工健康促进、安全生产为主题"的线上教育培训活动,通过聚焦医院内各工作生活场景的个人防疫措施和医院运营期间安全生产相关环节,以情景模拟、动漫游艺为形式,通过答题获取防疫知识方面的培

训;模拟针对医院患者诊疗场所、办公室、食堂等高风险区域场景中的错误之处,以动漫闯关形式进行隐患排查。

发挥工会教育培训、监督引导作用,联动协同各部门组织举办线上讲课大赛、疫病症状管理与中医护理、临床技能操作比赛等职工技能大赛。线上及线下针对外派核酸采样人员、院内高风险岗位、援疆、援海南、集中隔离点和公卫中心人员进行感控培训,以及开展全院全员接受感控培训,为疫情下的医院院感等部门有的放矢地进行职工防疫知识培训提供基础数据,增强大家的安全生产意识,助力医院高质量发展。

注重以文化人、以文育人,培养职工的主人翁精神。疫情防控期间"岳阳文斋"成员线上传递自创抗疫书画作品,为一线奋战职工加油鼓劲,成为服务职工精品活动,在职工群体间形成文化共鸣和文化亲和性,在院内开展职业精神、医院愿景宣传,催生"文斋"内优秀作品不断衍生出精品文创物品,在员工之间广为流传,将医护人员的注意力聚焦到培育和践行社会主义核心价值观上来,增强工会服务工作的趣味性、价值性和辐射力、凝聚力。

2. 分类分层为各岗位医护人员提供服务

推进职工服务,对防疫医护人员的分级分类慰问服务模式,提振一线医护人员抗疫斗志,从而提升工会服务实效性。

(1) 加强人文关怀,尤其是新入职员工,让其知晓人文关怀也让他们主动落实关怀,从一定程度上改善和构建较为和谐的劳动关系,更便于职工能力的提升。

(2) 新冠疫情期间对支援集中隔离救治点人员、支援方舱人员、支援全市核酸采样人员、援海南人员、院内一线发热门诊医护人员关爱举措。

高度警惕,监测预警:提醒督促各部门广大职工知行合一,规范工作,加强防护,保持身心健康。制作相关促进身心健康的心理干预防控、锻炼小视频。多部门联动协同配合,积极为医护人员筹备生活、防护、抗疫等物品。

关心关爱外派支援人员及家属:①主动、定期连线队员,转达上级各部门的关心关爱,给予精神慰问、心理支持,定期配合后勤为前线战队及预备队员提供力所能及的生活、防护物品保障。②关心慰问援方舱医疗队员家属,多渠道、定期了解家属需求,提供相关信息和精神支柱。同时,疫情封控期间医院开展援外职工生日慰问、互助爱心专车为家属配送蔬菜等,以解前方战士及家属的后顾之忧,感受到自己作为一线战士的荣耀和责任,增强打赢抗疫战的信心。

关心关爱核酸采样人员、重点一线防疫医护人员、闭环管理人员的保障工作；重点走访一线，了解上述职工所需，在物资严重紧缺的情况下，多方筹措为职工购买保障用品，"岳阳宾馆""岳阳菜场"应运而生，尽力保证其他岗位职工疫情封控期间基本生活所需，保障各部门科室医疗秩序正常。

搜集、宣传抗疫一线涌现的先进人物事迹，利用公众平台、微信工作群发挥舆论正能量，为宣传提供相关素材。

三、结语

综上所述，工会作为服务职工的组织，在新冠肺炎疫情防控背景下要时刻明确自身所处的位置，立足工会的地位和角色，建立其与多部门联动协同参与突发事件应对的组织体系、工作格局，汇集群防群治正能量；对医护人员开展分级分类服务措施，以医护人员为主体地位，促进心理健康，坚定信念；开展具有目标性、文化亲和性，适宜在疫情防控背景下推进的培训和文化活动，注重教育实效，提高广大职工对新型冠状病毒防治知识的储备量，调动医护人员的工作积极性、主动性和创造性，引导职工形成认同医院的核心价值体系，为赢得抗击新型冠状病毒肺炎疫情的胜利提供有效的思想保障；从工会服务职工方式、机制、内容上创新，结合实效性，解决职工的实际问题，落实好服务工作。这是工会不断提升服务实效性的有利途径，更是工会得以发展的根本。

（本文获第二十五届年会征文二等奖）

打造职工之家 凝聚人心士气
——"我用心·你关心"工会会员需求调研报告

方欣叶 沙小苹

[上海市卫生和健康发展研究中心(上海市医学科学技术情报研究所)工会]

党的十八大以来,习近平总书记对工人阶级和工会工作多次做出重要论述,党的十九大也对工会工作提出新的使命和要求。为更好地贯彻落实相关精神,建立健全"以职工为本"的工作机制,及时了解新形势下工会会员的需求,解决会员所需、所急、所盼,借单位机构合并、组建新一届工会之机,上海市卫生和健康发展研究中心(上海市医学科学技术情报研究所)[简称"中心(所)"]于2018年6月,开展"我用心·你关心"工会会员需求调查。

一、基本情况

中心(所)自2017年底完成机构合并、人员安置后,面临着职能融合、人员磨合等一系列过渡性工作,原两家单位的职工无论在年龄结构、学历层次等各方面均有一定差异,且由于办公地分离等原因,职工间的交流互动极其缺乏。为进一步消除隔阂、凝聚人心,深入了解全体会员的需求,增强服务的针对性,新一届工会成立后立即着手设计《"我用心·你关心"工会会员需求调查问卷》,包括会员基本情况(16题)、工会需求(13题)、意见和建议(2题)三个部分。调查采用自填式匿名方式,以客观题为主,根据实际情况分为单项和多项选择,主观填空题为辅。共计回收问卷83份,其中有效问卷83份,占中心(所)工会会员总数的75.5%,超过会员人数的三分之二。

二、调查结果

(一)调查对象基本情况

本次83名受访对象中,约71%为女性。以40岁为分界线,40岁以下人群占比超过60%，40岁以上人群占比不足40%。工龄上，约30%的职工工龄不足4年，不到10%的职工工龄超过30年。由此可见，中心（所）工会会员女性居多，且年龄层次相对偏轻、工龄相对不长。

学历结构上，超45%的人具有硕士及以上学历，约20%的人为大专及以下学历；过半数调查对象是中共党员；婚姻状况方面，50%已婚、育有1个孩子，其次为未婚人群，已婚没有孩子、已婚有2个孩子的职工占比均在9%左右。

在已婚并育有孩子的人群中，35%的孩子处于学龄前阶段（0～6岁），近50%的职工孩子年龄在14岁以上。对于是否有时间参加业余活动及发展个人爱好，85%的受访人群表示偶尔有时间，10%完全没时间，只有6%的人有固定时间；具体到爱好类别上，约60%的人偏向休闲类，文艺类和体育类的爱好各占20%。

职工经常参加的体育活动类型比较多样，排名前五的依次是：健步走（50%）、羽毛球（37%）、跑步（30%）、游泳（27%）和乒乓球（26%）。可见，受职工欢迎的还是一些比较常见、轻松的体育活动，竞技性不强。

职工擅长的文艺项目既集中又分散，排名前四的有：摄影（30%）、声乐（27%）、朗诵（23%）、书法绘画（15%），还有不到30%的职工表示没有擅长的文艺项目；对于擅长的文艺项目，不足20人进行过正式或非正式的学习，如参加社团、培训讲座、书本自学等；最受职工喜欢的休闲类活动依次是电影、电视（70%），话剧、音乐剧（54%），演唱会（42%）。展览、音乐会也比较受欢迎，占比约40%。除电影、电视类所需经费不多以外，其他类别的活动对经费有一定要求。

问及职工的生活压力和烦恼，职工反映主要来源于生活压力和工作压力，各占45%左右，健康状况和家庭关系也带来一定程度的烦恼，占比均在20%。这可能与当前中心（所）职工较年轻且多为"新上海人"有关。关于如何解压，约66%的职工选择沟通交流，其次为运动健身（39%）和购物发泄（24%）。

（二）对工会活动的兴趣及参与度

在是否愿意参加工会活动上，所有受访人均愿意参加，其中40%的人非常愿意，60%的人表示视活动类型而定。

职工希望工会提供的服务类型比较多样，排名前三的依次是文化娱乐（82%）、物资福利（73%）和教育培训（45%），还有约30%的职工希望接受维权帮扶服务。这些需求与当前中心（所）工会的重点工作基本一致，教育培训类活动可能需进一步加强。

职工对于工会服务的关注点在于:时间安排的合理性(85%)、服务内容的趣味性和潮流性(83%)、服务内容的针对性及专业性(62%)。由此可见,职工比较关心举办时间是否合适以及活动内容本身的吸引力。

具体到教育培训活动类型上,近70%的职工希望工会举办兴趣技能类培训,如摄影、插花、厨艺等;专业技能、社交能力、语言学习类培训占比均在10%上下。在团体活动方面,最受职工喜欢的是户外活动(74%),如郊游、拓展等;文化活动如读书、电影欣赏,以及健身活动紧随其后,占比约57%和48%;亲子活动、特色节日也受到一部分职工的欢迎,占比均在20%左右。这说明职工对于团体活动有兴趣,且活动类型多样,给工会组织活动创造一定的发挥空间。

在工会活动需要改进的地方上,75%的职工认为活动形式应该更加多样,50%的职工认为活动内容可以更加符合个人兴趣爱好,另有约29%的职工认为活动参与方式应该更加便捷。

对于工会活动的举办频率,单月、双月、季度的选择占比均在20%~30%,差异不明显;约17%的职工认为工会活动可以不固定时间举办。具体到时间安排上,约70%的职工希望能够安排在工作日下午,如16:00—17:30;还有约30%的职工希望安排在非工作时间。这给今后工会举办活动的时间安排带来重要参考。

调查显示,大部分职工愿意参加工会兴趣小组,排名靠前的依次是:球类和摄影小组各占约37%,健步走小组占约30%;其余还有职工想加入读书小组(23%)和朗诵小组(19%)。从职工的选择来看,大家积极性较高,且兴趣爱好范围广、类型多。这一方面给工会组建兴趣小组增添不少信心,但也给如何统筹、管理、平衡好不同兴趣小组带来一定挑战。在83名愿意加入兴趣小组的职工中,68%的职工不希望担任负责人。

在获得工会信息渠道方面,职工优先倾向的方式依次是:微信群(84%)、微信公众号(43%)、单位宣传栏(37%)。这说明职工更希望通过方便快捷的网络形式获取新闻,这与"互联网+"工会建设以及目前工会正在积极推进的微信公众号建设是一致的。

工会妇委会也积极致力于为广大女性职工提供服务。经调查,最受女职工喜爱的活动主要有:知识讲座活动,如妇幼健康、社交礼仪、美容化妆等(61%);读书和电影欣赏(52%);文体活动和亲子活动排名并列第三,各占37%。由此可见,妇女活动与单位整体职工的活动需求有一定区别,妇女活动更倾向于实用且有趣的讲座等。

(三)对工会工作的期望与建议

调查发现,总体上,职工对于当前工会工作比较满意,主要表现在:一是工会人员配备齐全、委员友善、负责;二是单位领导对工会工作较为支持;三是重视人文关怀,职工倍感温暖;四是组织流程完善,工作开展到位;五是能够结合形势要求和工作实际,因地制宜组织活动,内容和形式比较丰富。

与此同时,调查结果也反映出工会在职工素质培养、岗位技能提升、理论研究夯实等方面还需进一步加强;活动形式和内容可以更加灵活,可以多举办一些有助于提升员工归属感的特色活动,如集体生日、工作周年活动等;时间安排上可拟定备选方案,征求会员意见后再行安排;思想交流、民情体察、关系协调等工作还需增强;进一步"走出去""引进来",在自身工会工作的基础上,学习和借鉴外单位工会的经验,取长补短,整合资源,实现共同发展。

对于工会工作的其他建议,主要集中在:一是对工会委员的要求,希望委员切实履行自身职责,服务工会大局,发挥个人优势、精诚合作;二是希望工会能够进一步调动广大会员积极性,加大宣传力度,根据不同年龄层次和实际需求开展工作,提高针对性和有效性;三是希望制定工会年度活动一览表和职工福利清单,便于大家知晓和选择;四是时间安排尽量放在工作日,且考虑交通出行的便利性;五是多发动领导和部门主任,带动职工自上而下开展活动。

三、讨论与建议

此次调研在短时间内得到广大职工的参与和支持,问卷回收率较高,无效问卷数为零,统计结果较为真实、可靠,能够代表大多数职工的意见和想法。调研反映出的问题与期望,为全面提高中心(所)工会工作新水平提供重要的参考依据,主要可从以下几方面入手。

(一)坚持"四个结合",提高活动针对性

一是考虑女职工居多的性别特征,职工的年龄分层,考虑职工多处于适婚、育龄、抚幼阶段等特点,有针对性、分群体开展活动。二是结合职工的爱好与特长,分步骤组建兴趣小组,降低对专业技能的要求门槛。三是在有条件的基础

上,给予充分的经费支持,适当组织职工参加展览、音乐会等,提升整体文化素养。总体来说,要做到"四个结合":活动多样化与专门化相结合、全体性与群体性相结合、专业化与兴趣化相结合、时间固定化与灵活化相结合。

(二)灵活安排时间,提高活动参与度

从职工希望的活动举办频率来看,职工对于工会活动仍有一定需求,且频率不低。但在具体时间上,大多数希望放在工作日下午,这与当前的实际情况有一定差异。结合对职工的定性访谈,我们了解到不少人没有参加工会活动的主要原因是工作太忙、时间冲突或没有时间参加。在今后工作可安排的前提下,可以逐步考虑部分小范围、小群体活动在此时间段内组织。这也给工会工作提出更高的要求:既要注重提高活动的质量,又要挑选好活动举办的时机。

(三)回应职工需求,提高工会吸引力

职工对工会的需求比较多样化,最突出的两项是文娱活动和物资福利。相对来说,这些需求还比较传统、保守。也有迹象表明,职工对于教育培训的需求正在日益凸显,特别是兴趣技能类。户外拓展(如郊游)和文体团队活动最受欢迎。建议工会要在年度计划中优先考虑职工反映比较集中的需求,有计划有组织地开展有利于职工身心健康的各类活动,使职工感受到工会在真切地关心回应他们的需求,真正做到围绕职工、团结职工、服务职工。

(四)关心职工生活,打造服务型工会

建设服务型工会,要有大局观念,坚持面向群众,强化服务意识,努力成为职工信得过、靠得住、离不开的知心人和贴心人。考虑到目前单位职工多为独生子女、年龄结构较轻,且多为"新上海人",有着不小的工作和置业养家压力。这启示我们,一方面要更多关注职工的身心健康,当好职工的倾听者,力所能及帮助职工解决困难;另一方面,结合职工的兴趣点举办活动,帮助职工放松身心、劳逸结合,在活动中增进沟通和理解,无形中帮职工"减压"。

对于占据单位人数一半以上的女职工,不仅要努力维护她们的权益,为她们"保驾护航",更要为女职工搭建展示风采、沟通交流、学习提升的平台。特别是"宝妈"女职工由于工作繁忙,没有足够的时间陪伴孩子,也启迪工会可以结合"妇女节""儿童节"等,举办一些特色亲子活动,邀请女职工的孩子和家人一同参加,真正体现职工之家"家"的含义,使工会成为一个有温度的组织。

(五) 提升工会内涵,注重自身建设

加强工会建设,首先离不开领导的重视和支持。在可行的范围内,要积极发动单位领导支持工会活动,自上而下打造一支具有凝聚力和战斗力的队伍。其次要特别注重工会委员的培养和管理,坚持德才兼备。工会委员要与时俱进,摆正定位,以高度的责任心和事业心,履行承诺,践行职责,一心一意为职工服务。同时,工会要明确目标,加强对工会委员的教育和培训,提升其业务能力和服务能力。在研究和探索工会工作的新情况、新问题上不能"闭门造车",要注重调研取经,多与相关单位工会开展互动互访、交流共建,在学习先进经验的同时,取长补短,扩大自身工会的影响力。此外,顺应"互联网+"工会潮流,利用各种新媒体形式,打造网上职工之家,延长工会服务职工的手臂,不断拓宽职工获取工会信息的来源和渠道,助推工会宣传方式的创新和发展。

工会是单位和职工之间的桥梁和纽带,是职工利益的代言人,是各种矛盾和冲突的解压阀。新时期下,中心(所)工会要进一步增强"四个意识",敢于担当、勇于作为,出实招、解难题,帮助单位尽快完成机构合并的中期磨合,实现深度融合,让广大职工发自内心感受到新机构"一家人""大家庭"的归属感和幸福感,更好地围绕中心服务大局,在打造一流卫生智库、助力卫生和健康事业发展中发挥更大的作用。

(本文获第二十二届年会征文二等奖)

医院职工工作环境满意度调查分析及管理对策研究

杨石含 陈晓军 尤 仁
(复旦大学附属妇产科医院工会)

工作环境,又称组织气候或组织环境,是指组织成员的个性、目标与组织目标融合与一致的一种变化过程。它由成员的工作感情、态度、思想、精神等组成,并通过上述因素表现出来。通过测度、认识和改造工作环境,可以增进组织的和谐与稳定。医院工作环境是指医务人员在为患者及其家属或其他人群提供医疗服务时,所处的空间、时间、位置,所接触到的人物、事物、物体等信息构成的环境,是使医务人员获得更多自主、责任和对工作控制的环境。有研究显示职工对工作环境的满意度将直接影响到职工的工作效率和工作态度,影响到工作质量,职工队伍的稳定及发展,甚至影响到单位体系功能的发挥。健康的工作环境会带来更高的工作人员保持率,随之而来的是队伍的稳定,增强团队合作,提高患者初诊、复诊、随访等就医服务的连续性,进而保障治疗效果。而国内尚未见使用专门的工作环境量表调查医务人员对工作环境的满意度,鉴于医疗工作环境对医务人员自身以及医疗质量的重要影响,因此这方面的研究有待于发展。笔者通过对上海市某三甲专科医院(以下简称"该院")医务人员工作环境的调查,准确定位影响工作环境满意度的薄弱因素,为医院管理者改善工作环境做出正确管理决策提供参考。

一、对象与方法

(一) 调查对象

调查以上海市某三甲专科医院全体在职职工(1 548 人)为调查对象,回收638 份。

(二) 调查方法

调查方法采用文献学习法和政策文件。首先查阅大量文献和《委预算管理医院经济管理绩效考评操作手册》(第三版)职工满意度部分的要求,采用定量和定性相结合的调查方法,分为个人基本情况调查和问卷具体内容调查两个部分。其中个人基本情况调查包括职工在医院中的岗位、年龄、职称及从业时间等因素;由于此次调查研究的目的是既要发现问题,又要有针对性地解决问题,所以除了要了解到职工基本的满意度之外,还要进一步了解职工在哪些具体的方面存在不满意的问题。由此在具体内容调查中,确立3个一级维度、8个二级维度和30个三级维度,并在三级维度中部分采用多项选择的问答题型,以期找到解决方案。设计完成问卷后,以问卷星形式通过微信推送给工会组长,并由工会组长向该组所有组员转发;同时在院内OA网、微信群直接推送,呼吁职工填写。

(三)问卷的解释

由于条件的限制,通过微信链接在医院内部全体人员转发,是在保证数据真实性和客观性的情况下效率最高的方式。但这种发放问卷的方式有着一定的局限性,这种局限性在于无法控制各年龄层次、职务类别、男女比例、学历分布、服务年限等比例,显然,随机性比较大。通过对调查对象基本情况分析认为:问卷基本反映大部分职工对于医院环境的评价,具有一定的真实性和借鉴参考意义;问卷存在一定的误差,职工对于医院环境的总体评价应略高于本问卷所反映的数据。

(四)统计学处理

数据采用Excel 2010和SPSS 20.0统计软件进行分析,主要进行描述性统计、方差分析。

二、研究结果

(一)调查对象基本情况及总体满意度

该院现有职工1 548人,女职工1 361人(占比87.92%)。本次调研638人,有效答卷为638份,覆盖率达到41.2%。其中男性51份,占比7.99%;女性587份,占比92.01%,调查者性别比例与全院职工性别比例相当。职工满意度总得分为(73.52 ± 17.17)分。经过t检验和方差分析显示,不同学历、职称、年龄、从业时间、岗位序列满意度得分的差异有统计学意义($P<0.05$)。其中,学历为中

专(66.93±16.01)和博士及以上(65.98±19.90)、职称高级(68.46±20.81)、年龄段50岁及以上(66.76±19.16)、从业时间为20~30年(67.56±18.40)、临床岗位(67.00±18.84)职工满意度相对处于最低水平；而不同性别职工满意度差异无统计学意义。

不同学历、职称、年龄、从业时间和岗位类别的医务人员的满意度有显著性差异：①学历：低学历（中专66.93±16.01）和高学历（博士及以上73.96±17.37）满意度最低。可能是由于低学历职工大都从事比较机械的脏累活，他们是面对和处理医院环境问题的第一线人员，对工作环境的感受更直接更有冲击力；而高学历职工大都为临床医生，在繁重的医疗活动之余也要分担各类科研教学任务，势必会使他们对医院环境产生过高期待。②职称：职称等级越高，满意度越低。职称等级跟工作年限成正比，相对来说，职称等级越高，工作年限越长。因此随着职称等级和工作年限的增长，相当一部分职工面临疲劳期，这也势必会对其满意度产生影响。③年龄和从业时间：在院工作年限越长，相对年龄也越大，满意度越低。尤其是工作年限超过20年的职工(67.56±18.40)，其对工作的满意度显著低于其他组别。原因可能是这一群体的职工不论在专业能力还是工作经验上都进入相对成熟期。对于医院工作环境形成产生一定的审美疲劳。④岗位类别：临床(67.00±18.84)满意度明显低于其他职务类别，且只有临床低于总体水平，所以应该加强对临床满意度的提升。

（二）影响职工工作环境满意度的相关因素分析

生活环境的舒适性、办公环境的便利性以及工作不会威胁身体健康和人身安全都会助长工作环境满意度。工作环境一般包括生活环境、办公环境、安全环境三个因素，其中生活环境包括工作场所内的衣食住行等各方面，办公环境包括办公空间和办公状态，安全环境包括职工可以遭受到的安全威胁以及医院安保状况。调查结果显示，该院职工工作环境一级维度中满意度得分由高到低依次为：安全环境74.26%、生活环境73.89%、办公环境72.41%。二级维度中，"办公状态"满意度最低，为70.23%。

1. 生活环境对工作环境满意度的影响

生活环境主要指的是工作场所中所涉及的衣食住行等各个方面，对于任何一个职工来讲，是对工作舒适度的一种衡量；有些时候，在物质得到一定程度的保障之后，不少职工反而更关注相对宽松、舒适的生活环境以及能给个人健康带来的潜在意义。生活环境好，职工一般会为实现目标、提升工作效率或满意度而竭尽所能。而工作环境差,会导致职工流失、不满情绪上升或工作效率下降等。

2. 办公环境对工作环境满意度的影响

研究表明,办公环境的方便、快捷直接影响医务人员的满意度,而调查显示,"办公状态"满意度处于最低水平,其中,主要的不满意为调查者感觉压力过大,并且长期处于危重病的包围中,生活不规律,工作负荷重,病房内空气不新鲜,病房内异味,影响到工作状态不佳,使医务人员的家庭生活及身体健康受到威胁。

3. 安全环境对职工工作环境满意度的影响

安全环境是医院工作环境的重要组成部分,也是职工关注的重点。随着时代的变迁与发展,医务人员劳动强度越来越大,职业暴露和职场暴力风险近些年也呈上升趋势,安全威胁因素和安保管理程度成为影响职工对医院工作环境满意度的重要衡量标准。

三、讨论与建议

(一)以问题为导向,急职工所急,加强厕所卫生环境管理

调查显示,职工对医院卫生环境的不满,主要集中在厕所。一是如厕难,医患共用,占比 87.92% 的女性职工尤难;二是厕所卫生状况差。厕所涉及职工生活的基本需求,属于单位必须履行的服务职责,是最基础的服务要素。厕所一直以来是卫生管理的难点问题,也是滋生蚊子蟑螂、散发难闻气味、乱贴小广告的主要场所,特别是建筑设备老旧,空间狭小的医院,存在多种医患共用、多科室多部门多楼层共用厕所的问题,各种水渍、脚印、烟头、纸屑等卫生问题随之产生,影响整体美观。以问题导向,急群众所急,加强厕所卫生环境管理,就是抓住职工的关注点从实际出发,一是把厕所建设管理的工作水平、效果、进展情况作为评估医院后勤管理工作业务水平的一项重要内容;二是组织职工和患者进行随机的投票并公布;三是组织职工代表对厕所的管理状况进行专题视察;四是开设职工意见箱,对厕所卫生实时监督;五是改善职工的如厕体验、提高服务质量;六是针对女性如厕难,按照"男三女七"比例设置厕位;七是对于卫生问题,实行专人定岗或采取一人包干一间措施等等。厕所卫生管理事实上已经成为一个以问题导向、以小切入推进医院工作环境改进创新突破的一个典型,其意义不仅仅局限于厕所的建设与管理工作,也是文明程度在一个单位的投射。从小处着眼,找准厕所这个看似很小,又是职工息息相关和密切关心的难点问题,从点滴抓起,

逐一破解。

（二）以需求为导向，改善食堂服务质量，加强监督管理

随着物质生活水平的提高，职工对膳食的需求从量到质，从环境到服务等都在日益增长。调查发现职工更关注食堂的饭菜质量、早餐种类和饭菜口味。还有职工提出：食堂乱收费，价格不透明；打饭阿姨态度差，荤素搭配不合理；点心副食品价格贵；窗口排队时间长、菜品少分量少等。现在很多医院将医院食堂外包到私人，造成食堂与医院脱节，严重影响医院职工的满意度。医院应重视医院食堂对工作环境满意度的影响，改善食堂服务质量，加强监督管理：一是改善医院食堂饭菜种类，合理饭菜价格。医院食堂可以通过提高饭菜的质量，使饭菜种类多样化，分量合理化，给职工一个营养丰富且实惠的三餐，从而提高职工对食堂饭菜价格的满意度，以促进工作环境满意度的提升。二是提升医院食堂工作人员服务态度。受不同地域、不同年龄层次、不同饮食文化的影响，职工有着不同的膳食诉求，医院应定期培训和考核医院食堂工作人员，不断提升工作人员的服务态度从而提高整个医院的服务满意度。三是加大对医院食堂的监管力。作为影响工作环境满意度的重要因素，应加大力度，定期或不定期检查食堂各方面的表现，提高服务质量，从而提升工作环境的满意程度。

（三）以民意为导向，整合内外部资源，持续探索更合理的院内停车模式

院内停车困难，是职工普遍关注且普遍存在的问题，目前大部分医院在院区建设方面已基本处于一个稳定的状态，通过调整医院现有资源来进行大规模改建增加停车位已不现实。如何更大限度地利用现有的空间，让更多职工受益并满意是一个难题。而解决医院停车难问题，必须从整合外部资源和医院内部停车两方面着手。一是倡导环保理念，鼓励职工绿色出行，对绿色出行的职工每人每月补助部分交通费，鉴于医疗工作的特殊性，对职工下班后会诊、加班、值班等情况的停车需要实行免费的补偿措施，降低职工的不满意度。二是可尝试与周边小区、周边商场的物业管理部门共同建立车位管理方案，共享闲置停车位，有偿使用小区车位进行错时停车，即职工白天停车，居民夜间停车，互助共赢。三是建设立体车位，增加停车位数量。立体车位占地面积少、容量大，但成本高，鉴于医院的公益性质，可由政府主导，引入社会资本，通过划分明确的管理机制和责任机制，共建共管智能立体车库，运用先进的收费管理系统、停车引导系统等智能停车设备，提高停车和取车的效率。

（四）以务实为导向，满足职工工作服需求，维护医务工作者形象

工作服是医务人员的职业标志，工作服的质量、舒适度直接影响到医务人员的职业形象。通过对361名护理人员进行关于护士服款式、质量、舒适度、颜色、耐磨性的意见调查，护理人员认为影响工作服满意度的最主要因素是舒适度。护士服的某些设计还使护士感到不适，如护士服纽扣太多，穿着麻烦、累赘；护士服的上衣太长、领口太窄，穿起来也不够宽松自如。同时，冬装护士服也不能很好地为护士起到保暖作用。同时，大多数护理人员均提出希望可以取消护士帽的建议，认为护士帽的实用性有待商榷，它所带来的弊端大于其象征意义，如长期不清洗的护士帽可能携带病原菌而成为潜在的感染源，长期佩戴护士帽会发生非遗传性、疾病性脱发的职业性脱发。20世纪80年代末西方发达国家，如美国、英国等相继取消佩戴护士帽的规定。而53.36%的调查者则认为影响白大褂满意度的最主要因素是面料。由于成本比较低廉，现大多数医院医生服主要是采用涤棉面料，涤纶面料塑性能力较差，尤其与可翻式领型组合，衣领会不时翻动，既不服帖，又影响美观。同时，涤的成分过高，也会导致手感太硬，影响舒适度。应避免选用涤纶面料，建议选用穿着舒适的棉质面料，美观且舒适的工作服，能使医务工作者的更自信、更具亲和力。

（五）以心声为导向，合理布局办公空间，缓解职工心理压力

工作负荷过重是医院大部分职工，也是医务工作者普遍存在的问题，而工作负荷过重是影响工作状态的最主要因素。大多数调查者反映加班时间太多，得不到休息，导致工作状态不好，而舒适的职工休息室是临床和护理职工的共同需求，相较而言，科研、医技、行政、后勤更专注于在办公环境中加入生机勃勃的绿植，以增添生气，净化室内空气，保障职工身心健康。因此，职工办公状态既需要有硬件环境的支持，又需要心理上的保障，既关注生理，也要关注心理。一是提供硬件环境支持，合理布局办公空间，为职工提供一个舒适、安静的休息场所，使职工能够缓解压力，放松身心；二是进一步简化工作流程，细化工作量，以工作量合理分配医护比例，减轻职工工作负荷；三是改善空气质量，于病房、办公室等地方安装空气净化材料、工具或绿植等，排除安全隐患，减少职业伤害；四是关注职工心理健康，开通职工心理咨询热线，提供免费心理诊疗服务等，帮助职工及时排解心理问题；五是注重医院人文环境建设，鼓励员工参与医院文化活动，在活动互动中释放压力，活跃工作氛围。

(六)以服务为导向,提升安保反应能力,保障职工生命安全

据中国医院协会《2003—2012年全国医院场所暴力伤医情况调查研究》显示,2012年有96%的医院发生过医务人员遭受谩骂和威胁的事件;医务人员躯体受到攻击、造成明显损伤事件的次数逐年增加,2003—2012年,全国共发生涉医暴力事件40起。本次调查者中157人(占比24.61%)表示曾遭受过来自患者或其家属的人身安全威胁。因此,在医患双方冲突和暴力发生前后,及时有效的安保反应能力,是保证职工生命安全的重要保障。调查者认为当遭受来自患者或其家属的人身安全威胁时希望保卫科可以及时到场同时加强巡逻,派专人常驻科室求,而希望纠纷办及时沟通和协调,缓解患者及家属的紧张情绪和同事间互帮互助,协同配合,缓解不安全感紧随其后。部分职工应该认为严格执行出入院访视制度,加强对外来人员的管理,同时组织全体医务人员进行沟通技巧和格斗防身术培训等,加强院内工作人员不良事件发生的先兆及可疑人群的识别能力和控制能力,而当意外发生后,希望医院能够站在鲜明的立场上保护职工的权益。一是安保部门建立相关应急处置预案,建立应急处置机动小组,加强院内巡查力量,完善值班执勤制度。一旦有紧急情况发生,安保人员应当第一时间赶到现场,保卫人员安全,维护现场秩序,等待进一步的处理。二是持续开展职工安全防范与消防演练综合演练,提升职工安全防范意识。调查显示,体验安全防范与消防演练项目越多的职工满意度越高,医院应当定期开展安全防范相关演练,指导医务人员学习和掌握相应的应对措施,以及与医院安保部门间的配合机制,在保证人身安全的基础上,及时以警报的形式通知医院安保部门,同时按照相关的制度和机制开展接下来的工作。

(本文获第二十二届年会征文二等奖)

上海某三甲医院医务人员职业倦怠现状与其影响因素的相关分析

黎佩莺　姜　妍　田晓岚

（上海市第十人民医院工会）

随着生活节奏加速，人们的生活工作压力也越来越大，心理健康问题已经成为影响每个人健康和国民幸福指数的重要因素。职业倦怠是在以人为服务对象的职业领域中，个体的一种情感耗竭、去人格化和个人成就感降低的症状。研究表明，职业倦怠与抑郁之间有显著的相关性。有学者提出，抑郁情绪会使医务人员在长期过程中，产生身心极度的疲惫与情感的枯竭，导致工作能力下降，工作热情丧失，对他人日渐冷漠等。而情感的耗竭到一定程度，又会造成抑郁，从而造成恶性循环。

目前，不止在国内，全世界的临床医务人员的职业倦怠现状及心理健康问题都不容乐观，其心身健康状况令人担忧，这将直接干扰其正常的临床思维，进而影响医患关系，干扰诊疗过程，造成误诊误治，最终导致医疗质量的下降。因此，对医务人员的职业倦怠状况进行摸底调查、多角度分析，总结出相关影响因素，并结合实际情况，提出合理的针对性措施，对保障医务人员职业倦怠、改善医务人员心理健康问题、确保健康服务质量具有重要意义。

本研究旨在了解上海某三甲医院医务人员职业倦怠现状及影响因素，为有关部门制定干预措施提供参考。

一、对象与方法

（一）对象

本次研究开展时间为 2022 年 6 月至 2022 年 7 月；对象为上海某三甲医院有执业证书的医务人员，参加人员对本调查内容知情，且同意参与本调查；调查方法为方便取样法；向接受调查的医务人员发放调查问卷，总发放 244 份问卷，回收 244 份问卷,有效问卷 197 份,有效回收率 80.74%。

(二) 调查方法

(1) 一般情况调查问卷:一般情况调查问卷的内容包括年龄、性别、职称、学历,工作年限等。调查评定的时间范围是"现在"或者是"最近 1 个月"的实际感觉。此问卷需独立完成。

(2) 心理健康评估工具:采用症状自评量表(symptom checklist-90,SCL-90),SCI-90 是研究目前医务人员心理健康状况使用最多评定量表之一,本次选用其中的抑郁因子量表共包括 13 道题目。该量表采用 5 点计分,1~5 分别表示"从无"到"严重"。回收后进行分级。SCL-90 量表是国内外学者认可度较高的用于评估心理健康的测量工具,SCL-90 总量表克隆巴赫(Cronbach's alpha)系数为 0.98,抑郁量表的克隆巴赫系数为 0.949;KMO 统计量为 0.937,在实际应用中具有较好的信效度。涂玲、杜学礼等学者均使用 SCL-90 对医护人员心理健康况进行调查。

(3) 倦怠现状测量:采用耗竭问卷(maslach burnout inventory,MBI)中的两个量表:情绪的疲倦感及个人的工作无成就感。情绪疲惫感量表主要评估工作压力引起的情绪反应,得分范围:0~54 分。情绪的疲惫感得分小于 19 为轻度,19~26 为中度,大于 26 分为高度。工作无成就感量表:主要评估工作压力引起的对自己工作的看法,得分范围:0~48 分。这个方面的条目为反向计分,即得分越低工作倦怠越严重。工作成就感得分 34~39 为中度,小于 34 分为高度。该问卷中,情感疲惫度克隆巴赫系数 0.888,工作无成就感克隆巴赫系数 0.839;KMO 统计量为 0.891,具有较好的信度和效度可以使用。汤丽霞、刘玉萍、吴静、刘美星等学者均使用该量表来调查职业倦怠水平。

(三) 统计学方法

将所获数据导出 Excel 数据库,应用 SPSS 26.0 进行频数分析与线性回归分析,计数资料用百分率(%)表示,$P<0.05$ 为差异具有统计学意义。

二、结果

(一) 人口学基本情况

本次调查人数共 244 人,其中 47 份因地理位置、医院等级、漏项等不符合要求被剔除,最终得到有效调查表 197 份。

(二) 心理状况与职业倦怠现状

被调查医务人员共完成量表,根据 SCL-90 的总症状指数进行分级:本次研究中 9 人的抑郁因子等级达到中重度、重度症状,占总比的 4.56%;情绪疲惫度分级中,重度疲惫人数约 93 人,占比为 47.21%;工作无成就感分级中,重度占比已达到 91.37%,通过卡方分析可以得出,不同科室会的情绪疲惫程度具有显著差异($P<0.001$),不同年龄的工作成就度具有显著差异($P<0.001$)。

(三) 职业倦怠与抑郁的相关性分析

为了进一步了解心理健康中抑郁因子与职业倦怠中两个维度之间的内在联系,我们采用皮尔逊分析职业倦怠与抑郁的相关性,其相关系数值越高,说明变量之间的相关性就越强,结果显示:情绪疲惫度与抑郁呈显著的正相关关系($r=0.609,P<0.01$),这提示着情绪疲惫度得分越高的医务人员,其抑郁得分越高。工作无成就感与抑郁呈显著的负相关关系($r=-0.293,P<0.01$),此量表是逆向积分,因此这表明工作成就感得分越低的医务人员的抑郁得分越高。

(四) 情绪疲惫感的影响因素相关分析

根据前期文献研究,概括出大致影响临床医务人员心理健康的相关影响因素:共六个维度,工作负荷、人际关系、工作环境、收入、职业发展和社会地位,拟出相关问卷,发放后回收,以情绪疲惫感总分为因变量,六个维度相关题目为自变量,进行回归分析,分析其内在联系,模型 r 方值为 0.189,可以解释为几个维度对情绪疲惫具有的 18.9% 变化原因,且 VIF 均小于 5,多个自变量不存在多重共线性。最终具体分析可知,其中"能否准时下班""劳动与收入是否相符""家庭支持""职位晋升"这几项对情绪疲惫感有显著影响,即不能准时下班、劳动与收入不相符、家庭支持度低、职位晋升困难者更容易产生情绪疲惫。

(五) 工作无成就感的影响因素相关分析

接着,以工作无成就感总分为因变量,六个维度相关题目为自变量,进行回归分析,分析其内在联系,模型 r 方值为 0.229,可以解释为几个维度对情绪疲惫具有的 22.9% 变化原因,且 VIF 均小于 5,多个自变量不存在多重共线性。最终具体分析可知,其中"学历""工作年限""工作是否受到尊重""家庭支持""直属管理者的器重"这几项对情绪疲惫感有显著影响,即学历低、使工作不受尊重、不受管理者器重、家庭支持度低者其工作成就感偏低。

三、讨论

(一)医务人员的职业倦怠现状分析

在本次研究中,医务人员的高度疲惫感占比总人数的47.21%,而重度工作无成就感的占比已达到91.37%。使用皮尔逊分析职业倦怠两个维度与抑郁的相关性得出,情绪疲惫度与抑郁呈显著的正相关关系,这提示着情绪疲惫度得分越高的医务人员,其抑郁得分越高。工作无成就感与抑郁呈显著的负相关关系,由于工作成就度量表是逆向积分,因此提示着工作成就感得分越低的医务人员的抑郁得分越高。由此可得出,职业倦怠与医务人员抑郁息息相关,与既往研究结果一致。

通过对医务人员的倦怠现状进行差异性分析发现,在情绪疲惫程度方面,不同科室的医务人员情绪疲惫度会有显著差异($P<0.001$),这可能与不同的科室,承担的医疗任务轻重程度不同,面临的压力也有所区别相关,这与目前部分学者的研究结果相同。在工作成就感方面,不同年龄的医务人员展现出显著差异($P<0.001$),分析原因可能是,随着年龄的增长、职称提升逐渐困难,各项硬性指标的要求越来越高等,使得不同年龄段的医务人员的成就感出现差异性。

(二)医务人员的职业倦怠的影响因素分析

根据收集的资料进行汇总后,通过以情绪疲惫总分为因变量,各个维度的影响因素为自变量后,进行回归分析,得出其中"能否准时下班""劳动与收入是否相符""家庭支持""职位晋升"这几项对情绪疲惫有显著影响。分析原因可能为:不同科室的人力资源及忙碌程度不尽相同,从而牵涉到加班,并且需要随时随地面对患者的病情变化,面对随时可能出现的医患矛盾,需要付出较多的精力及情感,长期大量的精力付出后,没有获得与劳动对等的收入,没有得到物质、精神、家庭和社会层面支持,随之疲惫度增长,逐渐出现情绪衰竭、低落,工作热情丧失等。并且在医疗的高速发展同时,对于医务人员的任务考核、科研学术等要求也在随之增长,职位晋升所需的硬性指标要求也在逐步提升,从而变成临床医务人员的压力来源,导致其逐渐出现职业疲倦。

当以工作有无工作成就感为因变量,各个维度的影响因素为自变量,进行回归分析后,则得出"学历""工作年限""工作是否受到尊重""家庭支持""直属管理者的器重"这几项对工作无成就感有显著影响。分析原因可能为:随着社会的发展,社会及医院对医务人员的学历不断提高要求,低学历的人员在竞争中,处于劣势,容易产生心理压力,使其对自己的评分较低;并伴随着工作年限越高,医务人员承受患者的负面情绪也在日积月累堆积,使得工作成就感逐渐减少。且近年来,医闹事件层出不穷,医患关系日益紧张,医务人员常常面临医疗纠纷,长期承受到巨大的压力,导致自尊心下降,工作成就感降低;或因家庭任务的繁重,与现实工作之间无法找到平衡点,而感觉到疲惫。此外,外出深造、晋升的机会与高学历者相比明显少,从而感觉得不到管理者的器重,导致工作成就感减少。

建议有关部门可以从几个方面展开措施:①不定期关注职工心理健康状态,定期召开心理讲座,教会医务人员如何进行减压,缓解负面情绪。②有关部门可以组建关爱医务人员小组,通过精神支持、心理疏导等,满足医务人员精神层面的多方面需求。有研究调查显示,某医院组织的关爱护士小组的关爱举动,让其医院一线护士在抗疫中心理状态处于稳定水平。③适当提高医务人员的待遇,并扩充医疗队伍,缓解临床上面临的人手不足,从而改善由于加班、上班负担大、付出—收入不平衡所带来的负面情绪。及时改善医务人员的职业倦怠状况,可以避免因职业倦怠而造成医疗纠纷、工作效率下降的问题出现。这既是对医务人员的人文关怀,也是不断提高国民健康水平的重要保障。

综上,通过本次研究发现,目前医务人员职业压力大,已出现职业倦怠与抑郁症状。而职业倦怠的状态往往是动态变化的,与多个方面密切相关。这提示着管理者应关注临床医务人员职业倦怠及心理健康状况,定期筛查医务人员的负性情绪,并结合工作负荷等尽早发现抑郁高风险人群,以便能及时采取有效的针对性干预措施。本研究仅对上海某三甲医院的医务人员进行职业倦怠情况和抑郁情况进行研究,存在一定的局限性,但为今后的研究及改善措施指明方向,今后将扩大样本进行更深一步的研究。

(本文获第二十五届年会征文二等奖)

市级医疗机构护工群体需求及工会服务现状的调研

冯 皓 吴 昱 蒋 勇 徐 炜 刘友军

(上海市第一人民医院工会)

一、研究背景

"护工"是为年长者或由于身心障碍造成日常生活自理困难的个人,提供与医疗、护理和生活等方面相关的综合性、专业化的援助服务。作为医院内特殊工作群体,承担着大量基础工作,填补医院劳动力的明显不足。我国护工行业仍处在初级发展阶段,护工群体管理存在如人员结构不合理、专业培训不足、缺少统一管理、工作职责不明确、工作环境有待改善、劳动权益保障缺乏等问题,造成护工群体个人健康风险较高、劳动强度较大、家庭负担较沉重、人员队伍流动性大等困境,加之我国社会对于护工行业认识不足,存在某种程度上的职业歧视,对护工行业的持续健康发展产生不利影响。

2019年9月,中华全国总工会副主席、书记处书记蔡振华同志指出"要积极开展千人以上医院护工护理员集中入会专项行动"。同年11月,上海市医务工会发布《关于成立上海市级医疗机构医疗护理员(护工)行业工会联合会的实施方案》。2020年1月3日,上海市级医疗机构医疗护理员(护工)行业工会联合会(简称"行业工会联合会")成立,进一步加强对护工群体关心关爱的组织优势和作用。在此背景下,加强对市级医疗机构护工群体的需求调研,强化工会组织在护工群体服务方面的作用发挥具有重要意义。

二、研究设计

本研究主要采用访谈法和问卷调查法。笔者先后访谈市级医疗机构、护工中介机构的工会工作者10人,了解现有工会组织在护工群体服务方面的方法和举措，并进一步调研相关工作开展的限制和不足，总结一线工会工作者的实践经验与建议。同时，采用分阶段随机抽样，第一阶段以全市 27 家市级医疗机构为样本框，随机抽取 10 家，其中综合性医院 8 家、专科医院 1 家、中医医院 1 家。第二阶段以 10 家医院的全体护工为样本框，各单位将护工以姓氏拼音升序排列，系统随机抽取 30 名护工为问卷调研对象。2020 年 9 月发放自制调查问卷，内容包括基本人口信息、工作基本情况、工会服务使用和工会服务需求等四个方面。

三、研究结果

（一）问卷调查结果

研究共发放调查问卷 300 份，回收问卷 243 分，回收率 81%；剔除漏填、错填、相似问卷等无效答卷，有效问卷 193 份，有效率 79.42%。

1. 基本人口信息

性别方面，护工群体以女性为主。女性 163 人，占比 84.46%；男性 30 人，占比 15.54%。

年龄结构方面，护工群体整体年龄偏大。50～59 岁 114 人，占比 59.07%；40～49 岁 66 人，占比 34.20%；39 岁以下仅 13 人，占比 6.73%。

家庭方面，护工群体中绝大多数已婚，人数为 182 人，占比 94.30%；离异 6 人，占比 3.11%；丧偶 5 人，占比 2.59%。

子女照顾负担方面，护工群体子女照顾负担较重。子女数量上，育有 2 名子女 90 人，占比 46.63%；育有 1 名子女 78 人，占比 40.41%；育有 3 名子女及以上 23 人，占比 11.92%；无子女仅 2 人，占比 1.04%。在未成年子女数量上，139 名护工育有未成年子女，占比 72.02%。

学历水平方面，护工群体整体学历水平层次不高。小学及以下学历 54 人，占比 27.98%；初中学历 115 人，占比 59.59%；高中或中专学历 23 人，占比 11.92%；大专及以上学历，仅 1 人，占比 0.52%。

户籍来源：安徽籍 98 人，占比 50.78%；河南籍 44 人，占比 22.80%；江苏籍 34 人，占比 17.62%；此外，黑龙江籍 3 人，湖北、江西、山西、四川、重庆等省籍各 2 人，云南、陕西、山东、上海等省籍各 1 人。

市级医疗机构护工群体基本人口信息情况与上海市护工护理员群体基本人

口信息情况保持一致。

2. 工作基本情况

工作年限方面,市级医疗机构护工群体队伍稳定性相对较高。工作10年以上100人,占比51.81%;工作6～10年46人,占比23.83%;工作3～5年37人,占比19.17%。

工作规范性方面,市级医疗机构护工群体管理规范性相对较高。健康证持有方面,191人持有健康证,占比98.96%。持证上岗方面,绝大多数护工可做到持证上岗,191人持有执业证件,占比98.96%,主要为护工上岗证和母婴护理证。培训方面,185人接受过相关培训,占比95.85%。

工作待遇方面,市级医疗机构护工群体待遇较好。平均月收入少于5 000元73人,占比37.82%;5 001～7 500元87人,占比45.08%;7 501～10 000元30人,占比15.54%;10 000以上3人,占比1.55%。社保缴纳情况,87名护工表示正常缴纳社保,占比45.08%;106人未缴纳社保,占比54.92%。

工作强度方面,市级医疗机构护工群体工作强度较大。每周工作时间均值为97.61小时。日均护理患者数量为4.29人,众数为3人。每周休假方面,63人表示享有休假,占比32.64%。工作后疲劳感,57人(29.54%)感到"疲劳"和"非常疲劳",127人(65.80%)感受"一般",9人(4.66%)感到"轻松"。

工作满意度方面,市级医疗机构护工群体的工作满意度整体比较高。113人(58.55%)表示"满意",21人(10.88%)表示"非常满意",53人(27.46%)表示"一般",6人(3.10%)感到"不满意"和"非常不满意"。

市级医疗机构护工群体工作基本情况与上海市护工护理员群体工作基本情况大体保持一致。

3. 工会服务情况

市级医疗机构护工群体工会服务情况如下。

护工入会方面,表示"已入会"护工人数为141人,占比73.06%;表示"未入会"护工人数为52人,占比26.94%。市级医疗机构护工群体入会率高于上海市护工护理员群体入会水平。

工会服务了解情况方面,市级医疗机构护工群体对于工会服务的了解程度相对不高。表示"不了解"及"非常不了解"护工人数为105人,占比54.40%;表示"一般了解"的护工人数为71人,占比36.79%;表示"非常了解"及"了解"的护工人数仅为17人,占比8.81%。

工会服务使用方面,表示使用"夏送清凉"服务的护工人数最多为176人,占比 91.19%;随后为"节日慰问""健康体检"和"技能培训",护工人数分别为 83 人、59 人和 44 人,占比为 43.01%、30.57% 和 22.80%。

工会服务满意度方面,表示"非常满意"及"满意"的护工人数为 122 人,占比 63.20%;表示"一般"的护工人数为 67 人,占比 34.72%;表示"不满意"的护工人数为 4 人,占比 2.07%。

4. 工会服务需求

劳动权益需求方面,市级医疗机构护工群体对于社会保险的需求最高,均值得分 3.94 分,第二至四名分别是劳动安全、合理休假、职业培训,均值得分分别为 3.44 分、2.51 分、2.15 分。

工会福利需求方面,市级医疗机构护工群体对于健康体检的需求最高,均值得分 4.36 分,第二至四名分别是节日慰问、住院慰问和生日慰问,均值得分分别为 2.79 分、2.69 分、1.82 分。

护工补充保险方面,市级医疗机构护工群体对于疾病住院保险的需求最高,均值得分 2.75 分,随后是重大疾病保险和意外伤害保险,均值得分分别为 2.69 分和 2.58 分。三者间分值差距较小。

教育培训方面,市级医疗机构护工群体对于护理技能培训的需求最高,均值得分 4.07 分,随后是安全防护、工作规范和医患沟通等方面的培训,均值得分分别为 3.69 分、2.49 分和 2.14 分。

文体活动参与意愿方面,107 名被调查护工表示"愿意"参加文体活动,占比 55.44%;"不愿意"参加文体活动的护工人数为 86 人,占比 44.56%。

(二) 访谈数据结果

受访 10 家单位护工总数 1 603 人,入会人数 1 374 人,入会率 85.71%。受访单位均表示已开展入会及服务相关宣传。护工个人缴费 120 元/年,部分单位安排匹配经费。2 家单位有专职工会干部各 1 人,其他以兼职干部为主。

3 家建立相关工会工作制度。7 家安排春节、端午和中秋等重大节日慰问,标准每次慰问 50 至 100 元不等。所有单位均不安排生日慰问。6 家有住院慰问金,每人每次住院慰问 100 元。

护工中介公司均安排专业培训,主要内容包括医院规章制度、职业仪容仪表、安全知识、急救知识、不良事件预防知识、群体性公共卫生事件预防常识等。主要通过病区零散培训和集中培训等方式,进行理论讲解、实操演练、视频学习等。

为护工群体开展的特色服务包括节日慰问,为护工群体提供意外和住院保险等保障,组织护工群体参加劳动技能竞赛,春节包车送护工群体返乡,评选表彰优秀护工等。

四、讨论与建议

(一)强化护工群体工会的组织建设

工会组织建设具有重要作用,是工会后期进行实践和发展的前提。工会组织建设质量和水平不仅关系工会会员利益,也决定能否发挥好工会职能。

在护工群体工会组织建设实践中,第一,行业工会联合会成立后护工群体入会成效显著,但仍要努力扩大工会的覆盖面,要力争实现护工群体100%全入会,工会组织100%全覆盖,进一步把护工群体"组织起来"。第二,在当前护工群体工会初步组建基础上,要积极建设工会小组,可通过护理病区或单元灵活组建,使护工群体工会组织形成完整网络。第三,要加强工会干部培训和教育,使工会干部尽快"成长起来",充分调动专职干部与兼职干部的积极性,让骨干人员熟悉工会工作制度、贯彻工会服务理念、更好发挥工会职能,建设一支强而有力的工会工作干部队伍。

(二)完善护工群体工会的制度支撑

护工群体工会工作的开展,需要强而有力的制度支撑。当前,市级医疗机构护工群体工会的制度建设水平有待提升。行业工会联合会可以指导护工群体工会完善自身制度建设,因地制宜地制定诸如《工会组织办法》《工会管理办法》《工会经费预算管理办法》《工会经费使用管理办法》等制度,为工会工作的规范化、常态化开展奠定基础。

同时,护工群体工会工作的开展离不开稳定、充足的经费支持。行业工会联合会应鼓励有条件的护工中介管理公司安排专项经费,支持护工群体工会工作的开展。此外,行业工会联合会和上级工会组织可安排专项经费补贴,同基层单位的护工群体工会协商分担,或可由上级工会组织全额补贴,实现工会服务与保障水平的稳步、有序提升。

(三)增进护工群体工会的宣传效果

工会宣传工作是工会工作的有机组成部分,其成效相当程度决定工会组织的影响力。当前,市级医疗机构护工群体工会的宣传成效有待进一步增强。

实践中,市级医疗机构护工群体工会要努力做到工会信息公开透明,在护工群体中提高知晓度,形成"有困难找工会"的宣传氛围,使护工群体工会成为广大护工可信赖的"娘家人"。在新媒体环境及"互联网+"工会发展形势下,创新工会宣传工作的思路与方法显得尤为必要。工会工作借助新媒体手段宣传,可享受渠道便捷、互动良好、形式丰富等优势,对于护工群体人员分散、长时间工作、碎片化休息的特点,可以提高工会宣传的覆盖面;同时,图片、视频等多触觉渠道,可以摆脱传统文字或新闻报道较僵化的传播方式,增强对于护工群体的吸引力。

(四)提升护工群体工会的服务水平

护工群体工会的服务要努力贴近护工群体需求,不断提高护工群体工会的服务水平。行业工会联合会应充分发挥指导与协调作用,可制定诸如《护工群体工会服务与权益保障的三年行动计划》等指导性文件,分阶段、有步骤地指导基层单位护工群体工会逐年落实护工群体服务与权益保障地措施。上级工会组织也可在经费方面,按年度、按落实情况安排专项经费补贴。

护工群体工会的服务要努力贴合护工群体特点,因地制宜地开展工会活动与服务。在设计工会服务与活动时,应充分考虑护工群体的年龄、性别、受教育程度等因素,进而组织护工群体喜闻乐见的活动。考虑到护工群体工作强度大、休假少、与家人分离、无法照顾未成年子女等因素,护工群体工会逢年过节要更好地做好慰问关心工作,使护工群体感受到工会家人般的关怀,享受工会组织的温暖。此外,护工群体工会可充分利用医疗卫生行业特点与优势,积极与所驻在单位医院工会联动,举办诸如健康科普讲座、体检报告咨询等活动,关注护工群体的身体健康。

(五)加强护工群体工会的监督考核

护工群体工会的建设要坚持"以考核促改革,以考核促发展"。行业工会联合会可制定规范化考核标准,根据护工群体工会的常规任务与年度重点任务与工作进行相应考核。同时,组织开展护工群体工会先进评选,"以奖促评,以评促改",打造一批护工群体工会建设、发展、工作与服务的先进典型代表,形成护工群体工会工作的经验,不断提高护工群体工会的整体服务水平。

同时,在考核基础上明确奖励机制,促进护工群体工会落实相关工作,激励工会工作创新,提高工会责任意识。护工群体工会可从考核中获得奖励性活动经费,同时满足条件的护工群体工会可适当提高专项补贴比例或增加专项补贴项目,从而形成"工会工作—考核评价—奖励经费—工会工作"的良性工作循环,增强基层工会建设的活力与动力。

此外,在医院工会工作考核中,将所属单位护工群体工会的考核结果或工作开展情况作为加分项设置,进一步强化医院工会与驻在单位护工群体工会的联动效应。在护工群体工会发展的初期阶段,医院工会可有效传递工会工作经验,发挥指导与协调作用,促进护工群体工会的快速健康发展。

医院护工群体承担着医院大量基础工作,是不可或缺的重要力量。更好地建设和发展护工群体工会,对于护工群体的利益维护,满足其服务需求有重要作用。因此,护工群体工会要强化组织建设、完善制度支撑、增进宣传效果、提升服务水平、加强监督考核,通过多举措合力促进护工群体工会的高质量发展。

(本文获第二十三届年会征文二等奖)

急诊科护士抗逆力、隐性缺勤、职业承诺间的关系及现状调查

张 娜 江 玉 周敏杰 赵立东

（上海市第六人民医院工会）

隐性缺勤指因生理或心理等健康问题导致员工注意力下降、工作投入感不足，虽工作在岗，但"人在心离"、生产力受损的状态。急诊科是危重症患者抢救的最前沿，护理工作处于高风险、高强度、快节奏的状态，频繁面对各种应激，给急诊科护士的身心带来极大影响，成为隐性缺勤的高危人群。研究显示，护士隐性缺勤与抗逆力水平有关。抗逆力指在面对创伤和挫折等负性事件时可以表现出生理和心理健康稳定的能力。抗逆力水平高的个体可以更好地应对工作压力，工作投入水平较高。职业承诺指个体对职业认同和依赖的水平，愿意将其作为长期甚至终身职业的忠诚程度。当个体的职业承诺较高时，会对护士这门职业表现浓厚的兴趣和情感，因而工作效率更高，隐性缺勤倾向更低。目前，国内关于急诊科护士抗逆力、职业承诺与隐形缺勤的关系的研究较少，本研究在探讨抗逆力、职业承诺、隐形缺勤现状的基础上分析三者的路径关系，为护理管理者降低护士隐性缺勤状态，缓解生产力受损，提高工作质量提供依据。

一、对象与方法

（一）研究对象

本研究采取便利抽样法，2023年8—9月选取上海市3所三甲医院的320名急诊科护士作为调查对象，纳入标准：①取得护士执业证书；②急诊科工作年限大于半年；③签署知情同意书并自愿参与本研究。排除标准：①进修护士、实习护士；②调查期处于休假的护士。

(二) 方法

1. 调查工具

①一般资料调查表。自行设计共 10 个变量。②医护人员抗逆力评价量表。由朱厚强等专家于 2016 年编制,包括四个维度 18 个条目。每个条目采用 Likert 5 级计分法,得分越高,表明抗逆力越强,量表内部克隆巴赫(Cronbach's alpha)系数为 0.880,信效度良好。③护士职业承诺量表。由裴艳等于 2007 年汉化并调试,包括情感承诺、规范承诺、经济代价承诺、情感代价承诺、机会承诺五个维度共 24 个条目,采用 Likert5 级计分,得分越高表明护士职业承诺水平越高,量表的克隆巴赫系数为 0.919。④中文版斯坦福隐性缺勤量表(the Stanford presenteeism scale-6,SPS-6)该量表由斯坦福大学编制,赵芳等汉化。共 6 个条目,采用 Likert5 级计分,得分越高表明隐性缺勤所导致的生产力损失越多,量表的克隆巴赫系数为 0.862。

2. 调查方法

本研究使用问卷星平台进行线上调查。研究者取得相关医院急诊科护士长的同意和支持,通过微信平台发放问卷二维码或问卷链接进行调查,共发放问卷 338 份,有效问卷 320 份,问卷有效率 94.674%。

3. 统计学方法

采用 SPSS 21.0 进行数据分析。计数资料采用频数、百分比(%)表示;计量资料用均数±标准差表示。采用 Pearson 相关分析探讨抗逆力、职业承诺、隐性缺勤间的相关性,采用 AMOS 22.0 构建结构方程模型,采用 Bootstrap 方法对中介假设进行检验。以 $P<0.05$ 为差异有统计学意义。

二、结果

1. 急诊科护士一般资料情况

320 名急诊科护士,平均年龄(31.45 ± 6.01),其中女护士 276 人(86.25%),男护士 44 人(13.75%);本科学历居多,203 人(63.44%);聘任方式多为合同制,244 人(76.25%);技术职称:护士 170 人(53.12%),护师 139 人(43.44%),中级及以上 11 人(3.44%);急诊工作年限:2 年及以下 85 人(26.56%),3~5 年 121 人(37.81%),6~10 年 74 人(23.13%),超过 10 年 40 人(12.50%)。

2. 急诊科护士抗逆力、职业承诺与隐性缺勤三者间的相关性

抗逆力与职业承诺呈正相关($r=0.716$,$P<0.01$),与隐性缺勤呈负相关

($r=-0.703$,$P<0.01$);职业承诺与隐性缺勤呈负相关($r=-0.564$,$P<0.01$)。

3. 急诊科护士职业承诺对抗逆力与隐性缺勤的中介效应分析

采用 Harman 单因素检验对职业承诺、抗逆力与隐性缺勤的所有条目进行未旋转的探索性因素分析,结果显示,共提取出 12 个公因子,特征值均大于 1,且第一个公因子对总变量的解释率为 38.86%,低于临界值 40%,表明本研究未有共同方法偏差。采用 AMOS 22.0 以抗逆力总分为自变量,职业承诺总分为中介变量,隐性缺勤总分为因变量,构建结构方程模型。中介效应值-18.2%[0.682×(-0.268)=-0.182],总效应值为-30.1%[-0.118+0.682×(-0.268)=-0.301],中介效应占比为 60.7%。

三、讨论

(一) 急诊科护士抗逆力、职业承诺、隐性缺勤的现状分析

急诊科护士抗逆力需得到关注。本研究中急诊科护士抗逆力总均分为 (3.93±0.50)分,处于中等偏上水平,低于王娇等对陕西省 2 322 名护士调查的得分。可能由于本研究调查对象局限于急诊科护士,不仅处于快节奏高负荷的执业环境,还会面临语言刺激、辱骂威胁、工作骚扰等侵害,消极经历的增多使急诊科护士更容易出现负性情绪,从而在面对逆境时无法很好地表现出身心健康的稳定,压制抗逆力水平。但经过文献比较发现,急诊科护士的抗逆力水平在近几年研究中出现小幅度的增长,可能与医院管理者对急诊科护士抗逆力水平关注度提升,重视对护士关怀型管理有关。抗逆力中柔性自适维度得分最低,人际联结维度最高,与相关研究结果一致,表明护士在面对创伤和逆境时,更倾向于同事或朋友倾诉而非自我调节,以寻求心理支持。

急诊科护士职业承诺仍有提升的空间。本研究结果显示,急诊科护士职业承诺得分为(82.10±8.61)分,条目均分(3.42±0.36)分,处于中等水平,护士职业承诺仍有提升的空间。其中规范承诺和经济代价承诺均分较高,究其原因:社会道德水平的提高,对护士的认可和尊重度越来越高,尽管护理工作繁忙,但大部分护士对神圣的护理工作有种责任感和忠诚度,再加上本研究对象均来自三甲医院,由于等级评审的发展,医院更加注意护理服务的规范化,因此规范承诺较高;此外,护理专业性较强,在学习和工作阶段投入太多时间和努力,且护士行业属于中上的薪资水平,若离职转行,需放弃很多,经济代价成本偏高。机会承

诺(反向计分)均分较低,可能与当前护理资源短缺,各医院对护士岗位的需求较大,提供多种机会有关。

急诊科护士隐性缺勤情况较常见。本研究隐性缺勤总分为(16.96 ± 3.85)分,以中位数17为截断点,大于等于17分的高隐性缺勤护士有188人,占58.75%,处于中等偏上水平,结果略低于梁馨之等对ICU护士的调查得分,但高于唐楠等对基层医务人员的调查得分,究其原因可能与所在科室、工作强度、护患比等有关。急诊科护士人力资源紧张、责任重、要求高,但社会地位、薪资等付出回报不成正比,鼓励机制不完善等影响急诊科护士的满足感,降低工作积极性,从而出现消极疲惫心态,导致隐性缺勤的发生。同时,急诊科护士暴露于医疗纠纷、传染病、暴力行为等风险中,高风险重负荷的工作性质,使其在复杂的工作环境中易出现焦虑、紧张、内分泌失调等问题,损害健康状况,进而注意力低下,导致出现工作效率下降生产力损失的现象。此外,急诊科护士有强烈的团队意识,考虑到工作任务的不可替代性,若身体不适,为避免其他同事因自身原因增加工作量而坚持带病上班,导致隐性缺勤的发生。

(二)急诊科护士抗逆力、职业承诺与隐性缺勤的相关性

本研究结果显示,急诊科护士抗逆力与职业承诺成密切正相关($r = 0.716$,$P<0.01$),表明护士的抗逆力水平越强,其职业承诺水平越高,与台湾学者Yu等研究结果一致。抗逆力强的护士可以调用良好的心理素质去克服困难走出逆境,降低工作倦怠,树立正确的职业价值观,从而增强职业承诺水平,因此培养和提高护士的抗逆力是促进职业承诺的重要途径。急诊科护士抗逆力与隐性缺勤呈密切负相关($r = -0.703$,$P<0.01$)由于急诊科的工作性质,护士长期处于高负荷状态,抗逆力低的护士身心健康受到严重损害,使其工作时精力分散,降低工作能力,不能完全保障患者安全,导致护士生产力水平下降、高隐性缺勤行为的发生。本研究中急诊科护士职业承诺与隐性缺勤呈负相关($r = -0.564$,$P<0.01$),究其原因:职业承诺越高的护士预示着对护理行业有较高的热情和喜爱,长期就职于护理行业的意愿越高,根据积极组织行为学理论,他们对职业也有较高的责任感和义务感,可以将职业规划与组织联系起来,愿意为组织贡献力量,工作投入高越强,隐性缺勤行为越少。

(三)急诊科护士职业承诺在抗逆力和隐性缺勤之间有部分中介作用

中介效应分析结果显示,职业承诺在抗逆力与隐性缺勤间存在部分中介作

用,中介效应对总效应的贡献率为 60.7%,提示抗逆力不仅可直接预测隐性缺勤,还可通过职业承诺为中介变量间接预测隐性缺勤。直接效应方面,抗逆力在护士隐性缺勤中起到重要作用。抗逆力低的护士,不能良好调节工作中面临的医患纠纷、作息时间紊乱、家庭工作关系等困难,工作怠倦感加重,从而直接导致隐性缺勤行为。间接效应方面,不能有效调节工作挫折等负性事件带来焦虑、抑郁的护士,会放大工作带来的压力感,离职意愿增加,使得职业承诺降低,削弱工作积极性和主动性,威胁身心健康,造成生产力受损。因此,建议管理者重视护士抗逆力、职业承诺与隐性缺勤间的关系,及职业承诺的调节作用。一方面,管理者可以在日常工作中多给予护士人文关怀和心理支持,主动倾听护士在工作和生活中的困扰、需求等,鼓励护士身体状况不佳时要敢于表达,主动寻求帮助;帮助护士建立积极的心态,结合急诊科的工作量、患者病情及护士自身能力科学排班,合理运用人力资源,缓解工作压力,进一步提高工作效率;还可尝试通过抗逆力训练等压力管理措施对护士抗逆力水平进行干预。另一方面,提示管理者为提高职业承诺水平,除了制定合理化的薪酬标准,提高物质给予增加其经济代价承诺外;还应该给予恰当的人文管理,创造自我价值实现的内环境,善于发现每位护士的闪光点,调动自我效能让其更大的发挥自我价值,提高其对职业的责任感和单位的归属感以增加情感承诺;此外通过加强人才培养,提供进修、培训等促进个人专业发展的机会促进职业承诺多维度全方面的提高,进而降低隐性缺勤的行为,提高护理服务质量。

(本文获第二十六届年会征文二等奖)

民主管理

现代医院管理制度下民主管理的现状与完善建议
——以上海部分三级甲等公立医院为例

张驰东　何振宇　邱　琼　吴晓芹

（华东医院工会）

2017年7月，国务院办公厅印发的《关于建立现代医院管理制度的指导意见》（以下简称《指导意见》）中，明确指出要"健全民主管理制度"。2018年6月，中共中央办公厅印发了《关于加强公立医院党建工作的意见》，也明确指出要"加强党务、院务公开，强化民主管理和民主监督。"

一、公立医院民主管理概述

（一）民主管理

民主管理即职工民主管理。职工在基层企事业单位进行民主参与的活动，被统称为职工民主管理。专家学者对民主管理的职能和形式叙述较为广泛，没有统一的概括，一些专家学者把职工广泛参与的决策、管理、监督等作为民主管理，一些把职工代表大会、事务公开等作为民主管理。

（二）上海公立医院民主管理历程

1997年，全国总工会、卫生部联合印发了《关于加强医疗单位职工民主管理工作的若干意见》，明确在卫生系统建立职工代表大会制度，实施民主管理。至2000年，职工代表大会制度在上海卫生系统覆盖率由原来不足30%上升到90%。

2001年，上海市卫生局制定了《上海市卫生事业单位院务公开实施办法》，标志着上海卫生系统开始全面实施民主管理。2004—2012年，上海市医务工会先后制定了《关于建立上海市卫生系统院务公开工作评估体系的通知》《上海市卫生单位职工代表大会工作规范》等制度和文件，使上海公立医院民主管理制度不断健全和完善。

(三) 公立医院民主管理的职能和形式

专家学者对民主管理的职能没有统一的叙述,本文认为民主管理特别是市级公立医院的民主管理,主要有民主决策、民主监督、民主参与三项职能。主要形式有职工代表大会、院务公开以及"院情通报会""金点子征集"等其他形式。

(四) 国外医院"民主管理"简介

以美国为例,在介绍美国医院管理的文献中几乎没有"民主管理"的说法,其内部治理结构与现代大公司类似,设有董事会,非营利医院也称为理事会,是医院的最高权力机构。理事会成员中除首席执行官等高级管理者外,还有医生代表作为成员,参与医院管理。也有梅奥诊所等把"专业委员会"作为医院重要的管理方式。

二、现代医院管理制度对民主管理的新要求、新任务和新挑战

(一) 民主管理日常化是健全现代医院管理制度的新要求

在《指导意见》中,把民主管理列入医院管理必须建立的制度系列,与党建工作、行政管理一样,成为医院日常管理的一部分。

(二) 提高民主管理质量是健全现代医院管理制度的新任务

现代医院管理制度下的民主管理,不仅要维护好职工的切实利益,更要注重民主管理的质量。如何使职工提出高质量的建言建议、如何使民主管理与党务和行政管理深度融合等,是当下民主管理面临的新任务。

(三) 提升工会干部综合管理水平是健全现代医院管理制度的新挑战

医院工会干部作为民主管理工作的组织者、实施者,如何提升现代医院管理的知识水平、掌握现代管理理论和方法、在民主管理工作中应用科学管理工具等,是工会干部面临的新挑战。

三、现代医院管理制度下民主管理的现状

2012年以来,在建立现代医院管理制度要求下,上海市医务工会等主管部

门,进一步加强和巩固公立医院民主管理工作,不断促进民主管理制度化、规范化、科学化,并向深化内涵、丰富形式的方向不断发展。

(一) 建立现代医院管理制度后公立医院民主管理的主要成效

1. 民主管理的"管理"作用不断增强

近几年来,随着现代医院管理制度的建立健全,职工参与医院管理的热情和水平不断提高,通过职工代表大会提案、建言献策等形式,提出涉及医院改革发展、服务患者的建议和措施在质量上越来越高,数量上越来越多。

2. 民主管理满意度维持较高水平

上海市医务工会每年对职工代表大会质量、院务公开满意度进行测评。从测评的结果看,职工对职工代表大会、院务公开的满意度维持在较高水平。

3. 把民主管理写入医院章程

《指导意见》中,制定医院章程是完善现代医院管理制度的重要内容。华山医院、肺科医院等8家被调研单位已在职工代表大会上审议通过了医院章程,并把民主管理工作写进了章程。

4. 民主管理信息化

近几年来,上海市多家三级甲等医院开展网上职代会、网上院务党务公开等,通过现代信息技术丰富民主管理形式、畅通民主管理渠道,使民主管理方式向信息化、网络化拓展。

(二) 上海部分三级甲等公立医院民主管理调查

本文对同济医院等5家综合医院、肺科医院等3家专科医院,按照职工代表、工会干部、党政中层干部三个层面进行了问卷调研。发出问卷250份,收回248份,主要调查结果如下。

(1) 职工和党政干部对现代医院管理制度下健全民主管理的知晓度高,分别达97.5%、89.42%。

(2) 职工和党政干部认为民主管理在现代医院管理中有重要作用,认为其"重要"的分别占96.15%、90%。但工会干部中认为"重要"的占82.5%,低于职工和党政干部。

(3) 职工对民主管理工作评价较高。在满分10分的情况下,评价8分以上的占92.31%。

(4) 工会干部认为健全现代医院管理制度后,医院民主管理工作"得到加强"的占100%。工会干部和党政干部认为"民主管理制度得到了完善"和"民主管理工作得到了进一步完善"的占100%。

（5）职工、党政干部、工会干部普遍认为健全现代医院管理制度后，"民主管理制度得到了健全""民主管理工作进一步得到了落实""职工民主意识得到了提高"。

（6）职工、工会干部与党政干部对民主管理主要作用认识各有不同。职工和工会干部认为民主管理能"促进医院发展"，而党政干部选择"维护职工权益"的最多。

（7）职工和党政干部普遍认为最重要、参与最多的民主管理形式是职工代表大会和院务公开。而职工最关注的民主管理事项是"医院中长期计划"。

（8）被调研医院全部按照健全现代医院管理制度要求制定了医院章程，在制定过程中邀请职工代表及工会参与，并在章程中设立了民主管理方面的内容。

（9）被调研党政干部认为，民主管理工作存在的最大不足是"考核机制不全"，占57.5%；也有55%认为"职工提议要求过高难以实现"。

（10）工会干部对现代医院管理制下提高民主管理水平的方法选择最多的是"提高工会干部管理知识"和"完善民主管理制度"，均占85.5%。

（三）上海部分三级甲等医院民主管理形式的拓展案例

1. 肺科医院创新网上职工代表大会

肺科医院针对医务人员工作忙、任务重等特点，设计开发了程序规范、富有弹性、运行高效的网上职工代表大会平台。网上职工代表大会平台分设正式代表等15个职工代表大会角色，日常需要审议讨论的事项，不受时间和地域限制，可以直接在网上实时发起。系统自动汇总和生成代表出席、讨论事项、代表提案、表决结果等数据，职工代表可在平台上实时查阅了解会议情况。

2. 上海市第六人民医院职工"金点子"为医院管理献计献策

上海市第六人民医院工会为完善医院管理，提升服务水平，激发全院职工的主人翁精神，开展了主题为"我为医院运行发展献一计"的"金点子"征集活动，请全院职工结合岗位实际集思广益，发现医院运营中的问题，并提出对策。

3. 同济医院推行科务公开制度

2018年以来，同济医院坚持将院务公开与内部管理制度有机结合，同济医院以深化院务公开、推动科室建设为目的，着重推进科室科务公开，提高职工满意度。医院将科务公开工作纳入科主任考核体系中，推动科务公开的落实。

4. 上海市精神卫生中心提案人参与提案办理的关键环节

上海精神卫生中心工会引导职工代表注重调查研究，拓宽选题思路，同时请提案人参与立案讨论、方案设计等环节，使提案真正成为促进医院发展的信息库和智力库。

四、现代医院管理制度下深化市级公立医院民主管理中的问题和建议

（一）深化市级公立医院民主管理中的问题

1. 民主管理制度有待细化

（1）所有三级甲等公立医院已经建立各类民主管理制度等，但制度依照法规或文件原则性强，缺少延伸、配套制度，使民主管理活动过于粗放或流于形式。

（2）现代医院管理制度下决策程序有待明确。《指导意见》中指出医院党委会、院务会、职工代表大会、专家委员会"四会"具有决策权。如何厘清"四会"的权与责，特别是民主决策在程序、环节中的先后关系等，还需进一步明确。

2. 院务公开内容的完整性不够

部分医院在进行院务公开时，内容简单化、条目化，缺少完整性。有的医院院务公开"上热下凉"，在院级层面的公开开展良好，但科室层面的公开力度不够。

3. 职工代表、工会干部民主管理的意识和水平有待提高

部分职工代表对民主管理的认识有偏差，在涉及医院管理的民主活动中，参政议政的意识和能力不强。部分工会干部认为管理工作主要是行政或党务的事情，没有把民主管理当成工会工作的重点，缺少推进手段。

4. 民主管理评估考核有待健全

虽然市级公立医院都实行了民主制度，但在管理方法方面有待完善。例如，64.9％的医院未建立职工代表履职情况的责任考核，职工代表服务职工的能力水平有待提高；民主管理的程度、效率、质量缺失激励和评判。

（二）巩固和深化市级公立医院民主管理的建议

1. 细化完善民主管理制度

在已有民主管理制度的基础上，进一步进行细化完善，制定出结合实际、内容明确的延伸制度。在职工代表大会方面，应建立提案落实制度、职工代表巡视制度等配套制度。在院务公开方面，明确公开事项的重点信息，如时间、金额、结

果、涉及单位和个人名称等,使公开内容全面完整。

2. 进一步厘清"四会"议事规则和决策程序

决策权是医院管理的首要环节。坚持党委领导下的医院在具体管理中要进一步明确党委会、院务会、专家委员会、职工代表大会在决策中的权与责,厘清决策事项的议事规则和决策约束机制。

3. 逐渐推行科务公开

科室是医院最基本的管理单元,具有零距离管理的特点,对医院民主管理具有重要的作用。例如把民主管理事项纳入对科室负责人的绩效考核中,制定指标并赋予一定的权重,促使其重视和执行民主工作,推进科务公开。

4. 加快民主管理的方法科学化、形式即时化

医院民主管理应与其他专业管理一样,在具体工作中应用科学的理论和方法。例如采用戴明环(PDCA循环)对民主管理工作进行计划、实施、评估、提高,提升民主管理的科学化。根据医院临床工作难以离岗、部分医院多院区等特点,利用网络技术、信息技术和交互软件,进行民主管理形式即时化,避免在时间和地域上的限制,方便职工参与民主管理。

5. 选强配齐职工代表和工会干部

一是推选民主意识强、熟悉医院情况、具有参政议政能力的职工担任职工代表,工会通过培训提高职工代表履职能力。从参加民主活动频次、建言献策质量等方面对职工代表进行考核和奖励。

二是配齐工会专职干部,积极邀请工会干部参与医院管理,同时工会专职干部应掌握现代医院管理的方法、手段,使工会干部有更多的精力和能力开展民主管理工作。

五、综述

健全和落实现代医院管理制度,离不开广大职工的参与、支持和监督。完善公立医院民主管理制度,不仅是新时代中国公立医院的必要管理方式,也是加强公立医院党建的政治要求。通过细化制度、拓展形式、科学管理,促进民主管理的科学化、精细化、日常化,调动起医务职工的积极性、主动性、创造性,为促进公立医院改革发展、为患者提供更优质高效的服务,发挥更大的作用。

(本文获第二十三届年会征文一等奖)

新形势下关于医院工会网上职代会工作管理平台的应用

杨晓峰　张　燕　陶　蓉

（上海市肺科医院工会）

在党的十九届四中全会上，习近平总书记指出："坚持和完善支撑中国特色社会主义制度的根本制度、基本制度、重要制度。"而职工代表大会制度，就是基本制度之一。职工代表大会制度是组织职工参加医院管理，实行民主监督，集中群众智慧的有效形式。自建立以来，在完善医院决策科学化、加强医院管理民主化、维护职工合法权利、促进医院发展等方面发挥了重要作用。同时，工会应当把职工代表大会变成职工主动参与、献计献策、下定决心完成医院各项改革任务的方式，以此激发广大职工的积极性和创造性。文章选取上海市几家市级医院，就员工对网上职代会管理平台的评价、基本态度和诉求进行调研，现将具体情况报告如下。

一、资料与方法

（一）一般资料

2019年10月，课题组在上海市肺科医院、同济大学附属同济医院、复旦大学附属妇产科医院、复旦大学附属公共卫生中心、上海交通大学医学院附属第九人民医院进行调研。收回问卷共294份，受访者中男性156人，女性138人；年龄在21～50岁的职工占调研总量的82.5%；身份为普通职工代表的占78.3%；技术等级为初、中级的职工占84.8%。这些职工是医院日常业务的主要承担者，长期处在第一线，他们对网上职代会管理平台的意见和想法具有较强的代表性，同时，也有助于发现仅从技术和管理角度难以发现的问题。而且，将调研重心放在一线职工符合习近平总书记提出的充分调动领导干部和广大群众的积极性、做好基层基础工作的基本要求。

（二）方法

自制问卷调查表分为两部分，第一部分为个人情况，第二部分为职工对网上职代会开展现状的感知,分析不同类别职工对网上职代会开展的认知情况及影响因素,客观、全面地评估网上职代会管理平台的作用。共发放问卷300份,回收294份,回收率98%。

(三)观察指标

主要了解职工对网上职代会管理平台的评价、基本态度、诉求和平台操作体验度,通过建设和完善网上职代会管理平台,实现强基固本,推动党的建设和医院发展。

二、结果

(一)网上职代会的效果评价

总体来看,医院职工对开展网上职代会的认可度较高,不仅表现在对网上职代会管理工作的高度评价上,也表现在对网上职代会效率的认可上。调查显示,受访者对网上职代会管理工作表现出较高的满意度,认为网上职代会管理工作有作用的占80.3%;83.7%的受访者认为网上职代会"有效促进本单位公共民主管理";高达84%的受访者认为网上职代会是一种高效的职代会形式。此外,82%的职工认为自己"积极参与医院网上职代会工作",也从侧面反映出网上职代会管理和运行的效果良好。从逻辑上看,医院相关部门对网上职代会开展良好的管理是网上职代会能够实现高效率的重要保证。

(二)网上职代会管理平台存在的问题

根据受访者的反馈,网上职代会管理平台目前主要存在技术设计、运营管理、职工参与意愿和医院支持力度等问题。

其一,网上职代会技术设计问题。根据受访者反馈,参与网上职代会时操作便利度较低。换言之,现有网上职代会系统虽然有利于全面实现各项设定职能,但是,在用户体验方面仍有提升空间。32.3%的受访者认为操作系统复杂是阻碍他们参与网上职代的主要问题。与此同时,80.6%的受访者认为操作便利的微信公众号是"更有利于职工参与网上职代会"的形式,这也从侧面反映出现有网上职代会操作系统不能很好地满足医院职工的要求。当然,此情况产生具有特定的历史原因,与医院网上职代会管理平台开发主要满足当时的技术条件和职工需求有关。

其二,网上职代会运营管理问题。"问题反馈不及时""参与条件太烦琐"等运营管理方面的问题是医院受访者反映最多的"阻碍"因素,两者相加共占受访者总量的55.8%；此外，"不清楚本单位网上职代会是否已经制定明确程序规范"的受访者占总量的34.7%。由此可见，运营管理已经成为制约网上职代会发展的瓶颈。本次调查显示，导致网上职代会运营管理出现问题的主要原因为前面讨论的"技术"问题（45.9%）、医院的"资金"问题（40.1%）以及其他领域的"支持力度低"问题（51%）。

其三，职工参与的积极性问题。尽管大部分受访者认为自己会积极参与网上职代会，占82%，但"参与者积极性低"也是受访者认定的医院网上职代会建设可能遭遇的最大障碍（70.1%）。前者主要反映了受访职工个人对自身的要求，后者主要体现出受访职工对网上职代会运营问题的担忧。根据与相关职工的访谈，导致这种强烈反差的原因主要是：职工对网上职代会性质和规则认识存在偏差，将其当做志愿性事务；网上职代会操作烦琐、信息反馈不及时等问题制约；不清楚可以在网上职代会讨论哪些事务，以及不了解网上职代会适用于处理哪些问题。

最后，医院支持力度的问题。51%的受访者认为医院支持力度低是网上职代会发展的最大障碍，由此可见，医院支持力度是决定网上职代会建设和完善的关键因素。实际上，若医院在资金、人员等方面不给予充分支持，网上职代会发展过程中出现的上述问题就无法获得有效解决，甚至将进一步加剧。这从受访者将人员支持（87.1%）、资金支持（74.8%）列为医院网上职代会平台建设的优先项也能看出。

三、讨论

（一）探索研发网上职代会管理平台的必要性

传统的职工代表大会是在规定的时间内，医院工会召集所有职工代表同时进入会场（有些还设分会场），职工代表现场阅读并听取医院经营等相关报告、发表意见、投票表决等。这一模式有利于职工代表大会的规范运行，也有利于职工代表参与医院民主管理的权利得到充分体现。但由于公立医院规模、性质等原因，传统职代会的弊端也开始彰显。一是医务人员普遍工作量较大、工作较繁忙，多数是24小时值班制，患者情况瞬息万变，身不由己的时候比较多。二是三级公立医院规模普遍较大，员工人数多在千人以上，职工代表也要上百人，同时召集这么多人开会往往比较困难。三是许多公立医院都存在多地多院区经营管理的模式，开一次职代会，代表都要特地赶到同一个院区，投入的人力、物力和时间都是一项费力的"工程"。四是传统职代会模式是代表们当场阅读、当场发表意见，对有些涉及医院发展和医务人员切身利益的关键问题，没有时间认真思考,所以很难提出有建设性的意见和建议。鉴于此,研究者探索设立网上职代会管理平台,网上职代会自开始运行以来,已经在促进参与、强化沟通、优化管理等方面发挥重要作用。为进一步推动网上职代会建设和管理,使其更好地服务于医院发展,课题组就完善网上职代会管理平台组织了专项调研,围绕平台当前存在的问题、平台运行应关注的重点等设计、发放和回收问卷,并配合专家访谈等,试图在总结调研医院网上职代会管理平台过去经验的基础上,更深入地挖掘存在的问题,并就其未来的完善路径提出有针对性的建议。

(二)完善网上职代会管理平台的有效政策

针对上述问题以及职工建议,本课题组认为完善网上职代会管理平台的工作当前可以着重关注下列 5 个方面。

首先,探索线上线下职代会的结合。根据受访者的反馈,当前建设和完善网上职代会的重点工作应放在强化和突出信息发布、议案征集等功能,特别是在与职工切身利益有关的重大事务上(68.7%),可在秉持谨慎援助的基础上,适当发挥网上职代会的作用。在形式上,42.5%的受访职工更希望网上职代会发挥"不受时间限制的议题性会议"职能。在内容上,"信息征集"(90.5%)、"信息公布"(86.7%)、"议案征集"(79.9%)、"民主评议"(66%)、"议案审议"(46.3%)等被认为是可以"由网上职代会处理"的事务。在关键议题上,同意"发展规划、重大改革方案、'三公'经费使用等医院重大事项""涉及职工切身利益的重要问题""领导干部民主评议"等由网上职代会审议的分别高达 78.2%、86.1%、89.5%。在网上职代会工作及其效果受到职工高度评价的同时,也有 62.6%的受访者认为传统职代会模式的作用和效果"很好",在被问到"传统的职代会是否需要保留"时,72.8%的受访者选择"是",这意味着医院职工对传统职代会和网上职代会相互结合,共同发挥推动医院建设的诉求较为突出。在 2018 年 4 月 20 日召开的《全国网络安全和信息化工作会议》上,习近平总书记指出:"我们必须敏锐抓住信息化发展的历史机遇,加强网上正面宣传,维护网络安全,推动信息领域核心技术突破,发挥信息化对经济社会发展的引领作用。"《中共中央关于加强和改进党的群团工作的意见》也提出,要"打造网上网下相互促进、有机融合的群团工作新格局"。基于"互联网+"时代的到来,如何充分运用互联网等新兴技术,有效整合工会内外资源,建立完善职工服务体系,着力构筑工会上下联动、平台线上线下互动、满足广大职工需求的新格局,是新时代工会在促进和谐医院建设方面面临的前所未有的挑战,同时也为工会创造性开展工作提供了机遇。基于此,医院相关部门需要谨慎选择网上职代会发挥作用的议题领域和具体形式,也要按照相关原则和程序，布置安排开展传统职代会工作，以形成合力，推动医院发展。

其次，利用新技术形式发展网上职代会。我们不能忽视、无视信息技术的飞速发展对民主管理带来的影响。随着社会的进步，利用新技术形式完善管理已经成为一种现实需要。89.1%的受访者通过微信、微博、QQ等社交软件，52%的受访者通过手机App获得信息资讯，说明互联网已成为职工表达诉求的主要渠道。如果我们继续运用传统的工作方式、服务方式，将难以把规模越来越大的新生代职工组织到工会中来。由于网上职代会管理平台开发时，微信等技术手段尚未如现在一样流行。因此，适应当时技术条件的网上职代会管理平台需要做出适当调整以适应医院职工生活模式的改变。根据调查结果，利用微信等技术形式补充和完善网上职代会已经变得十分迫切。85.4%的受访者认为移动终端应为完善医院网上平台建设的重点，且有37.4%的受访者认为通过某种形式与手机的结合是"最有利于"他们参与网上职代会，再者，80.6%的受访者将微信公众号认定为最便利的方式。此外，网上职代会因充分运用信息化技术，使得征求意见、投票、统计参会情况以及履职情况等工作完全电子化，大大简化了人力，也提高了效率，工会由此成为职代会流程的会务管理者，节省了职代会组织、管理的人力和时间成本。因此，医院网上职代会管理运营部门有必要尽快开发和上线微信公众号或App，利用此类新技术手段承载网上职代会功能，从而将网上职代会工作与职工日常习惯更加紧密地结合起来，更好地实现服务功能。

再次，做好不同层次的协调和整合。传统职代会模式即实体职代会有着许多不可替代的优势：一是小组讨论环节，线下职代会上代表们可以面对面讨论和沟通，讨论可以进行地比较充分；二是线下职代会仪式感更强；三是在涉及人员选举类的投票环节，线下职代会可以让代表们对于选票的匿名安全性更加放心。因此我们认为网上职代会只能是线下职代会的一种有益补充。网上职代会也是医院日常管理的一部分，其工作的开展和提升离不开医院各部门、各层次的支持。针对受访者反馈的问题，强化纵向、横向沟通是完善医院网上职代会管理平台的重要内容。在纵向上，84%的受访者认为网上职代会需要与上级管理机构的同类平台对接；在横向上，87.1%的受访者认为医院在推动网上职代会平台建设完善时，应优先做好部门协调工作；与之相关职能部门的人员支持也被认为是优先工作之一。当然，网上职代会管理平台的提升不仅需要纵横方向的协调，更需要医院管理部门根据医院发展的整体规划，遵循建设现代化高水平医院的要求，适当提供资金、人员等方面的支持，以推动管理平台的完善和网上职代会的新探索。

从次，采取多种形式调动职工参与积极性。网上职代会平台不应该只局限于一两次会议，更应该是职工民主管理的综合平台。医院职工对网上职代会的参与需要从形式和实质上进行提升，才能真正有助于发挥预期作用，推动医院发展。所谓形式参与，主要是指医院职工能够登录网上职代会平台；所谓实质参与，主要指医院职工登录平台后能够利用平台来解决实际委托。形式参与和实质参与相结合是网上职代会发展的基础。针对网上职代会工作开展受职工参与积极性低的制约，医院接下来在推动网上职代会建设的过程中可以考虑通过制度创立、丰富内容、扩大宣传、提高效力等来调动职工积极性。比如"做好平台内容增加吸引力"(82.7%)、"开展活动增加参与者的认同感"(80.6%)、"通过宣传提升平台的认知度"(73.5%)、"制度规定参与者上线次数的最低标准"(62.6%)等是受访者认可的调动参与者积极性的良好形式。与此同时，高达93.2%的受访者认为网上职代会平台建设完善需要线下活动的支持，而"工会活动"(75.2%)被认为是"最有利于推动网上职代会建设完善"的线下形式，此外，"兴趣小组活动"(16%)、"党支部活动"(6.1%)也受到部分受访者的认可。

最后，提升操作系统的用户友好度。用户友好度是决定职工参与网上职代会的意愿和程度的关键因素之一。针对受访者反馈的技术、运营等降低用户体验的情况，本课题组认为可从技术设计、操作、沟通等方面改善网上职代会的用户友好度。在技术设计方面，除前述的通过新技术形式以更符合职工日常生活特点和习惯外，还需要减少不必要的操作步骤，使用户能够直观、简单地获取信息，进行交流；在操作程序方面，"反馈评价功能"(80%)、"信息发布功能"(78.9%)、"信息阅读功能"(77.2%)、"登录操作"(58.8%)是受访者认为应该完善的方面，而开展"专题性培训"(82.0%)被认为是完善网上职代会建设的重要工作，其中，强化反馈是当前网上职代会管理平台完善的重点工作。一方面，可以设立沟通反馈制度，明确反馈的时间、方式；另一方面，可以对相关人员进行培训和指导，使他们能够快速、准确地获得信息，以提高回答问题的效率和准确率，从而提升用户体验。

文章讨论了职工对网上职代会管理平台的评价、基本态度和诉求。总之，不能忽视、无视信息技术的飞速发展对民主管理带来的影响。随着技术发展和医院工作的挑战，在系统的技术设计、平台的运营管理、员工的参与积极性以及医院支持方面逐渐表现出一部分制约其效力发挥的问题。因此，从采取新技术形式、做好多层次互动、提升用户体验、调动职工积极性等方面着手，推动网上职代会与传统职代会有机结合，成为当前网上职代会管理平台完善的主要路径。

(本文获第二十四届年会征文一等奖)

新形势下提高职工代表参政议政能力思路研究

代超越　王　彧　邵益斌　鲍峰立　许岩翔　孙利发
方　静　周　彬　胡文杰　计玲佳　陈　春
（上海生物制品研究所有限责任公司工会）

一、引言

习近平总书记在党的二十大报告中指出"我国是工人阶级领导的、以工农联盟为基础的人民民主专政的社会主义国家，国家一切权力属于人民"，强调要深入基层、眼睛向下，把资源和力量向基层转移，保障广大职工知情、参与、表达、监督的权利，激发出职工创新创造活力，切实保障职工群众主人翁地位。因此，职工参与企业管理员工是维护员工权益、促进企业发展、加强民主政治建设的重要环节。近年来，如何发挥职工代表在企业管理中参政议政的作用已经引起业界的广泛关注，职工代表在参与管理的过程中不仅保证了企业在决策方式和决策结果的科学性和可靠性，还实现了自我价值的升华。职工代表的积极参与对企业的生产、质量、安全和经营等方面起着重要的促进作用，在维护职工合法权益方面起到源头维护的作用，同时对企业的安全发展也具有重要的推动作用。

二、职工代表在环境、职业健康安全（EHS）管理体系建设中的履职与调查

（一）职工代表在企业EHS管理体系管理中履职情况

自EHS管理体系建设后，职工代表对EHS管理体系建设具有独特的见解。2022年上海生物制品研究所有限责任公司以创建EHS管理体系为平台，统一组织学习职工代表履职相关职责、EHS合规评价、风险防控、危险源辨识与控制、环境因素识别等知识。走访调研了公司的各个部门，下沉到一线工作场所，

加强与员工的沟通联系。

(二)职工代表参与EHS管理体系管理现状

1. 职工代表参与EHS管理工作的机制不够健全

企业EHS管理工作主要由EHS专业从业人员承担,虽然职工代表通过工会、安委会、职代会等渠道参与EHS管理,但是让职工代表深度介入、定期进行排查的工作机制尚未建立健全,存在缺乏秩序和规划的缺点,同时也缺乏明确的目标和方向性。

2. 职工代表对员工提出需求期望的反馈流程不够畅通

职工代表通过访谈、巡查收集到的员工的需求期望,由于缺乏有效的问题反馈和解决渠道而被搁置,没有得到及时有效的处理,尤其是缺乏问题解决后的意见反馈环节,在一定程度上打击了职工的积极性。

三、职工代表参与企业管理的途径

贯彻习近平新时代中国特色社会主义思想融入基层、社区和企业,引领解决员工的实际问题,调动新形势下职工参与的能动性,是职工代表的职责与使命。而职业健康安全与每位职工的切身利益息息相关,不同级别职工的觉悟、技能、协作、态度直接关乎EHS管理体系的有效运转,职工代表在员工协商和参与中扮演着至关重要的角色,因此建立完善职工代表参与企业管理的途径非常必要。

(一)健全机制

强化建立职工代表队伍以充分施展职工代表在EHS管理体系中的职能和效果,推动科学发展,实现稳中求进,职工代表的职责在于推动企业EHS水平提升、保障员工合法权益。因此,需要为职工代表参政议政提供支持、资源、平台和条件。首先,要开好职代会,让职工代表有充分发表主张见解的机会,对事关职工切身利益的提案和决策,必须广泛征求和积极吸纳职工代表提议。二是要扩展职工代表参与EHS管理体系运行的渠道。开辟职工代表参与EHS管理体系的运行团队,从而更加透彻地了解公司EHS管理体系的运行情况,加速提升从业人员的团队EHS意识,促进从业人员共助协作、团结友爱,让工作氛围变得更加和谐、自然、安全、快乐。三是建立健全EHS检查制度。组织职工代表进行探访考察,重点了解掌握职业健康安全环保的贯彻状况,审议解决职工具体问题,确保参政参到点子上,议政议到关键处。

（二）构建载体

为了激发职工代表的积极性，需要改进管理模式、提供更多的活动载体，促使职工代表认真履行职责。一是着力完善议事会议规范，落实习近平总书记关于工人阶级和工会工作的重要论述，完善管理制度，推动开展协商实践，将民主议事会议、职代会等作为重要载体，搭建"上情下达、下情上传"的沟通平台和解决问题的快速通道。二是大力拓展信息交流渠道。建立书面、会议、网络、口头、专题等渠道，形成专项工作座谈会、专题分析报告会、重大决策征询会、规章制度征询会、合理化建议月、领导信箱、职工论坛等多种形式的信息传递与反馈通道。三是深化合理化建议活动。总结推广 EHS 合理化建议活动，通过召开不同层次、利益群体人员座谈会，收集合理化建议，广泛听取职工意见和建议，构建职工全员、全方位、全过程参加 EHS 管理体系管理机制方式。

（三）广开言路

职工代表常年工作在一线，对现场安全管理非常了解，职工代表安全巡查互检，不仅能交流工作经验助推安全问题的解决，提高班组管理水平，而且能发挥职工代表参与企业管理与监督作用。积极通过官网、公众号、微信群、协同信息系统、电子邮箱等通信手段，即时公开 EHS 重大决策和事项，实现沟通协商的动态化和职工参与的积极性，提高公司的 EHS 管理和监督水平。

四、强化职工代表 EHS 水平

职工代表是企业 EHS 活动的直接参与者，不断充实职代会职权，创新职工 EHS 管理形式，是广大职工参与企业 EHS 决策、管理、监督的有效手段。更多发掘职工代表参政议政的影响，不断提高职工代表自身素质，对推进企业发展有着重大意义。

（一）安全素养

首先是政治素养。职工代表应该具备政治敏锐度和社会责任感，遵守各项法律法规，并积极推动企业 EHS 管理体系建设，保证职工的权益。其次是文化素养。通过不断提升文化素养，职工代表能更好地理解 EHS 体系，并引导员工树立安全第一的理念，形成文化共识，从而提高 EHS 管理工作的有效性。第三是行为素养。职工代表的言行举止会对员工产生示范作用。若具备良好的行为素养,便能够在工作中遵守规章制度,树立正确的安全行为观念,有效减少 EHS 事故的发生。最后是身体素养。身体素养包括睡眠质量、饮食习惯、身体健康等方面。良好的身体素养将使职工代表更具活力,能够更有力地参与工作,保障员工的身体健康和生命安全。因此,职工代表的安全素养将对 EHS 体系发挥积极作用,带动企业安全管理水平的不断提升。

(二)沟通水平

良好的沟通水平能够帮助职工代表更好地理解和传达 EHS 政策、操作规程以及紧急情况处理方法。此外,与职工沟通时可以采取面谈、班组活动、心理咨询等轻松的交流形式,使得职工放下戒备心理,能够大胆说出心声。优秀的沟通技巧有助于职工代表与企业管理层、基层员工之间更好地协调合作、更好地传达员工的关切和需求,推动 EHS 体系的实施和落实。

(三)专业知识

提升职工代表专业知识将有助于促进企业 EHS 体系的发展,首先职工代表应对生产经营情况、人才培养建设、危险源控制措施、风险和机遇情况、各项方针政策有全面总体的了解。其次,职工代表还需要具备极强的"公民意识",积极参政、维权、独立思考,拥有开阔的视野和独到的见解。最后,专业委员会和工会应该让代表参与具体任务的研讨和处置,鼓励职工代表提出宝贵意见和建议。

(四)防范风险能力

加强职工代表的防范风险能力对参与企业 EHS 体系具有深远的影响和重要作用。良好的防范风险能力使职工代表能够更好地识别潜在危险与风险,从而能够更及时地采取预防措施,深入摸排风险隐患,用大概率思维应对小概率事件,防患于未然。同时,职工代表参与 EHS 体系搭建与改进,在推进 PDCA 时应分析得失、提炼经验、优化方案,在堵漏洞、化风险中持续夯实高质量发展的底板,在补短板、拓优势中继续寻求创新与突破。

五、对策建议

(一)创建激励培训机制

职工代表直接反映着员工的愿望和要求,在职工代表评价的优化过程中,必须引入硬性指标进行衡量和考核。对职工代表进行经常、持续的培训，应该着重扩大培训覆盖面、提升代表性、强化队伍建设，不断改善他们的综合素质。加强参政议政的能力与水平，就要健全职工代表的培训机制、建立职工代表的激励措施、建立职工代表竞聘程序、建立和完善职工代表健全巡视制度。在构建优化职工代表培训机制的过程中需要进行探索和深入研究，采用灵活多样的形式和方法强化职工代表的大局意识、代表意识和责任意识，以适应不同职工代表的需求和背景，进而提升履职能力和综合素质。

（二）发挥群众监督桥梁纽带作用

协商民主是实践全过程人民民主的重要形式，要健全各种制度化协商平台，加强制度建设，健全协商机构，制定协商议事规则，完善规范程序，进一步凝聚职工代表共识水平。职工代表行使民主权利，要反映职工群众意愿、传达决议并带头贯彻决定，代表职工参与企业民主管理。第一，在目前企业 EHS 管理格局中，对企业 EHS 管理最直接、最全面、最经常、最有效的监督就是广大职工群众及职工代表的"群众监督"。第二，发挥桥梁纽带作用。作为群众的桥梁和纽带，职工代表应充当贴心人，成为职工的信息来源、支持者、负责人和沟通者，竭诚为职工排忧解难。总之，职工代表应树立大局意识、注重增强自身综合素质、注重与个体交流，注重职工的价值引导，为职工办实事、办好事，为企业服好务，这样职工代表就一定能充分发挥自身的作用。

六、结束语

职工代表是一个具有中国特色的职位，发挥职工代表作用需健全机制、构建载体、广开言路为职工代表参政议政搭建工作平台，需从安全素养、沟通水平、专业知识、防范风险能力方面加大培训力度，坚持不懈用习近平新时代中国特色社会主义思想凝心铸魂，充分调动广大职工群众的积极性、进取性、创新性，促进企业的长远发展，以中国式现代化全面推进强国建设民族复兴伟业。

（本文获第二十六届年会征文一等奖）

全过程人民民主视域下工会民主管理运行及作用研究

李晨倩　沙小苹

[上海市卫生和健康发展研究中心（上海市医学科学技术情报研究所）工会]

习近平总书记在党的二十大报告中指出，全过程人民民主是社会主义民主政治的本质属性，是最广泛、最真实、最管用的民主。全过程人民民主包括民主选举、民主协商、民主决策、民主管理、民主监督等整个民主过程，力图将程序民主和实质民主、间接民主和直接民主统一起来，反映了我国民主建设的新趋向，是习近平新时代中国特色社会主义思想在政治文明上的集中彰显。

一、工会民主管理是全过程人民民主的重要载体

从政治层面看，党的十八大以来，习近平总书记反复强调发展人民民主的重要性，并从实践出发，强调务必落到实处。这种政治上的重视为工会民主管理赋予了新的时代使命和实践的导向。2019年11月，习近平总书记在考察上海市长宁区虹桥街道基层立法联系点时，首次提出"人民民主是一种全过程的民主"。2022年党的二十大报告专题阐述了发展全过程人民民主，保障人民当家作主，标志着全过程人民民主作为一种民主思想理论体系日趋完善，深化了人民群众在国家治理体系中的主体地位，明确了劳动者在工会活动中的参与权和话语权，为工会发展指明了方向。工会作为企事业单位实行民主管理的重要组成部分，是我国基层民主建设的重要领域，也是全过程人民民主的生动实践。2021年修订的《中华人民共和国工会法》在丰富工会民主参与形式上迈出了重要一步，提升了工会民主管理制度的法治化水平。这标志着工会保障职工民主参与的角色更为明确，机制更加完备。然而，《中华人民共和国工会法》的落地实施还需要制度环境的配合和工会自身建设的进一步加强。工会组织需要认真学习《中华人民共和国工会法》的精神，积极拓展职工参与的渠道，真正做到让职工参与到管理和决策中。同时，也需要培养具有高度责任感和先进管理理念的工会干部队伍，以此来保障工会民主管理的质量和效率。

从理论层面看,全过程人民民主是对传统政治民主模式的超越和发展,它使民主理念与中国特色社会主义民主政治实践相融合,强调民主不仅是一种形式或手段,更是一种全面而系统的发展进程。全过程人民民主突破了西方政治民主的局限性,将民主的内容扩展到全社会的各个领域与方方面面。这种民主不仅体现为广泛参与的权利,更注重民主质量和效果,包括但不限于民主选举、民主协商、民主管理、民主决策和民主监督。工会作为全过程人民民主的重要载体,意义不仅在于对民主实践的反映,更在于对民主本质的深化认识和体系建构。工会民主管理的核心,就在于将上述民主过程落实到工会组织和职工的日常生活中,从而确保民主是全过程的、不间断的,涵盖了基层单位运作的所有环节。

工会民主管理在确保全过程人民民主理论得以贯彻实践的同时,要求工会组织转变角色定位,从单一的职能部门转变为广大员工参与决策、讨论和管理的平台,提供更加广泛的意见表达渠道和参与途径。工会民主管理的理论意义在于确保职工拥有知情权、参与权、表达权和监督权的全过程实现。正是这样的全过程参与,让职工不仅在选举中能发出自己的声音,在单位的日常运营中也能够实现自我管理、自我服务、自我教育、自我监督。

从实践层面看,伴随社会的深刻变革、法制的日趋完善以及员工权利意识的提升,劳动关系领域的矛盾和纠纷呈现出新的特点和趋势。这不仅要求工会组织在社会治理中发挥更加积极的作用,也要求工会民主管理必须结合实践不断优化和发展。在这种形势下,基层工会的民主管理作用受到社会的广泛关注和重视,迫切需要从全过程民主的视角审视当前基层工会民主的实践状况及发展走向。据上海第四次经济普查公报的数据显示,上海拥有 41 万家单位,工会建会 4.78 万家,工会会员 690 万人。在全过程民主推动下,工会系统建设取得较多成效。《上海市企事业单位民主管理工作三年行动计划(2021—2023)》提出,要全面加强党的领导、完善全过程民主管理,推动实现人人参与格局、民主管理效应充分发挥四大目标任务。基于该计划,本研究以上海市卫生健康系统为例,依托 2018—2022 年卫生健康系统医务职工工会需求调研反馈,透过四年的数据,分析上海卫生健康行业工会在推动基层民主管理的做法,形成指导工会推进全过程民主的路径。

二、全过程人民民主视域下工会民主管理现状

(一) 研究现状

在全过程人民民主的广阔视域下,工会民主管理的研究呈现出日益深化的

趋势,其作用与实效也逐渐成为学术界和实践领域的关注焦点。习近平总书记提出的"全过程人民民主"不仅为党领导下的社会民主建设注入了新理念,更为工会民主管理开辟了新的研究与实践方向。当前的研究现状可以从工会民主管理的理论阐释、政策支持及实践探索三个层面来展开。

首先,理论的发展深化了工会民主管理的内涵。一方面,工会的民主管理不再局限于单一的选举活动或是简单的管理参与,而是被看成是一种全方位、多层次、跨领域的广泛参与。另一方面,理论研究开始着重于全过程人民民主与工会民主管理的内在联系,强调后者在实现前者中的作用和地位,确立了工会作为连接人民群众与国家政权、沟通经济发展与民主法制之间重要纽带的角色。这不仅在理论上丰富了工会民主管理的内涵,也为工会在新时代下实现自身功能提供了指导。

其次,政策支持为工会民主管理提供了广阔的发展空间。自《中华人民共和国工会法》修订以来,工会在民主管理方面的角色与功能被赋予了新的内涵,不断强化工会通过职工代表大会等多种形式参与单位决策的法定地位。国家层面出台的关于深化工会改革、增强工会组织活力的一系列政策,铺展了工会民主管理从理论到实践的平台,为工会在新时代背景下发挥作用提供了政策保障。

最后,实践探索始终是研究的核心。在全过程人民民主的大背景下,全国不同地区的工会组织积极探索实践民主管理新路径,聚焦于推广职工代表大会制度,发展与时俱进的组织形式与参与机制。这种探索鼓励职工对单位的管理与监督,在构建和谐劳动关系、保障职工权益、促进社会稳定等方面发挥了重要作用。同时,对于工会民主管理的实效性评价和问题反馈也开始受到重视,为进一步促进工会改革提供现实的检验与方向。

然而,虽然目前工会民主管理在理论和实践上都有了显著发展,但依然存在着一些瓶颈与挑战。比如,工会民主管理的具体实施效果如何更好地体现"全过程"理念,如何确保各级工会组织真正发挥其应有的功能,以及在不同性质的单位中工会民主管理的差异化问题,都需要进一步的研究与探讨。

(二)当前要解决的主要问题

上海市卫生健康系统拥有23万医务职工,涵盖医疗机构、直属机关事业单位等近千家基层工会。伴随着医药卫生体制改革的深入、新冠疫情的冲击等,卫生健康系统工作节奏加快、工作压力增大,医务职工的思想观念和心理健康也受到冲击。课题组关注工会民主管理成效与医务职工思想动态变化,从2018年起,多次开展卫生健康行业工会大调研,累计调研 16 004 名医务职工,涵盖市级医疗卫生单位(58 家)、区属医疗卫生单位(54 家)、部分单位职工医院(10 家)以及部分社会办医机构(5 家)。

根据调研发现,医务职工对工会民主管理的总体满意度为 87%,对职代会履职的满意度为 95.1%。对工会民主管理的评价总体是单位职工医院和社会办医机构优于市级医疗卫生单位优于区属医疗卫生单位。工会民主管理面临的主要问题集中在提升职工民主意识、完善民主管理制度、改进工会组织内部治理、明确与单位管理层的关系界定以及加强基层工会自身能力建设等方面。针对这些问题,工会组织必须采取切实有效的措施,不断深化民主管理实践,强化制度建设和能力建设,以确保工会民主管理更加规范、有效地服务于全过程人民民主的实质发展。

全过程人民民主力图实现以最小的民主实践成本获取民主收益的最大化,即实现帕累托最优(Pareto optimality)。在工会民主管理中,追求帕累托最优的实质是追求工会会员权益与义务达到最优配置的过程,实现单位和职工的"双赢",但由于资源的稀缺性,我们往往达不到帕累托最优,只能在不减少一方利益的前提下,改善单位与职工双方的整体利益,即寻求帕累托改进。当单位与职工之间的效用线相切时,说明现阶段的民主管理是最有效率的。

基于全过程人民民主的视角,工会民主管理关键在于如何在单位的效益需求和职工的权益需求之间找到平衡点。通过院务公开、职代会制度有机复合,可以降低工会民主运作的成本,提升工会民主运作的效率。院务公开先行解决的是阻力和成本问题,职代会跟进解决的是效力和效率问题,两者的完美复合,实现工会民主管理的帕累托最优。

三、新形势下推进工会民主管理的路径

(一) 提高职工民主管理中的多种意识

在全过程人民民主的构架下,推进工会民主管理不仅需要健全制度和创新方式,还需要提升职工本身的各方面意识。为了实现工会民主管理的深入发展和实质性成果,不可忽视的是提高职工的民主意识、责任意识和参与意识。

一是提高职工的民主意识。民主意识是工会民主管理运作的基础。民主管理不仅涉及职工的末端参与,还包括职工对民主价值的理解和认同。在实践中,

这需要工会综合运用教育培训、文化建设、实践操作等多种方式，提升职工对民主管理制度必要性的认知，鼓励他们积极行使民主权利、承担民主责任，并参与到民主流程中。二是提高职工的责任意识。责任意识对于职工民主管理中的积极性及其对结果的认同感尤为关键。职工应积极投身于单位事务的民主管理，使民主管理不仅成为权利的体现，也是对单位责任与个人成长的投入。这需要工会通过培育集体主义精神、深化对单位文化的认同等活动，构建起集体责任感和团队协作观念。三是提高职工的参与意识。参与意识是职工在民主管理过程中真正发声、做决策的前提。工会应通过搭建平台、完善程序等手段，降低职工参与民主管理的门槛，提高参与的便捷性和实效性。此外，通过案例分析、民主制度创新实践，激励职工积极参与到民主选举、民主协商、民主决策中，发挥集体智慧，推动单位与职工共同发展。

（二）夯实工会民主管理基础

夯实工会民主管理基础是推进全过程人民民主在工会领域的应用和发展的前提。它涉及诸多方面，从法律法规的支撑、组织制度的完善，到职工的广泛参与和意识提升，每一个环节都至关重要。

首先，从基本制度入手，结合单位实际，建立完善的院务公开制度、集体合同制度、职代会联席会制度、科室民主管理制度等，在单位管理的各个层面，均应建立机制，充分听取和反映职工的意愿和要求。对于涉及职工切身利益的重要问题，应当通过职工代表大会等形式进行充分的讨论和决策。职工的参与和监督不仅限于选举和任免领导岗位，更应该延伸到日常管理的方方面面。其次，要优化工会的组织结构和运行机制，以促进民主管理的高效运行。工会的基层组织应该健全，从而形成有效的沟通机制和决策流程。通过规范职工代表大会的选举程序、议事规则和监督方式，加强对管理层决策的民主参与和监督。此外，不断优化提案工作机制、民主评议和民主决策程序，使工会的工作更具规范性和透明度。再次，提高职工参与民主管理的能力，是实现工会民主管理的根本保证。只有职工意识提高，参与积极性增强，才能在民主管理过程中发挥更有效的作用。提升职工参与民主管理的能力不仅仅是提升他们的政策理解力，更包括提高他们的法律意识、权利意识和责任意识。通过举办培训班、研讨会等多种形式，提供必要的知识和技能培训，有助于职工更好地参与到工会民主管理中来。最后，建立有效的激励与约束机制，对于加强和规范工会民主管理具有重要意义。通过设立奖惩和评估体系，对积极参与民主管理、为实现工会目标做出贡献的职工和集体给予奖励，对违反民主管理规定的行为进行必要的惩处，以促使每个人都能在遵守规定的前提下积极参与工会的民主管理中。

（三）创新开展工会民主管理工作

在全过程人民民主的视域下，工会民主管理迎来了新的发展机遇。为了更好地发挥工会在基层民主政治建设中的作用，必须创新工会民主管理的工作机制和实践路径。工会应当成为推动企事业单位民主管理的生力军，助力全过程人民民主向纵深发展。

第一，发展信息化管理方式。在工会民主管理过程中，引用信息化技术手段，加强工作建设力度，通过数字化的数据共享和应用，让职工在第一时间获得工会的各项信息推送，与单位同频共振。将医院的管理特点与信息平台的优势充分交叠，以智慧工会为载体，结合全过程人民民主的内涵及要求，打造"五微共享工会"，利用"互联网＋"技术，职工只需要在手机上操作，工会便能通过"微行动""微实事"点亮"微心愿"，展现"微星光"。从而实现职工需求与工会服务的精准对接，打通为职工服务的"最后一公里"。第二，创新民主管理方法。突破传统的工作模式。在实践中，工会可以组织多样形式的民主活动，如开展职工满意度调查、民意测验、案例研讨会、政策解读会等，增强职工对民主管理工作的认同感和参与热情。同时，工会要深化与单位管理层的沟通和合作，实现双向互动和共同推进，确保民主管理的实际效果。第三，发挥工会职能优势。工会是职工的"娘家"，其工作职责之一是维护每一名职工的合法劳动权益，工会要积极参与到集体合同谈判、劳动争议调解、职工薪酬分配等核心领域，充分发挥桥梁和纽带作用，构建平等对话、民主协商、互利共赢的劳动关系协商制度。这不仅有助于营造和谐稳定的劳资氛围，也是实现职工基本权益的根本途径。

综上所述，工会在新形势下要想有效地开展民主管理工作，需从自身建设和外部环境两方面同时着手，做到创新机制、强化能力、服务职工。工会民主管理的创新是一项复杂而长期的任务，需要广大工会组织和职工群体的共同努力与实践探索，从而不断优化工会组织结构，提高民主管理质量，为工会民主管理工作的不断创新和发展提供坚实支持。

（本文获第二十五届年会征文二等奖）

如何发挥职工代表在医院民主管理中的作用研究
——以上海市第十人民医院为例

秦 艺 陶建民 袁 静 范理宏 陈正启
（上海市第十人民医院工会）

一、研究背景

党的十九大胜利召开以来，习近平总书记指出，坚持党的领导，是做好党的群团工作的根本保证。全心全意依靠工人阶级，需要政治保证、制度落实、素质提高、权益保障。保护职工合法权益是工会的根本职责，也是工会的基础和首要任务。加强民主管理，畅通民主渠道，保障职工权益，作为推动医院和谐稳定发展的"动力"源泉。

职工代表大会是目前我国企事业单位民主管理的基本形式。它是一种让员工实行民主管理的组织架构。它也是在政治上和制度上贯彻党的真诚依靠工人阶级的指导原则的重要载体。它是我国基层企业和机构的民主制度。政治建设基本制度。职工代表大会依法行使审议权、民主选举权、民主评议权、监督审查权。目前，医院实行民主管理制度，其基本形式是职工代表大会。但医院运行中还存在一些问题。医院医务人员参与民主管理的深度和有效性有待进一步提高。

因此，如何激发职工主人翁精神，引导职工为医院的中心发展作贡献；全面推进院务公开，有效保障医务职工的知情权、参与权、监督权；找准工会组织在加强和改进医院党的建设工作中的切入点和着力点，充分发挥职工代表在医院民主管理中的作用是现今亟待解决的问题。

二、研究目的与研究方法

本研究以上海市第十人民医院（简称"十院"）第四届、五届职代表的基本结构情况,以及第四届职代表参与院务公开民主管理的各方面现状,包括职代表对职代会质量评估满意度、院务公开满意度、工会工作满意度和提案满意度等为基础,进行数据分析。此外采用文献研究法,了解职工代表参与民主管理的研究现状;采用深入访谈法,了解职代表对于医院职代会、院务公开、民主管理、医院发展等方面的看法,找出民主管理过程中存在的问题及需求,并对如何以党建文化为导向提升职工代表在医院民主管理中的作用进行分析与总结。

三、职代表参与民主管理基本情况

(一) 贯彻落实职代会制度

1. 职代会及职代表基本情况

在医院党委的强力组织保障下,十院建立了以职代会为基本形式的民主管理制度,职代会制度已成为医院管理制度的重要组成部分之一。医院党委高度重视建立保障职工行使民主管理权的机制,指导和协调职代会依法行使规定职权。组织召开职工代表座谈会,接受职工代表的合理建议。

工会在职工代表大会换届时缜密制订选举方案,严格根据《上海市职工代表大会条例》《上海市职工代表大会工作规范》《上海市卫生单位职工代表大会工作规范》的要求,确定十院五届职代表总数为165人,且职工代表的构成以一线职工为主体,人数及比例分配充分体现职工代表队伍的群众性、广泛性、代表性。新一届职代表相比第四届职代表,党员占比上升了20%,高级职称占比上升了4%,硕士以上学历占比提高了9%,职代表基本素质有了显著提高,新一届职代表更具有广泛代表性,参政议政能力更强。

第四届职代会的质量评估满意度一直处于高水平,多次达到100%,可见职工对于医院职代会的民主决策、民主管理的水平有比较高的满意度,十院职代会能有效地调动职工的参政议政的积极性,汇集职工的智慧和力量,更好服务于医院发展。

职工代表大会作为保障职工民主权利的有效渠道,职代会制度的平稳运行提高了医院对职工合理愿望及诉求的重视程度,逐步推进了医院的发展,最终实现医院与职工的全面和谐共同发展。

2. 职代表提案及落实情况

院工会对职工提出的提案进行认真分类、审查,向院部党政联席会进行汇报,督促相关部门及时落实,并对职工提案、建议进行答复与反馈。

医院第四届职代会共收到职工提案56项,经整理后立案23项、建议类33项。其中,医院管理改革发展方面的提案有16件,占提案总数的28.57%;涉及专科建设人才培养方面的提案有12件,占提案总数的21.42%;涉及职工福利待遇及后勤基建等方面的提案有18件,占提案总数的32.14%,这些提案基本涵盖了医院的主要工作,关系到医院的发展和职工的切身利益,具有很强的代表性。

在医院党政领导高度重视下,职代表提案处理落实后,反馈提案满意率达到100%。职代表提案为职工提供了发声渠道,顺民心、畅民气,营造了全院干部职工齐心协力搞建设、谋发展的同心氛围。

3. 民主评议领导干部工作,发挥职工代表大会的民主监督作用

职代会民主评议领导干部是发扬民主、加强基层民主政治建设的一项重要内容,也是坚持群众路线,全心全意依靠广大职工的重要体现。医院党委对民主评议工作起到了正确的导向和推动作用,使得民主评议能够在党委领导下有序进行,人人接受群众监督,领导干部能自觉主动地接受评议。

第四届职代会以来,职代表对领导干部的总体满意度是稳步提升的,民主监督广泛化、制度化对领导干部不仅是一种压力和动力,更利于提高领导班子成员严于律己的意识,促进医院党风廉政建设;激发职工关心医院建设发展的主人翁责任感。

4. 闭会期间的日常民主管理工作,持续维护职工权益

医院工会作为职工代表大会的工作机构,通过职代会民管组等各类途径组织职工日常开展维权工作,使职代会在闭会期间持续发挥民主管理作用。第四届职代表对工会工作的满意度一直处在高水平,3次达到100%的满意度,可见工会作为职工利益的代表者和职代会的工作机构有效地将职工的民主权利落到了实处。

(二)坚持员工沟通座谈会制度

医院工会组织召开的员工沟通座谈会,实现了医院领导与职工"零距离"。由院领导、相关职能科室负责人及一线职工共同参与,对职工现场提出的问题与建议进行剖析研究,着力解决职工最为关心关切的急、难、重点问题。会后由院领导牵头督办单,再由相关职能部门进行具体解决落实。员工座谈会召开以来,医院工会已确立督办单一百多项,切实在第一时间有效地化解和解决职工的各类矛盾和问题,使院领导能直接听到职工最真切的呼声。员工座谈会犹如一面反思镜,使各职能科室能够看到工作中的症结与不足,进一步改进工作方式,提高了工作水平与效率,实现了医院发展与职工利益的双赢。

（三）持续做好院务公开工作

院务公开是贯彻落实科学发展观和构建和谐医院的重要内容,是提高职工民主参与度、提高民主管理和民主监督意识、促进提高医院的民主管理和科学决策水平的有效举措。工会积极配合医院党政和相关职能部门按要求做好了医院的院务公开工作,建立了院务公开的各项完整的制度和台账,负责对院务公开情况和有关部门的执行情况进行监督、检查和考核,并每年在职代会上进行汇报,第四届职代表对院务公开的满意度均保持在96%以上,处于较高水平。

四、以党建文化为导向如何发挥职工代表在医院民主管理中的作用

（一）保证职工代表的广泛代表性,增强职工代表参与意识

职工代表是职工的"代言人"。正确发挥职工代表作用,对于维护医务职工合法权益具有根本性作用。所以要从源头入手,首先应确保职工代表具有广泛代表性。要做好职工代表选举工作,保证职工代表的合法性。在职工代表选举过程中,工会组织要充分发扬民主,严格遵循选举程序、范围和比例,选举参政议政能力强、能积极为职工群众办实事的职工为职工代表。抓好职工代表资格审查关,保障职工代表"货真价实"。抓好职工代表管理关,保证职工代表履职尽责。通过召开职工代表座谈会,对职代表进行监督督促,始终保持代表的先进性,为职工代表民主管理筑牢坚实基础。医院应加强主人翁意识教育,增强代表的参与意识。为医务职工树立主人翁的思想,引导其积极参与医院的民主管理,为医院的振兴和发展提出建议。

（二）以党建文化为导向,为职工代表发挥作用创造良好环境

职工代表必须始终坚持党的领导,在思想上、政治上、行动上同党组织保持高度一致。从素质要求上说,职工代表要拥护并坚决执行党的路线、方针、政策,主动学习党的十八大、十九大会议精神,在党建文化的指引下,提高学习意识,加强修养,提高责任意识。同时,职工代表要自觉学习民主管理的基本知识,熟悉民主管理的内容形式及方法,能正确行使民主管理的权利。另一方面,党组织和工会组织要广开言路,鼓励谏言献策,虚心听取职工的意见和建议。毛泽东主席曾说过"在党内要知无不言,言无不尽,言者无罪,闻者足戒"。医院党组织和工

会组织应积极营造这种良好的氛围,从而更好地调动和保护职工参与医院民主管理的积极性。

(三)健全职工参与机制,加强发挥在职代会闭会期间的民主管理作用

完善职工参与机制,医院要加强舆论引导,从政治上维护职工所有权和合法权益,坚持和完善以职工代表为基础的民主管理、民主评价、民主监督制度。在职代会闭会期间也应建立职代表行使职权的长效机制,充分发挥职代会联席会议、职代会各类民管组、各选区职代表组长的作用,使得职代会在闭会期间能持续发挥"常议事、多参与、勤协商"的积极作用,推进职工民主管理工作制度化、程序化。

(四)拓宽职工参与渠道,提高提案水平与有效性

通过各类的民主管理形式,不断拓展职工参与的渠道和领域,让职工讲话,顺民心、畅民气。加强人员流动,形成多层次、多渠道的民主管理格局,让更多的员工能够参加医院的民主管理活动,包括组织职代表座谈会、员工座谈会等各类沟通会、座谈会等。同时努力提高职代表提案的数量、质量与水平,强化职工代表提案办理落实反馈机制,体现代表提案的价值效果,提升代表提案的准确有效性。多方位不断提升医院职工主人翁地位,有效稳固医院民主管理制度,力求参政议政的水平年年都有提高,为医院快速、健康、稳定发展做出新的贡献。

(五)不断提高院务公开的质量与效果

不断完善规范院务公开形式方法。公开的形式要实用、方便、灵活多样,公开的方法要因事、因时制宜,公开的程序制度化、规范化。不断完善院务公开的组织机构设置,建立健全领导小组,充分发挥党建的引领作用,引领组织和协调院务公开工作;基于公开内容,结合相关管理部门职责,完善多个单项工作小组,确保每一项披露内容落到实处;健全监督评议小组,监督院务公开内容完整性和准确性、规范性和及时性。

加强组织领导,层层落实工作责任,从组织上保证院务公开的质量效果,依托于加强医院管理和党建目标管理的大目标,真正让党员和职工知院情、参院政,监院事,实行民主管理与监督,确保院务公开的实际效果使院务公开工作既扎扎实实,又富有成效,促进医院各项工作稳步向前发展。

(本文获第二十二届年会征文二等奖)

组织建设

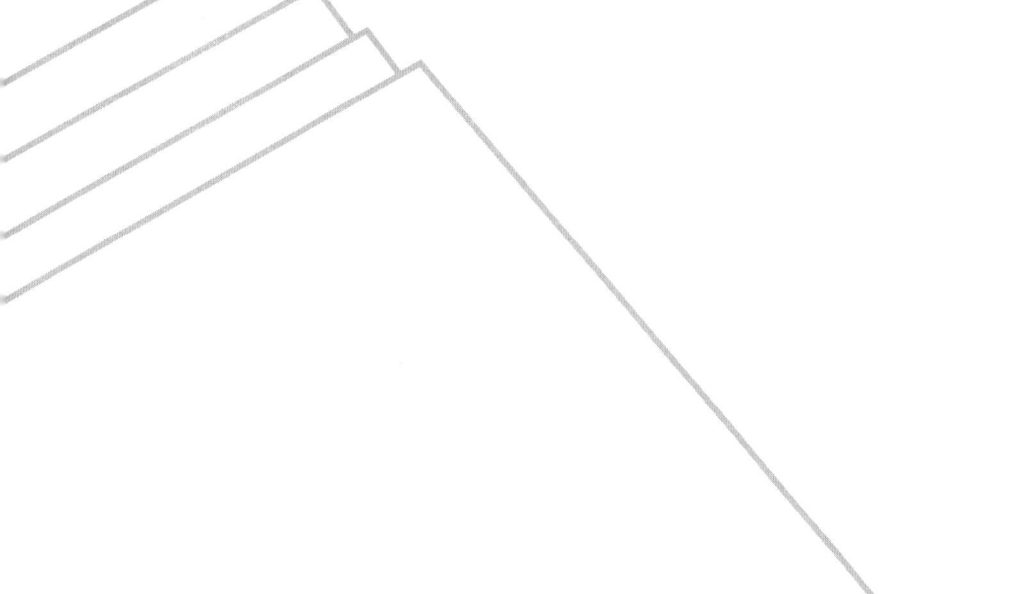

全面托管模式下的工会同质化管理研究
——以上海市某医院全面托管嘉定区 JQ 医院为例

朱翔蓉　谢岳林　徐　迎

（上海市嘉定区江桥医院工会）

一、引言

随着医疗体制改革的不断深入，由大型公立医院托管中小型医院已然成了一种新型模式，在全面托管的背景下，目前大部分研究是围绕医疗质量同质化管理来展开研究的，而在医疗质量提高的背后是院工会给予医疗人才的巨大支持，因此工会的同质化研究在全面托管背景下也显得尤为重要。

二、托管模式及同质化管理定义研究

（一）托管模式

托管作为当前公立医院管理体制改革的一种途径与方式，能够在不影响产权的条件下实现医院所有权和经营权的有效分离。根据受托方的性质和主体不同，目前国内公立医院托管模式主要有以下两种：一是综合性大医院对中小医院的托管、专门的医院管理机构或团队对医院的托管、原有医院内部管理层对医院的托管等；二是根据托管对象不同，可分为全部托管和部分托管。2016 年 12 月嘉定区人民政府与上海市第一人民医院签订合同，医院全面托管 JQ 医院。《上海市第一人民医院-嘉定整合性健康共同体建设方案》指出，为建成南部区域性医疗中心，建立健全双向转诊标准，规范双向转诊流程，全面实现健康共同体内分级诊疗，上海市第一人民医院派出主要领导担任上海市嘉定区 JQ 医院院长，派出执行院长、副院长、部分行政管理人员，在专业方面派驻有能力、有声誉的医疗专家，从行政管理到临床学科建设等全方位地落实托管职能。

（二）同质化管理模式

JQ 医院挂牌市一医院嘉定分院，由市一医院全面托管，与市一医院同质化管理。对于公立医院健康共同体来说，所谓同质化管理，就是指托管医院与被托管医院之间在医疗质量、护理质量、人员管理、后勤管理等方面实行同等管理，以高标准共同管理，以求提供高质量医疗服务。对健康共同体内成员单位采取同质化管理模式，从管理、技术、服务等多方面深入沟通交流，促进卫生资源的合理利用，以同质化管理促进优质医疗资源下沉，提高基层医疗服务水平，方便群众就医，实现"基层首诊、双向转诊、急慢分治、上下联动"的分级诊疗新模式，也可促进健康共同体、医联体模式的可持续前进发展。

本课题所研究的同质化管理，是指在工会管理中，在市一医院全面托管 JQ 医院的背景下，如何对市一医院和 JQ 医院人员进行同等标准管理，主要包括维护职工权益、保障职工福利、提升职工凝聚力等，减少市一派驻人员与 JQ 医院职工的差异性和陌生感，提升职工的向心力和凝聚力，以求共同为 JQ 医院发展而努力。

三、全面托管模式下工会同质化管理的意义

（一）工会是联结职工与医院的纽带

自 2017 年筹建至今，市一派驻人员全职在嘉定分院开展工作已近三年，是充实嘉定分院的重要力量之一。伴随着医院的快速成长，市一医院与 JQ 医院的关系愈加紧密，职工维护自身合法权益的意识不断加强，如何更有效地保障各类人员的合法权益，助力所有职工统一目标全身心地投入工作中去，防止因"区别对待"而产生职工间的疏离感和被排斥感，是上海市乃至全国大力构建紧密型医联体形式下，工会在医联体发展中的各项新问题、新难点等在新时期亟待解决的。若能够在工会管理中所有职工实行同质化管理，则能增强派驻职工的归属感，团结医院职工，壮大工会力量，保证工会各项工作更好开展。

（二）为健康共同体建设提供工会保障

全面托管背景下，市一医院与 JQ 医院管理同质化上已作全面部署，目前重点在努力提升基层医疗卫生服务能力，增强群众看病就医获得感，构建资源共

享、上下联动的整合型健康服务体系上下苦功。健康共同体建设是医疗改革新生事物,是一项涉及千家万户切身利益的系统工程,需要牢固树立大卫生、大健康理念,以强烈的改革担当精神,在实践中不断探索和完善。工会作为保障职工权益、关心关爱职工的组织,若能在工会管理中实行同质化管理,将会把医院各项群众服务保障等工作提到更高层级,增强职工认同感,提高职工参与医院发展积极性,强化业务能动性,提升医院整体效益。

四、全面托管模式下工会同质化管理的难点

(一) 层级不同

医院本身的层级存在一定的差异性,各财政拨款、行政管理方式必须按照各上级主管部门指示展开相关活动,可能会产生医院之间对接的困难。市一医院作为市级医院,是老牌一级甲等医院,医院历史文化悠久,涌现出一大批全国优秀党员、优秀劳模等先进典型,是全国文明单位,在国家公立医院绩效考核中获得很好成绩。医院名医专家多,在医疗设备、医疗技术等上创出了众多第一;有多个重点学科、重点中心、特色学科等,多次获国家级、省部级荣誉奖项;医疗技术水平领先,科研教学能力突出,已形成成熟有效的建设管理体制和机制。

嘉定区JQ医院作为新筹建刚起步的一家综合性区级医院,虽由市一医院全面托管,在行政管理、医疗服务上与市一医院实行同质化管理,但作为区级医院上级主管单位为嘉定区卫健委,由嘉定区财政实现全面托底,在部分管理、经济活动上须按照嘉定区各项政策执行。

(二) 体量不同

医院之间的体量也存在着差异性,体量大的单位比体量小的单位在医院运营、活动参与等方面都具备相对优势。市一医院目前有约4 500名职工,体量大;JQ医院目前有约570名职工,体量较小。这也直接导致了JQ医院面临各大医院普遍存在的问题,开展各类职工文体活动时,人手紧张与活动参加率之间的矛盾突出,工作压力直接降低了职工活动参与的积极性;二是挖掘职工优势特长上存在短板,可开展的文化活动种类较为受限;三是在采购职工各类福利产品时JQ医院采购上存在弱势,无法实现市一医院福利产品品质的同质化。

五、解决全面托管模式下工会同质化管理困境的措施

(一) 强化工会工作理念,提高工作人员专业能力

维护职工合法权益是工会工作出发点和落脚点。工会组织要落实以职工权益为中心的工作理念,以职工满意为标准,坚持公正、公平、精准、普惠的要求,着力打造工会服务品牌,扎扎实实为职工做好事、办实事、解难事。工作中应首先树立同步管理、同等对待的工作理念,在各项工作中切实考虑市一派驻人员与JQ医院职工共通性。要从基层职工的视角看待问题、解决问题,及时转变工作理念,认清自身工作职能,创新传统思维方式,认真落实全心全意依靠职工办医院的方针,确保将维护职工合法权益作为自身的首要任务并为之付诸实践。

组织开展工会工作人员理论培训。工会工作人员的思想认识、专业水平、创新能力须逐步提高才能更好地应对工会职责。工会应当定期组织工作人员参与相关培训、学习,学习其他单位的创新工作方式并懂得借鉴,提高专业工作技能与职业素养。如职工权益保障相关法律法规不同层级的培训、工会创新工作的方式方法等的培训和交流、自学理论政策等。同时通过"外输内培"的方式进一步提升人员工作能力和水平,一是加强与市一医院之间联动,主动参与市一医院工会培训和学习,到市一医院工会进行调研或进修,学习工作方法、工作理念,提高工会工作人员理论知识水平与实践能力;二是在JQ医院通过内部专家授课、座谈会等方式组织工会专兼职工作人员、工会委员等参加各类学习活动,不断深化以职工为中心、为职工服务的工作理念;三是定期邀请行业专家交流学习,在工会政策、工会制度、工会经费使用等方面深入学习借鉴。

(二) 夯实职工代表大会制度,提高职工代表参与度

院工会严格按照《上海市嘉定区JQ医院职工代表大会制度》的规定,做好职工代表选举、换届工作。根据代表所占科室人员比例,及时增补职工代表,做到广覆盖,无"空白点",使工会各项工作得以顺利开展。市一派驻人员虽然暂无法选为JQ医院工会代表,但为了更好地参与医院发展,为医院献言献策,高度参与到医院各项建设中来,将其纳入职工代表人选,适当提高其入选职工代表占例,现JQ医院职工代表共59人,其中市一人员16人,占比27%,确保了所有在院职工代表对重大问题的知情权、参与权、表决权,并由职工代表将意见建议传

达至各选区职工,充分保证了所有职工的主人翁地位。

针对职代会提案,既要关心提案的数量以及所涉内容,又要关心提案的质量,重点在着力抓好提案办结情况,重视并及时落实职工的合理化建议,增强工作透明度,强化职工的主人翁意识。在职代会后汇总各类提案建议,并召集相关科室研究讨论,对每一件提案定分管领导、定负责人员、定办结时间、定责任、定质量,各对口职能部门必须包落实、包回复,争取各方满意,分析困难和现状提出具体整改对策,形成主要领导亲自紧盯、分管领导详细部署、工会牵头协调、各部门、科室各司其职、做好分工合作的工作网络,确保提案工作"事事有着落、件件有回音、办理有实效"。

(三)积极拓展民主途径,开辟院务公开新途径

工会应实行多层次、多源头、多方式参与,切实保障职工民主参与权,定期深入基层一线开展调查研究,及时把广大职工的心声呼声、意愿要求反映到院部,做到工作有为有位,为医院发展发挥积极作用。在深入一线进行调查时应充分挖掘市一人员对医院各方面发展及职工自身利益的建议,充分利用市一医院高效成熟的管理经验和做法,为JQ医院工会工作提供拓宽思路。

(1)召开各类座谈会,广泛征集职工心声。一是职工代表座谈会;二是工会代表座谈会;三是民主党派人员座谈会;四是高知女性座谈会等全面汇总职工意见和建议,主要有工会、人事绩效、科研等医院各方面管理的合理化建议。

(2)结合党建、团建工作开展主题活动日,听取讨论事关医院建设发展中的问题,事关职工权益的事宜。

(3)组织创新院领导谈心机制。建立与职工代表、工会代表、民主党派人士、优秀党员、优秀团员、优秀职工等代表性职工定期谈心机制,让职工有机会直抒心声,同时院领导通过此种方式也能更准确、及时地看到、听到并发现医院发展中存在的问题、难题和职工困惑,以问题为导向制定医院发展方针、政策。

(4)落实院务公开,深化民主建设。一方面,发挥职工主人翁意识,深化为职工谋福利、做表率的责任感和使命感,并将合理建议真正落到实处,做好反馈回应。通过职工代表大会、院务公开、群众团体等人员的参与,组织职工为医院发展提建议,选好职工代表参加医院的全面管理,开展合理化建议等活动,积极主动引导和组织职工参与医院的民主决策、民主管理和民主监督,保障职工的知情权、参与权、表达权和监督权,使职工在参与医院管理的过程中建设主人翁意识同时增强责任意识,以共谋和谐发展、共享发展成果为己任,参与医院的民主管理活动，更好地发挥自身优势，为促进医院发展做出新贡献。另一方面，应用宣传栏、信息平台等宣传阵地，深化院务公开，将涉及职称晋升、干部任用、新技术开展、职工福利等职工关心的各类事项合理合规进行公示，将群众监督落到实处。为了更好地保证职工的知情权、议事权、参与决策权，应用多种调查方法，如发放调查问卷、现场调查、设置意见箱等方式，采用实名或匿名形式收集意见建议，为职工搭建起有效的沟通桥梁。

（四）大力加强医院文化建设，提升职工凝聚向心力

工会组织职工认真学习党中央文件精神，深化文化精神文明建设内涵，挖掘在岗职工先进典型，开展向先进人物、模范标兵的学习教育，如季度之星、巾帼文明岗、优秀志愿者、优秀党员、优秀团员等。通过树立先进典型，正向舆论宣传，起到教育人、激励人、鼓舞人的作用，让全院职工树立正确的人生观和价值观，把廉洁行医、诚信服务、一心为民的思想自觉融到为患者、为职工服务的具体实践中。紧密结合我院实际，以"岗位练兵、技术比武"为载体，广泛动员、积极组织在岗职工（包含市一派驻人员）参与到活动中来，不断提升医务职工医疗技术水平及服务能力，在广大职工群众中形成"比、学、赶、超"的良好上进氛围，团结一心，力求改进全院职工工作作风，提高技术水平和专业素质，增强服务质量和能力。

工会积极组织开展有益身心健康的文化娱乐和体育锻炼活动，加强与市一工会沟通，同质化开展适应度高、职工喜欢的、参与度高的活动，通过团队活动，让职工在锻炼身体、陶冶情操的同时，增进职工间的战友情谊，增强职工的向心凝聚力，在政策指导下逐步缩小市一和JQ医院的差异，实现同质化管理。

（五）保障职工福利，做好困难职工帮扶

职工福利是工会维权的一项具体内容，维护所有职工权益是工会工作的重要工作之一，其中包括设施建设、便民措施、优惠政策等反映在职工衣食住行各个方面的权益。落实职工福利就要不断为职工解决工作生活中的困难，主动沟通协调满足职工的合理需求。在开展职工活动时充分考虑市一派驻人员，组织职工参加嘉定区事业单位疗休养时，市一派驻人员也可自愿自费参与，虽然因工会经费使用限制，无法为市一人员参与疗休养提供经费支撑，但按照属地化管理要求疗休养时间由医院做保障。JQ医院在进行各类福利慰问品、高温慰问品等物资招标采购时积极尝试与市一医院工会开展集约化采购，把工会有限的经费在合法合规的要求下用好用实，切实保证职工利益。

市一派驻人员的职工权益保障问题,要与市一医院充分沟通前提下,按照加法原则做实。涉及职工利益的重大事项决策、重要规章制度的制定等问题,广泛征求意见、提出和收集建议,如工会代表职工对涉及职工利益的相关事项与院方进行协商、沟通,取得共识。

坚持开展对困难职工帮扶活动,认真履行知情、帮助、报告和督促解决的工作职责,切实解决好职工最关心、最直接、最现实的利益问题。工会组织作为党政联系职工群众的桥梁和纽带,建立健全根植于职工群众、能广泛联系职工、易于了解职工意愿的完整的统一组织体系和工作机制,实时了解、关心好市一派驻人员在市一嘉定分院工作、生活中遇到的问题,争取群众的理解和支持。工会组织要充分发挥自身优势,积极探索和创新加强职工思想政治工作的途径和方法,使思想政治工作与时俱进,更具有主动性、针对性和实效性,使职工思想政治工作真正成为医院深化改革、团结合作的"润滑剂"和"助推器"。

(六)加强职工政治理论工作,统一思想认识

通过核心价值观的宣传教育进一步加强职工思想文化建设,以统一文化引领职工。为了更好推进市一医院—市一嘉定分院的同质化,发挥市一派驻人员作用,参与文化建设宣传等工作,首先在思想上将市一派驻人员与JQ医院职工双方凝聚一体后再落于实践。以满足职工精神文化需求为出发点和落脚点,充分发挥思想文化在坚定信念、凝聚人心、鼓舞斗志方面的作用,做好政治思想引领。广泛利用互联网等新兴媒体的快速沟通与多向交流功能,掌握网络舆论阵地的主动权和话语权,增强工会工作的主动性,实时发布最新改革进展信息、医院改革的相关信息、先进的医院管理知识、相关的法律知识和卫生政策,细心做好职工的解疑释惑、情绪疏导工作,引导职工正确认识改革的重要意义,理清工作思路,明确发展方向。

(本文获第二十五届年会征文一等奖)

新时代上海市级公立医院工会干部"质与量"分析研究

邱 琼

(华东医院工会)

上海公立医院工会干部队伍的"质与量"关乎职工利益的维护与工会事业的创新激发,关联医务职工尖端技术精进、医疗卫生事业、人民健康文化的高质量发展。就上海卫生发挥主导作用的公立医院看,无论是疫情防控与卫生健康事业发展,还是上海服务国家战略、服务经济社会发展、服务社会民生保障,都需要卫生人才在其中发挥创新动能与实践技能。这有赖于调动广大医务职工积极性,发挥好主人翁作用。这些工作导向与目标任务的完成,有赖于作为医务职工当家人的工会干部去具体组织实施。因此,工会干部队伍引导、引领作用不言而喻,其"质与量"建设的重要性不言而喻。打造一支顺应新时代需要,兼具意志品质高,理念能力新,统筹协同佳,亲和力好,构合理的,切合服务健康上海、服务健康中国"质量并重"的工会干部队伍迫在眉睫。基于此,本研究开展了全方位工会工作和工会干部的现状调研,为下一步形成上海市级公立医院工会人才培养方向、规划,为未来工会干部评价评估的体制机制建立,提供政策依据与建议参考。

一、对象与方法

(一) 调研对象

调研主要以上海地区公立医院的工会干部为调研对象,共收到481份电子答卷,有效答卷率为100%。年龄方面,87.32%的受访者超过36岁;工作岗位分布方面,行政管理、护士和医生三类人员占到84.83%;工作年限方面,"20~30年"占比最多,受访者的工作经历比较长;职称方面,中级职称占半数以上水平;职务分布上,基层工会干部(部门工会主席或委员、工会小组长)占比超半数;职务属性上,有八成以上工会干部为兼职。总体来看,样本覆盖面较全,为调研数据的可靠性打下了较好基础。

(二) 调研方法

本次调研着重针对上海地区公立医院工会干部队伍的"质与量"进行研究,主要从以下五个维度展开:第一,调查对象的基本信息收集;第二,工会干部对实务政策的认知度和为职工服务的热情度;第三,工会干部个人学习习惯和娱乐方式;第四,医院工会工作的开展现状,包括对工会干部的培养与考核机制、推进工会工作中遇到的困境等;第五,针对提升工会干部"质与量"的建议和评价。调研均采用无记名电子问卷形式,运用统一问卷导语对问卷的填写与调研目的进行说明。经课题组反复研讨、预调查形成最终问卷。

(三) 统计分析方法

本文采用问卷星软件制作、收集调研问卷,并运用 SPSSAU 在线分析软件对样本数据进行统一描述分析,主要涉及频数结果分析、交叉卡方分析、相关性分析、图表化分析、响应率和普及率分析等。

二、结果与分析

(一) 基本情况分析

数据显示,本次调研中工会干部男女比例约为 1∶3,这与医院中整体男女职工比例有关,因此在历届推选任用工会干部阶段做好前期排摸和动员工作尤为重要。基本信息中不难发现,当下医院工会干部几个显著特征:第一,工会干部年龄段普遍偏高,35 岁以下青年群体较少。第二,公立医院工会干部群体普遍具备较高的教育背景和专业职称。第三,医院工会干部多为兼职。

(二) 工会干部对工会工作的认知度与职责意识分析

工会干部对实务工作和政策知晓度调查显示,60.29% 的工会干部对工作内容和职责非常了解,39.09% 了解度一般。在调研服务意愿和工作获得感中发现,目前群体中几乎都表示乐意为职工服务,高达 87.94% 的表示"非常乐意",约有四分之三的工会干部经常或总是能在目前的工会工作中收获成就感。将工干部为职工服务的意愿度与内容知晓度、工作获得感、工作强度感受通过卡方拟合优度检验进行分析发现，均呈现出显著性差异。由此可知，工会干部甘于为职工服务的意愿度强弱对其工作开展过程中的责任意识、主观能动性、工作紧迫感和获得感有着极为密切的关联。

（三）工会干部个人学习习惯和娱乐方式描述性分析

研究发现，工会干部获取工会相关知识主要通过"参加培训"，其次是"网络学习"和"听讲座"。业余活动中，综合排名前三位的是"照顾家庭""自我学习"和"健身锻炼"。可见，除了照顾好家庭这一生活基本需求外，工会干部群体对于提升自我学识的需求度很高，对知识的渴求明显排在健身和宅家休息之前。近82％工会干部每人每天学习时长在1.5小时以内，除专业书外，平时更多会选择历史人文和天文地理相关的读物。

（四）工会工作成效的现状分析

1. 工会干部培养现状与影响因素

基于医院工会组织对工会干部培养与考核的现状调研显示，每年有计划地开展工会干部培养与历练的占71.52％，对工会干部有年度考核制度的占81.7％。研究发现，"工会干部对工会工作是否有清晰的目标和规划"与"是否有针对工会干部的培养与历练的计划""是否对工会干部有年度考核制度"之间存在显著的正相关关系。

2. 职工对工会干部工作满意度分析

调查结果表明，98％的工会干部表示职工在遇到困难时都愿意找他们帮忙，可见工会作为"职工之家"的形象深入人心，而工会干部作为工会组织的基层代表也深受广大职工的信任，职工对工会组织或工会干部的服务满意度总体较高。调研同样显示，职工对求助结果不尽满意的主要原因依次是权限受阻和调解能力不足。因此，造成工会工作成效不佳的直接因素存在于客观工会组织职能的局限和工会干部自身工作能力上。

3. 工会工作开展中的困境分析

调研显示，90％以上的工会干部认为所在医院的党政领导班子对工会工作很支持，并且工会经常与其他部门协同开展工作。然而，其间仍不免暴露一些难以回避的困难与短板。诸如"活动时间不合拍"成为无法参与工会工作的首要原因，其次是活动形式单一和内容不具吸引力。从工会干部本身出发，"兼职干部"

这一特性成为工会工作缺乏活力的内在因素响应率和普及率明显较高的选项。高强度的本职工作压力,加之疫情常态化影响,使得工会干部更难抽身投入于工会工作,同时也论证了上述"活动时间不合拍"成为首要原因的合理性。

(五) 提升工会干部"质与量"的分析

持续开展系统性的"工会干部培训"是工会干部普遍认为最有效、最直接提升工作胜任力的方式(普及率87.94%、响应率24.45%)。同时,认同率较突出的还有为各级工会干部"搭建实干平台"(普及率73.39%、响应率20.40%)。在培训内容和方向的调研中,位居求知度前四名的依次是沟通技巧知识(87.73%)、职工心理疏导知识(84.82%)、工会实务知识(81.29%)、法律维权知识(74.84%)。关于提升工会干部"质"的重要因素应包含两个层面的优秀质评,除专业知识水平外,内在素养也十分关键。在工会干部自我认知调查中可知,位居重要程度前四的依次是政治判断能力、文化素质涵养、工作研究水平和沟通应变能力。榜首的"政治判断能力"综合得分明显高于后三项,可见工会干部队伍政治素养过硬。工会干部队伍的高质量培养方面,加强有针对性的培训固然重要,干部队伍的梯队建设同样不容忽视。调研结果显示,工会工作当前缺乏动力和活力的主要原因并非出于"工会干部数量少"(响应率和普及率数据较低),反观"35岁及以下"青年占比仅约占一成。约有97%的研究对象表示很有必要增加工会干部青年比例,并认为人才培养平台的搭建对工会干部的成长很重要。兼职工会干部可谓是培育人才的综合性平台,医务青年群体如能尽早地参与进来,无论对其个人成长,还是工会工作的活力值和传承力都有着极为重要的意义。

三、讨论与建议

(一) 加强对工会干部选用和培养的重视程度

工会干部特别是兼职干部的任用以民主选举为主,对候选干部的条件刚性不足,综合素质考察不够全面,甚至把工会干部岗位作为一种"安置"或"奖励"。另一方面,仅把工会干部岗位当作服务职工和落实民主管理的必要形式,未纳入医院干部队伍一并进行培养和选拔,会导致工会干部参加医院日常管理的程度低和机会少、能力低于同级党政干部、职业提升前景不明、从事工会工作动力不足、青年从事工会工作意愿不高等现象。按照党建带工建、党管干部的要求,一是建议把工会干部纳入同级干部管理序列,在选拔条件、任用考核、培养提升上与党政干部同质化。二是建立工会干部挂职和交流制度,让党、政、工、团干部进行长短期岗位交流或挂职,拓宽工会干部的来源,也有利于党政干部与职工群众保持密切联系。

(二)建立完善的绩效考核和激励机制制度

鉴于工会干部兼职这一属性,应有效落实考核与激励制度。一方面,有助于工会干部通过责任考评制定具体工作计划、明确阶段任务、查漏补缺;另一方面,通过激励制度,让工会干部感受到组织的体恤与认可,也能激发出更高的热情与干劲。在影响工会干部工作积极性的调查中发现,"激励机制不完善"是首要因素,任何工作成效的认可都需要通过精神与物质的双重鼓励得以实现。建议由医院工会部门总牵头,制定年度工会工作计划,提前做好任务排布。工会干部应紧密围绕院工会的工作重点制定相应方案,开展阶段性工作督查,组织年终述职评定。考核评定应来自双向层面的综合考量,对于成绩优秀的进行院内通报表扬,日常应获得申报上级工会推优荐优的优先资格,年终给予一定的绩效奖励。

(三)提升工会干部教育培训水平

教育培训是增强工会干部素质能力的有效手段,本研究也发现工会干部获取工会知识的主要方式来自"参加培训",然而教育培训存在模式单一、内容不能满足工会干部业务需要和个体需求等问题。因此,本研究建议针对工会干部对教育培训的需求要优化培训内容:一是丰富培训形式,增加现场体验、专题观摩等互动模式。二是根据工会干部业务分工的复杂性,开展不同层级、不同专题的系列培训。在培训内容上有所区别,例如民主管理专题、宣传教育专题等,防止培训"短平快",让工会干部学会学透,学能所用。三是以"政治思想+工会专业+N"设置课程,其中"N"指个体需求,例如心理咨询、管理方法培训等,进一步满足工会干部提高整体素质的需求。

(四)优化工会干部队伍结构

研究发现,工会干部年龄普遍偏大,青年比例不足,而工会干部对于增加干部队伍中的青年比例非常认同。建议凝聚群团组织力量,把党(团)青年干部、业务骨干和工会培育对象进行联合培养,深度发挥党建带团建、党建带工建优势,挖掘一批有能力成为工会干部的青年职工,为有潜力的青年提供轮岗或挂职机会,针对性带教培养,提供更多发挥其专长的展示平台。优化专职和兼职工会干部的架构配比,适当增加工会小组长的青年比例,给予青年组织活动、发放福利等方面一定程度上的权限,练就组织协调能力、积累群众基础,在往后的换届选举中优先考虑这一部分表现突出的青年,纳入到工会干部队伍中。

(五) 注意工会干部"量"对职业倦怠感的影响

公立医院工会专职工作人员按照《事业单位工会工作条例》规定,由事业单位工会与单位行政协商确定。虽然本研究调研结果显示工会干部数量并不是影响工会活力和动力的主要原因,但因医院医疗工作繁重、工会事务繁杂,分工会(二级工会)庞大、大多数干部为兼职等原因,较多工会干部在本研究访谈中表示容易产生倦怠感,甚至对工会工作疲于应付。从更好地促进医院工会事业发展出发,建议一是缩小分工会(二级工会)规模,使兼职工会干部有更多的精力服务职工,也更容易开展工会工作;二是适当增加专职工会干部人数,参照《中华人民共和国工会法》规定企业工会专职干部人数不少于职工人数千分之三的标准配备,为工会履职尽职创造更好的条件。

(本文获第二十五届年会征文一等奖)

上海市卫生行业工会干部队伍建设现状调查

陈惠芳　李　青　陈元美

（上海交通大学医学院附属第九人民医院工会）

自2015年群团改革以来，上海成为改革试点方案，上海各级工会按照改革要求，在干部队伍建设方面进行了领导班子"专挂兼"、机关工作人员"2＋1"、加强工会社工队伍建设等探索和实践，以实现保持和增强工会等群团组织的"政治性、先进性、群众性"的基本要求，重点推进行业工会与产业工会的建设，改革群团机关专职干部招录方式，探索实行遴选制。行业工会干部队伍建设成为上海群团改革的重点任务，本文调研即基于上海群团改革大背景下，对上海市卫生行业工会干部队伍建设现状展开调研，以上海市各级医疗机构专兼职工会干部为调研对象，共收到问卷513份，有效问卷488份，有效率95.1%。在对上海市卫生行业基层工会干部队伍现状调查的基础上，系统梳理了其当前的主要特征、面临的问题，并针对调查中发现的主要问题和工会干部提出的建设要求，提出相关对策建议。

一、调查对象与方法

（一）调查对象

本次访谈对象和问卷调查对象主要以上海市三级医院、二级医院、社区医院的专兼职工会干部为主（包含各专兼职工会主席），其中三级医院20家，二级医院20家，社区卫生中心68家，以及各区医疗急救中心，市公共卫生临床中心，各区疾病预防控制中心、血站、卫生监督所、卫生管理中心等医疗机构。

（二）调查方法

本文根据方便操作原则，采用简单随机抽样方式，通过线上设计问卷，在抽中样本单位工会群中进行发放。问卷调查时间跨度为2020年7月至2020年9月,答卷主要集中在2020年8月,共回收有效问卷488份(剔除无效回答、非上海医疗机构工作人员等答卷)。

二、上海市卫生行业工会干部队伍现状调查基本情况

课题组本次调查聚焦上海卫生行业,以上海市各级医疗机构专兼职工会干部为调研对象,调查时间跨度为2020年7月至2020年9月,选择代表性单位10家、专家12人次进行深度访谈。设计线上问卷并收到问卷513份,有效问卷488份,有效率95.1%。课题组根据访谈资料与问卷调查数据进行客观分析,总结和梳理了上海市卫生行业工会干部队伍的基本情况及特征。

(一)工会干部队伍来源多样,样本特征具有广泛性

本次调查共回收有效问卷488份,调查样本的年龄以41～50岁为主(54.71%);女性占比73.57%;学历以本科为主(68.65%),其中,二级医院与社区卫生中心的本科比例占比远高于三级医院,三级医院的硕博士占比高于二级医院与社区卫生中心;职称以中级居多(56.97%);党员占比68.85%。工会干部来源多样,所在工作岗位以医生、护士和行政管理中层为主(分别为26.43%、22.75%、30.94%);兼职工会干部占比88.32%;在单位工作年限基本在10年以上,担任工会的职务以5年以下居多;兼职工会干部中以担任工会委员为主,多在本单位工作年限比较久,以10年以上为主(84.86%);兼职工会干部参与工会岗位工作,主要出于"职业兴趣""个人能力"两个方面为主,自发内源性动力参与工会任务是被调查对象的主要动力。

(二)上海市卫生行业工会干部队伍建设现状调查

本次调研主要从"岗位职责、干部培训、职业化队伍、工作难点"等几个方面开展调查分析。

1. 工会干部对其岗位职责认识普遍比较了解

大部分调查对象认为对工会组织职责及其岗位职责比较了解(43.44%)或非常了解(49.59%),仅6.97%的调查对象认为了解程度一般或不大了解。其中,回答了解程度一般或不大了解的问卷集中在兼职工会干部(占兼职工会干部比例10%左右);大部分工会干部认为对其工作内容还算顺利(66.6%)或得心应

手(30.94%),认为开展工会工作内容有困难的仅占比2.45%。

2. 干部培训仍有待加强,应结合线下与线上培训模式

本次调查三级医院工会干部对象中,有180人(36.89%)未参加过干部培训,且未参加过干部培训的调查对象中有58人(占未培训对象32.26%)担任工会干部职务时间超过5年。调查对象对工会干部培训的组织方式、培训方法及培训内容模块认知如下:大部分工会干部认为"线下与线上相结合方式"方式开展工会干部培训比较合适,其中,提议以"线下为主,线上为辅"方式占比最多(52.46%),提议以"线上为主,线下为辅"方式占比次之(31.35%);对工会干部培训方法可采用"情景模拟、案例分析"为主,同时兼小组讨论与传统授课模式;对工会干部培训的内容应包含"工会业务课程"为主,同时兼有工会相关理论课程、干部修养课程及政治素养课程。

3. 工会干部队伍职业化程度有待完善

调查对象中68.45%的工会干部认为其干部队伍职业化现状仅做到部分职业化,仅有8.61%的工会干部认为其干部队伍做到完全职业化。在对实行工会干部职业化困难的调查中,"工会经费不足,职业化工会干部福利待遇低"是首要因素(53.69%),"职业化工会干部职业规划不明朗,职业发展缺乏有效保障"(38.11%)、"职责分工不明确,容易造成职能缺位"(29.3%)、"缺乏有效的考评机制,干好干坏一个样"(27.87%)这些都是重要的阻碍因素。

4. 工会干部兼职化、任务繁重成为工会工作的难点

对工会工作难点认知排序分别是"工会干部兼职化,时间有限"(75.82%)、"工会人手不足"(60.86%)、"工作任务太繁杂"(53.07%)、"经费不足"(42.62%)、"缺少活动空间"(39.34%)。希望工会组织完善方面排序分别是"提供学习、培训机会"(84.84%,这与目前工会干部培训率不高等都有关系)、"领导支持和鼓励"(72.13%)、"提供更好的锻炼平台"(65.16%)、"提供兼职工会干部工会工作津贴"(51.02%)、"更加公平、平等的竞争机会"(33.81%)。

(三)上海市卫生行业工会干部队伍自我认知现状调查

目前,调查对象中,选择从事工会工作出于"职业兴趣"(59.17%)、"个人能力"(51.25%)、"自身期望"(36.67%)。

大部分工会干部对其工作状态比较满意(比较满意与非常满意合计占比90.16%),且生活态度积极乐观(比较积极乐观与非常积极乐观占比93.24%)。

三、上海市卫生行业工会干部队伍建设现状面临的问题

根据调查结果,从调查角度反映当前上海卫生行业工会干部队伍建设现状及存在问题。

(一) 培训体系不完善、专业化水平有待提高

本次调查对象中仍有较大比例的工会干部未参加过工会干部培训,被调查的二级医院对象中,甚至超过40%的比例。在问及希望工会组织的完善问题方面,"提供学习、培训机会"成为排在第一位的因素;同时,在培训内容模块方面,"工会业务课程"被排在了第一位,并对线上培训模式的接受度较高。以上从调查角度反映了当前上海卫生行业工会干部队伍的培训机制不完善、工会专业化水平有待提高。

(二) 干部队伍职业化程度认知较低、发展通道需完善

在工会干部职业化情况认知方面,仅8.61%被调查对象认为实现完全职业化,59.84%认为部分职业化,仍有26.23%认为没有职业化,5.33%被调查对象不清楚职业化现状。而造成对工会干部职业化队伍较低的现状原因中,超过一半的被调查对象认为"工会经费不足,职业化工会干部福利待遇低"是主要原因,"职业化工会干部职业规划不明朗、职业发展缺乏有效保障"是次之的原因。

(三) 兼职工会干部为主、事多事杂人少

调查中,上述职业发展问题涉及工会经费不足、工会对单位依附性大、职业规划不明朗等原因,在调查开展工会工作过程的难点时,虽大部分调查对象认为对其负责的工作内容比较顺手,75.82%的被调查对象认为"工会干部兼职化,时间有限",60.86%认为"工会人手不足",一半以上被调查对象认为"工作任务太繁杂"。

(四) 考评机制缺失、兼职工会干部激励机制需完善

在实地调研中,被访谈对象普遍反映尚未建立专兼职考评机制。在被问及工会组织需要完善的方面,除上述提到"提供学习、培训机会"外,半数以上被调

查对象认为需要完善"专兼职工会干部考核机制""提供更好锻炼平台""兼职工会干部工会工作津贴"等方面。

四、完善上海市卫生行业工会干部队伍建设的对策建议

针对上述特征与现状问题,本课题组结合各单位专兼职主席访谈与课题组成员的日常工作实践,提出以下对策建议。

(一)完善专业培训体系,加强能力素质建设

首先,强化工会政治属性,从严加强工会系统党的建设。把学习宣传贯彻习近平新时代中国特色社会主义思想和党的十九大精神作为首要政治任务,切实从严抓好落实。其次,建立工会干部系统化培训机制,从培训内容、培训方式、培训程度及反馈等方面完善工会干部培训体系。加强工会干部队伍基础素质建设,提升职业基础素养;强化工会干部队伍专业能力建设,构建工会专业体系,突出工会特性。

(二)畅通干部队伍职业化发展通道

卫生行业工会干部队伍应该形成一套规范的自我管理体制和晋升发展机制。从长远来看,制定专职工会干部的职业发展规划,畅通晋升发展通道是当务之急,兼职干部的发展方向与机会、权益保障与激励是重点考虑的问题。只有让干部们看得到清晰的发展前景、看得到希望时,队伍才会稳定,工会才能留住人才。从干部选择标准、规范用人工作程序、拓宽干部渠道、理顺晋升通道等方面进行完善,上海市医务工会应从顶层方面出台卫生行业工会干部队伍职业发展等政策保障文件和相关细则。

(三)保障人岗匹配,统筹规划队伍建设

首先,各级医疗机构工会组织应理顺工会组织框架、完善队伍建设的顶层设计,在改革背景下完善干部分类管理办法等。其次,分类管理,按照各自的岗位职责、专业分工建立完善其队伍管理办法。最后,定岗定责,明确专业分工,研究构建工会干部的职业分类体系;并匹配相应人力资源,保障工会干部工作条件。同时继续完善兼职工会干部队伍建设,落实岗位的监督、管理,尤其是监督,在提供培训刚性化的同时,保证兼职工会干部真正在其位谋其职。

(四) 健全考核机制,激发兼职工会干部活力

第一,要根据基层工会实际情况因地制宜完善考核体系。结合实际制定适用性考核制度标准和程序,调动卫生行业基层的积极性。第二,注重激励,有效激发队伍活力,尤其是兼职工会干部活力。建立工会干部队伍的专门荣誉激励体系,选树榜样,提升职业荣誉感。同时,可以根据承担工会工作量和工作成效,对兼职工会干部进行相应补贴与物质奖励,增加兼职工会干部教育培训、学习交流机会。

(本文获第二十三届年会征文一等奖)

上海市某三甲专科医院工会工作调查报告

周 韵 王海云 薛 旻

(上海市精神卫生中心工会)

党的十九大报告指出,中国特色社会主义进入新时代,我国社会主要矛盾已经转化为人民日益增长的美好生活需要和不平衡不充分的发展之间的矛盾。2018年上海市精神卫生中心工会(简称"中心工会")全面贯彻落实党的十九大精神,按照习近平总书记关于大兴调查研究之风和上海市总工会在全市范围内开展大调研的要求,在2016年、2017年相继开展中心职工阅读情况、职工文化需求调研的基础上,组织"不忘初心、牢记使命,勇当新时代排头兵、先行者"工会工作大调研活动,问需于职工,问计于职工,为今后更好地精准服务职工,提升职工满意度和获得感提供保障。

一、调查概况

调查目的:了解职工需求,有针对性地开展工作。
调查对象:医院职工。

二、调查结果

(一) 一般情况

在年龄分布上,由高到低依次为"31～40岁"(35.75%)、"41～50岁"(29.16%)、"20～30岁"(29.16%)、"50岁以上"(5.93%)。

在岗位分布上,由高到低依次为"护士"(59.31%)、"行政"(9.72%)、"医技"(12.69%)、"医生"(14.83%)、"后勤"(1.15%)、科研(2.30%)。

在工作年限分布上,由高到低依次为"21年及以上"(33.61%)、"6～10年"

(23.06%)、"11～20 年"(23.89%)、"5 年以下"(19.44%)。

在职称分布上,由高到低依次为"初级"(58.15%)、"中级"(30.64%)、"无职称"(6.92%)、"高级"(4.29%)。

(二) 对医院工会的评价

您认为中心工会对您个人最大的帮助:由高到低依次为"丰富业余生活,提高个人修养"(78.29%)、"培养兴趣爱好,增长了才艺"(70.93%)、"让我有了组织上的归属感"(54.26%)、"扩宽了交友面,增进了人际交往"(48.45%)、"维护个人合法权益"(45.74%)。

要做好工会工作,您认为当前迫切需要:由高到低依次为"坚持维护好职工合法权益,为职工办好事实事,赢得职工群众信赖"(71.83%)、"党政重视和支持,赋予工会更多的资源和手段"(42.50%)、"探索和创新工会工作机制、内容、手段和方法,提高工作效率"(30.64%)、"加强对工会工作宣传力度,打响工会品牌"(25.86%)、"充实工会工作队伍,进一步提高工会干部队伍素质"(22.57%)。

(三) 希望工会组织活动的情况

您希望工会为职工提供日常服务的形式有:由高到低依次为"健康咨询"(67.83%)、"食品、服饰、美妆等品牌展销会"(59.30%)、"图书特卖会"(51.94%)、"法律咨询"(42.25%)、"家庭理财、投资等讲座"(39.15%)。

您希望持续开展的活动有:由高到低前五项依次为"电影、京剧等观影活动"(79.46%)、"网上答题"(59.30%)、"手工 DIY 活动"(46.90%)、"快乐工作三十年——职工体育健身月"活动(43.80%)、"瑜伽、形体等女性培训班"(38.76%)。

(四) 其他

对医院民主管理工作的建议:58 项;对医院工会福利发放的建议:113 项;对工会工作的其他建议:166 项。

三、分析

进入新时代,职工群众对美好生活的向往愈加强烈,不仅仅停留于物质生活,在精神文化方面的需求更高,呈现出多样化、个性化的发展趋势,特别在民主参与、健康生活等方面的要求日益增加。工会必须积极主动顺应社会主要矛盾的历史性变化,聚焦发展大局,解决职工所盼、所急、所忧问题,从职工需求出发,切实保障职工合法权益,精准服务职工。

通过调研综合分析,研判出新时期本中心职工的各方期望如下。

(一) 职工对医院民主管理的期望

工会工作调研第21题"您对医院民主管理工作的建议",51.72%的职工提出希望工会多开展职工网上调研、建议征集等活动,可以以部门工会为单位不定期组织座谈会,听取一线职工的建议;27.59%的职工提出希望增加普通职工通过旁听职代会、院情通报会等形式,参与医院民主管理工作;20.69%的职工提出希望进一步加强院务公开工作,促进提案落实。

(二) 职工对医院工会福利发放的期望

工会工作调研第22题"您对医院职工福利发放的建议"中可归纳出职工喜爱的工会福利具有以下特点:

(1) 实物发放:注重实用性、轻便性、多样化,以能快递到家为宜。

(2) 精神需求:在物质福利的同时,艺术文化活动及传统春联创作、包粽子等结合传统节日的活动,深受欢迎。

但是,在问卷中也发现诸如"逢节必发""提高发放标准""发购物卡"等福利发放误区,工会根据上级文件精神,在OA办公平台予以解释。

(三) 职工关注的热点问题

经统计分析,职工关注的热点问题从高到低主要集中在以下方面:

(1) 健康需求(42%):主要集中在健康知识普及(16.25%)、健身场所增设(15.75%)、健康保险投保(7.5%)、健康饮食推广(2.5%)方面。

(2) 工会活动建议(18%):主要集中在活动形式、内容、时间段等方面。

(3) 住房、幼托需求(12.5%):希望通过申请公租房、开办寒暑假托班解决职工后顾之忧。

(4) 法律援助需求(10.5%):希望开展法律知识普及讲座、咨询,增强职工法治意识。

(5) 相关政策解读(9.75%):希望工会牵头人力资源部将职工休假、分娩慰问等规定、办理流程发布于OA办公平台,以便职工知晓、操作。

(6) 其他(7.25%):主要集中在增加工会会员卡宣传、OA办公平台客户端建设等。

四、建议

新时期,我们要深入学习贯彻习近平新时代中国特色社会主义思想,紧紧围绕党的十九大确立的宏伟蓝图,按照党的十九届三中全会中关于深化群团组织改革的决策部署,准确把握工作对象、内容和方法,不断开拓创新,切实履行工会职能。

(一) 坚持问需、问计、问效于职工,健全完善工会维权体系

习近平总书记在同中华全国总工会新一届领导班子成员集体谈话中指出,工会要坚持以职工为中心的工作导向,抓住职工群众最关心最直接最现实的利益问题,认真履行维护职工合法权益、竭诚服务职工群众的基本职责,把群众观念牢牢根植于心中,哪里的职工合法权益受到侵害,哪里的工会就要站出来说话。

2018年,中心工会围绕医院发展大局、紧扣职工需求、聚焦职工关心的热点问题,线上、线下多途径开展调研,开放式寻找问题。4月线上工会调研。6月线下3场针对临床、医技、行政、后勤等不同岗位召开的职工座谈会为工会工作提供前瞻性建议,6月就调研、座谈会中职工所提建议进行汇总,经梳理归纳共有7个方面16项,其中医院民主建设3项、医院文化建设1项、医院信息建设1项、医院制度建设1项、职工健康需求4项、职工福利3项、工会活动开展3项。7月至9月,就职工建议及关注的热点问题逐项梳理、逐步聚焦,做到边调研边解决边反馈,把解决问题贯穿于调研的全过程。9月开展工会工作调研成效调查,其中第9题"4—5月工会工作调研后,就职工所提建议和意见,工会及时回应,相继开展活动,最令您满意的"一题中"电影券发放""春秋游门票发放""专属健身房""医院、工会相关制度发布""颈椎、甲状腺等专题健康讲座"位列前五名。

第15题"您对医院、工会各项制度是否了解"一题中79.41%的职工表示了解,并对在OA办公平台"信息管理"栏目设立工会、人力资源部专栏,制度上线,查阅方便予以肯定。第16题"对于新成立的8个职工社团的评价"中29%的职工表示"作为社团成员,对社团有一定了解,并已参加社团活动,找到了志同道合的同事",80.04%的职工希望对社团活动时间、地点等信息多加宣传,并能增设新的职工社团,丰富职工业余生活。第10题"工会工作调研后,对于职工所提建议",65.4%的职工认为"有态度、有措施、有结果",32.29%的职工认为"有态度、

有措施、期待效果";83.03％的职工对工会调研成效满意、16.97％较满意,满意率100％。

(二) 坚持统筹协调、整合资源,健全完善工会服务体系

上海市工会第十四次代表大会为工会今后五年工作提出着眼于满足职工群众对美好生活的向往,构建服务职工工作大格局,不断深化实事项目、困难帮扶、健康服务、文化服务四大体系建设,让职工群众获得看得见、摸得着的利益和实惠的具体要求。

1. 深化工会实事项目体系建设

坚持从群众中来、到群众中去的工作方法。活动前通过调研、座谈会等方式重心下移、聚焦职工急难愁问题;活动中加强统筹协调、突出重点,用好用足党政及社会各方赋予的资源手段,将调研同日常工作有机结合,强化过程管理和质量管控,着力破解难题;活动后做好反馈及经验总结,使调研不停留于走一圈、开个会、写个调研报告,而是真正把顺民意、解民忧、惠民生的实事,维护好、实现好,给职工一份满意的答卷。

2. 深化工会困难帮扶体系建设

"曾经因病住院,得到部门工会主席、工会组长的关心,领取市总保障金、医院帮困补助和爱心一日捐的慰问,觉得有组织依靠真的太温暖了"质朴的话语摘自"说说您与工会印象最深的一件小事,并写明原因"一题。据统计,16.35％的职工在此题填写"生病、分娩得到慰问金、工会干部探望、住院保险匹配给付及时……"可见生病慰问、探望、工会干部关爱职工等雪中送炭的日常工作小细节不仅能显真情更能暖人心。工会也将不断深化职工帮扶保障机制,发扬团结互助的传统,加强与工会干部的连接,将工会的温暖及时传达给职工群众。

3. 深化工会健康服务体系建设

积极响应"健康上海2030建设",聚焦职工健康生活方式、健康服务、健康保障等维度,加强与社会专业机构和兄弟单位资源的联动合作,继续做好职工内部体检、专题健康讲座、心灵驿站、EAP等各类职工身心健康促进工作。

4. 深化工会文化服务体系建设

工会工作调研第16题"您认为中心工会工作最有成效的方面"中"开展文体活动,推进医院文化建设"选项名列榜首;第15题"工会对您最大帮助"中"丰富业余生活,提升个人修养""培养兴趣爱好,增长了才艺"2个选项占据半壁江山,可见职工对于工会在推进医院文化建设方面的工作给予高度认可,对精神文化生活有着高度需求。无形的文化,有形的力量,它作用于人的精神,激发人的正能量。在今后的工作中,工会将以完善"品牌+工会""社团+工会"为抓手,打造医院文化软实力,延伸工会服务职工新内涵,助推医院新一轮发展。

(三)坚持改革创新、激发活力,努力创新工会工作运行机制

习近平总书记在同中华全国总工会新一届领导班子成员集体谈话中强调,工会改革是全面深化改革的重要组成部分,党的十九届三中全会对群团组织改革提出的新要求,工会要认真贯彻落实,在构建联系广泛、服务职工的工会工作体系中开拓创新。

1. 提升工会群众化工作水平

一是通过调研、座谈会、金点子征集等献言献策活动,深入群众、深入基层,推动民主建设常态化。二是发挥工会干部、职工代表在反映意见、参与决策、职代表巡视、提案中的作用,进一步强化职工民主参与及落实。三是善于研究和把握群众工作的特点和规律,创新工作方式,把群众工作做深做细做实,增强群众工作的亲和力和感染力,提高群众工作的针对性和实效性。

2. 提升工会网络化工作水平

如今,互联网已成为社会信息大平台,工会要以"互联网+"工会工作模式为契机,充分发挥互联网在组织职工、引导职工、宣传职工、服务职工方面的作用,为职工提供精准服务的同时,推进网上宣传理念、内容、形式、方法、手段等创新,把握好时度效,构建网上网下同心圆,打响工会品牌,网聚职工正能量。

3. 提升工会法制化工作水平

一是认真学习、贯彻《中华人民共和国宪法》《中华人民共和国工会法》等法律法规,加强工会工作规范化、制度化建设,完善工会工作流程。二是积极参与职工维权,为职工说话代言,发展和谐劳动关系。

"工会的努力大家都看在眼里记在心里,加油!""工会在我心中一直是最可靠、最值得信赖的娘家人"……职工们暖心的话语,将鞭策我们始终不忘初心和使命,牢牢把握时代主题,紧紧围绕中心发展大局,坚持全心全意服务职工群众的方针,与时俱进创新工会工作方式方法,推动工会始终保持新鲜活力和持续动力,不断提升工会的向心力、凝聚力,团结凝聚广大职工坚定不移跟党走,努力让职工群众有更多的获得感和幸福感。

(本文获第二十二届年会征文二等奖)

疫情防控常态化下医务职工和工会工作现状调研及对策研究

吴恩贞　夏海英　成少华　吴玉华　王培红　唐丽莲
（上海市闵行区医务工会）

一、研究背景

在党的正确领导和全国各族人民的共同努力下，新冠肺炎疫情防控进入常态化。"常态化疫情防控"是由"战时状态"转向"平战结合"的新阶段。在疫情防控常态化下，作为医疗机构，除了承担常规的医疗救治工作外，还需要承担疫苗接种、隔离观察、流调、新冠核酸检测等疫情防控任务。截至2021年9月，闵行区累计接种新冠疫苗已突破400万剂次，并开启了12～17岁人群疫苗接种，参与疫苗接种（含保障）医务人员每天500～900人。为有效应对新型冠状病毒肺炎，闵行区各社区卫生服务中心都建立了集中医学（健康）观察场所。还有许多医务职工需要承担发热门诊或哨点、流调、核酸采样及检测、转运等疫情防控任务。

中国工会十七大报告指出，要坚持职工需求导向，健全服务职工体系，拓宽服务职工领域，让工会在职工需要时能够看得见、找得到、信得过、靠得住。面对常态化疫情防控的新形势新任务新要求，医务工会需要将防疫工作与医疗机构发展紧密结合，以维护医务工作者的合法权益为前提，在准确分析和把握疫情防控常态化下区内医疗机构的工会工作模式，以及医务职工的工作现状和身心需求的基础上，针对性地改进工作模式和内容，探索常态化的工会工作机制，从而做好医务职工的服务保障，做好职工的"娘家人"。

二、研究对象与方法

（一）对象

本次调研对象为闵行区医务工会所属基层单位的工会干部和一线医务职

工,包含公立综合性医院、专科医院、专业站所、社区卫生服务中心。

(二) 方法

采用小组座谈和问卷调研相结合的方法。小组座谈参加对象主要是各基层单位工会主席。问卷调研以问卷星为媒介,发布线上无记名调研问卷两类。针对一线医务职工发布新冠疫情防控常态化背景下医护人员的压力及需求问卷;针对工会干部发布新冠疫情防控常态化背景下基层工会工作调研及需求问卷。

(三) 数据处理

小组座谈采用访谈记录的方式。调研问卷以问卷星后台收集调研问卷,采用 Excel2013 进行数据分析处理。

三、调研结果

(一) 一线医务职工

1. 一般情况

本次调查共收到问卷 1 314 份,男性 255 人,占比 19.41%;女性 1 059 人,占比 80.59%。年龄以 26~45 岁为主,占比 73.74%;学历以本科为主,占比 67.73%。医生 302 人,占比 22.98%,其中主治医师占比 49.34%;护士 703 人,占比 53.50%,其中护师、主管护师占比 75.39%;行政 67 人,占比 5.10%;其他 242 人,占比 18.42%。婚姻状况中,未婚 300 人,占比 22.83%;已婚 962 人,占比 73.21%,离异、丧偶 52 人,占比 3.96%。从事医务工作年限 4 年及以下 312 人,占比 23.74%;5~19 年 702 人,占比 53.43%;20 年及以上 300 人,占比 22.83%。

2. 医务职工参与疫情防控工作情况

(1) 疫苗接种:708 人,占比 53.88%。其中参与接种岗位的职工 335 人,占比 47.32%;预检 260 人,占比 36.72%;医疗保障 365 人,占比 51.55%。

(2) 隔离点:340 人,占比 25.88%。其中参与测温岗位 257 人,占比 75.59%;信息录入 141 人,占比 41.47%;参与消杀工作 145 人,占比 42.65%;其他应急处置、督导、核酸采样、心理援助等 70 人,占比 20.59%。

(3) 疫情防控其他岗位:疫苗接种各相关工作岗位除疫苗接种、隔离点外,发热门诊或哨点 223 人;占比 16.97%,流调 366 人,占比 27.85%;核酸采样或检测 406 人，占比 30.9%；转运 118 人占比 8.98%。

（4）2021 年 7 月，医务职工每周的工作时间。近一个月来医务职工每周工作时间在 40 小时及以下 294 人，占比 22.37%；41~50 小时 682 人，占比 51.91%；51~60 小时 190 人，占比 14.46%；61 小时及以上 148 人，占比 11.26%。

3. 医务职工压力源及需求情况

（1）医务职工压力源

在所有调研对象中，认为压力来自工作且工作强度大 851 人，占比 64.76%；每周休息减少 676 人，占比 51.45%；家庭角色与工作角色会冲突 516 人，占比 39.27%；身体健康欠佳 642 人，占比 48.86%；人际关系矛盾 151 人，占比 11.49%；医患关系不和谐 347 人，占比 26.41%；其他临时任务带来的心理压力、条线工作与疫情防控工作冲突、一人兼做多种疫情工作等 111 人，占比 8.45%。

（2）医务职工希望获得的减压服务

想了解一些减压和放松的技巧 677 人，占比 51.52%；开展适当的文体活动 573 人，占比 43.61%；弹性排班，合理安排休息 992 人，占比 75.49%；心理咨询 208 人，占比 15.83%；其他疗休养、给予补贴、运动等 99 人，占比 7.53%。

（二）工会干部

1. 工会主席座谈调研

对 26 家基层工会，分 4 个小组召开调研座谈会。在疫情防控常态化下，各基层工会开展了针对疫苗接种、隔离点、核酸采样等医务职工的疫情防控专项慰问；加强职工书屋、健身角、爱心妈咪小屋等阵地建设；开展了春游、心理减压、瑜伽、舞蹈等有利于职工身心健康的各类活动。

存在的主要问题：部分单位职工阵地少，单位以业务用房为主，职工活动用地有限；部分单位大龄未婚青年尤其女青年较多，有交友的需求；因疫情，大部分单位职工收入与工作量不成正比，虽然有疫情防控的各项补贴，但是整体收入还是下降的。

2. 工会干部问卷调研

（1）一般情况

调研对象包含基层工会主席、工会干部、"三委"（工会委员、经审委员、女工委委员）委员，本次调查共收到问卷 112 份。其中年龄以 26~45 岁为主，占比 62.50%；学历以本科为主，占比 84.82%。从事工会工作专职 24 人，占比 21.43%；兼职 88 人，占比 78.57%。从事工会工作年限 1 年及以下 12 人，占比

10.71%；1～3 年 38 人，占比 33.93%；3～10 年 46 人，占比 41.07%；10 年以上 16 人，占比 14.29%。

（2）2021 年以来开展过的活动

各基层工会今年以来开展的活动中，选择体育活动的占比 71.43%；文艺活动的占比 72.32%；技能竞赛的占比 64.29%；春秋游占比 36.61%；观影活动占比 75%；其他烘焙、心理培训、学党史等各项活动占比 14.29%。

（3）疫情防控常态化背景下增加的活动

各基层工会开展了疫情防控专项慰问，占比 92.86%；进行了职工的心理减压活动，占比 80.36%；举行了正念瑜伽等活动，占比 5.36%。

（4）所在单位可以共享的资源

心理咨询占比 50%；闵工学堂的课程占比 35.71%；职工书屋、健身房、党群服务中心活动阵地、知识讲座等占比 30.36%。

（5）认为本单位工会存在的问题

工会干部多为兼职占比 88.39%；工会工作不受单位领导重视占比 15.18%；职工对工会没有认同感、归属感占比 16.96%；经费不足工作条件差占比 25.89%；其他工会工作人员配备不足、工会经费使用条框太多等占比 7.14%。

四、存在的主要问题

根据调研结果显示，现存的主要问题如下。

（一）医务职工工作强度大

医务职工除了承担本职常规工作外，还需要承担疫情防控所带来的疫苗接种、隔离观察、核酸采样、流调等任务，而且部分职工可能承担多种任务，在执行同一样任务时，又承担着不同岗位角色。近一个月以来，医务职工每周工作时间在 40 个小时以上的占比 77.63%。

（二）医务职工压力大

医务职工承担着工作强度大、家庭与工作角色冲突、本身身体健康状况欠佳、医患关系不和谐等多重压力。由于疫情防控会占用大量人力、财力、物力，常规的业务工作相应受影响，工作绩效下降。工作量与工作收入不成正比给医务职工也带来一定的压力。

(三) 工会组织自身力量薄弱

区医务工会层面除工会主席为专职外,其余工会委员、工会经费审查委员、女职工委员均为兼职。各基层工会层面,兼职工会主席占全系统15.4%,部分单位即使主责是工会主席,也需要兼做党务、人事等条线工作;兼职工会干部占比78.57%,在疫情防控期间,开展疫情防控专项慰问、职工心理减压等工作量增加的情况下,还需要参加流调、志愿者、疫苗接种等任务。

五、讨论

在目前疫情防控的常态化背景下,工会如何才能更好地服务医务职工？探讨如下。

(一) 建立工会精准服务机制

1. 针对不同岗位、不同需求职工,建立职工长效慰问机制

对于因病住院、人身权利受侵害职工制定月报制度,开展月度的专项慰问。对于大病、单亲、困难等职工进行节日重点帮扶慰问。针对今年疫苗接种任务重、工作量大的情况,要在开展一线疫苗接种人员的调研排摸的基础上,实施有针对性的慰问关爱。

2. 结合系统工作特点,开展文体活动送基层

根据疫情防控不便于组织大规模聚集性群体活动的要求,鉴于医务职工压力大,工作时间特殊的特点,医务工会采取了"午间一小时"送活动到基层的方式,以小班化形式,灵活开展线下活动。开展了健康减脂健重训练营、正念瑜伽训练营等10余期,参与职工800余人次。进一步丰富职工业余文化生活,开阔职工视野,让职工在感受到组织的关怀与温暖的同时,陶冶心情、增强体能。

3. 避免工作冲突,开展社团线上讲座

线上教育培训,因学习时间灵活,地点不受局限,课程资源丰富等优点为广大职工所认可。针对医务职工工作繁忙的特点,医务工会相关社团采用了非工作时间段线上培训的方式进行。

4. 弥补基层工会经费不足,实施项目化资助

针对各基层工会经费不足的情况,区医务工会予以各基层工会职工互助和会员卡保障、职工之家等阵地建设、职工特色项目等项目化资助。大大增加了工

会经费使用的普惠性、公平性,让基层更多职工受益,同时又使得各基层工会能有更多经费独立开展本单位职工活动、慰问等。

5. 采取多种方式,加强工会干部的关心关爱

各基层单位的工会主席、工会干部都把精力放在了关心关爱职工上,那么又有谁来关心他们呢?区医务工会采取了与会议、调研相结合座谈会的方式开展谈心谈话、上门走访面对面谈心、倾听各基层工会的想法、需求,并及时予以指导和帮助。利用暑期,组织工会干部专场亲子活动。让工会干部能多一点享受亲子时光,多一点陪伴孩子。

(二) 整合各项工会资源

1. 整合上级工会的各种资源

积极组织职工参加上级工会组织的职工疗休养。由于疫情防控,各单位业务繁忙,人员紧张,区医务工会积极组织、协调,排除阻力,确保职工能及时参加疗休养活动。积极争取上级工会的各项慰问,组队参加上级工会组织的诵读、书画、球类比赛等各项活动。

2. 整合党建、工建、团建的力量

区医务工会在建党 100 周年浓浓氛围中,主动投入党史学习教育,以制度建设促班组学习,以党员教育带动职工教育。积极参与五一劳动奖章、奖状、和美家庭等系列评选活动。群团工作中,广大团员青年是不可或缺的一支力量,他们思想超前、朝气蓬勃,活跃于本系统各类工作岗位上。区医务工会在开展各项活动时,倾听他们的想法,做好他们的服务,争取他们的参与,是非常必要的。

3. 整合各基层单位的资源

利用会议、调研等契机,增加各基层单位之间的交流分享,让部分单位工会的特色、亮点,起到以点带面的效果。利用医务工会、疫苗关爱等微信群分享关心关爱职工的举措,各单位之间可相互学习与借鉴。根据调研,部分单位有心理咨询、闵工学堂课程、职工书屋、健身房、党群服务中心活动阵地、知识讲座等可以共享。区医务工会也会与可共享、有需求的基层单位之间牵线搭桥,让系统内资源共享最大化。

4. 整合各种社会资源

在区医务工会和各基层工会组织自身力量薄弱的形势下,所开展的部分活动只能借助专业的第三方社会机构,在做好方案、民主程序合理合法的基础上进行。借助单位与区域共建单位的资源,开展一些适合自身的活动。

(三)加强工会队伍自身建设

1. 完善基层组织建设,健全工会工作制度

实施常态化管理指标与绩效管理指标的考核构架,发挥好目标考核的引导和激励作用。召开月度区医务工会委员会会议,集体决策重要事项。建立健全慰问、专项资金使用等各项工会制度。

2. 建设工会监督体系,强化工会规范管理

强化工会系统廉政责任,做好医务系统工会主席廉政教育约谈。在开展本级工会审计的同时,对系统内工会实行全覆盖审计。

3. 开展业务培训调研,提升干部能力水平

线上线下结合,开展系统内工会预算、工会经费使用等专项培训。根据需求,将进一步进行工会组织实务、职代会民主管理等专项培训。建立分层分期培训,进一步提升工会干部服务职工的能力。

六、总结

目前,全球疫情防控形势仍然不容乐观,这是一场持久战。在疫情防控常态化背景下,区医务职工承担了医疗、疫情防控的各项任务,工作量、身心压力都大大增加,区医务工会针对不同机构、不同岗位、不同需求的医务职工,主动拓宽服务渠道,开展个性化靶向性的服务内容,构建新的精准服务体系;采取了精准帮扶、心理关爱、健康促进等多元化的关爱方式。整合上级、党建、团建、系统内、社会等多种资源,开展职工思想教育、搭建各单位交流平台、组织开展各项职工活动等,进一步稳定职工队伍,促进职工身心健康。同时加强工会队伍自身的建设,分层开展专业培训,进一步提升服务职工的能力。

(本文获第二十四届年会征文二等奖)

医院智慧工会信息化建设探索

罗翠玲　黄双慧　王　诚　查佳凌　胡晋阳

（上海市同仁医院工会）

互联网技术的迅速发展和广泛普及给各行各业提供了很多的机遇,在医院也同样引起了很大的影响,带来了新的发展方向。医院各个方面开始广泛应用计算机网络技术,使得医疗行业的工作开展和进行更加高效。随着我国医疗卫生领域改革的深入发展,对于医院的服务质量和管理水平提出了更高的要求,而医院传统的管理模式显然已经无法满足此要求。如今,"医院智慧工会"这一词更多地出现在大家的面前,也逐渐被理解,医院开始助推智慧工会的应用和发展,建立新的信息化体系。

医院智慧工会信息化建设理念围绕医院信息化处理,借助计算机技术,做到对医院信息管理的智能化处理、统计分析等,并结合大数据处理等技术,最终形成医院智慧工会信息化平台。

一、现有信息化平台现状

医院信息化发展是社会科技发展趋势的必然导向,医院智慧工会信息化建设应以云服务平台为基础,然后再利用云服务平台的多种优点实现医院信息处理最智能化,云服务平台优点很多,比如:资源共享能力超强、成本低、用户访问便捷、存储规模宏大等。但是,在未来发展中,医院智慧工会信息化还需要完善以下几点。

第一,智慧工会运营的前提是要有着完善的、庞大的信息数据的支撑。随着云平台的建立,数据处理的不断进步,信息数据不能仅仅只是被传输,同时要生成合理的决策,产生高效的价值。

第二,需要培养足够的专业型人才。医院信息化发展对医务人员有更高的要求,不仅要有过硬的专业技能,还要对计算机有比较成熟的认识和熟练的操作,培养一批同时具备互联网能力的医务人员,促进医院智慧工会的发展。

第三，要充分利用现代"互联网+"技术安全、高效、便利、实用等特点，让这些特点更好的发挥在医院智慧工会信息化平台的发展中。

二、信息化平台技术体系

（一）技术体系建设思路

医院智慧工会信息平台采用自主创新开发模式，核心业务、核心架构、核心代码自主掌控。在技术路线方面，为了满足性能和容量的爆发性增长，摒弃了传统技术架构中系统垂直集成、采取数据集中部署、依赖商用软件和专用硬件的IOE架构，向弹性可扩容、分布式云化部署演进，实现移动互联网环境下，平台性能和投资成本的最佳优化。

（二）技术体系建设选型

在技术选型上，主要策略是前端基于响应式前端框架、服务层基于微服务架构、组件层基于主流开源中间件、基础设施层基于云化和x86化的云基础设施。同时兼顾平台运营和平台安全管控。

（三）技术体系建设

1. 前端架构

前端通过Bootstrap构建简洁高效的交互UI，通过浏览器缓存、压缩等技术，优化页面响应，加快浏览器页面的加载和显示。在内容分发上，通过CDN技术将静态页面、培训视频等业务，分发到离用户最近的CDN服务器，使用户可以通过最短路径获取内容，以提升用户"体验度"。

在内容设计上，采用动静分离技术，将静态资源（比如JS、CSS、图片等文件）独立部署在专用的服务器集群，和Web应用动态内容服务分离，并使用专门的（二级）域名。同时采用反向代理技术，在应用服务器、静态资源服务器之前，提供页面缓存服务。

此外，通过智能DNS技术，动态解析IP地址，在实现负载均衡的同时，最大限度利用公有云上宝贵的公网带宽资源，以保证使用过程的"流畅度"。

2. 服务层架构

在服务层，主要基于Spring架构，采用SpringBoot、SpringMVC、Mybatis

等框架，快速搭建的基于 Java 的企业级应用。通过 Spring 框架中 DI、AOP 等特性，结合完善的 Spring 生态中各类事物框架、安全框架、日志框架，使得应用服务层向轻量化、中心化的微服务架构演进。

微服务架构围绕着业务领域组件来创建应用服务，将复杂而庞大的业务拆分开来，形成多个规模较小的产品，独立开发、部署、维护，这些应用服务都有自己的处理逻辑和轻量通讯机制，可以进行分布式部署，大大降低了各个模块之间的耦合度，为敏捷、迭代的开发运营体化运营奠定了坚实的基础。

无状态管理方面，为了实现高可用、弹性扩容的应用服务器架构，应用服务设计为无状态模式，不保存用户请求上下文信息，业务所需要的用户会话信息，通过专门的会话管理技术，使集群内甚至跨集群的应用服务器可以共享会话。

在能力开放层，通过基于 Restful 风格的 Open API，融入主流互联网生态系统，通过能力的开放、数据的共享，相互引流、相互融通、相互促进，推动业务的高速拓展。

3. 组件层架构

组件层面，主要解决应用集群、数据存储的高可用、弹性伸缩、成本可控等关键问题。

在服务集群方面，通过基于七层的负载均衡策略，实现应用的水平扩展，将多台应用服务器组成一个集群，通过负载均衡技术将用户请求分发到不同的服务器上，以应对大量用户同时访问时产生的高并发负载压力。另外一个方面，通过负载均衡技术，解决应用高可用问题，通过自动探测机制，将不可用的应用自动从服务集群中剔除，确保对外用户的感知。

在缓存架构方面，建立多级缓存机制，最大限度提升应用的性能。首先是 JVM 缓存，提升单个应用服务内部的数据存取效率。第二是本机缓存，提供对持久化层数据的缓存，降低对数据库 IO 的读写压力，第三是分布式缓存，提供跨主机的共享数据存取服务。

在异步架构方面，通过消息队列实现业务和业务、业务和服务之间的异步消息发送及低耦合的业务关系，提供削峰平谷的能力，极大提升同等硬件条件下系统的吞吐率。

在数据库层面，通过关系型的分布式数据库技术，实现水平和垂直分库的能力，实现读写库的分离，实现数据库节点的高可用。通过 NoSQL 数据库，实现 KV 数据的高效存取，实现列式数据的高效存取等，极大提升了数据管理的灵活性和可扩展性。

在文件存储层面,通过基于 HDFS 的分布式文件系统,实现对各类小文件的管理。通过基于 ES 的分布式文件系统,实现对海量日志、消息的存储、检索。

4. 基础设施层架构

基于公有云的 ECS 虚拟机,快速搭建应用系统集群,并根据业务发展情况,动态、实时地进行集群规模的管理。基于 ECS 的虚拟机,实现主机层面的基础标准化配置和优化,实现基础的关键指标数据采集。基于公有云上的虚拟化的网络和安全防火墙,构建灵活的带宽管理策略,构建基础的网络安全策略,保障应用系统在网络访问、主机访问、中间件访问等方面的策略。

5. 运营及安全架构

构建全面覆盖主机、数据库、中间件、应用系统、网络的一体化运营平台。

基于 agent 模式,采集主机、网络、数据库、中间件等基础设施的性能指标,设置智能告警阈值,灵活采用短信、邮件、微信等多种方式进行通知。基于日志模式,采集用户访问日志、sql 执行日志等信息,通过运营数据的可视化手段,发现用户访问行为、系统运行情况、各类审计事件。基于自动化运维手段,实现对所有集群的统一管理、自动运维,提升运维的标准化、自动化、智能化水平。

通过防火墙、黑白名单、异常访问行为捕获、数据加密等技术,保护用户信息的安全和系统本身的安全。

6. 软硬件购置

构建全面覆盖主机、数据库、中间件、应用系统、网络的一体化运营平台。

购置了 3 台阿里云 ECS 服务器 CPU:8 核;内存:64G;硬盘:600G。

设置基本的开发环境,其中操作系统:Centos7.2;JAVA 版本:1.8.0_161;Mysql 版本:5.7;Redis 版本:3.0;Tomcat 版本:7.0.78;Nginx 版本:1.8.0;微服务框架:spring boot。

三、应用体系建设

(一)移动端

1. 选举

针对医院选举活动,代表通过微信端进行投票,一场活动可包含多次选举,有等额和差额两种选举方式,皆是不记名投票,后台可设置总监票人,只有总监票人才可以看到最后的投票统计并打印投票结果用于存档。

2. 满意度测评

针对医院事项、领导班子、个人进行满意度测评，后台配置测评项目及测评意见，测评人员在微信端根据测评项目对事项、领导班子或个人进行测评。通过后台统计分析看到具体的得票数及百分比。

3. 考评

针对医院需要考评的项目，在线进行活动考评，一次活动可对多个项目进行考评，每个项目包括负责人、项目名称、简介以及附件，可手动设置考评顺序、考评内容及分值设定。评委在微信端根据考评内容及参考分值进行在线打分。

4. 职代会表决

针对基层医院召开的职代会，代表通过微信端对议题进行无记名或记名表决，后台根据议题的票数进行统计分析，判断议题是否通过。

5. 在线培训及考试

系统通过后台建立考试要求及培训素材，移动端在线培训及考试，记录学习过程，以此来提升员工业务学习效率，反馈学习效果。

6. 班组台账管理

针对医院需要考评的项目，管理员可通过后台设置好台账模板后，医院用户可以在移动端自行录入台账。

台账管理具有台账信息录入及审核功能，可以直观、动态的展示台账，同时实现无纸化办公。使管理者能够及时利用有效的信息，作出科学决策，发现各种潜在问题，实现及时高效的管理。台账管理功能对使用者进行权限设置，既提高了工作透明度，又提高了工作效率。

（二）PC 端

1. 平台管理

管理员角色可对本医院用户、科室、职称、单位、人员分组及考场管理等信息进行管理修改。

2. 选举推荐

针对医院选举活动，管理员角色安排选举，需输入选举相关信息，选择总监票人（只有总监票人才有权限查看最终的统计结果）及监票人。差额选举需要手动设置应选人数，差额率会自动计算出来，最后点击保存选举安排成功。代表可通过微信端进行投票选举。

总监票人可登录后台点击"选举推荐统计"看到投票结束后的统计结果并可打印用于存档。

3. 测评管理

针对医院事项、领导班子、个人进行满意度测评，管理员角色可以设置测评模板，安排测评，查看以往测评统计信息。

测评安排：需填写测评相关内容，选择测评类型，测评类型分为事件、班子、人员三种，事件和班子只需填写事项名称或班子名称即可，人员模式需要手动选择被测评人员，然后选择意见设值，即针对每个事项或则或者每个人员的测评选择项，最后添加测评内容点击保存，测评活动创建成功。

4. 职代会管理

针对基层医院召开的职代会，管理员角色可以安排召开职代会，查看以往职代会表决添加信息，对提案进行管理汇总分析。

职代会安排：需填写一些基本信息并选择参加职代会的人员，各类人员所占百分比都是自动计算出来的，无须填写。最后填写议题，并可以选择针对议题表决的方式，分为记名和不记名两种，也添加多个议题。最后保存，职代会创建成功。

5. 考评管理

针对医院需要考评的项目，在线进行活动考评。管理员角色可以安排考评，查看往期考评统计分析结果。

考评安排：需填写活动名称，选择本医院的评委、第三方评委及考评对象，选择完考评对象以后，会自动出现考评对象的信息录入框，需填写考评对象的项目名称、简介和考评顺序，需要的可以上传附件（pdf 和 mp4 文件），最后针对考评项目设置考评内容及分值，点击保存，考评活动创建成功。

第三方评委，需在考评安排中点击第三方评委登记，管理员需下载二维码供第三方评委扫描，并输入其自己对应的验证码才可以进入考评打分。本医院评委只需在微信端点击考评即可。

6. 班组台账管理

针对医院台账管理，台账管理功能为工会提供了一个方便快捷的台账工作管理平台，管理员角色可以对工会组织、组织人员、台账模板及台账进行管理。

台账模板管理：新增模板，需填写模板名称，选择是否需要审批，然后根据模板需求自行设计台账内容。

台账管理：选择台账模板，可以对台账模板进行录入修改和删除。

四、信息化平台在医院的实践

同仁医院工会信息化平台自 2020 年 6 月正式启动以来,通过平台软件建设形成了选举、满意度测评、考评、职代会表决、培训考试及班组台账管理六个主要功能,同时预留了院务公开、经费公开、文体活动等功能拓展。为了充分体现"互联网＋"智慧工会服务,让服务发挥最大效能,提早完成了"智慧工会信息平台"基本信息的录入、各模板资料的上传、管理员队伍建设、"智慧工会信息平台"应用软件下载等工作,让工会服务装进了广大职工的手机,着力将"智慧工会"信息平台打造成医院职工群体中受众面最广的传播载体。

在信息平台上,先后开展了工会主席的增补选举、工会文体活动满意度测评、新冠知识培训及班组台账书写等工作,以 PC 机和手机两个网络终端为媒介,通过创新应用"互联网＋"模式,形成信息互联、便捷高效的"智慧工会"工作体系。医院文体活动的开展从通知下发到组织开展,职工可以通过平台了解到第一手的信息,精准推送方便快捷,得到广大职工的认可。同时也实现了职代会、厂务公开等重大事项推进,以及提案直通车,促进了民主管理工作开展,实现了民主监督。

五、展望与讨论

在市场竞争更加激烈的背景下,医院只有依托物联网技术才能够建立起具有自身特色的核心地位。随着互联网信息技术的快速发展和医院信息化领域应用的日趋成熟,未来智慧工会信息化的建设发展将走上真正意义上的智能化,推动医院信息化的繁荣发展。医院智慧工会信息化的发展已经从以前简单的功能优化,依靠着互联网技术不断提高的安全可靠性,使医务人员更便利使用,摆脱了繁重的操作,更好地维护医院的信息,节约了医务人员的宝贵时间。在未来,临床研究工作和医院服务理念将会越来越重视,医院对于智慧信息化平台的需求也将日趋显现。

(本文获第二十三届年会征文二等奖)

新时代闵行区卫生系统基层工会干部队伍建设现状与对策建议

严玉洁　傅　虹　吴恩贞　严玉兰　王　伟　黄晓玲　江　振

（上海市闵行区浦锦社区卫生服务中心工会）

工会是党联系职工群众的桥梁和纽带，工会工作是党治国理政的一项经常性、基础性工作。进入新时代，发挥好工会组织的桥梁纽带作用，对把党的意志和主张落实到广大职工群众中去，团结动员亿万职工建功新时代、争创新业绩，具有重大而深远的意义。工欲善其事，必先利其器。工会干部作为工会工作的组织者和实践者，是工会工作的利器。工会工作质量的好坏，关键在于工会干部，工会干部素质和能力的高低，就直接关系到工会组织作用的发挥。因此，提高工会干部队伍的整体素质，对于提高工会工作水平就显得至关重要。而目前，工会干部队伍建设现状及水平的研究还处于探索阶段，有待进一步研究。

自 2020 年疫情发生发展以来，各公立医院作为守护人民群众全周期身体健康的主力军，承受了巨大的压力和挑战，面对急难险重的防疫任务，各级工会组织也在党建引领下发挥出工会组织的优势，在缓解防疫职工压力、维护职工权益、筑牢防疫后方堡垒等方面作出积极贡献，与党政部门形成合力，助力各项防疫工作落到实处。

2022 年 10 月，党的二十大会议在北京胜利召开，提出了"建设堪当民族复兴重任的高素质干部队伍"的重大任务和"深化工会、共青团、妇联等群团组织改革和建设，有效发挥桥梁纽带作用"的要求，2023 年 3 月，闵行卫生健康系统发布高质量发展方案。在新的发展背景和形势任务下，工会工作也面临着更加复杂的形势和更高的要求，因此建设一支素质优良、务实高效的工会干部队伍，是适应新时代发展、履职工会职能、完成本职任务的需要。各级工会组织应当以改革创新的精神，切实加强具体举措的探索，努力形成闵行卫生健康系统工会的亮点特色，努力完成好党的二十大赋予工会组织的使命任务。

经过三年疫情的冲击和挑战，各级工会干部的身心都发生了不同程度的变化，各级工会组织也对内部的运行管理机制作出相适应的调整。面对新形势和新的发展任务,工会干部队伍建设的现状,不但决定了各级工会组织的整体工作水平,也决定了每一家行政单位、工会组织是否能从容应对一个个风险挑战、攻克一项项改革难关,推动各单位和辖区的高质量发展。因此,本课题旨在以此为切入点,科学评价当前工会干部队伍建设的基本现状,分析存在问题和不足,提出对策建议。

一、研究内容

(一) 研究目标

掌握闵行区卫生健康系统工会干部队伍的基本情况,找出存在问题,探索具体的解决措施,提高管理水平。

(二) 研究方法

本课题选取辖区内医疗卫生机构的工会干部及部分工会成员作为研究对象,对该部分人群进行问卷调查和访谈交流。

(三) 研究内容

(1) 选题和文献检索:查阅文献,了解工会干部队伍建设的基本现状及存在问题,确定本次课题研究的方向。

(2) 设计调查问卷:设计完成调查问卷,内容包括研究对象的个人基本情况、日常的学习教育情况、思想认识水平、履职创新能力、疫情防控期间承担的工作任务以及街镇行政上级主管部门对工会工作的支持重视情况等,以问卷星形式进行无记名调查。

(3) 访谈交流:集中辖区内部分医疗卫生单位的工会干部,进行现场访谈交流,以此深入了解疫情三年来工会干部的身心变化、各级工会组织内部管理和服务模式的调整情况,以及新发展形势下的想法建议等。

(4) 专家咨询指导:咨询、聘请业内专家进行指导授课。

(5) 数据汇总分析:收集问卷和访谈情况,对数据进行分析汇总。

(四) 研究重点

本次调查的重点是辖区内医疗卫生单位工会干部队伍建设的现状,总结存在问题和不足,分析制定工会干部的教育培养、考核激励等改进措施。

二、研究方法及成果

(一) 基本情况

闵行区卫生系统共有 27 个工会组织,其中专职工会主席 21 人、兼职工会主席 6 人,专职工会干部(不含主席)8 人,分别为市五医院 3 人、区中心医院 3 人、区医务工会 2 人;其余工会干部均为兼职身份。

(二) 完成情况

1. 问卷调查情况

(1) 队伍一般情况

本次调查共收到问卷 526 份,其中:男性 106 人,占比 20.15%,女性 420 人,占比 79.85%。年龄以 41～50 岁为主,占比 43.16%。学历以本科为主,占比 80.42%。担任工会干部(含主席、委员、班组长)的有 307 人,占 58.37%,其中:工会委员 153 人,占比 49.84%;工会小组长 118 人,占比 38.44%;287 人工会工作胜任良好,占比 93.49%。从事工会相关工作年限 5～10 年 93 人,占比 30.29%;1～3 年 69 人,占比 22.48%;10～20 年及以上 51 人,占比 16.61%。

(2) 工会工作现状

在工会组织作用发挥方面。有 521 人(含非工会干部)认为近年来工会组织发挥了积极作用的,其中 205 人认为"有重要作用",占 38.97%,316 人认为"发挥一定作用",占 60.08%。在疫情防控期间尤为显著,100% 的被调查者认为工会组织发挥了作用,集中在"做好后勤保障,提供关心支持"占 93.73%、"做好心理疏导,缓解防疫压力"占 77.95% 两个职能环节。与疫情前相比,工会组织显著提高的前三个方面分别是:增强了会员的认同感、提高了干部履职能力、优化了管理工作机制。工会组织日常工作的具体作用体现在:345 人认为"能密切联系职工,为职工说话办事",选项占 65.59%,142 人认为"工作有活力,为单位的民主管理作出积极贡献",占 27%。

在工会干部能力素养方面。有 501 人(含非工会干部)认为"工会干部能力的高低,对工会工作的开展有很大影响",占 95.25%。对所接触的工会干部评价,普遍认为在工作上是尽职负责的:373 人认为"尽职尽责,工作认真努力",占

70.91%；139人认为"能力较强,能办事办成事",占26.43%。普遍认为在服务群众上是真诚热心的:有444人认为"以职工为友,真心帮助职工",占84.41%;有73人认为"平等相待,比较有耐心",占13.88%。工会干部中已掌握的办公能力,前三项协作工具分别是Office基本技能(Excel、Word、PPT)、在线文档、在线会议,并认为自身最欠缺的前三项能力分别是科研总结的能力、宣传影响的能力、规划组织的能力。而普通职工认为工会干部目前最欠缺的前三项能力分别是宣传影响的能力、规划组织的能力、应变沟通的能力。

在培训提高方面。有178位工会干部对培训需求认为是"比较迫切"的,占57.98%;有108人认为"有一些培训需求,不是那么紧迫",占35.18%。在培训内容上,前三项分别是工会工作的基础理论和业务实操、沟通技巧方面、办公协作工具的使用和文书写作等。在培训方式上,倾向的前三项分别是观摩学习、集中授课、案例分析(座谈研讨)。在师资方面,有193位工会干部选择"培训机构讲师",占62.87%。

在工会工作的意义和发展方面。有242人(含非工会干部)对工会工作持有信心,认为"大有可为,大有作为",占45.82%;但也有245人认为当前的工会工作"任务繁重,需要各方重视和支持"。工会最具重要意义的前三项工作分别是:开展职工文体活动丰富职工精神文化生活、深化送温暖工程为职工排忧解难、推进院务公开维护职工民主权利。在新的发展形势下,工会应重点提高的前三个工作方面分别是:丰富文化体育活动的形式内涵、加强服务阵地的建设管理、完善职代会和民主管理制度。

2. 个别访谈情况

调查组选取系统内部公立医疗机构的工会干部15人,以访谈形式调查了解以下内容。

(1) 在人员配备方面,目前在工会干部队伍中,工会主席多为全职(除200人以下的基层工会主席由党组织书记兼任外),其余工会干部多为兼职身份,以业务工作为主,以工会工作为辅。

(2) 在工作津补贴方面,上级医务工会没有统一的规定和指导,一般由所在单位的党政班子领导结合单位实际讨论制定,一般不超过每人每月200~300元的工会工作补贴(专职工会主席除外)。

(3) 在考核培训方面,除完成上级医务工会每年的考核外,一般单位不另对工会干部加以工会工作考核。在日常管理方面,除紧急事项外,工会一般每月组织召开1~2次工会委员会议,主要讨论采购、慰问事宜以及落实上级医务工会的具体任务等。

（4）在胜任力方面，受疫情影响，各级工会自行组织开展针对工会干部能力提升的培训较少，多由上级医务工会牵头负责，今年区医务工会已牵头开展4次，3次是线上平台的实操，1次是针对工会主席的实践培训。

（5）在职业发展方面，工会属于党领导下的群团组织，除卫生专业技术职称外，为中共党员的工会干部也可申请参加党务职称考核，对于不具有卫生专业背景的工会干部有一定吸引力，但仍缺乏针对工会管理的晋升成长通路和人才培养计划。

（三）结论经验

1. 取得的经验

（1）工会干部队伍教育程度较高，工作生活状态积极。调查发现研究对象的学历水平在"大学本科及以上"的有472人，占89.73%；工会干部对工会工作的胜任情况自认为"良好"的有287人，占93.48%；对工会培训的需求度也是比较高的，有195人选择"比较迫切及非常迫切"，占63.5%。从工作状态、自我评价、意识形态等方面进一步调查了解，闵行卫生系统基层工会干部队伍工作态度积极，受教育程度高，干部队伍身心素质较好。

（2）工会干部秉持奉献精神，普遍具有大局意识。疫情前后，工会干部普遍具有奉献精神，能在急难险重岗位中承担责任，有着正确的政治站位，能够自觉接受并坚持党的领导，能在党和工会的领导下开展工作，并清楚认识工会工作的定位，反映出干部队伍普遍具有良好的思想政治基础。

（3）工会干部作用发挥良好，服务职工效果显著。工会干部能立足自身的岗位工作，特别是在维权、服务等职能方面发挥作用，工会工作5年及以上的干部有200人，占65.14%，具有较丰富的实践经验，群众基础相对较好，也善于结合单位特点，开展各类工会活动，能在维护职工经济利益、丰富精神文化生活方面发挥积极作用。

（4）建立了培训激励的雏形机制，有助于提高工作积极性。上级医务工会和个别工会组织，会不定期组织开展团队凝聚力建设、精神文化活动、业务专业技能（如科研、办公等）、工会基础操作等培训，在一定程度上提高了工会干部的胜任力。同时个别工会干部每月享有固定的津补贴，也起到了稳定干部队伍和激励作为的作用。

2. 存在的主要问题

（1）基层工会领导干部对政治理论学习重视不够。对新时期工会工作的定位和如何高效开展缺乏清晰认识、系统思考、统筹提高。基层工会委员会议讨论的多为基础性的工会工作,未能系统全面地学习分析新使命新任务,政治理论学习力度不够,在强化工会干部政治责任担当、发挥先锋模范作用方面引导不够深入,在围绕全局推动发展上解决问题不多、凝聚力量不够。

（2）基层工会组织自身力量薄弱。一方面工会队伍人力配备不足。查阅相关数据：系统内现有工会组织27个,其中专职工会主席21人,兼职工会主席6人,占总数的22.22%；部分单位的专职工会主席还需兼做党务、人事等非工会条线工作；系统内专职工会干部（不含主席）共8人,分别为市五医院3人、区中心医院3人、区医务工会2人,其余工会干部均为兼职身份,兼职化倾向严重,这都影响了对工会工作的重视程度、工作效率和服务质量。另一方面,基层工会普遍缺乏考核评价和激励保障机制。存在考核指标粗放或以单位考核代替对个人的考核、工会干部的成长通道狭窄、行政职务晋升空间小、专业技术职称也不占优势、天花板效应突出等问题,难以有效并持续激发干部的主动性、积极性、归属感和荣誉感。

（3）工会干部专业能力储备不足。主要体现在一是人员年龄结构老化。41～50岁的工会干部占比43.16%；在科研、宣传、组织协调方面的能力比较欠缺,新媒体宣传能力也比较弱（主要是摄影PS、视频制作、微信编辑）,164名非工会干部认为工会干部最缺乏的是"宣传影响能力",老同志学习能力偏低,开拓进取的力度有所欠缺。二是对职工需求变化认识不足。随着新思想的广泛传播和新时期年轻职工的加入,职工群体更关心如工作氛围、成长环境、价值实现等,工会干部没有对新形势新任务加以分析,继续沿用传统的工作模式,缺乏了行业针对性,无法满足他们对工会多样化的期望,影响了认可度,309人认为工会存在的主要问题是"会员参与工会的积极性不高"。三是缺乏全区统一的工会干部教育培训规划,难以实现整体培养和提高。

（4）工会干部跨前一步思维欠缺。疫情防控期间,系统内工会的服务保障能力提高,但并没有及时归纳构建一套可持续的工作机制,把新时代工会工作的各项要求相结合,从而进一步优化管理,提高履职服务成效。100%的被调查者认为疫情防控期间工会组织发挥了作用,相较之前,显著优化和提高了三个方面的能力：增强了会员的认同感（388人,占73.76%）、提高了干部履职能力（335人,占63.69%）、优化了管理工作机制（290人,55.13%）。但通过查阅系统内工会制度和科研申报情况,自2023年1月8日起,新冠疫情转入"乙类乙管",社会生活秩序全面恢复正常后,系统内工会均未对疫情防控期间建立形成的好的工作机制、好的沟通模式等提炼总结,探索建立长效的管理机制,反映出工会干部主动作为意识不强,存在"等、靠、要"的思想,降低了工会工作的科学性和有效性。

(四)对策建议

1. 从严从实加强工会干部政治理论教育,强化政治属性

新时代赋予了工会新使命新内涵。面对新形势新任务,工会必须保持和增强政治性、先进性、群众性,把加强职工理论武装和思想教育工作摆上突出位置。一是要通过工会委员会议、小组会议等多种形式,及时组织工会干部学习党的最新理论和卫生工作方针政策。二是要在广大工会干部中深入开展有特色、接地气的宣讲,引导广大工会干部增强"四个意识",坚定"四个自信",在思想上树牢对马克思主义的信仰、对中国特色社会主义的信念、对中华民族伟大复兴中国梦的信心,不断增强对党的理论创新成果的政治认同、思想认同、情感认同。在行动上,积极顺应新时代的新形势新变化新要求,积极探索工会工作新方法,与时俱进研究解决实践问题。

2. 推动完善基层工会组织建设

(1)提高专职工会干部比例,保证专人专岗。一是可以从长期从事群众工作的党务干部中发掘,充实工会干部队伍。二是从临床一线职工、入党积极分子中,发现引进热爱工会工作、热心为职工服务的人到工会干部队伍中来,有计划地培养成熟悉社会保障、法律事务、卫生管理等方面的专门人才。建议专职干部在工会岗位的工作时间不少于三年。

(2)完善兼职工会干部队伍建设,落实管理监督。一是完善工会兼职干部常态化选配机制,可以通过自荐或竞聘的方式,选配专兼职工会干部,探索工会岗位定期轮换制度,拓宽工会干部来源渠道。二是落实工会主席与工会干部日常的谈心谈话制度,积极运用职代会测评、工会委员会监督等方式,保证兼职工会干部真正在其位谋其职。

(3)制定科学化、标准化的考核评价机制。要将原有粗犷型的考核评价体系逐步向科学化、标准化的考核评价体系转变,将综合目标考核任务进行细化,考核指标进行量化,同时要注重对工会干部德能勤绩廉等方面的综合考核,把群众满意度作为考核工会干部的重要依据,推动考核评价结果与工会专兼职干部的薪酬待遇挂钩。

(4)建立工会干部激励保障机制,明确职业规划,畅通晋升发展通道。要落

实工会专兼职干部的工作补贴,在提拔、任用、福利、培训深造等方面要与其他管理干部享受同等待遇,调动工作积极性。同时要理顺晋升发展通道,帮助工会干部做好职业规划,针对不同群体类型,规划不同职业发展路径:鼓励为中共党员的工会干部积极申报党务职称;整合资源指导工会干部申报高级专业技术职称、健康科普讲师等,培养复合型人才。

3. 统筹规划工会干部教育培训,构建专业体系

(1) 定期开展调查研究。坚持问题导向,以工会干部的需求为主要内容,聘请专业机构的讲师,组织开展有针对性的、定期的培训,推动工会干部在学习实践中提升写作能力、现代办公能力、工作创新能力、沟通应变能力、外联能力、科研能力等,每年至少安排一期工会干部培训班。

(2) 提供工会干部成长成才平台。工会可以充分利用各类活动,让工会干部"站出来",全面展示自身的业务操作能力、组织协调能力、应变控制能力以及品质修养等综合素质,以取得广大干部职工的认识和认可,为成长成才打好基础。另一方面要抓住各种机遇,让工会干部"走出去",参加挂职、锻炼等,加强历练与交流,积累工作经验。

(3) 探索建立工会干部系统化培训机制。加强硬件基础设施建设,培训学习纳入医务人员每年学分要求,并与绩效挂钩,重点加强工会基础业务的教育培训,提高履职能力。

4. 充分发挥党善于总结经验的独特优势,推动常态长效管理

疫情防控期间,系统工会都建立了高效的服务保障机制,良好的沟通协商渠道,工会干部的思想意识、履职能力都得到了不同程度的提高,应该及时总结经验,推动建立常态长效的服务管理机制,特别是 2023 年 3 月以来,闵行区大力推进卫生健康高质量发展,面对新的发展形势和任务,工会干部更应要有跨前一步的思维,充分解放思想,总结提炼经验教训,通过准确把握社会发展特点、卫生健康改革趋势和工会工作规律,打破原有束缚,加强调查研究和分析思考,探索建立更加高效的管理模式,深入找准工会工作的切入点、着力点,在围绕全局推动发展上展现作为,在引领职工提升能力上积极作为,在文化建设凝聚力量上善于作为,在服务职工满足需求上精准作为。

(本文获第二十六届年会征文二等奖)

在工会经审工作中运用企业风险管理框架浅析

陈　岚　高围漱　蔡彦虹

(上海市疾病预防控制中心工会)

随着经济发展,工会经费逐年增加。管好和用好工会经费是加强工会经费管理工作的重要手段,也是工会组织开展好各项工作的重要保证。各基层工会一方面积极开展各项活动,加强职工技能培训、丰富职工业余生活、提升职工凝聚力;另一方面,也在不断规范和加强工会经费的合理性,确保经费用在刀刃上。基层工会内部审计职权由基层工会经费审查委员会行使,但在常规经审工作中,往往存在着种种问题。

一、工会经审组织的现状与问题

工会经审委员会是依据《中华人民共和国工会法》第四十四条规定,根据经费的独立原则与经费审查的监督制度设立的机构,代表广大会员和职工群众,依法对工会经费收支及财产管理履行监督职能。目前,工会经审工作主要存在如下问题。

组织结构不健全。工会经审组织结构一般设于工会主席之下,是与工会委员会并行的监督机构。一旦涉及平行或上行经费收支及资产安全审查时,因其权利与职责不匹配,导致审查效率低下、浅尝辄止。尤其涉及截留工会经费的使用、拨缴比例不足、违反开支标准等问题上,在本级向上反映问题确有难度。

组织功能不完善。工会经审工作是工会工作的重要组成部分,但目前工会经审工作仍以传统的纠错防舞弊作为开展工作的重点,未充分发挥经审组织对工会工作的推动作用、对廉洁政治建设的促进作用、对组织财务管理的优化作用。主要体现在以下方面。

(1) 仅注重事后报告监督,不注重过程管理。部分经审报告仅注重是否建立制度,不注重其内在设计有效性及目标协同性。

（2）仅罗列审查清单，未合理分配审计资源。未对单位固有风险、控制风险、检查风险进行评估，并合理分配审查资源。

（3）仅注重内部监督单一职能，未发挥提升组织价值的作用。未将风险管理嵌入组织日常工作流程中，以提升组织价值增值为总体目标。

二、在工会经审工作中运用 COSO ERMF 的探索

在 COSO 新版企业风险管理框架（以下简称 COSO ERMF）中，总体目标涵盖了经营的效率效果、报告的可靠性、对现行法律的遵守，但强调了应将风险管理融入所有的业务流程中去，从战略目标设定，到具体目标形成，再到执行过程中完成绩效的情况，对风险不再是"控制"而是"管理"，并最终实现价值。同时该框架的适用范围已拓展至任何具有使命、战略和目标的组织。

COSO ERMF 的五要素贯穿于组织风险管理的全过程。本文尝试将其要素及理念以案例方式运用于工会经审工作实践中。

A 单位为公益二类事业单位，经审人员运用 SWOT 分析，评估 A 单位层面可能影响工会组织的固有风险。其中劣势是经费来源较多，难以准确区分各来源经费与工作任务之间的界定；高度集成的应用软件复杂度较高，不易控制。威胁为单位存在多头监管标准不一致的情况。评估经审工作总体方向，资源分配应倾向于系统的设计与执行，以及工作任务与经费之间的联系定性工作。

（一）治理与文化

经审人员在评估组织架构时，审阅文件，确定组织架构分为决策层（工会会员代表大会）、管理层（工会主席）、运营层（工会委员会）、监督层（经审委员会）四部分，能较好地权衡四者之间的功能及权责关系。如有例外情况经审委员可直接与上级组织沟通。

运用 RACI（角色定义）模型结合审阅岗位责任书评估人员角色。筛选"职工午间一小时"进行穿行测试。查看在计划、经费申请、采购、报销、支付及入账工作环节中，是否存在同角色审批与执行交错、多角色审批、咨询等影响到任务效果及效率的事项。

经审人员应尽量避免仅通过审阅相关职责描述等纸质文件，在开展工作时，结合业务流，能更直观地查看组织架构是否明确，职责与权限是否匹配。

（二）战略及目标设定

战略层面：工会组织将强化组织领导，强化动员推进，提升职工凝聚力和切实维护职工权利作为组织愿景。

业务层面：结合工会业务风险点梳理已制定各项管理制度。经审组织在列席全委会时提出有关建议。讨论《救急济难基金管理办法》时，参考基层工会关于会员生病住院相关标准，结合重疾、重困、重大事件的特殊性及影响力，最高限度地给予职工经济上的补助。在《经费收支管理制度》中鼓励以单位名义参与外部比赛并制定鼓励金，增强单位认同感。同时为避免鼓励金集中在个别有特长的会员中而影响其他会员的积极性，使用了事前备案审批的控制机制。

在制定不同的管理办法时，应在事前考虑风险偏好与战略及目标的协同性，根据受益对象设定不同侧重点，将组织目标具体化，经费支出合规化。最大限度地发挥经审组织的作用。

（三）绩效（执行风险）

绩效可以指一系列考核指标，通常与审计策略中的风险评估相对应。审计风险＝固有风险×控制风险×检查风险。①在固定风险中，因A单位受外部行业波动的可能性较小，风险设定为低。②在控制风险中，标准及人数信息，均通过信息系统进行输入标准控制性校验；并在各环节按审批权限自动提交。系统执行有效性为高；因设计有效性与标准的变动有关风险性较高，经审人员将进一步核实。同时行政经费与工会经费均使用统一系统，因此对业务相关性的划分，列为重点关注方向，防止出现经费混用。③在检查风险中，经审人员将检查的重要性水平降低，以保证检查风险较低。

经审人员确定好审计风险后，采取以下措施进行审查。

（1）审阅会议的计划，查看明细账，检查原始凭证中的参会人员、会议议程，对比计划中的会议主旨，确定经济事项是否一致，并访谈会议签到中的人员，了解会议的内容。从形式及实质确定支出的相关性。

（2）经审人员在拨缴经费的审计中，采用系统提取数据及人员站点的方式，进行事前匡算；对信息系统人事模块的人员更新进行复核；比对系统数据与统计报表中从业人员及工资总额的一致性，防止漏计少拨，注重过程控制。

（3）审阅单位数据库维护制度，并进行控制测试。因A单位对信息系统高度依赖，经审人员主要关注点在于是否有专人管理并设置逻辑进入控制。选取数据库标准修改事项,查看操作日志确认经申请审批后,由信息处统一维护。

(4) 工会经审人员在事前审阅合同时,意外发现目标供应商 B 在网站上被列为税收异常单位。经咨询税务稽核小组发现 B 单位税负比同行同业务量的单位低,核对进销税金未发现异常,后通过穿行测试及银行账款追踪发现会计处理与账簿登记的方式不一致,移花接木过账至预付款项从而隐匿收入。经印证事实后,经审人员提请全委会重新审批物资采购事宜。因此关注外部环境,防范外部风险,对全力保证职工的利益也是至关重要的。

(四)审阅与修订

经审人员在审阅职工活动支出、维权支出、业务支出明细账时,发现多笔红冲金额,事后又被冲回。经沟通,原因为制度交替引起的科目重分类调整,因出现报表汇总问题,又恢复原设置。通过现场演示及交易的细节测试,发现总账有科目修改权限无汇总表修改权限,且修改直接覆盖以前期间交易,导致系统在过账时,明细账、总账、报表三者不匹配。经恢复原设置后,未在最终报告发生错报。但该潜在风险的影响力为高,信息系统一旦发生错报,将直接导致控制缺陷。经审人员建议信息部门会同单位软件开发公司,对单位一般及应用控制中存在的风险敞口如数据的完整性、提取方式、重分类及传输过程、修改权限进行数据修复、还原及更新。

(五)信息沟通与报告

经审人员将识别、评估、应对的风险及持续监督中发现的问题、缺陷及改进措施,涉及行政经管方向的上报组织高层;涉及职工利益的以工会委员会及会员代表大会的形式向职工通报。

三、结论与展望

COSO ERMF 强调了从环境中看待业务、流程与报告。只有从环境(治理与文化)到过程(战略与目标设定、绩效、审阅与修订)到报告(信息沟通与报告)进行动态修正,才能将风险管理嵌入日常工作中,提升组织价值。

基层经审组织在工作方面,应结合环境采取多样化的评估方法,从单位总体到组织中的系统流程再分解到作业流。只有对单位固有风险、控制风险、检查风险进行评估,合理分配审计资源。根据不同风险采用不同的手段。结合系统或手工控制等不同方式,相互印证,才能切实发挥组织的监督保障作用。

　　基层经审组织在发挥职能方面,应加强对环境变化的应变能力。经审应根据组织自身的环境,将组织功能从事后监督整改,提升至事前预防控制;将发现存在的问题,提升至发现潜在的问题。更好地发挥经审组织对财务管理的优化作用、对廉政建设的促进作用、对组织价值的提升作用,充分发挥基层工会经审组织作用。

(本文获第二十二届年会征文二等奖)

职工队伍

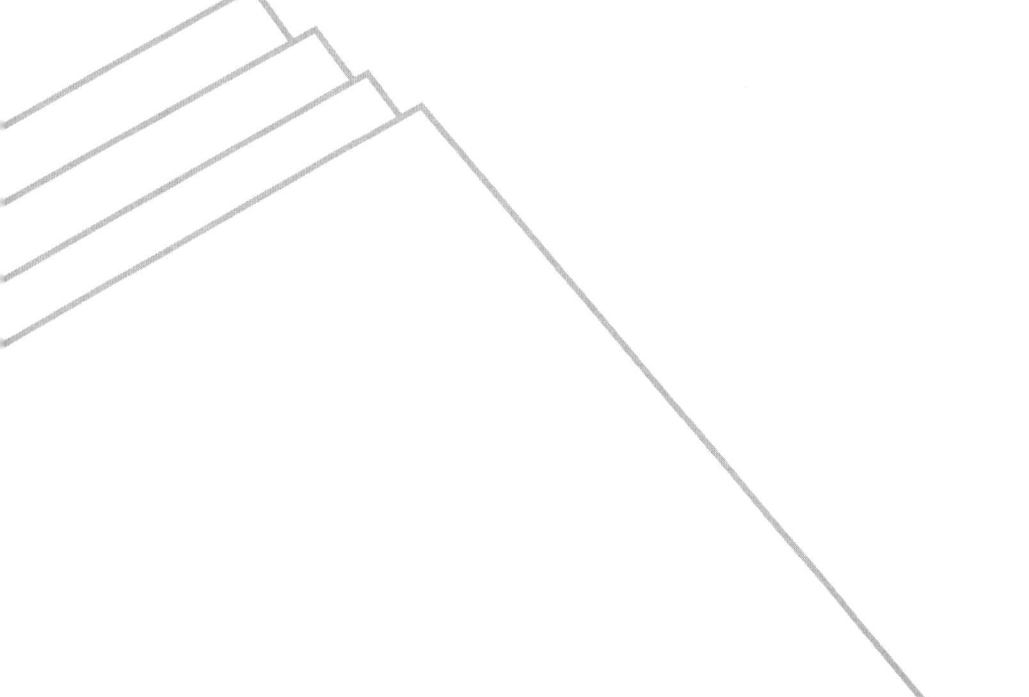

公立医院发挥职工（劳模）创新工作室示范引领机制的作用研究

谭莉疆　潘　琴　罗先俊

（上海市第四人民医院工会）

一、研究背景

职工（劳模）创新工作室，是以劳模或工匠命名，在劳模工匠的带头引领下，由劳动者自发组建的先进团队，是展现创新精神、发挥员工自主研究作用、开展群众性创新活动的平台。党的二十大报告提出，深入实施创新驱动发展战略和人才强国战略，不断塑造发展新动能新优势。积极打造职工（劳模）创新工作室，以劳模为榜样，发挥职工的创造性和积极性，进一步加强职工在工作过程中的创新能力、学习能力及竞争能力，积极进行群众性创新实践活动，对医院的高质量发展至关重要。

习近平总书记在全国劳动模范和先进工作者表彰大会上的讲话中指出的"继续发挥示范带头作用"要求，公立医院虽然在发挥职工（劳模）创新工作室示范引领作用方面取得一定成效，形成品牌效应，但是在如何长期有效发挥示范引领作用、持续推动公立医院高质量发展方面仍存在差距。课题组通过研究，针对公立医院特点，梳理当前职工（劳模）创新工作室建设现状，从引领动力机制、引领人才培养机制、引领激励机制、引领保障机制和引领评价机制五个维度，探索公立医院"五位一体"有效发挥职工（劳模）创新工作室示范引领机制作用。在建设创新型国家战略背景下，如何落实创新驱动发展战略，增强科技创新能力、加快科技成果转化，是当前单位必须重视并思考的内容。对此，必须充分认识到职工（劳模）创新工作室的重要性，加快创新工作室构建，发挥劳模和工匠的"领头羊"示范作用，带动员工共同成长，推动单位创新发展。

二、文献回顾

本课题组通过中国知网、万方数据、谷歌学术网、SCI等数据库进行文献检索,以"职工(劳模)创新工作室、示范引领"为关键词进行检索,共检索94条记录,选取其中23篇与职工创新工作室相关文献,对创新工作室研究现状进行文献梳理。通过梳理发现这些研究往往是对某一个单位的实践经验的梳理和总结,缺乏从长效的机制层面进行的有效研究。另外,从行业来看,只有一篇是关于医院职工(劳模)创新工作室建设的研究,但夏海英等的这篇《公立医院工会完善职工创新工作室激励机制的路径探究》主要侧重于激励机制的探究,没有系统地对公立医院如何有效发挥职工(劳模)创新工作室示范引领机制开展研究。

为此,本课题在已有研究的学术价值基础上,针对公立医院特点,系统地梳理当前职工(劳模)创新工作室建设现状,从引领动力机制、引领人才培养机制、引领激励机制、引领保障机制和引领评价机制五个维度,探索提出"五位一体"有效发挥职工(劳模)创新工作室示范引领机制的作用,从引领机制的视角进行深入研究,填补医院发挥职工(劳模)创新工作室示范引领机制的理论空白。针对职工(劳模)创新工作室大多为松散型、自发性和业余性的特点,难以长期有效凝聚职工开展创新活动、形成有影响力的成果的问题,本课题的应用价值在于通过构建公立医院"五位一体"有效发挥职工(劳模)创新工作室示范引领作用的机制,进而可以更好发挥职工(劳模)创新工作室的示范引领机制作用,发挥其品牌效应,吸引更多员工凝聚智慧与力量,真正将职工(劳模)创新工作室这一松散的群众性组织转化为组织职工岗位创新的优质平台,持续提升员工的专业技能、学科自主创新力,为医院高质量发展提供坚强保障。

三、研究方法

本课题组通过问卷法和个别访谈法进行课题数据的收集,样本为呼吸麻醉创新工作室和妇产科创新工作室成员(包含护士和实习生),并采取随机抽样的原则抽取300名工作人员,按照不同岗位、科室和年龄,进行科技成果转化方面情况的调查问卷的随机发放,共有300人填写问卷,其中无效问卷8份。针对创新工作室的带头人进行结构性的访谈。问卷和访谈提纲从创新工作室职工的年龄层次、职称、工龄、性别以及领导帮带机制、人才培养机制、创新激励机制、物质保障机制、考核评估机制等维度,分析职工创新工作室的建设现状和现存问题,进而探寻具有针对性的建议和措施。

四、职工(劳模)创新工作室建设现状及存在问题

上海市第四人民医院已经创建两个区级职工创新工作室,即呼吸麻醉创新工作室和妇产科创新工作室。创新工作室在医院党委的领导下,完善职工创新工作室的管理制度、文化制度和激励制度,保障创新工作室的,在开展创新攻关项目、获得市区级及以上奖励、学术研究、发表 SCI 论文等方面取得成效。创新工作室特色技能在区域具有一定的品牌效应和影响力,得到广大职工群众的认可和赞誉。对照习近平总书记在全国劳动模范和先进工作者表彰大会上的讲话中指出的"继续发挥示范带头作用""充分发挥工人阶级和广大劳动群众主力军作用"等要求,但创新工作室还存在以下亟须改进和完善的问题。

1. 引领动力机制作用不明显

目前医院两个创新工作室缺少以党组织为主导的帮带引领机制。职工创新工作室要实现稳步有序高质量发展,公立医院健全完善职工创新工作室示范引领机制必须着眼提高其自建能力。目前医院创新工作室存在"重建轻管""建管分离"的现象,要努力形成党组织帮带引领下的联动局面。要着眼形成"齐参与、共助力"的局面,通过把职工创新工作室建设摆上党组织议事日程,常议常抓,化"被动"为"主动",化"单一独干"为"多边协调",建立建好通畅高效的横向联动机制,使医院的各相关科室都参与到职工创新工作室的建设发展上来。以突出弘扬劳模、工匠等正能量为主要内容,以开展各类主题性活动为主要方式,以工作室成员为主导、其他科室人员配合参与实施,结合实际需要定期组织召开联络会或以微信工作群的方式及时沟通,确保实施有效联动。

2. 人才培养机制不健全

通过问卷对创新工作室人才培养现状进行调查,结果显示:针对人才队伍建设,37%的人认为医院人才培养机制不健全,有 26.5%的人认为医院存在"重学历轻能力"现象。其次,创新工作室的主干成员均是高级职称的医生,对于高级以下的年轻医生来说发展成为创新工作室的主干成员,存在资历和技术上的困难。通过问卷调查,有 71%的员工对于人才技术培养是有需求的,但目前创新工作室的人才培养途径比较单一,以讲座培训为主,对外学习交流的次数较少,另外,创新工作室品牌影响力和对外宣传的力度不够,导致吸纳人才的范围和人数有限,致使后续人才储备不足。

3. 引领激励机制有待提升

科技成果转化是实施创新驱动发展战略的重要任务，也是目前我国科技创新体系中相对薄弱的环节。目前医院创新工作室创新成果转化应用不够。通过调查了解到，在被调查的300位工作人员当中，有近七成的工作人员认为课题的最终结题形式是论文；有30%的工作人员更看重科研成果在临床上的应用，但是其中选择进行专利申请的工作人员不到8%。这也说明医院工作人员在进行课题立项时，并不是很在意科研成果的转化，这严重影响医院通过课题立项提升科研成果转化能力的效率。在对科研成果的理解上，有近一半的工作人员认为科研成果等同于发表论文，并认为所获课题和资源将直接决定科研成果的水平和质量；只有15%左右的工作人员认为申请专利是对科研成果的一种有效补充和保护，可见工作人员对于科研成果的理解有着严重的偏颇，对专利的重视明显不足。

4. 引领保障机制有待完善

医院的物质保障机制包含职工的工资、福利待遇、工作环境、科研设备以及硬件设施等。目前，上海市第四人民医院的职工福利待遇还有提升，通过调查研究了解到，职工就业时对医院提供的物质保障比较关心，这牵涉到创新工作室对人才引进和吸纳。完善的物质保障机制，有利于解决员工的后顾之忧，有利于保障员工集中精力投入工作和科研当中。通过问卷调查了解到，创新工作室成员反映，目前科室缺少自己的实验室和创新孵化平台，这限制创新成果的转化，阻碍创新工作室的发展。

5. 引领评价机制尚不健全

公立医院创新工作室现行绩效考核评价指标关注论文发表数量，忽视或者很难量化服务质量和服务效果。绩效评估指标缺乏科学性和规范性，指标设置不全面，使得绩效考核不够准确。公立医院开展绩效考核时间短，管理层及员工认识不足，缺乏科学绩效考核体系，管理没有真正体现公益性，多数医院的发展都面临着类似困境。科学的绩效考核未能有效开展，医院提供的服务量不断增长，医护人员长期高负荷工作，患者满意度下降，医患矛盾不断升温。以公益性为核心的公立医院绩效考核管理制度亟待完善。

五、完善公立医院职工(劳模)创新工作室引领示范机制作用的建议

1. 发挥引领动力机制作用，抓干部队伍建设，激发创新工作室的外生动力和内生动力

要发挥党组织帮带引领的外生动力，积极协调各方，搭建有力平台，确保创

新工作室方向不偏、干劲十足。要努力消除党组织帮带引领下的模糊认识。要充分发挥工会主席是党政领导班子成员的优势,用好相关制度尤其是中心组学习、工作例会等制度,积极把职工创新工作室的建设发展等内容纳入其中,定期学习、做好分析、提高认识,切实消除少数领导班子成员"重建轻管""建管分离"的片面认识和做法,做到真心帮建、建管并举。要努力强化党组织帮带引领下的自我"造血"功能。其次,发挥创新工作室自身内生动力,包括完善创新工作室的组织架构和激发成员的创新积极性。创新工作室建立健全内部架构,尤其是护理、门诊等各类直接与患者面对面接触的班组,与内设支部、党小组等相结合,配齐配强人员。要以落实党组织的相关制度为载体,指导创新工作室建好和落实好定期分析、汇报、研究等制度,坚持问题导向,科学有效实施,确保其问题能自查、矛盾能自解、本领能自强。要坚持以党组织各项活动带动创新工作室筹划、开展各类活动,坚持党员带群众、优秀员工带普通成员,通过"一对一结对子、一帮一——对红"等活动的深入开展,努力形成自觉参与、积极投入、比学赶超的良好氛围。

2. 发挥引领人才培养机制作用,抓好人才引进培养

首先要突出人才培养重点,确定人才培养目标,按照普遍培养与重点培养相结合、技能培训与管理培训相结合的原则,在提高领导者宏观开拓能力的基础上,把中青年专业人才作为培养重点,作为事业可持续发展的续接力量。其次是积极柔性引进高端人才,柔性引进是创新人才,大力实施临床提升战略,积极利用好政策,推出"柔性人才引进"措施,引进院士在内的高端医学人才,为医院学科发展、科研教育、技术发展注入新动力。最后是搭建人才发展平台。创新人才使用机制,为人才搭建服务病患和科研创新的舞台。积极推进国家药物临床试验机构建设,扎实推进中心实验室和精准医学中心的建设,让各类人才都拥有广阔的发展空间。加大对在职医务人员攻读博士硕士的激励力度,鼓励在职医务人员提升学历。同时积极营造宽容失败、支持创新的干事环境,注重发挥各类人才的特长,统筹规划。

3. 发挥引领激励机制,推动创新成果转化应用

激励机制包括个人情感的激励、物质保障机制感和绩效薪酬的激励。通过问卷调查,了解到员工对于职业认可感和个人收入因素比较关注。要发挥引领激励机制的作用,鼓励员工进行创新,努力实现科研与临床相结合。孵化平台对科技创新成果转化应用极端重要,需要高度重视并大力推进孵化平台的建设。积极鼓励创新工作室组建专家组和专业管理队伍,对实施中试的新技术、新产品

通过事前评价、过程监管和事后评定,实现全过程风险把控和有效数据采集,促进科研成果转化。"产、学、研、用"综合创新体分别负责具体实施理论研究、应用研究和研发中试等环节;成果转化部门、科室、实验室等技术支持主体和推广营销主体等,则通过专利布局、优化资源要素配置搭建起医院内部服务保障体系。

4. 发挥引领保障机制,优化医院资源配置

完善的制度是发挥引领保障机制的前提,其中包括专业人才选拔、培训、考核、奖惩制度及流动制度,按规划需要定编设岗。其次要保障人才队伍建设,努力提高职工的物质待遇,在工资、津贴、住房、子女就业等方面采取支持政策;为培养人才提供必要的经费、设备、时间、信息等条件;在人才发展方面,晋升职称要考虑到健康教育专业工作的特点,在指标和条件上适当放宽,必须提高现有人员的职业归属感。其次是提供物质技术保障,努力打造创新工作室创新成果孵化基地,加大对创新工作室的政策引导和资金支持力度。支持符合条件的创新项目申报,获得申请通过的创新项目,积极配置相关的科研设备和资金,实现科研设施资源开放共享。聚焦中试孵化、应用场景等科技成果转化薄弱环节,出台相应政策资金支持办法,推动政策资金从"大水漫灌"向"精准滴灌"转变。

5. 发挥引领评价机制,注重实效,构建科学合理的评优绩效制度

近年来,随着医疗改革力度的不断深化,加大政府在拨付机制上配套支持力度,完善和发展公立医院绩效考核体系,以充分调动医务工作者的工作积极性,促进公立医院的良性可持续发展,显得尤为重要。对于工作的考核不仅包括工作的数据,还同时对工作的质量有严格的要求。结合科室的实际工作情况对工作室成员的整体工作量以及完成程度进行客观评定,同时对接诊患者量、手术量、检验和检查量、科研成果转化以及在执业期间是否能够按规定完成医院的相关制定进行评估,包含日常医疗服务、教学工作落实、医疗保证服务、卫生应急以及对口支援等。加大对科研创新人员的奖励力度,鼓励员工进行创新,营造良好的创新氛围,通过把科学创新奖励与科研创新成果、职位晋升、薪资绩效挂钩,激发创新工作室人员的创新积极性。

六、总结

综上所述,公立医院职工(劳模)创新工作室示范引领机制的科学构建,是紧紧抓住发挥劳模和工匠先锋引领作用,有利于医院营造崇尚创新精神和工匠精神的良好氛围。从引领动力机制、引领人才培养机制、引领激励机制、引领保障

机制和引领评价机制五个维度,探索创新工作室的示范引领机制建设现状以及现存的问题,根据调研数据,分析问题,提出具有针对性的建议和措施,以使创新工作室更好地发挥示范引领作用。但本课题还存在样本数量不足,课题结论不能够适用于整个上海市公立医院的职工(劳模)创新工作室,课题组后续研究应继续努力扩大研究范围,扩大样本量,提升课题结论的代表性。后续医院工作也将依托上级医务工会组织将这项创新工作方法进行推广应用,更好地发挥工会组织带领和凝聚医务职工在推动新时代公立医院高质量发展建设中的重要作用。

(本文获第二十六届年会征文一等奖)

职业需求为导向提升医院护工综合职业素质的研究

程 洁 蒋 勇 吴 昱 李晓康 刘友军

（上海市第一人民医院工会）

"建立长期照护保险制度"的指示是在党的二十大报告中提出的，这在一定程度上缓解社会和家庭因医疗人力资源不足和深度老龄化所带来的压力，专业照护人员和专职为老服务人员的需求不断增加。随着护工从业人员不断增加其行业新问题也不断突出。护工行业就业人员有其特殊性，其管理需求主要有三方面：一是需要完善行业规范；二是需要完善劳动合同制度在护工行业的执行，对于直接或间接管理部门、被服务者、护工自身三方的利益都会有很好的约束力和保护力；三是需要完善社会保障制度。护工培训机制目前已经初步建立，但是护工培训存在着时间短、无延续性。护工的职业技能综合素质和需求方的需求存在较大差距。护工职业队伍在新时代的整体综合素质亟待提高。

2019年9月，在全国教科文卫体系统扩大工会组织覆盖面工作会议上，中华全国总工会副主席、书记处书记蔡振华同志指出，积极开展千人以上医院护工护理员集中入会专项行动。《上海市市级医疗机构医护员（护工）行业工会联合会组建实施方案》于2019年11月由上海市医务工会印发，提出医疗护理员（护工）行业工会联合会主要开展包括定期召开委员会会议、推动中介机构工会组建、建立中介公司工会定期联系制度、健全人员信息数据库、推动技能和素质提升、提供法律援助服务、开展专项基本保障和关心帮扶、建立专项调研机制等八方面工作。

2020年1月3日，上海市级医疗机构医疗护理员（护工）行业工会联合会（以下简称"行业工会联合会"）成立，进一步加强对护工群体关心关爱的组织优势和作用。在此背景下，2020年本研究小组对市级医疗机构护工群体的需求进行调研（上海市医务工会2020年理论研究重点课题），调研中发现护工在对于行业工会的入会比例、工会服务了解程度、工会服务使用等方面处于比较低下状态；在教育培训方面，市级医疗机构护工群体对于护理技能培训的需求最高，随后是安全防护、工作规范和医患沟通等方面的培训。强化工会组织在护工群体服务方面的作用发挥，为护工群体提供精准、有效的服务，就变得尤为重要。

一、研究对象

（一）护工的概念

护工即医疗护理员，根据《中华人民共和国职业分类大典（2015年版）》，医疗护理员是医疗辅助服务人员之一，主要从事辅助护理等工作。其不属于医疗机构卫生专业技术人员，也不属于医疗机构编制内的卫生专业技术人员。

（二）新时代护工管理

新时代的护工服务需求和护工管理需求需要与时俱进，不仅需要满足患者（家属）、护工、医疗的需求，同时也要考虑到护工自身的职业发展和归属。

（三）护工培训

国卫医发〔2019〕49号文件《关于加强医疗护理员培训和规范管理工作的通知》中指出，要高度重视医疗护理员培训和规范管理工作。习近平总书记在党的十九大报告中强调，要实施健康中国战略，为人民群众提供全方位全周期健康服务。要积极应对人口老龄化，加快推进老龄事业和产业发展。要增进民生福祉，完善职业教育和培训体系，建设技能型劳动者大军。

二、研究设计

本研究以患者需求为中心，从护工管理和护工自身需求两方面进行调研，调研主要的目标是针对护工职业素质提升和行业工会服务需求进行展开。运用专家咨询、专家访谈的方法制定调查表，通过两轮专家咨询和访谈，确定护工管理和护理员的调查表。对护工管理人员、护工、患者（家属）进行访谈。将护工需求、管理难点等进行梳理分析。最终探索后疫情时代护工（护理员）职业素养的提高亟待解决的问题。利用行业工会的工作范畴解决相关问题。

三、问卷调查结果

（一）问卷资料

本次调研共抽取 10 家市级医院进行调研，发放护理员管理人员问卷共 30 份，回收有效问卷 24 份，护理员问卷 300 份，回收有效问卷 272 份。

（二）护工问卷结果

基本情况：护工年龄主要为 50～60 岁，女性为主，学历小学和初中学历占 69％，98％持证上岗。参加工会活动中：培训 76.1％，疗休养 27.94％，参观学习 49.26％，技能比赛 37.5％。希望开展的陪护基本知识中，法律法规 59.19％。

（三）护工管理人员问卷结果

护工培训：法律法规培训 20％，心肺复苏和基础生命支持为 50％，培训承担部门为护理部和护工管理公司。培训项目护工服务人数：调研单位中 10 家医院中床位：护工为 1∶0.3～1∶0.004。护工收费和雇佣方式：一名护工对多名患者 85～110 元/天，一名护工对多名患者 250～400 元/天。护工群体工会工作经费：50％的单位有年度预算，预算 1 万/年～13 万/年。保险保障：调查单位 23％为护工购买保险。护工福利发放：每家医院的福利都不同，具体发放的金额没有统一标准，基本的发放额度参考职工。

（四）访谈结果

1. 专家访谈

访谈专家包括护理学会专职培训老师 1 人，护工行业工会专家 1 人，选取医院护工管理部门负责人 2 人，医院工会负责人 2 人。

2. 管理模式

目前上海市的护工管理模式多种多样，医院内部常见的管理方式有两种：一种是医院作为管理主体管理护工，另一种是作为医院外包单位管理护工的护工管理公司。目前公立二、三级医院护工管理模式大多为第三方外包公司对护工人事关系进行管理，相关培训则由护理部、后勤保障、专业培训机构来完成。社区医院、养老院、康复院常由医院自主管理。

3. 职业认证

护工职业证书有两种,一种为民政局颁发的职业证书,另一种为护理协会《护工上岗培训手册》,经过120小时培训后取得上岗证书,但是后续的培训和知识更新均由服务单位和机构自行实施,没有统一标准。

4. 管理难点

护工管理模式不同,导致管理的难点不同。但是主要的难点和矛盾点主要集中在外包家政公司对护工管理这一模式,该管理模式中护工多为自由职业,人员流动大,培训和考核完成度参差不齐,护工的综合素质不齐,患者服务满意度差异较大。护工自身的对于岗位的认同度不高,也不愿意长期从事该工作,导致护工岗位的流动性大。

5. 工会服务

医院的工会服务因护工行业工会的合作模式不同而不同,主要合作模式取决于管理模式,自主管理的模式中护工工会关系为医院,外包管理中护工工会关系为自主行业工会。

6. 护工访谈

各医院访谈10名护工,护工访谈过程中,受访者均提出需要多一些关心关爱,此外也提出相关的需求。福利需求:增加体检项目,增加保险保障;培训需求:自我防护技能(职业病防护),多元化的护工培训课程(微信、远程),急救培训如心肺复苏和基础生命支持;安全需求:希望能提供意外保障、安全培训、安全防护措施;其他:有护工提出,希望自己的薪资能有提高,同时也希望除了有普通上岗证外,能够有类似"金牌月嫂"的认证证书,可以提高自身的价值。

7. 患者访谈

各医院抽取5名患者进行访谈,患者分别来自医院的内科、外科、急诊,因均聘请护工,能够配合访谈。1名患者有两次聘请护工经历,2名患者需要外出治疗。沟通交流障碍:护工方言比较多,部分语言不能听懂,护工嗓门大,比较吵。工作便捷:1名护工服务5名以上的患者,不能同时满足患者需求,家属仍然需要部分陪护;1对1的护工虽然可以满足服务需求,但是费用较高。专业程度:护工基本只能满足陪护,在患者之间的消毒、清洁会忽略;另外有患者提出护工喜欢聚在一起聊天,时常忽略患者。其他:希望护工的流动性减少,希望护工陪护的床位减少,希望护工能更专业。

8. 研究结论

本次调研医院护工结构和国内护工管理的现状符合,护工的就业年龄大、文化层次不高、流动性大,导致护工人才队伍综合素质不高。同时不同的护工管理模式对护工在工作中的自我认同也起到决定性的作用。患者在护工提供的服务中也提出更新的要求。研究小组从本次调研中提取相关信息后探索解决方案。相关的问题主要从护工收入培训,管理层次提高,患者满意度三方面探索解决方案。

(五)我国护工职业管理和发展现状

我国护工是源于保姆这一职业,工作内容介于保姆和护士之间,为医院或者机构的患者提供相关的照护服务。目前我国护工存在从业人员文化水平不足、工作内容多元化发展、管理难度大、培训体系不完善、考核标准不统一等问题。

护工从业人员文化水平不足:有研究发现护工人力资源结构中外来务工人员较多、文化程度低下(初中及以下)、大多为女性、平均年龄大于45岁等特点。护工的年龄及文化水平的原因,导致护工职业技能综合素质能力水平需要更进一步强化;部分护工知识和技能方面的不足,使得患者接受照护服务期间各类不良事件时有发生,对医疗机构造成较大影响。

工作内容多元化发展:我国护工最初承担的工作比较基础以清洁辅助为主,《中国医院院长手册》指出护工主要承担病房清洁及患者脸盆、痰盂、便器的清洁消毒工作,根据需要协助患者领送物品、送检病理检验标本和其他外勤工作。目前护工工作内容包括为无陪护患者实施清理身体、大小便、帮助患者翻身等生活护理等,并且协助护士和家属实施生活护理。

护工管理难度大:我国现阶段护工的人力管理大多是由家政公司全权负责,部分地区是由聘用单位(医院、养老机构)自行管理。在1997年,原卫生部颁发关于《进一步加强护工管理工作的通知》,文中对护工持证上岗、护工聘用、护工管理相关事宜作初步的规定。2019年,国家卫生健康委、财政部、人力资源和社会保障部、国家市场监督管理总局、国家中医药管理局联合印发《关于加强医疗护理员培训和规范管理工作的通知》,明确要加强医疗护工的规范管理,这些制度的具体实施需要通过医院(机构)和管理公司共同完成,管理公司主要从事行政管理工作,医院(机构)主要通过临床专业需求和患者安全方面来进行管理,由于护工管理复杂性和多元性,也没有相关法律法规参照,导致管理难度大。

护工培训体系不健全:由于参训人员文化素质的欠缺,导致培训深度受限,内容掌握较为浅薄,我国护工培训的内容包括护工的一般理论知识、操作技能、心理护理知识、一般病情观察等基础知识。目前培训方法比较单一、培训内容简单、不关注护工的个人素质的培养。

护工考核标准不统一：以上海为例，护工岗前培训时间为120小时，学习内容为各医疗机构护工管理部门自行组织培训上岗的《护工上岗培训手册》，由上海护理学会和护理技能培训中心编写。通过岗前培训后护工即可持证上岗，上岗后护工也失去持续学习的动力。日常的考核工作是由医院、机构和家政公司共同完成，但是缺乏统一的标准和继续学习的标准，目前的考核制度无法满足新时代护工职业需求。

四、讨论与对策

（一）讨论

1. 培训理念现状

国卫医发〔2019〕49号文件关于加强医疗护理员培训和规范管理工作的通知中指出，高度重视医疗护理员培训和规范管理工作。明确培训的大纲，但是各个城市的对于护工上岗培训手册并不统一。仅制定培训入门，对于有高级别的培训没有统一的标准，不能满足护工培训需求、患者的医疗服务需求。目前护工接受的培训均为强制性培训，如岗前培训和在岗培训。护工对于培训的主动性不高，尤其是培训过程中占用大量的时间，同时也不能提高个人的收入。护工培训应该从被动培训到主动培训。培养管理者要重视的是护工整体素质的提高。

2. 护工管理需求

通过调研资料和相关文献检索，都认为护工需要接受包括人文、专业、交际、心理等在内的全方位培训，同时根据时代背景的不同需要进行相应的与时俱进的培训，是新时期护工综合素质提高的重点。在护工管理过程中也应该重视护工的心理健康和职业病防护。

3. 改进对策

培训、考核是提高护工综合素质的重点。培训过程中需要探索护工培训意识从被动培训到主动培训，管理从基本人员管理提升到以护工和患者需求侧管理。护工的管理应该从护工的经济收入提高和患者满意度提高中探索解决方案。

（二）对策

护工行业工会可以从工会的四大职能出发提高护工的综合职业素养。

1. 维护职能

工会有维护职工群众的经济效益和民主权益的职能,护工行业工会可以作为护工的权益保障团体,维护护工的积极效益和民主权益。

2. 教育职能

帮助护工不断提高思想政治觉悟和文化素质。由行业工会牵头,建立协助行业标准制定的培训学校或学习学校,搭建护工培训平台;培训内容可借鉴国外经验,针对课程内容进行院企联合研发;训练方式可采用网上和网下相结合的方式进行训练;培训老师可以请到医院的医护专家,也可以请到护工前辈的相关经验;注重训练考核,在理论与技能考查的结合上,严格执行相关考试标准。

3. 参与职能

在护工参政议政、代表和组织职工参与管理国家事务和社会事务等方面发挥作用。

4. 建设职能

吸引和组织护工群体投身到事业建设和改革中来,为完成经济社会发展的各项任务和职能,努力做到"两不误、两促进"。在访谈过程中,护工提出希望收入提高,部分护工提出希望参加培训,也希望通过培训得到更高级证明,如"金牌月嫂"这类认证。部分医院也有护工的分等级、结合患者需求的方式进行收费,但是同样护工的能级和等级结合医院管理过程中专家和普通门诊收费的分层分能级管理。护工管理中将护工的能力培训进行分层,考核从初级到高级,分别设置不同的能级培训和考核制度。护工通过不同等级的考核,取得不同的等级的认证。护工的收费和能级相关联可以进一步提高护工对培训的积极性,同时也提升护工对培训的主动性,把培训内容切实落实,也提高护工对自身价值的认同,减少护工队伍的不稳定性。护工行业工会可以作为证书相关培训认证发放的牵头部门。在制定各等级的收费方式后对于相关等级的护工能力进行考核,通过考核督促护工不断学习和进步。考核的结果不是仅评分同时也是对护工能力和收费等级的评价。

五、总结与展望

各级工会组织积极探索服务新模式,促进护工队伍综合素质和管理水平在新的时代条件下不断提高。新时代护工职业技能综合素质提升的重点方向,是结合本课题组前期调研中对护工行业工会服务需求、护工管理模式挑战空前的行业需求和新时期管理重点要求而提出的。通过研究,探索建立新的护工管理—培训—考核体系,从护工的被动强迫学习,推进到护工主动探索学习求知;护工等级划分和考核和经济收入挂钩,能够从根本上提高护工的自我约束和要求,同时能从主观上提高护工管理质量及护工陪护质量。通过本研究小组的相关努力,运用护工行业工会的平台,充分调动广大护工作为最基层的患者健康守护者的工作积极性,新时代护工管理的建设更需要积极性、主动性和创造性,对于全面打造健康文明、昂扬向上的医疗大环境有着积极向上的作用。由于本次调研时间有限,无法将调研成果应用到基层护工培训实践中,为切实提高护工综合素质和患者满意度,促进护工管理效益的提高,期待在后期工作中应用相关模式。

(本文获第二十四届年会征文一等奖)

基层工会在职工职业发展技能
素质提升中作用研究

单梅青 蔡 锋 李 燕 严 岚

（上海市浦东新区上钢社区卫生服务中心工会）

一、引言

习近平总书记在党的十九大报告中指出，要建设知识型、技能型、创新型劳动者大军，弘扬劳模精神和工匠精神，营造劳动光荣的社会风尚和精益求精的敬业风气。

不断提高职工技能素质，是工会重要职责和工作。本课题以上钢社区卫生服务中心工会在职工职业发展技能素质提升中作用为主题，开展调查研究，探讨基层工会如何在社区卫生服务中不断强化职工教育和培训，提升技能水平，加快建设一支高素质的社区卫生人才队伍。

上钢社区卫生服务中心服务辖区具有新旧交融的特点。上钢为老工人新村，老龄化严重，社区卫生服务需求突出。而世博地块新增大量商务楼宇和人才公寓，多家百强企业入驻，对社区卫生服务提出新的要求。基层医护人员职业素质和技能水平的高低，会极大影响广大居民的健康管理和生活质量。而职工对自我建设、自我发展、自我突破的需求也不断增强。这种新形势、新机遇和新挑战，随着上海城市迅速发展，为很多家社区卫生服务中心所共同面临。

运用"解剖麻雀"的调研工作方法，通过深入研究具体典型，从中找出事物的规律。本课题研究对象具有典型性。通过对上钢这个具有一定代表性的社区卫生服务中心职工技能素质调研分析，摸实情、知实底，了解新形势下基层工会在职工队伍建设方面的优势和不足，为工会进一步深化劳动者队伍建设提供科学依据和决策参考。

二、设计与实施

（一）调查对象

本次调查以上钢社区卫生服务中心在职职工为调查对象，包括临床、护理、医技、行政、后勤等工作人员。

（二）调查方法

本次调查采用问卷调查和访谈法相结合的方法。按问题维度归类，设计问卷呈电子调查问卷，发起线上调查。并在研究对象中抽取部分科室负责人、部分职工作为访谈对象，对访谈中提出的问题和困难做进一步的分析。

（三）数据统计

共回收139份问卷，有效问卷139份，有效率100%。

三、研究结果

（一）职工基本情况

接受调查的职工共139人，所有科室均参与。男女比例为1∶3.34。年龄跨度从27岁到58岁。本科及以上学历91.37%。

（二）职工职业发展技能素质提升意愿

1. 职业发展技能素质提升意愿

通过问卷统计分析，认为非常需要提高技能水平，以满足新要求的职工为49%；认为比较需要，安排培训就参加的32%；认为一般需要，现有技术可以满足需求的为16%；认为不需要，现有技术可以满足需求的为3%。可以看出，81%的职工希望提高自身的职业技能水平，来满足社会发展新要求。

2. 年龄阶段与职业发展技能素质提升意愿

通过年龄分组，可以看出四个年龄段职工，认为非常需要和比较需要提升技能的比例都较高。29岁及以下的职工渴望提高技能水平的为50%，比例最高，未有不想提高者。可见,年龄与提高技能意愿成正比,越是年青人越是希望提高技能水平。

3. 教育程度与职业发展技能素质提升意愿

通过文化程度交叉分析,可以发现,文化程度越高的,提高意愿比例越高。其他学历、专科、本科、硕士及以上学历,认为非常需要技能提升比例,依次增大。鼓励职工进行毕业后教育,开阔学习视野,拓展知识广度和深度,有助于职工职业发展技能素质提升意识与能力建设。

(三)职工职业发展技能素质提升现状

1. 职工参加各级学习培训情况

经统计分析,职工参加科室学习和培训的有100%,参加院级培训的有93.53%,出席率比较高;参加区级培训较多,为86.33%;但是参加市级培训相对较少,只有57.55%。

2. 职工参加专项学习培训情况

对于开展的各类专项培训与演练,如新型冠状病毒肺炎防控培训、常态化疫情应急防控演练、传染病和突发公共卫生事件应急演练、家庭医生签约服务培训等,认为非常符合岗位和实际需求,积极参加的为39.57%;认为比较符合,愿意参加的为41.01%;一般符合,安排就参加的为17.99%;认为没有意义的为1.44%。

3. 职工完成继续教育学分验证情况

中高级、初级及以下卫技人员,每年都需要完成职称所对应的继续医学教育学习任务。浦东新区中高级职称卫技人员需满足25学分要求,初级及以下需满足20学分要求。被调研的卫技人员、高级职称职工继续教育学习意愿最强烈,完成学分验证情况最好,为100%;中级职称职工积极参加继教学习,学分验证合格,为74.07%;初级及以下职称的该项为65.85%。

四、讨论

(一)结论

调研结果反映出职工普遍认同和肯定基层工会在职工职业发展技能素质提升中发挥重要作用,职工整体技能素质和水平有较好提高。认为通过学习培训,技能素质有效提高的为64.75%,一般提高的为28.78%,变化不大的为5.76%,效果下降的为0.72%。

职工技术技能素质提升依然存在困难。认为中心和科室支持力度不够,为5.76%;认为职工个人意愿不强,自我动力不足,为14.39%;认为培训项目本身存在问题,有内容、形式或师资等方面的不足,为18.71%;工作繁忙,无法开展或参加培训的为50.36%;其他困难,如家庭负担重、情绪紧张等为10.79%。

(二) 建议和对策

1. 认真履行工会政治责任

基层工会应不断拓展教育培训的广度和深度,增强广大职工的主人翁意识,引领职工树立正确成长和奋斗方向,建立尊重劳动、崇尚技能、鼓励创造的良好风尚。

上钢社区卫生中心工会不断加强对职工的思想政治引领,大力弘扬劳模精神、劳动精神、工匠精神,激励广大劳动者立足本职,爱岗敬业,学习成才。先后开展党的十九届五中全会、六中全会精神等专题学习活动,开展中国共产党党史宣讲会,组织职工至浦东新区党风廉政教育基地参观学习,观看《悬崖之上》《1921》《长津湖》等红色爱国主义影片。引导广大职工自觉把个人的前途命运与国家、民族的发展紧密结合在一起,切实把学习成果转化为推动工作的实际成效,在基层卫生中埋头苦干、勇毅前行,作出新贡献。职工也非常重视政治与思想教育学习,认为非常重要和比较重要的为96.4%。

2. 广泛深入持久开展劳动竞赛

基层工会应把广泛深入持久开展劳动和技能竞赛,作为广大职工建功立业的重要平台和载体,使职工主力军作用得到更好发挥。上钢社区卫生服务中心工会围绕卫生服务内容、创新发展、条线要求等开展多种形式的劳动竞赛。参与调查的职工中,参加院内竞赛为89.93%,参加区级劳动竞赛为46.04%,参加市级竞赛为8.63%。获得浦东新区"天使护航"劳动竞赛一、二、三等奖,浦东新区药师技能大赛三等奖,上海十佳家庭医生提名奖,吴阶平全科医生等荣誉。通过各种竞赛,广大职工干事创业的热情更加高涨,为实现中国梦而奋斗的积极性、主动性、创造性不断增强。

3. 强化职业技能教育和培训

(1) 注重教育培训工作实效性

牢固树立以人民为中心的发展思想,始终围绕职工群众特点和需求来谋划和推进,才能激发起广大职工的主人翁意识。丰富培养渠道,注重分层分类,通过岗位培训、继续医学教育、师资培训、进修学习、学历教育、国际学习等途径加强职工专业培训。根据职工的接受能力设计培训内容,根据当下情况创新教育模式,保证培训内容契合职业要求,以确保职工能够最大程度从教育培训中获益。

(2) 推动用工单位充分发挥主体作用

职工队伍建设主体责任承载者是用工单位,工会要积极推动用工单位制定及落实相应职业教育培训规章制度,加大培训力度,培养优秀师资,扩大培训规模,提升培训质量。合理安排业务工作和学习培训,保证充足的学习时间。加大对学习培训的政策支持和经费投入,建立学习奖惩制度,建立健全培养、考核、使用、待遇统一的激励机制,让广大职工群众体面劳动、舒心工作、全面发展,增强职业荣誉感和自豪感。

(3) 激发职工自我成长意识觉醒

在一个知识信息更迭迅速的时代里,即使有着出色的专业技能和丰富的实践经验,也需要通过"充电"让自己变得更加强大。工会组织要充分调动广大职工参与培训的热情,鼓励职工积极学习,不断完善自我,使职工真正认识到提升自身综合素质的重要性。有的职工在家庭、生活等方面存在困难和压力,工会应加强服务关爱,倾听职工心声,了解思想动态,开展慰问,组织沟通沙龙、心理讲座、DIY活动、健步走、绘画摄影等文化活动,进一步提升职业认同感,激发自我成长的动力,激发职工创新热情和创造潜能。

4. 深化科技创新工作

科技创新是推动发展进步的根本动力。基层工会不仅要广泛深入持久开展劳动和技能竞赛,还要不断深化技术革新、技术协作、发明创造、合理化建议、网上练兵和"五小"等活动,深入人才队伍建设改革,引导广大职工勤学苦练、深入钻研,提高创新意识和创新能力。通过调查分析,认为科技创新对个人成长、中心发展非常重要的为54.76%,比较重要为38.13%。

上钢社区卫生服务中心工会大力开展职工科技创新活动,职工技能素质不断提升,创新能力不断增强,创新成果不断涌现。近年职工提出合理化建议20余条,并在中心推广使用;中心成立特色专病工作室6个;职工先后成功立项市区级课题46项,人才项目45项,学科团队12项;发表论文270篇,著作37部;专利授权14项;中心获得浦东新区科技创新奖6项,市级、国家级科技进步奖5项;中心主任带领团队做疫情防控研究,发表相关论文7篇,出版著作3部,制定发热哨点诊室标准 1 个。

五、小结

基层工会是推进劳动者队伍建设团结统一和持续提升的最坚实力量,要把对职工的教育培训工作作为一项长期的战略任务。通过梳理近年来上钢社区卫生服务中心工会在职业技能素质提升工作开展情况与职工参与程度分析,可以看出基层工会在职工职业发展技能素质提升中起重要的作用,是推动职工成长的重要力量。但是仍然不能忽视其中存在的问题,基层工会应在政治方向引领、劳动竞赛促进、各类技能培训、技术创新等方面为职工打通成长通道,帮助其实现自身价值,创造更大社会价值。同时还要形成工作合力,推动形成党委统一领导、工会牵头抓总、部门各司其职、职工个人努力奋进相结合的工作格局,打造高素质基层卫生人才队伍。

(本文获第二十六届年会征文二等奖)

综合性医院青年医务人员职业期望现状调查研究

许 虹 岳伟伟 赵一琼 傅 珺

（上海市第十人民医院工会）

青年医务工作者是医院发展的生力军，扛起时代赋予医务工作者的责任和担当，2019年的一项数据显示，上海卫生健康行业总人数25万余人，其中40周岁以下的医务青年占63.71%。青年医务工作者的职业价值观直接关系到医院各项中心任务的落实和医院现代化建设的持续发展。《关于加强公立医院党的建设工作的意见》指出，公立医院党委要增强医务人员职业荣誉感，积极维护医务人员合法权益。实际上目前医院组织在职业再教育、技能提升培训、薪酬福利、心理疏导等方面的工作存在一定问题，基于此，本研究通过了解青年医务人员的职业期望，充分发挥医院工会、团组织的作用，提供符合青年医务人员需求的干预策略，提高医务人员的职业期望满意度，为医院培养并保留青年医务人员提供参考依据和应对方案。

一、对象与方法

（一）研究对象

本研究以上海市属三甲公立医院44岁及以下青年医务工作者为研究对象。纳入标准：正式员工；年龄不超过44岁；知情同意并自愿配合完成全程研究。排除标准：进修、轮转人员；研究期间未在医院工作，由于各种原因请假的人员；不愿配合调查者。样本量估计：本研究量性研究阶段主要采用"经验样本容量法"估计样本量。以总体规模5 000人，样本占总体比重10%计算，得出样本量为500例，实际调查青年医务人员502例。

（二）调查工具

1. 一般资料问卷

由本研究者设计，内容包括年龄、性别、婚姻状况、子女情况、工作年限、所属工会、文化程度、职位、每月上夜班的次数、是否为事业编制、月收入、户籍及居住状况等。

2. 职业期望量表

该量表是由我国心理学家凌文辁根据国外众多量表进行编译和修订，2001年经吴谅谅等重新改版。改版后的量表包含声望地位及稳定性因素、内在价值因素和外在价值因素三个维度，共21个条目，与原量表结构效度一致，内部一致性系数Cronbach's alpha值为0.938，具有良好的信效度。量表依照研究对象对职业期望相关因素的重视程度，按"完全不重要"到"非常重要"采用Likert5等级进行记分。

（三）调查方法

由课题组成员在征得被调查者同意后进行资料收集。主要采用现场发放问卷和问卷星电子问卷两种形式，预先拟定知情同意书，主要向被调查人员解释此次调查的目的和意义；强调调查采取匿名性、资料仅供研究之用、信息保密；通过解释获得配合后说明填写方法、注意事项等；由被调查者本人自行填写；

（四）数据处理

对问卷编号后，用Excel 2010及SPSS 22.0软件对数据进行录入和统计学分析。一般资料采用描述性分析；正态分布的两组计量资料间采用t检验进行比较；以$P<0.05$为差异有统计学意义。

二、结果

（一）一般资料

本研究共发放问卷550份，有效回收502份，问卷回收率91.3%。其中男214例（42.6%），女288例（57.4%），男女比例接近1∶1；未婚265例，占52.8%；无子女的256例，占50.7%；本科以上学历452例，占90.1%；5年及以下工作年限219例，占43.7%；在职位分布上，以临床护士187例（37.3%）和主治医师159例（31.7%）占比最多；每月夜班数0～5个的最多，占比为63.4%；非在编283例占56.3%；本地户籍286例，占57%；已购房者276例，占54.9%；月收入8 000～10 000元的194例，占38.7%。

（二）青年医务人员职业期望调查结果

1. 职业期望各因素的重视程度

本研究显示青年医务人员职业期望中最重要的五个因素顺序依次是：职业稳定，收入高，福利好，提供医疗、养老、住房公积金，晋升机会多，其中有三条属于外在价值因素，有两条属于声望地位及稳定因素。

2. 不同性别青年医务人员职业期望各维度分析

不同性别青年医务人员在职业期望的外在价值因素维度呈现出显著性（$P<0.05$），女性外在价值因素维度得分高于男性。在声望地位及稳定因素、内在价值维度及职业期望总分维度差异无统计学意义（$P>0.05$）。

3. 不同婚姻状况青年医务人员职业期望各维度分析

不同婚姻状况的青年医务人员对于内在价值因素维度差异无统计学意义。不同婚姻状况的青年医务人员对于声望地位及稳定因素、外在价值因素、职业期望总分有着差异性。具体分析可知：已婚的青年医务人员的声望地位及稳定因素、外在价值因素、职业期望总分得分明显高于未婚和离异或丧偶。

4. 不同子女情况的青年医务人员在声望地位及稳定因素、内在价值因素、外在价值因素和职业期望总分的差异

不同子女情况的青年医务人员对于声望地位及稳定因素、内在价值因素维度差异无统计学意义。不同子女情况的青年医务人员对于外在价值因素、职业期望总分维度有着差异性。具体分析可知：有子女的青年医务人员的外在价值因素和职业期望总分得分高于无子女的。

5. 不同工作年限的青年医务人员职业期望各维度分析

不同工作年限青年医务人员在声望地位及稳定因素、内在价值因素、外在价值因素各维度及职业期望总分均有着差异性。具体分析可知：随青年医务人员员工作年限越长，在声望地位及稳定因素、内在价值因素、外在价值因素及职业期望总分的得分上越高。

6. 不同文化程度的青年医务人员职业期望各维度分析

不同文化程度的青年医务人员对于声望地位及稳定因素、内在价值因素、外在价值因素、职业期望总分全部均表现出一致性，结果无差异性。

7. 不同职位的青年医务人员职业期望各维度分析

不同职位的青年医务人员对于声望地位及稳定因素、内在价值因素全部均表现出一致性，并没有差异性。不同职位的青年医务人员对于外在价值因素、职

业期望总分有着差异性。具体分析可知：青年医务人员职位越高，外在价值因素得分越高，职业期望总分越高。

8. 不同夜班数的青年医务人员职业期望各维度分析

不同每月上夜班次数的青年医务人员对于声望地位及稳定因素、内在价值因素、外在价值因素、职业期望总分全部均表现出一致性，并没有差异性。

9. 不同编制青年医务人员职业期望各维度分析

是否为事业编制的青年医务人员在声望地位及稳定因素维度得分上差异无统计学意义。但事业编制的青年医务人员在内在价值维度、外在价值维度及职业期望总分的得分上会明显高于不是事业编制的青年医务人员。

10. 不同月收入的青年医务人员职业期望各维度分析

不同月收入（元）的青年医务人员对于声望地位及稳定因素、内在价值因素、外在价值因素、职业期望总分全部均会表现出显著性（$P<0.05$），其中收入水平越高，声望地位及稳定因素、内在价值因素、外在价值因素、职业期望总分均越高。

11. 不同户籍的青年医务人员职业期望各维度分析

不同户籍的青年医务人员对于声望地位及稳定因素全部均表现出一致性，并没有差异性。不同户籍的青年医务人员对于内在价值因素、外在价值因素、职业期望总分有着差异性。具体分析可知：本地户籍的青年医务人员在内在价值因素、外在价值因素、职业期望总分三个维度明显高于外地户籍青年医务人员三个维度的水平。

12. 不同居住状况的青年医务人员职业期望各维度分析

不同居住状况的青年医务人员对于声望地位及稳定因素、内在价值因素、外在价值因素、职业期望总分全部均表现出一致性，并没有差异性。

三、讨论

（一）青年医务人员职业期望现状分析

职业期望是个体对某种职业的渴求或向往，是决定个人职业选择的内在动力源。声望地位及稳定性因素包括职业稳定、提供五险一金、较高的社会地位、容易成家、单位规模、知名度、级别等，内在价值因素包括能发挥自己才能、符合兴趣爱好、能学以致用、工作有挑战性等，外在价值因素则包括收入高、福利好、晋升机会多等。

本次调查研究结果显示,青年医务人员职业期望中最重要的五个因素顺序依次是:职业稳定,收入高,福利好,提供医疗、养老、住房公积金,晋升机会多,其中有三条属于外在价值因素,有条条属于声望地位及稳定因素。这一调查结果符合人类需求理论的规律,人的需求都有轻重缓急,只有当低层次的需求得到满足后,高层次的需求才会显得迫切。排名第一的重视因素为职业稳定,这与当今就业形势困难的现状有关,有稳定的工作才有稳定的收入,才有生活的稳定性及规划未来工作的基础。收入高、福利好与青年医务人员所处的生活环境有关,尤其在上海这种房价、物价不断上涨的国际化大都市,好的薪酬福利意味着较高的生活质量。"晋升机会多"这一项虽然属于外在价值因素,也是青年医务人员重视自我发展,希望发挥自己的能力,体现个人价值,为医院和患者提供更大贡献的期望。调查结果中,青年医务人员认为最不重要的五个因素是:有较高的社会地位,容易成名成家,有出国机会,自主性大、不受约束,单位在大城市。这五项中有三项属于声望地位及稳定性因素;自主性大、不受约束属于内在价值因素;有出国机会属于外在价值因素。从这一结果显示,青年医务人员比较踏实、务实,愿意遵守各项规章制度,乐意服从上级领导的安排,且随着我国综合实力及医疗技术水平的快速发展,更多青年医务人员相信在国内会有更好的发展。

(二)青年医务人员职业期望影响因素分析

本次调查结果显示,随青年医务人员员工作年限越长、收入水平越高,在声望地位及稳定因素、内在价值因素、外在价值因素及职业期望总分的得分上越高。随着工作经历的增加,收入水平的提高,青年医务人员的工作中心发生转移,职业发展的目标越来越高、越来越明确。而女性的外在价值因素维度得分高于男性,在声望地位及稳定因素、内在价值维度差异无统计学意义,预示着女性在医疗工作中薪酬福利或工作机会与男性青年医务工作者有一定差距,提示医院管理人员关注女性工作者的待遇及工作提升。另外,已婚的和有子女的青年医务人员职业期望水平较未婚和无子女的高,尤其在外在价值因素维度,青年医务人员不仅是医院中的主力军,更是一个家庭的顶梁柱,面对工作和生活的双重压力,医院除提供较高的薪酬福利外,还应该多倾听青年医务工作者的诉求,最大化减轻其工作压力,帮助青年医务人员减轻工作和生活压力。在编与本地户籍青年医务人员在内在价值维度、外在价值维度及职业期望总分的得分上明显高于不是事业编制及非本地户籍的青年医务人员,可能与非在编或非本地户籍青年医务人员归属感待加强有一定关系,医院管理者应争取更多的入编名额,在政策上创造更多办理上海户口的机会,给青年医务人员更多的希望,使青年医务人员更好地融入工作单位。

本次调查结果中,不同文化程度、不同每月上夜班次数、不同居住状况的青年医务人员对于声望地位及稳定因素、内在价值因素、外在价值因素、职业期望总分全部均表现出一致性,结果无差异性。这与本次调查人员文化程度差距不大,大部分青年医务人员每月夜班数较少有关。在居住条件方面,租房或自有房都面临着房租和贷款压力,相对而言对职业期望水平的影响较小。

四、结论

职业期望量表的不同维度反映人们不同的需求与现状,无好坏之分。本次调查结果显示,青年医务人员在外在价值维度、声望地位及稳定因素维度有较高的需求。总体来说,青年医务人员踏实、务实,重视自我发展,希望发挥自己的能力,体现个人价值,为医院和患者提供更大贡献。对不同维度的青年医务人员职业期望的分析结果提示医院管理部门应对不同类型的青年医务人员给予相对应的支持,满足青年医务人员职业期望需求,助力青年医务人员成长,促使青年医务人员与医院协同发展。

(本文获第二十六届年会征文二等奖)

上海某三甲公立医院执业医师责任保险保障现状及趋势研究报告

王 瑱 吴嘉怡 沈嘉勇 李 文 徐赞新 计光跃

（上海市第十人民医院工会）

一、绪论

（一）研究背景

申城居民对于自身合法权益尤其是在临床医疗行为中可能产生的生命权、健康权、知情权及选择权的保护意识日益增强，而临床医学具有高度的专业性、复杂性，作为执业医师正面临着更大的挑战。一份针对上海861位医护人员的问卷调查显示，40.7%的医务人员与患者发生过医疗纠纷，49.9%的医务人员认为目前医患纠纷处于高发频率，55.52%的医务人员认为今后医患纠纷量会增多。同时，医务人员对于医患纠纷处理满意度只有11.96%。自2018年10月国务院颁布《医疗纠纷预防和处理条例》鼓励医方参加责任保险，执业医师除了做好前端的医疗安全保障工作，还应注重利用执业医师责任保险对自身执业风险进行防范和托底保护，增强自身抗风险能力。本研究通过选取上海具有代表性的某三甲公立医院作为开展执业医师责任保险的试点单位，通过问卷、调研等方式，获取不同职称、不同性别、不同年龄段医师对于执业医师保险的知晓、需求、保险费用分担模式、已经购买以及已经理赔的分布等数据，以及执业医师险投保运行期间对医院与执业医师影响等情况。目的是通过以上调研试点结果，摸索并总结出执业医师责任保险在上海三甲公立医院推广的可行性、必要性，以及优化的投保费用分摊模式及推广模式。

（二）文献综述

1. 国外研究现状

基于国外医疗保险模式的分析报告，国外医疗保险较之国内最大的不同之处在于,医疗纠纷产生后,保险公司直接介入处理医患纠纷,不依托法律等司法机构,这种机制因其中立性而更具客观性,在医患之间筑起了一道激化冲突的防护墙。美国作为世界上最早开展医疗责任保险业务的国家,至今已有100多年历史。美国医院医疗过程的每一个步骤,从挂号、开药到治疗,保险公司全程参与。在日本,保险下设调查委员会和鉴定委员会。参保的医生发生医疗纠纷后,以口头或书面的形式向调查委员会报告,调查委员会进行调查。如果医患双方在调查阶段可以达成协议,调查委员会将患者赔偿请求提交给保险公司按照保险合同进行赔偿。如果调查后不能达成协议,调查委员会将调查的事实提交给鉴定委员会,鉴定医疗机构或医生是否存在过错。如果存在过错,调查委员会将医生应该赔偿的责任额提交至保险公司。此种模式解决纠纷平均所用时间为3~12个月,而通过法院诉讼解决则平均需要35.1个月。由此,国内外各项研究表明,保险公司作为第三方参与医疗纠纷可以有效降低医师执业与赔款压力,并且也可以缩短纠纷期限。

2. 国内研究现状

国内的医疗保险于近几年做了大量的探索,相应的课题研究小组也进行了总结报告,国内现有的医疗责任保险主要分为两种模式。一种是保险公司直接承保,此类模式以政府职能部门主导,政府组织第三方调解机制,由一家保险公司或多家保险公司直接承保理赔。天津采取此类模式,天津政府组建"天津市医患纠纷人民调解委员会",下设由保险公司成立的医患纠纷理赔处理中心。保险公司以医调委理解书为理赔依据。此类模式的缺点为保险并未真正成为医院风险管理的工具,持续的保费增长及高额的赔付可能依然导致医院的瞒报或其他抵制行为。另一种模式是保险经纪公司介入模式,此类模式以政府职能部门主导,由保险经纪公司作为多个第三方参与的第三方调解、第三方赔偿处理、第三方产品设计和投保管理的模式。宁夏回族自治区采取此类模式,保险公司运行管理医患纠纷人民调解委员会。重大疑难案件有保险公司全程参与,组织医疗机构统一参加医疗责任保险。同样,此类模式也存在其缺点,在该模式中,医患纠纷的源头没有解决,且理赔中心处于绝对强势地位。

(三) 课题研究计划

本研究自2022年4月立项后,各课题组成员按照原研究计划,开展各个阶段的研究工作,顺利完成课题申报书中所约定的各项研究任务。本研究具体分为下列4个研究阶段。

第一阶段：统计调查该院执业医师数量、投保执业医师数量、投保执业医师的基本情况以及该院执业医师险的保险内容，获得总体数据。基于以上情况，设计问卷，以及讨论使用何种调查方法。

第二阶段：通过问卷、随机抽样调查的方式，获取本院不同职称、不同性别、不同年龄段医师对于执业医师保险的知晓、需求、投保费用分摊模式、已经购买以及已经理赔的分布、院内保险理赔情况等数据。

第三阶段：对于所收集的数据进行分析总结，对收集的数据进行整理、比较、分析，从而形成研究结论。

第四阶段：课题最终完成，形成课程成果论文，并反复修改、完善，完成结题报告。

（四）本课题拟突破的重难点和创新点

1. 课题拟突破的重点和难点

本课题的重点在于执业医师险作为我国商业保险业近几年新兴的险种，对于其推广的可行性、必要性分析与发展前景的探讨，以及是否能成为切实保障医师行医保障的手段之一的讨论较少。因此本课题针对有至少三年试点执业医师险投保经验的上海某三甲公立医院进行实地调查，所得的数据真实可靠且可追踪，对于执业医师险的发展现状与前景预测具有重要意义。本课题的难点在于，由于执业医师险起步时间较晚，各方面的资料与分析有限，同时该院的投保医师人数也仅占全院执业医师人数的三分之一，故此次样本分析量也有限。

2. 课题的创新点

本课题创新性点在于：国内执业医师险起步时间较晚，针对于此的研究资料较少，全国尚无执业医师责任保险在公立医院推广并取得初步成果的研究。本课题采取问卷调查方式获得执业医师对于执业医师险的认知与意见，数据真实且有效。

（五）研究方法

本研究主要采取文献分析法与随机抽样调查法，将理论与实践相结合，从两个层面来研究执业医师险的现状与发展趋势。

1. 文献分析法

参考国内外文献，了解国内外执业医师险的发展历史，研究欧美等执业医师险较发达地区的保险发展现状与模式，比较国内与该类保险模式的相似性与不同性,探讨可参考可借鉴的地方。

2. 随机抽样调查法

本课题采取随机抽样调查方法,向所调查医院投放问卷,收集相关信息,以此分析执业医师险的投保现状以及未来发展趋势。研究统计方法:数据分析采用 SPSS 22.0 统计软件,计量资料用均数±标准差($\pm s$)表示,采用独立样本 t 检验进行计量资料组间数据比较;计数资料运用频数表示,采用卡方检验,$P<0.05$ 为差异有统计学意义。

二、研究概况

(一) 资料与方法

1. 一般资料

2019 年 1 月—2021 年 12 月,全院共计 872 名在册执业医师。截至 2021 年末,全院购买医师险的医师共计 279 人(占比 32.00%)。本次参与问卷调查的执业医师共 401 人(抽样率为 45.99%),其中未购医师险的共计 212 人(抽样率为 35.75%),已购医师险的共计 189 人(抽样率为 67.74%)。

2. 方法

通过抽样调查方式统计执业医师对医师险的知晓率,购买意愿比例及其影响因素,接受的保费区间、保额区间、倾向费用分摊及推广方式等内容;比较未购和已购医师险的执业医师在出现医疗纠纷(特指医患双方因诊疗活动引发的争议)后出现紧张情绪的赋分情况(赋分标准为 0～10 分,0 分为完全没有,10 分为非常紧张)。

3. 统计学处理

采用 SPSS 22.0 统计软件,计量资料采用均数±标准差($\pm s$)表示,采用独立样本 t 检验进行计量资料组间数据比较;计数资料运用频数表示,采用卡方检验,$P<0.05$ 为差异有统计学意义。

(二) 结果

(1) 全院执业医师投保分布情况:高风险科室、高级职称、男性、大于 40 岁年龄段医师险购买比例更高($P<0.05$)。

(2) 2019—2021 年度医师险购买人数与理赔情况:2019—2021 年度医师险

购买人数及理赔额占全院医疗纠纷总赔偿额均呈逐年上升趋势,且2019—2021年度全额赔付比例平均达到61.5%。

(3)抽样调查执业医师对医师险的知晓率、购买意愿比例:执业医师对医师险的知晓率与购买意愿均超过83%。

(4)抽样调查执业医师认为影响其购买医师险的因素占比:影响执业医师购买意愿的因素主要为:医疗损害鉴定双轨制施行。

(5)抽样调查执业医师愿意承担的医师险每年保费:执业医师能够接受的医师险每年保费区间为0.5万元以下。

(6)抽样调查执业医师期望的保单最高保额:执业医师期望的最高保额区间在5~30万元/年。

(7)抽样调查执业医师认可的投保费用分摊方式:执业医师认可的投保费用分摊方式为医师和医院按比例共担。

(8)抽样调查执业医师认可的医师险推广方式:执业医师认可的医师险推广方式为政府与医院职能部门主导。

(9)抽样调查投保与未投保医师面对医疗纠纷的紧张情绪赋分分值数据:保医师面对医疗纠纷的紧张情绪赋分分值低于未投保医师($P<0.05$)。

(10)其他抽样调查内容:经401名执业医师的抽样调查,66.08%曾发生过医疗纠纷,98.30%出现医疗纠纷后会出现紧张情绪。抽样调查中已购医师险的医师中有93.12%认为投保费用在经济承受范围内;87.30%认为保险的保障总额可满足需求;93.12%会向同事推荐;98.41%会续保;96.83%认为减轻了赔偿压力;92.59%认为得到执业风险保障;90.47%认为购买医师险后,对出现医疗纠纷的医患双方都有益。

(三)讨论

1. 执业医师责任保险历史沿革与现状

执业医师责任保险主要起源于欧美发达国家,比如美国作为世界上最早开展医师险的国家,至今已有100多年历史。而在我国,医疗责任保险起步于20世纪80年代,且以医疗机构责任保险为主,但由于保费限额、赔付率与推广范围等原因,其并未真正发展成医院风险管理的工具。而执业医师险作为医院风险管理的另一种补充模式,出现时间较晚,因此,国内对于执业医师险的研究与趋势较为有限。本院推广医师险至今,目前全院共计866名执业医师中,已有279名医师购买。2019—2021年医师险理赔额占全院医疗纠纷总赔偿额分别为

1.56%、31.27%、38.50%,参保医师人数分别为 81 人、153 人、279 人,均呈逐年递增态势。所有申请理赔医师中,有 61.5% 获得全额理赔。以上数据提示医师险理赔覆盖范围与程度已能较好地满足执业医师的赔付需求。

2. 推广执业医师责任保险的可行性与必要性

我国 2017—2019 年连续三次实施"进一步改善医疗服务行动计划"的评估项目,项目结果显示医生经历医患纠纷的比例呈上升趋势。同时,中国医师协会第四次医师执业状况调查结果显示,有近一半的医务人员对目前的执业环境不满意,有 96.4% 的医务人员害怕患者不理解、害怕患者对自己投诉、担心医疗事故发生,医务人员对于执业现状表现出一定的紧张情绪。

通过本次 401 名执业医师的抽样调查显示,96.83% 认为减轻了其赔偿压力;92.59% 认为得到执业风险保障;90.47% 认为购买医师险后,对出现医疗纠纷的医患双方都有益处;92.06% 认可目前的医师险投保方案。以上数据充分论证了推广执业医师责任保险的可行性与必要性。

3. 推广执业医师责任保险的方案剖析

过去我国的医疗责任保险方案主要以医疗机构购买为主,近年也进行了一定的探索研究,主要方案分两种,第一为保险公司直接承保,以政府主导,组织第三方调解,由一家或多家保险公司承保;第二为保险经纪公司介入,以政府主导,由经纪公司作为第三方参与产品设计、投保管理、调解及赔偿。但这两种方案最终均未成为医院风险管理的工具,主要原因在于医疗机构医责险持续增长的保费及"十赔九不足",导致医疗机构参与积极性不高。

医师险的推广方案主要以医师本人购买为主,其有着更低的投保费用、更贴近实际需求的保额(即投保医师可以结合医院现行的医疗安全考核制度有针对性地选择保额且每年保额可浮动)、更高效简便的理赔流程以及更高的理赔通过率的优势。

4. 执业医师责任保险的未来趋势分析

由于本市三甲公立医院医疗专业水平较高,临床业务量较大且承担了大量危重疑难病例,故医疗纠纷也较为集中。同时,现行医院的医疗安全考核制度逐步提高了对执业医师出现医疗纠纷后行政及经济处罚方面的要求,故其除做好医疗安全防范工作外,还应利用责任保险对执业风险进行托底保障。如实现全院全口径执业医师集体参保,保险公司或考虑降低投保费用。与此同时,再结合创新的患者手术意外保险,医患保障体系将更完善。

综上所述,在各医院工会牵头引领下,执业医师责任保险的顺利推广使得医师的执业风险得以分担,执业压力及紧张情绪得以缓解,基本权益得到保障,使其得到更高的职业归属感、安全感及获得感,也更专注于本专业的钻营。

三、不足与反思

一是该调查医院的投保总人数为279人,约占该院总执业医师的三分之一。由于调查人数有限,收集到的数据量亦有限,故此次调查结果主要反映的是该医院的执业医师险投保及保障现状,或许仅能间接代表或推演上海市以及其他省市三级甲等综合性医院的医师险投保及保障情况;二是考虑到执业医师职业的特殊性,调查问卷以单项与多项选择题为主,并未设置主观性题目,问卷收集的内容深度与广度有限。

四、结语

早在2016年12月,国务院印发《"十三五"深化医药卫生体制改革规划》中就已指出,要加快发展医疗责任保险、医疗意外保险,探索发展多种形式的医疗执业保险。经过近几年的试点与实践,由各医院工会牵头引领并宣传,在上海市甚至全国范围内大规模推广医师险,鼓励更多的执业医师购买医师险,可促进保险公司不断优化医师险的投保方案,满足更多执业医师的不同需求,在推进医师险普及的同时,促进医师职业保障的发展。

（本文获第二十五届年会征文二等奖）

硕士护士毕业后在临床工作落差感的质性研究

任君红　李晓悦　刘　芳　陈佳丽　胡　蝶　胡六梅　柏学青

（上海市第十人民医院工会）

研究生阶段属人格再造期，是个体社会化的一个重要阶段。硕士护士毕业后面临的许多心理问题是由心理落差诱发的。心理落差是指个体原有的自我概念、自我定位或自我预期与现实情境中的实际感知和心理体验存在较大的出入而形成的心理反差。硕士护士的发展对护理和医疗保健的进步具有重要意义。随着硕士护士的逐年增多，毕业生的就业方式逐渐发生着变化，越来越多的护理硕士毕业生进入医院从事临床护理工作。然而，由于我国护理硕士研究生教育起步较晚，医院对硕士护士的培养计划尚不明确，使其在临床工作中的优势未得到发挥，未起到硕士护士应有的作用，同时也影响着硕士护士的职业发展及护理队伍的稳定性。既往研究多针对硕士护士职业期望、工作感受方面，而缺乏关于其心理落差的实证研究。因此，研究硕士护士毕业后在临床工作心理落差及其影响因素具有重要意义，可为提高硕士护士毕业后在临床工作的心理健康水平提供参考依据。

一、对象和方法

（一）研究对象

通过目的抽样法选取访谈对象。明确访谈硕士护士应满足以下条件：(1)专业护理研究生学历毕业；(2)取得护士资格证书；(3)自愿参与本研究。根据"信息饱和"原则，本次研究共纳入22名访谈对象，其中男3人，女19人；年龄28~43(34.86±3.15)岁；未婚4人，已婚18人；二级医院3人，三级医院19人；硕士毕业1年12人，毕业2年7人，毕业3年2人，毕业5年1人；内科9人，外科6人，妇产科2人，儿科1人，重症监护室3人，护理部1人；护师6人，主管护师14

人,副主任护师2人;无职务8人,带组护士1人,副护士长3人,护士长8人,科护士长1人,护理部主任1人。

(二) 研究方法

用半结构式访谈的定性研究方法,从硕士护士和护理管理者的角度深入了解硕士护士毕业后在临床的真实体验,引起落差感的因素和支持需求。

1. 资料搜集方法

数据搜集于2022年5月至6月在上海进行。访谈前,研究者通过签署知情同意书的形式向研究对象说明研究目的、意义、访谈时长、搜集资料的方法以及研究结果的处理方式等,并向受访者强调自愿和保密原则。通过查找文献,最终形成正式的访谈提纲:(1)您目前在临床有什么工作感受?(2)您在临床工作什么时候易产生落差感?(3)您觉得哪些是造成您落差感的因素?(4)您所在科室的氛围如何,对您有什么影响?(5)硕士毕业后您渴望获得的支持及需求有哪些?

2. 访谈过程中准备

由第一作者进行所有采访,以确保采访的一致性。受访者能够自由发言,而且在所有采访之前,他们保证在报告调查结果时匿名。通过电子邮件联系来自选定病房的22名硕士护士,然后通过电话联系,所有人都同意在他们办公室或者电话视频(疫情原因)进行访谈;所有采访都进行录音,持续时间在30～40分钟。

3. 资料分析方法

访谈的转录由第一作者进行。第一作者通读数次抄录并与第二作者讨论内容。最终分析是由第一作者和第二作者合作进行的。在每次访谈结束后的48小时内将访谈录音资料转录成文本。通过反复阅读转录文本,采用质性研究中的内容分析研究法,逐字逐句分析资料含义,提炼总结并进行归类分析,写出相似的观点,提炼出主题概念,最后返回被研究者处求证,以确保结果的准确性。

二、结果

本次研究共截取有效的语义片段590个,归纳出硕士护士毕业后在临床工作自身价值无处发挥、落差感的影响因素、支持性需求及应对3个一级主题,12个二级主题。

（一）自身价值无处发挥

此部分归纳出4个二级主题，各主题内容见表1。

表1 有关自身价值无处发挥的访谈表

二级主题	访谈记录
挫败感	"感觉很丢人，这个研究生也挺难考的，三年里自己的吃过的苦只有自己知道，付出与回报不成比例，感觉很冤枉。"(N16) "感觉在科室同事和家人面前都有点抬不起头，同事在讨论什么东西会想是不是针对自己。"(N20)
呈现低迷状态	"打了几次管理擂台落选了，感觉自己的付出化为乌有，松懈下来，有点不知所措，身体像被掏空了一样……"(N18) "长期的忙碌、担心和紧张在毕业后一下子不需要了，也暂时没有了目标。"(N10)
控制欲缺失	"我觉得自己越来越像阿Q了，会为自己的失败找各种借口，会去追些肥皂剧消磨时光，逃避问题，浑浑噩噩。"(N21) "我感觉自己现在无欲无求……每日刷抖音。"(N22)
缺乏安全感	"自从硕士毕业后，情绪偶尔很不稳定，会对家人孩子发火，发完火又有点后悔……"(N4) "我毕业后这段时间反倒经常失眠，脸上全是痘痘，经常对着花花草草或一个事物发呆，不知道自己下一步怎么走。"(N14)

（二）落差感的影响因素

此部分归纳出5个二级主题，各主题内容见表2。

表2 有关落差感的影响因素的访谈表

二级主题	访谈记录
个人期望过高致失望	"因为硕士护士毕竟现在是少数嘛，但其实还是和本科大专护士做着同样的工作。"(N12) "硕士护士毕业后在临床要能将科研与临床进行结合，应该是能够提高护理质量……"(N10)
与他人比较加剧不平衡	"一些同一届的硕士同学大都走上了管理岗位，或者职称已经升好，而我确还在翻班……"(N18) "一些师妹、学妹年纪轻轻都已经发展比我快，尤其是和同门导师聚餐或者同学碰面时感觉有点心情低落。"(N21)
自身定位不足增添迷茫	"现在临床上的岗位好像除了管理的，专科护士发展也并不成熟，所以硕士护士的发展确实比较茫然。"(N4) "国内研究生的岗位比较少，也没有处方权，没有医生助理等岗位，但受'学而优则仕'的影响。"(N6)

续表

二级主题	访谈记录
人文环境因素致心理敏感	"如果医院的整个大氛围是鼓励大家提升学历,毕业后大概率会得到重用,那肯定是很积极的。反之会使硕士护士感觉不公和失落。"(N5) "一个比我年龄还小的护士长,上次叫我小张,我真是只能想大概自己长得太年轻。"(N21)
职业暴力使心生哀伤	"有些领导在评优时不优先考虑硕士护士,而硕士自己又觉得自己经常在你们看不见时熬夜搞科研,于是就很苦闷。"(N22) "有次我发了论文告诉了护士长,她说,哎哟!什么是质性研究啊,你老高级的嘛,我都跟不上了。有些同事见状也对我会冷嘲热讽和冷落。"(N10)

(三) 支持性需求及应对

此部分归纳出3个二级主题,各主题内容见表3。

表3 有关支持性需求与应对的访谈表

二级主题	访谈记录
明确自我定位,重建专业自信	"其实研究生最主要的一点是有一个研究方向,研究得越细越好,越精越好,做到本领域的权威,什么管理呀专科呀都不冲突。"(N3) "家里一个亲戚的病,我从最新的SCI搜索了很多国外文献,阅读后掌握了很多前沿的指南及护理方法,觉得很有成就。"(N19)
接受多方支持,冷静看待现实自我	"我们医院对硕士护士的编制会优先考虑,另外工资里也会有学历这一条的体现。但我想要职位上的提升和研究上的支持。"(N8) "硕士护士多,我们渴望在他们的领导和熏陶下,带领我们护理学科发展得更壮大、更受人尊重,使我们个人也更获益。"(N11)
积极调整心态,分段实现理想	"我觉得我现在的心态略微有点变化,谋事在人成事在天。"(N19) "其实自己已经从发表第一篇论文再到第一篇SCI,我喜欢苹果理论,踮起脚能摘得到的果实和目标先一步步达到……"(N17)

三、讨论

(一) 硕士护士毕业后在临床工作大多会有落差感,尤其是非管理岗位者

多数硕士护士在经历紧张的读书生涯后,在临床上会表现出不同程度的不良生理和心理应激。尤其是落聘的护士会选择性的逃避问题,精神松懈,这样不

仅影响个人的身心,也影响护理队伍的稳定,最终影响到工作环境和患者的安全。既往研究显示,硕士护士在毕业后有较高的自我定位和职业期望。职业期望是人对某种职业的渴望和向往,决定着这个人在工作中的内在动力,如果期望值高于或低于工作实际,人的心理就会出现落差。本研究结果显示,硕士护士毕业后在临床工作,未能得到重用,会影响其工作动力。既往研究显示,护士寻求继续教育的主要原因为寻找管理机会或担任教育者,所以非管理岗位者会有更强的落差感。另外学校的培养机制应更利于学校与医院的衔接,将专业细化为多个具体的方向,面向岗位需求增设,从而激发硕士护士的引领作用,拓宽其职业定位,提高护理行业地位。

(二) 硕士护士落差感受多种因素影响,尤其易遭受内部心理暴力

首先,本研究发现不良的比较是造成落差感的一大影响因素,一种情况是个人境遇的落差,这可能是理想与现实的落差。硕士护士毕业后在临床和本科大专护士做相同的工作,使其不能更好地发挥个人价值;另一种是人与人之间的落差。与同学或低年资护士比较上升较慢会产生一定的心理失衡。其次是自身定位不足因素。未能正确地评价自己,医院对其培养计划不明确均可影响其定位,使其迷茫故而产生落差感。再次是环境与职业暴力因素。支持性的工作环境可以激发硕士护士更大的工作热情。心理暴力是指故意使用权力,对他人造成欺凌、辱骂等人身伤害的威胁。心理暴力会对护士造成焦虑、心理压力等严重后果。如果上级领导对其能力很认可,则会使其开心地继续工作下去,相反心理落差就会出现。有研究显示,内部暴力(领导、同事)比外部暴力(患者、家属)造成护士心理健康状况不佳的风险更高。鉴于此,管理者应该明确硕士护士的培养计划,提供针对性的支持与帮助,给予心理疏导和人文关怀。另外,提倡对工作场所暴力进行定期调查、制定上报工作场所暴力的渠道,并细化保护受害者的管理协议。

(三) 营造较好的人文工作环境,尤其需要提升自我概念

本研究发现硕士护士对目前的工作环境不满意而造成其心理落差,自我概念有待提升。2017年,中国只有0.7%的注册护士拥有硕士或博士学位,然而很多硕士学位的护士对自己的职业发展不满意。在发达国家,由于具有硕士学位的护士临床职业发展体系健全,其工作环境优于注册护士。研究显示,改善护士工作环境可能会带来更高的职业成功,降低其心理落差。另外,收入是职业成功

的客观评价指标。护士对收入越满意,工作满意度越高,落差感越低。参加学术会议、参与课题研究也是增进硕士护士职业成就感,降低心理落差的重要影响,可以提高其研究能力。自我概念影响他们的思想、情感和行为。具有高度自我概念的护士可以保持职业韧性,并能够保持强烈的乐观态度,从而降低落差感。促进自我概念的指导干预计划已显示出对提高护理技能和降低离职率的效果。建议硕士护士根据个人兴趣和优势进行个性化工作,充分发挥工作潜力。护士长应该关注护士的工作状态,理解他们对个人能力的信念,增加科研支持力度。

四、结论

本研究通过对22名硕士护士进行访谈,发现硕士护士毕业后在临床落差感体验可划分为三个主题,包括消极的落差感受、落差感的影响因素、职业需求及应对。硕士护士从毕业后至临床过渡阶段会出现一定程度的心理落差,受个人与他人比较,未能正确评价自己,尤其是内部心理暴力影响,处理不当会导致其悲观抑郁,影响工作。护士长应该给予疏导和相应的支持,制定相应的职业暴力上报流程和硕士护士毕业后多元化培养计划。硕士护士个人也需不断提升自我概念,加强心理韧性,减少心理落差。由于本研究只与上海市几家医院的硕士护士及同事进行访谈,有一定的局限性。今后将进一步扩大研究对象范围,对造成硕士护士落差感的各个因素之间的相互影响做进一步探讨。

(本文获第二十五届年会征文二等奖)

常态化疫情防控下医务人员对突发公共卫生事件应急救援知信行调查及影响因素分析

金玮韵　王梅娟　钱佳依

(上海市第六人民医院金山分院工会)

突发公共卫生事件(emergent public health events)是指突然发生,造成或可能造成社会公众健康严重损害的重大传染病疫情、群体性不明原因疾病、重大食物和职业中毒以及其他严重影响公众健康的事件。突发公共卫生事件的特点是突发性、潜伏性强、破坏力大,一直受到社会各界的重视。作为应急处置第一线的主要医护人员,他们的知识、态度和行为水平决定着急救的成败。目前对突发公共卫生事件应急救援的研究主要集中在组织、管理、应急预案和应急能力等方面,对医务人员在突发公共卫生事件应急救援中的知识、态度和行为的研究较少。当前,在全球蔓延的新型冠状病毒肺炎疫情是中华人民共和国成立以来遭遇的传播速度最快、感染范围最广、防控难度最大的重大突发公共卫生事件。此次重大公共卫生事件,触及着当代医务工作者的人生观、价值观,改变着他们的思想、观念及行为。本研究对上海市金山区内医务人员面对重大突发公共卫生事件应急救援知识、态度和行为进行调查,分析其影响因素,为制订干预措施提供依据。

一、对象与方法

(一) 研究对象

上海市金山区各级公立医院从事门诊、感染科、急诊科、内科、外科等临床工作的医生、护士、药师、管理人员为研究对象。纳入标准:①具有医生、护士或药师职业资格证并已注册;②从事临床工作1年及以上;③自愿参与本研究。排除标准:实习及进修人员,并在问卷设置中提示是否为实习及进修人员。本研究经上海市第六人民医院金山分院医学伦理管理委员会批准(伦理号:jszxyy 202049)。

（二）研究方法

1. 调查工具

采用《医务人员重大突发公共卫生事件应急救援知信行调查问卷》。问卷包括：①一般人口学资料：共9个项目。②紧急救援的三年个维度知识、态度和行为，其中知识（基本认知、基础知识、专业知识、管理知识、法律知识、心理知识、其他知识7个部分20个问题）、态度（3个问题）、行为（3个问题），共26个问题。此调查问卷是通过查阅大量国内外文献，对调查问卷相关指标进行全面的筛选归类和提炼完善后编制而成。调查问卷总体克隆巴赫系数（Cronbach'alpha）为0.972，其他维度的Cronbach'alpha系数均在0.8以上；效度检验KMO值为0.975，证实该调查问卷具有较高的信度和效度。本次调查以此问卷作为调查工具，每道题采用Likert5等级评分，分别计1~5分，最高为5分，得分越高，个体对应急救援认知程度越高。平均得分小于3分，说明对应急救援认知水平较低，平均得分为3~4分，说明对应急救援认知水平处于中等水平；平均得分大于4分，说明医务人员应急救援的高认知水平。

2. 调查与数据收集

调查方式采用问卷星网络平台，通过金山区医学会各专业委员会微信群，邀请医务人员在线完成调查问卷，要求在一周内完成问卷填写工作。为有效控制样本质量，要求通过手机认证，设置一个手机号码只能填写一次问卷，限定最短作答时间，问卷只有填写完整方可提交。同时统一发放问卷指导语、填写说明，调查对象在知情同意的情况下匿名填写问卷。问卷收集后进行人工数据逻辑检查，如出现乱答情况作废卷处理。

（三）统计学方法

采用问卷星授权数据给SPSSAU平台，线上SPSS分析功能进行统计学分析。计量资料采用（$\bar{x}\pm s$）进行描述；计数资料采用频数、构成比描述；方差分析和多元线性逐步回归分析进行统计学比较。$P<0.05$表明差异有统计学意义。

二、结果

（一）调查对象的人口学资料

调查共收回问卷1 639份，其中有效问卷1 614份，有效率为98.5%。研对象为金山区内 14 所一级医院、3 所二级医院和 1 所三级医院的医务人员。

(二) 调查对象应急救援知识、态度、行为得分情况

医务人员应急救援知信行总平均得分为 $(4.01±0.83)$ 分,处于较高水平。

(三) 不同人口学特征医务人员的应急救援知识、态度、行为得分比较

单因素分析显示,不同年龄、科室、职业、是否参加过应急培训及演练、医院级别的医务人员应急救援知识、态度、行为差异有统计学意义($P<0.05$),不同学历医务人员应急救援态度差异有统计学意义($P<0.05$)。

(四) 医务人员应急救援知信行得分的相关性

医务人员应急救援知识与态度、行为的相关系数(r)分别为 0.567、0.722,态度与行为的相关系数为 0.476($P<0.001$)。

(五) 医务人员应急救援知信行影响因素多重线性逐步回归分析

以知识、态度和行为评分作为因变量,以人口统计学因素作为自变量进行多元线性逐步回归分析。结果表明,内科,医生、护士职业,二级医院,是否参加应急培训和演练是影响知识得分的主要因素;内科,二级医院、三级医院,是否参加应急演练是影响态度得分的主要因素;感染科、内科,年龄小于 25 岁,二级医院,是否参加应急演练是影响行为得分的主要因素。不同性别、学历、职称的医务人员在应急救援知识、态度、行为评分中差异无显著性。

三、讨论

(一) 医务人员应急救援知识、态度和行为现状分析

1. 医务人员应急救援知识处于较高水平

调查结果显示,医务人员应急救援知识得分为 $(4.07±0.80)$ 分,处于良好水平。与王冬叶、马衣努尔·托合提、刘阿虎等的研究结果"应急救援认知处于中等水平"不同。其中,知识得分前三位依次为执行消毒隔离和废物处置的程序、医院应对突发公共卫生事件的应急预案、现场急救技术,分析原因可能与当前新冠肺炎疫情常态化防控、加强对各级医务人员应急救援基础知识及实际操作技

能的培训有关；知识得分后三位依次为常见心理危机临床表现及类型的分辨、突发事件中病历书写或事后总结与分析、与有关部门沟通交流有研究价值的典型病例，分析原因，可能与医务人员日常工作繁忙，注重应急救援等基础知识学习，较少参加心理学等其他知识培训，对心理学知识、科研能力培养等重视程度不高有关。

2. 医务人员应急救援态度积极

调查结果显示，医务人员应急救援态度得分为(4.21±0.70)分，是调查中得分最高的维度，与朱卫恒、卫晓静等的研究结果一致。这一结果可能与医务人员救死扶伤的责任感、使命感有关。调查发现，态度得分最高两条目"参与应急培训与参与应急演练"与态度得分最低条目"突发公共卫生事件发生时，您是否愿意积极参与现场救援"差距较大，这可能与应急救援本身存在潜在风险性、医务人员缺少应急救援实战经验、对自身应急救援能力水平存在顾虑及不自信有关。

3. 医务人员应急救援行为需要加强

调查结果表明，医务人员应急救援行为得分是(3.25±1.23)分，处于中等水平，是调查中得分最低的维度。其中，得分较高两条目是参与应急培训经历、参与应急演练经历，而参与突发公共卫生事件现场救援经历为最低得分，说明医务人员对应急培训及演练的重视度较高，但行动力还有待提高。因为个人行为方式的转变是一个长期而复杂的逐步推进过程，在"知识、信念、行为"理论中，知识的不断提升比较容易实现，由于情感的影响，态度的改变比知识的提升更加困难和持久，个人行为的改变比知识和态度的改变更加耗时和困难。因此，要引导医务人员形成合理正确的行为还应动员社会、部门、学校、家庭等多方面的力量。

（二）医务人员应急救援知信行水平的影响因素

本研究结果显示，年龄、科室、职业、医院级别、是否参加过应急培训、是否参加过应急演练是医护人员突发公共卫生事件应急救援知信行的主要影响因素。

1. 年龄

结果显示，年龄在25～35岁，应急救援知识、态度得分较高，可能是由于该年龄段医务人员年富力强，是临床医护工作的主力军，有一定年限的临床工作经验，应急救援基础理论较扎实、技能较娴熟。多元线性回归分析显示，年龄小于25岁，应急救援行为得分最高，可能与这部分医务人员刚脱离学校教育，完成入职前规范化培训，对新理念、新知识与临床操作规范容易接受，初入临床想将所学应急救援知识技能很好地应用于实践，其行为受工作经验等其他因素影响更小。

2. 科室

结果显示,医务人员突发公共卫生事件应急救援认知水平前三位依次为内科、外科、急诊科。多元线性回归分析显示,内科、外科医务人员应急救援知识得分比其他科室高,这与马衣努尔·托合提研究结果中急诊科护士认知水平明显高于普通科室有所不同。可能是因为新冠肺炎疫情常态化防控下有较多的呼吸科、内科、外科医护人员支援坚守在医院发热门诊,较长时间接受突发公共卫生事件应急救援培训,急救知识与技能储备也较丰富有关;平时内科、外科收治危重病人多,处理病人紧急意外事件多,积累丰富的临床经验和急救技能。感染科医务人员应急救援行为得分较低,可能与目前常态化疫情防控下,作为感染科医务人员,疫情防控的主阵地,每天都在从事疫情防控等常规工作,认为这是岗位职业要求,是遏制重大传染病疫情的使命必然,与医务人员参与其他如各种自然灾害等应急救援行为有所不同。

3. 职业

结果显示,医生、护士应急救援知识得分显著高于药师和其他医务人员($P<0.01$)。这一结果可能是由于医生、护士日常工作与对患者病情评估、紧急救治、疫苗注射、消毒隔离等方面内容相关,药师平时工作接触不到打针注射有关。

4. 应急培训与演练

研究结果显示,参加培训及演练的医务人员应急救援认知评分显著高于未参加者,这于王锐、何水英、许丽贞等研究者的观点一致。突发事件应急救援是一项综合性工程,工作复杂,专业性强,没有经过规范的培训演练是很难胜任的。许丽贞等研究也证明培训演练能有效地提高医务人员的急救能力水平。通过应急演练,使应急人员熟悉应急预案、工作流程和灾害救援任务,提高医务人员对突发公共卫生事件的敏感性和应急救援能力。

5. 医院级别

结果显示,医务人员应急救援认知得分二级医院显著高于一级医院和三级医院。分析原因可能与三级医院更注重疑难危重症患者的诊治,一级医院更注重对社区人群疾病的防控,较少接触突发公共卫生事件应急救援,危机意识不强,大多数社区卫生服务中心没有开展与突发公共卫生应急救援相关的理论学习,重视程度不高,制约社区突发公共卫生事件应急救援体系的发展。应急救援工作的推动受单位执行力的影响,因此还需从政策法规和宣传推广方面提高对应急救援的重视和执行力。

(三) 医护人员应急救援知信行显著相关

本研究结果显示,应急救援知识与态度、行为的相关系数(r)分别为0.567、0.722,态度与行为的相关系数为0.476(P<0.001),知识、态度、行为三者之间呈正相关,符合知信行理念。知信行理论模式将人类行为的改变分为获取知识、产生信念和形成行为三个连续过程。知识是行为改变的基础,态度是行为改变的动力,个体掌握的知识越全面,树立的态度越积极,越有利于正性行为的形成。只有掌握应急救援知识,树立积极的应急救援态度,才可能有应急救援行为。

(四) 不足与建议

本研究采用的网络问卷调查法,网络问卷虽然具有很多传统问卷调查不具有的优势和特色,但也存在一些无法避免的缺点,在一定程度上影响问卷填写质量。本研究仅调查上海市金山区内医院,调查结果中,男、女性别调查比例差异较大,男 $n=186(11.52\%)$、女 $n=1428(88.48\%)$;医生、护士和药师的调查数量不均衡,医生 $n=276(17.10\%)$、护士 $n=1196(74.10\%)$、药师 $n=57(3.53\%)$;高学历、高职称人员调查数量偏少,硕士及以上 $n=26(1.61\%)$、高级职称 $n=51(3.16\%)$,样本代表性不足。

今后可在本研究的基础上,可考虑增加一些高学历、高职称的医生、药师参与调查,开展大样本调查,同时采用现场调查、专家访谈相结合的方法,以便得到更真实可靠的研究结果。在制订应急救援培训演练计划时,除安排适合各类医务人员通用(如现场急救技术、消毒隔离、个人防护、心理干预)应急救援基础知识技能外,同时应根据不同的年龄、职业、科室、医院级别等医务人员工作内容的特殊性,制订适合各种专业背景的应急救援培训演练课程,以应对应急救援中复杂多变的环境,消除参与应急救援顾虑,保障自身安全,整体提升医务人员应急救援能力水平。

(本文获第二十三届年会征文一等奖)

疫情常态下医务工会立功竞赛的形式探索与社会效益研究

李晓琳 沈 菲 黄 玥 许雯俊 张雅君 余晓静

（上海市杨浦区医务工会）

2021年是中国共产党成立100周年，是实施"十四五"规划开局之年，又是全面建设社会主义现代化国家新征程起步之年。劳动和技能竞赛，是工会组织开展的旨在激发职工主人翁精神，调动职工积极性，团结动员职工投身国家经济建设的一系列活动，是工会劳动和经济工作的重要内容。医学是健康所系，生命相托，作为医疗卫生事业发展的主力军，青年医师的素质和能力决定着国家医疗服务的整体水平和发展方向。开展培训、比武、练兵、竞赛、献计等活动可以锤炼意志、彰显作为、展现风采，大力弘扬劳模精神、劳动精神、工匠精神。

一、立功竞赛回顾分析

自2014年起，杨浦区总工会、区卫健委聚焦社区卫生改革重点，通过立功竞赛活动以深化实施家庭医生制度，完善家庭医生及团队运行机制，年度评选表彰活动的开展，进一步挖掘和培养一批扎根基层、甘于奉献、技能过硬的家庭医生代表，以及下沉社区、热心带教、积极支持参与分级诊疗、全专团队建设的专家，促进"保基本、强基层、建机制"基本思路在杨浦的贯彻落实。

2015年，区总工会评选首届十佳"家庭医生团队"和十佳"家庭医生"，并率先选拔组建以杨浦十佳家庭医生和团队负责人为主体的GP（general practitioner，家庭医生）俱乐部。2016年，聚焦"试点先行"，力求经验可复制可推广，把"为高血压、糖尿病的签约居民提供家庭医生慢病精细化管理服务"纳入2016年区政府实事项目。2017年，全区244名劳模与家庭医生签约结对，开展每月一次家庭医生访视。2018年，完成"80名全科医生能力培育项目"。2019年，深化推进劳模创新服务，做实做细劳模、工匠双结对，确保劳模、工匠"小红卡"就医绿色通道的畅通。2014—2020年，先后表彰十佳家庭医生团队、十佳家庭医生、立功竞赛标兵、基层卫生岗位（技能）能手，十佳家庭医生助理，并授予12名医务人员及12支团队杨浦区社区抗疫先锋标兵和杨浦区社区抗疫先锋团队称号。新冠肺炎疫情暴发以来，广大医务人员夜以继日，连续奋战，承受着身心的巨大压力，对有需要的医务人员及家属提供心理危机干预和心理疏导服务，帮助医务人员解决后顾之忧。

二、立功竞赛成果的社会职能转化

（一）以医学院为引领、提升社区医教研综合发展能力

杨浦区连续三年立项"家庭医生示范培育"项目。办好杨浦GP俱乐部、开展"好医生、好医院、好院长"三好工程建设。强化家庭医生骨干队伍建设，健全完善GP俱乐部运行机制，做强GP讲堂。2018年以来，组员们依托各自单位作为复旦大学医学院、同济大学医学院附属社区的优势，积极到中山、新华等医院进修学习，每月参加教学查房，开展跟师结对活动，为社区其他家庭医生教学传承作出一定的贡献。上海公路的精细化养护闻名全国，他们创立先进高效的养护模式和优质响亮的养护品牌。区医疗系统也可通过GP俱乐部发挥的作用，成立医务工作者人才培养的蓄水池品牌。

（二）关爱职工，改善医务人员职业心理健康

近两年来，区医务工会根据职工身心健康需求，强化员工帮助计划（employee assistance program，EAP）体系构建，先后推出"四营一员"等促进身心健康项目，受到职工的普遍欢迎。

2020年，结合抗疫和立功竞赛主题，又开设首期由家庭医生与援鄂队员参加的空灵鼓—音乐疗愈减压班，以缓解职工在持久工作生活高压下的各类心理状况，探索心理建设多元化发展。

近几年国内调查显示：在高强度、高负荷、高压力的执业环境下，我国医务人员处于亚健康状态的占近70%；有逾六成的医护人员感到职业压力"非常大"、职业倦怠三大指标的中重度倦怠达76.0%；医生人群有近20%在工作状态下存在不同程度的焦虑、强迫和抑郁情况。

为改善医务人员职工心理状况，提高医疗服务水平和工作效率及团队稳定性，提升员工满意度，开展"改善医务人员职业心理健康"三年关爱行动，制定实

施方案,为期三年(2019—2021 年)。

三、立功竞赛开展情况满意度调查及深度访谈、专家会谈

根据立功竞赛开展情况满意度问卷调查及深度访谈、专家会谈,了解区内 12 家基层单位职工对立功竞赛活动的满意度认知、意见与建议情况。对 2014 年至今开展立功竞赛的成功经验、特色亮点、人文关怀、品牌效应、社会效益等进行提炼和分析。对近年来区医务工会开展立功竞赛活动效果进行分析研究,并就如何完善和深化立功竞赛的科学性、针对性和可操作性,进一步激发医务职工的智慧和潜能,进行积极的探索和认真的思考。

(一) 立功竞赛开展现状及成效

立功竞赛是为了激活劳动者的积极性和创造性,以提高业务水平和质效为目的的群众性竞赛活动,开展惠民实事工程立功竞赛是新时期提高社区卫生工作质量和家庭医生服务水平的实际需要。

1. 领导重视,立功竞赛组织有序

各级领导在思想和组织上十分重视立功竞赛的开展。自 2014 年以来,立功竞赛举办各类业务技能竞赛、岗位立功比拼 12 项次,授予先进团队荣誉 22 项、个人荣誉 85 项,颁发基层先进工作法、合理化建议 12 项,为 6 个家庭医生团建 6 特色项目提示展示平台;近两年,区总工会和区医务工会为立功竞赛的开展共投入费用 35.2 万元,从 120 份调查问卷中反映,医务职工对立功竞赛的总体满意率已达到 100%。

2. 服务中心,立功竞赛作用明显

家庭医生团队充分发挥主导作用,在社区卫生服务中心与区域内三、二级医院密切联动,搭建"双向转诊"通道,在疫情防控期间实现"闭环联合";健康驿站建设做到 12 个社区全覆盖。截至 2020 年底,全区家庭医生签约率达 31.58%,重点人群签约率达 64.62%。优秀家庭医生累计服务劳模、工匠 1 650 人次。调查问卷显示,95% 以上的职工认为,立功竞赛能始终围绕卫生健康工作,在助力社区卫生综合改革、推动医疗卫生服务体系和全专团队的整体运行效率提升等方面起到助推作用。2020 年结合社区疫情防控工作,开展社区抗疫先锋标兵、团队立功评比,鼓励社区卫生工作者切实履行"健康守门人"的职责和义务。统计显示,通过参加立功竞赛,有 85% 的家医团队成员获得专业技能的提高,82%

获得岗位能力提高；84%的职工综合素质得以提升，46%的职工职称获得晋升。

（二）疫情常态下立功竞赛需要关注的重点问题

随着时代的发展，人民健康理念的更新对社区卫生工作者业务能级、常态管理、综合素养等方面提出更高的要求。相较而言，传统立功竞赛在形式、内容、效果等方面还存在着一些需要完善和探索的地方，主要有如下问题。

1. 内容形式较为单一

立功竞赛偏重于传统项目，调查中，有42%的职工认为立功竞赛在载体设计、平台搭建、竞赛形式、成果展示上缺少创新性，欠缺新鲜感。有近六成职工认为立功竞赛没有从单纯的技能竞赛向复合型竞赛转变。

2. 立功竞赛评价机制形式不够健全

调查中有76%的职工反映竞赛奖项设置较为单一，对先进的表彰力度不大，建议进一步完善竞赛评估和奖励机制。立功竞赛实施意见中虽对重点任务和主要指标作规定，但在执行和落实过程中确存在不实际、不深入的缺点，对医务职工业务能力精进、社区卫生服务功能转变作用不够突出。

3. 长管长效作用不明显

传统立功竞赛多是工会"一家独大"，部分领导和职能部门也多少存在立功竞赛就是工会分内事的思想，而工会不是直接主抓业务的部门，对家庭医生及其团队实际情况掌握不够，致使立功竞赛虽作为工会的一项重要工作，但却从上到下停留于文件、止步于方案，缺乏后续的督促、检查，考核措施难以跟进。调查中，有43%职工认为立功竞赛多集中于特定时期或阶段，没有真正意义地融入日常工作的全过程。

（三）疫情常态下立功竞赛的形式探索和社会效益分析

坚持把握好"围绕中心、突出主题；创新引领、注重实效；立足班组、协同推进"三原则，认真分析探索新时期立功竞赛的理念、形式、内容和效果，使之焕发新的生机和活力，在社区卫生改革发展的关键时期发挥更大的作用，从而充分展示家庭医生的综合素养，展现家庭医生团队的职业风采。

1. 贴近民意，考评形式多样化

立功竞赛只有贴近中心、贴近重点、贴近一线、贴近实际、贴近职工才有生命力。倡导"治未病""健康全周期管理"等新健康理念的当下，竞赛在"赛技能""比业务"的同时可增加健康宣教、应急处置、团队管理、创新成果等综合能力形式进行考评。

（1）聚焦中心。突出"推进卫生新医改，当好健康守门人"主题，灵活有效选定竞赛内容和实现途径，注重解决社区卫生综改难题和家庭医生工作中的实际问题，使项目设置更加科学合理，更适合行业发展实际，符合职工需求，确保竞赛取得实实在在的效果，不断提高职工对竞赛的认同度、参与度和支持度。

（2）创新理念。改变以往"一个方案管一年"的竞赛模式，着力开展"长短结合、快慢结合、点面结合"的分段式、专项性竞赛，既体现立功竞赛总体要求，又突出时间紧、任务重的阶段性工作任务（如机场、隔离点防控）；既体现提高职工技能，又结合家医个性发展的时代特征；既有线下岗位办赛办会，又要探索线上"云赛场""云比武"；以"创"的理念、"新"的模式促进立功竞赛活动健康发展。

2. 创新形式，充分体现竞赛内容的系统性

立功竞赛要让职工有心动的亮点和新鲜感，使竞赛听起来心动，做起来劲足，这就需要不断深化立功竞赛的内涵，扩大外延，推陈出新，努力创新竞赛的载体、形式和内容。

（1）注重内涵提升、载体结合。通过家庭医生团队规范签约服务"服务明星"培树，进一步推进"1+1+1"家庭医生签约服务，深化服务内涵，提升服务能级。深化"小发明、小创造、小革新、小设计、小建议"等"五小"活动在基层开展，助力服务方式、服务流程、服务效能的不断优化。

（2）做好文化融合。坚持做好激励与关爱并举，持续深化"五送"实事项目，充分发挥GP（家庭医生）俱乐部作用，完善家庭医生"小蓝书"，推进家庭医生音乐疗愈减压项目，开设精神健康急救基础课程。

3. 推广疫情常态下立功竞赛成果的社会效益

疫情常态下，立功竞赛作为一项系统性、综合性都比较强的活动，工会与相关业务部门协同合作，发挥整体作用，合力推进，健全机制，以规范化、科学化推动立功竞赛取得实效，增强社会效益。

（1）职工自身价值提升，积极带动医疗服务需求。鼓励各基层单位将立功竞赛中涌现出的先进集体和人物同当年度考核、绩效奖励、上级评优、提升晋级结合起来，建立与工资奖金、职称晋升等挂钩的长效激励机制，提升社会医疗服务需求。

（2）合理应用多媒体途径正面宣传，改善医患关系，和谐社会进一步加强。医务工会不仅积极主动争取党委、行政重视支持，也善于协调各方力量，寻求有效载体，运用新媒体强化宣传先进典型。

四、总结

在"十四五"规划的大背景下,在积极贯彻"健康中国""健康上海 2030"战略,加快推进新一轮"健康杨浦"建设的大格局中,将"大健康"理念融入健康社区、健康城区建设,动员和组织广大医务职工深化杨浦区"推进卫生新医改,当好健康守门人"惠民实事工程立功竞赛,围绕服务中心工作、凝聚团队精神、焕发劳动激情、提高业务技能、提升职业素养目标,不断提升竞赛质量和水平,在助推社区卫生创新服务、改革转型、蓬勃发展的过程中展现立功竞赛强大的生命力,长效推动杨浦卫生健康事业高质量发展。科技创新是企业发展的原动力,通过开展重点工程立功竞赛活动方式和载体,充分调动公司及各参建单位员工科技攻关的积极性,激发员工的创造性,建立健全人才激励机制,有效提高工程建设管理能力和技术水平。

疫情常态下医务工会立功竞赛的形式在载体设计、平台搭建、竞赛形式、成果展示及创新性上有待进一步提高。但在社会效益方面,着重以医学院为引领、提升社区"医教研"综合发展能力;关爱职工,关注医务人员职业心理健康、改善医患关系,加强和谐社会建设有一定积极的引导作用。

(本文获第二十四届年会征文一等奖)

文化建设

上海公立医院文化建设现状及其影响因素分析

陈 玮 唐文佳 吴 平 俞郁萍

(上海交通大学医学院附属瑞金医院工会)

随着越来越多的产品被赋予文化价值,文化体现的价值越来越重要,由文化所产生的各种效益也随之增加。公立医院文化研究核心问题在于寻求可以提升组织有效性、组织核心竞争力的组织文化模式,提高医院文化理论对管理实践工作的指导作用。

一、对象与方法

(一) 研究对象

本次研究对象的选取原则上年龄不超过55周岁,硕士以上学位,担任副高及以上职称并有突出成果或掌握某一特定领域内的尖端知识和技能,或是医院发展急需紧缺的其他高层次人才。从实践上看,多数高层次人才主要集中在"学科带头人""学术骨干""高层管理者"上,可以是本土培养高端人才、海外引进高端人才和青年拔尖人才。

采用整群抽样、随机抽样相结合的方式,进行问卷调查,原始数据纳入数据库。发出问卷270份,回收有效问卷261份,有效问卷率96.7%,涵盖上海六家医院,分别是瑞金医院、瑞金医院北院、瑞金康复医院、仁济医院、新华医院、第六人民医院。

(二) 量表

基于Cooke & Lafferty的组织文化目录(OCI)、Denison(1990)组织文化测评(OCQ),设计调查问卷并加以修订;通过专家访谈、专题研讨等形式,将有效组织文化评价归为四个维度,分别是价值观念、一致性、参与性、适应性,总结提炼13个维度的63个组织文化条目。Alpha信度分析,克隆巴赫系数(Cronbach's alpha)均高于0.8,且每一题项的CITC均大于0.5;KMO值均大于0.5,且Bartlett球形检验P值为小于0.001,表明问卷具有良好的信度、结构效度。

二、对象与方法

(一)样本基本情况

本文研究的261份有效样本中,样本分布较为合理(见表1),分布公立医院区域较广,各有特点。样本结构比例具有一定代表性,能较好地反映公立医院高层次人才特点,符合设计预期。

表1 样本情况

类型	项目	频数	占比/%	类型	项目	频数	占比/%
所在医院	瑞金	55	21.1	年龄	26～30岁	20	7.7
	六院	55	21.1		31～35岁	42	16.1
	仁济	46	17.6		36～40岁	54	20.7
	新华	46	17.6		41～45岁	56	21.5
	瑞金北院	30	11.5		46～50岁	52	19.9
	康复医院	29	11.1		51～55岁	37	14.2
在院工作年限	1～2	0	0	岗位	院领导	15	5.7
	3～5年	12	4.6		中层管理者	43	16.5
	6～10年	37	14.2		临床科主任	109	41.8
	11～15年	67	25.7		学术骨干	57	21.8
	15年以上	145	55.6		PI	37	14.2
婚姻状况	未婚	11	4.2	性别	男性	130	49.8
	已婚	250	95.8		女性	131	50.2
党派	中共党员	162	62.1	用工方式	聘用制	41	15.7
	民主党员	68	26.0		正式在编	217	83.2
	无党派	31	11.9		第三方协议	3	1.1

(二)公立医院文化总体评价

根据表2,不同公立医院对文化建设评价具有统计学差异($P = 0.007$);医院文化有效性、医院文化满意度均值间也具有统计学差异($P = 0.011$)。

表2 不同公立医院对文化建设评价表

模块	医院	平均数	模块	医院	平均数
医院文化有效性	A	9.19	医院文化满意度	A	8.81
	B	8.92		B	9.08
	C	9.47		C	8.57
	D	8.71		D	8.72
	E	9.00		E	7.90
	F	8.85		F	8.62

(三) 影响医院文化建设相关性分析

1. 年龄

通过单因素方差分析(见表3),在医院文化模块中,仅"社会责任"在年龄上有显著差异($P<0.05$),调研样本中36~40岁认为社会责任这项指标在医院文化评价与建设中十分重要,31~35岁认为其重要性程度较其他年龄段偏低。

表3 不同年龄层社会责任评价情况表

模块	年龄/岁	平均数	标准差	标准误	F值	显著性
社会责任	26~30	9.05	0.54	0.17	2.36	0.042
	31~35	8.82	1.03	0.19		
	36~40	9.40	0.56	0.10		
	41~45	9.36	0.75	0.12		
	46~50	9.02	1.11	0.20		
	51~55	8.95	0.93	0.15		

2. 岗位

在医院文化模块中,"持续发展""价值认同"在岗位方面有显著差异($P<0.05$)(见表4)。

表4 不同岗位评价情况表

模块	岗位	平均数	标准差	标准误	F值	显著性
持续发展	医生	8.78	0.98	0.13	2.52	0.043
	专职科研	8.80	0.56	0.10		
	高级技师	9.24	0.64	0.21		
	行政管理	8.28	0.87	0.10		
	其他专技	8.20	1.02	0.17		

续表

模块	岗位	平均数	标准差	标准误	F 值	显著性
价值认同	医生	8.79	0.94	0.13	2.50	0.045
	专职科研	7.67	0.72	0.11		
	高级技师	8.96	0.97	0.32		
	行政管理	9.21	0.79	0.09		
	其他专技	8.92	0.93	0.15		

3. 职务

在医院文化模块中,"持续发展""价值认同""制度规范""组织协调"在职务方面有显著差异($P<0.05$)(见表5)。

表5 不同职务评价情况

模块	职务	平均数	标准差	标准误	F 值	显著性
持续发展	院领导	9.05	0.93	0.33	2.68	0.024
	职能科室负责人	9.34	0.73	0.10		
	临床科室科主任	9.03	0.92	0.18		
	临床学科带头人	9.00	1.41	1.00		
	临床学术骨干	8.74	0.94	0.19		
	PI、课题负责人	8.91	1.01	0.30		
价值认同	院领导	8.96	0.67	0.24	2.84	0.018
	职能科室负责人	9.26	0.80	0.11		
	临床科室科主任	8.97	0.93	0.18		
	临床学科带头人	9.33	0.94	0.67		
	临床学术骨干	8.54	1.03	0.21		
	PI、课题负责人	8.46	1.15	0.35		
制度规范	院领导	9.72	0.78	0.28	2.50	0.034
	职能科室负责人	9.52	0.64	0.08		
	临床科室科主任	9.39	0.67	0.13		
	临床学科带头人	9.50	0.71	0.50		
	临床学术骨干	9.19	0.82	0.16		
	PI、课题负责人	8.09	0.82	0.25		
组织协调	院领导	8.48	1.06	0.37	3.05	0.013
	职能科室负责人	9.22	0.71	0.09		
	临床科室科主任	8.78	1.08	0.22		
	临床学科带头人	9.50	0.71	0.50		
	临床学术骨干	8.45	1.16	0.23		
	PI、课题负责人	8.87	1.01	0.31		

4. 薪酬水平

"创新变革"在不同薪酬待遇水平上有显著差异($P<0.05$)。月收入处于1.0万～1.5万的受调查者认为"创新变革"最为重要;此外,月收入高于2万的受调查者对敬业度评价最高(见表6)。

表6 不同薪酬评价情况

模块	月薪/元	平均数	标准差	标准误	F值	显著性
创新变革	5 000～10 000	8.89	0.96	0.14	2.48	0.046
	10 000～15 000	9.41	1.92	0.25		
	15 000～20 000	8.77	0.98	0.17		
	20 000以上	8.93	1.04	0.20		
人才敬业度	5 000～10 000	8.41	1.13	0.16	2.97	0.021
	10 000～15 000	8.79	1.06	0.14		
	15 000～20 000	8.72	1.02	0.18		
	20 000以上	9.10	0.79	0.15		

三、讨论

(一) 个体因素对公立医院文化建设具有一定影响

医院文化建设指标重要性在某些个体因素中具有统计学差异,主要体现在年龄、工作年限、薪酬水平等。年龄与"授权""组织协调"指标显著负相关,体现了随着年龄增长,高层次人才对于"授权""组织协调"重视度逐渐降低,并对持续考核重要工作、跨部门工作协调、不同级别员工具有一致目标、遇到冲突会寻求双赢的解决方案等行为产生影响。此外,"第三方协议"用工方式对医院文化有效性评价最低。这也向医院管理者提示,在高层次人才管理工作中,须明确用工方式,将人才优先吸纳"正式在编",对医院文化认同、职业持续发展、工作满意度等各方面均具有积极意义。最后还发现,婚姻状况也会影响组织文化评价,已婚组对"组织协调"最为重视。

每个员工都有各自的价值观、生活和工作方式,都有各自的个体文化。而个体文化与医院文化之间必然存在差异。要充分发挥医院文化有效性,必须实现文化的整合,使个体文化对医院文化产生认同感,形成共同的价值观念。良好的医院文化是留住人才的制胜法宝。文化吸引、激励、留住高层次人才,是医院文化的一项重要内容。公立医院能否吸引、留住和有效使用人才并不决定于薪酬水平，而在于能否构建使人才脱颖而出的机制，能否形成良好的医院氛围，是否具有人才发挥作用和施展的舞台。最重要的是让员工感到他们是在做有意义的事，且在此有很大的发展空间。

（二）把握不同公立医院文化特征，关注重点岗位人才需求

每家公立医院有着不同的文化，也潜移默化地影响着医院建设与发展。调查显示，医院文化特征差异性对医院文化表达、医院文化有效性、医院文化影响力、医院高层次人才管理工作都会产生不同程度的影响。在不同岗位高层次人才中，对"持续发展""价值认同"有显著差异。专职科研岗位最重视"持续发展"指标，且认为医院文化需显示明确的使命、发展愿景和战略目标；专职科研岗位最不重视"价值认同"，而管理岗位人才最重视"价值认同"。

研究发现，大部分员工对学习的定义过于狭隘，将其理解为"解决问题"。大部分人关心如何找出并解决外部环境中存在的问题，但持续性学习包括领导和员工的自我反省。同时，医院管理者有时会想当然地认为学习主要和动机有关，只要员工态度正确，愿意投入，自然会开始学习。但有效的学习并非只是由感觉驱动的行为，而是员工思维方式的反应，即人们做出选择和行为背后的认知规则或思考模式。研究表明，员工支配自身行为的趋势与四个基本价值有关——保持单方控制、尽可能多"赢"、压抑负面情绪、尽可能保持"理智"（制定清晰的目标并据此评估自己的行为是否能达成目标）。

（三）培养变革和创新文化，提升员工学习能力

本文发现，六家医院对医院文化有效性有着高度一致地认识，并认为医院文化建设事关医院发展方向、速度。在公立医院文化建设指标中，重要性排名前五依次是：制度规范、社会责任、成本控制、竞争意识、员工发展。

当今竞争激烈的医疗行业，员工发展与学习决定着医院发展，但大部分人并不知如何学习，尤其是那些被认为学习能力很强的高层次人才并不擅长学习。全球管理咨询公司 Lee Hecht Harrison 调研指出，决定人才未来成功的三大要素是达成业绩、具备岗位相应的领导力和敏锐度。以中国的数据为主的学习敏锐度测评工具 TALENT，从七个维度来衡量一个人的学习敏锐度，综合反映了一个人在人和事两个方面应对多变环境的能力和意愿。这七个维度是：思维视角、人际敏锐、变革意愿、驱动卓越、环境敏感、响应反馈和洞悉自我。

组织敏锐度反映了一个组织迅速适应环境变化,及时调整战略、业务流程、组织结构和管控模式,培养变革和创新文化,在动态环境下保持高绩效发展的能力。但组织敏锐度最终还是要依赖于组织的基本细胞——人。因此,个体迅速学习,并将所学运用于新的、具有挑战性的情境下获得高绩效的能力和意愿,是组织文化中应提倡和推崇的。

医院文化以价值观管理为核心,与医院上至领导下至员工关系紧密。对文化进行诊断,逐渐形成共识,制定文化战略及目标,最后建立文化体系。公立医院文化管理势必是个系统性工程,也势必将会是医院未来研究的核心领域。

(本文获第二十三届年会征文二等奖)

医院文化建设与职工满意度的调查研究

倪瑞珺　栾　骁

(复旦大学附属中山医院工会)

医院文化是受社会文化和现代意识影响下,形成具有医院特征的群体意识。它包含医院在长期服务中形成的独特价值观、道德规范、服务意识等。医院文化建设以人本理念为基础,不仅是规章制度,而且会影响组织结构、管理模式、工作氛围和职工行为习惯。它关注职工需求,激发积极性,形成良好合作氛围,促进文化传承与发展,提高医院竞争力,确保可持续发展。文化建设与职工满意度相辅相成,良好的医院文化能够提升职工的工作满意度,而满意的职工更有动力参与文化建设,共同促进医院的发展和进步。本文旨在通过对复旦大学附属中山医院(简称"中山医院")职工进行文化建设和职工满意度调查,以期探讨医院文化建设与职工满意度之间的关系,为医院管理提出措施建议与依据。

一、研究对象与方法

(一) 研究对象

以2023年的复旦大学附属中山医院的全体职工为研究对象,包含医生、护士、医技、行政、后勤工作人员等。

(二) 研究方法

本研究对本院职工进行随机抽样问卷调查。调查问卷包括基本信息、文化建设、满意度三个部分。文化建设问卷采用丹尼森组织文化问卷,共包含60个条目;满意度问卷以明尼苏达满意度量表为基础,并根据实际情况进行改编,共包含了21个条目。

问卷采用Likert态度量表5点计分法,非常满意记为5分,比较满意记为4

分,一般或不确定记为 3 分,不太满意记为 2 分,非常不满意记为 1 分。同时,将满意度分为六个维度和内、外在满意度两个方面。其中六个维度即为工作责任感和外在奖励情况、同事关系和科室间的合作、职工对医院组织承诺及忠诚度、医院发展和自己职业规划、工作环境、工作压力。内在满意度和外在满意度的各项总分平均得分大于 4 分记为 1,小于 4 分记为 0。文化建设则分为参与性、一致性、适应性、使命感四个方面。

(三) 统计学方法

采用 SPSS 25.0 软件进行数据分析。计量资料符合正态分布者以均数±标准差($\bar{x} \pm s$)表示,采用 t 检验;不符合正态分布者以中位数(四分位数)[M(P25,P75)]表示,采用 Mann-Whitney U 检验。计数资料以频数(n)和构成比(%)表示,采用卡方检验或 Fishers 检验。采用多因素 Logistic 回归分析法对筛选所得的影响因素进行分析。以 $P<0.05$ 为差异有统计学意义。

二、结果

(一) 研究对象的基本情况

本次研究共收集 543 份。总体满意度得分为[(4.52±0.62)分],其中 36～40 岁的满意度为[4.95(4.52,5)分],护士的满意度为[(4.79±0.03)分],硕士的满意度为[4.95(4.57,5)分],以上位于满意度的前三。在 21 个方面中,得分较低的满意度分别为收入与工作量[(4.06±1.08)分]、职位晋升的机会[(4.21±0.96)分]。在文化建设方面,分别为参与性[(4.38±0.57)分]、一致性[(4.22±0.53)分]、适应性[(4.01±0.49)分]、使命感[(4.32±0.49)分]。

(二) 研究对象的六个维度的满意度得分情况

将满意度分为六个维度,其中较低得分的维度为工作责任感和外在奖励情况[(4.31±0.71)分],其余为工作环境[(4.52±0.56)分]、同事关系和科室间的合作[(4.57±0.49)分]、职工对医院组织承诺及忠诚度[(4.65±0.64)分]、医院发展和自己职业规划[(4.52±0.67)分]、工作压力[(4.59±0.60)分]。

(三) 影响职工满意度的相关因素分析

在内在满意度方面,根据单因素 Logistics 分析结果显示,女性、36～40 岁、工作年数、护士、行政、硕士学历、使命感、适应性、一致性、参与性与内在满意度的差异具有统计学意义（$P<0.05$），而多因素分析得使命感、参与性与内在满意度的差异存在统计学意义（$P<0.05$）。在外在满意度方面，单因素分析显示使命感、适应性、一致性、参与性与外在满意度具有统计学意义（$P<0.05$），其余因素未见统计学意义。

三、讨论

（一）职工对医院文化建设的总体认知和满意度情况

本研究显示，中山医院职工对医院文化建设的认知度和满意度都较高。本研究发现随着教育程度、职称、年龄越高，满意度越高。其中硕士、中级职称、收入20万~50万、36~40岁职工满意度较高。其他研究也表明医院文化的满意度在教育程度、工作年限、收入之间存在差异，学历越高，其满意度评分也越高；职称越高，满意度越低。

（二）医院文化建设与职工满意度相辅相成

在医院文化建设中，医院职工满意度与医院文化的发展密切相关，二者应相辅相成，相互促进。医院文化建设被视为一项综合性工程，其成功实施依赖于全体职工的广泛参与和集体努力。职工满意度作为评估医院文化建设成效的关键指标，反映了职工对医院文化的深度理解和认同程度。这种认同是塑造共同价值观和行为规范的基础，对于医院文化的深入实施至关重要。同时，医院文化的繁荣发展亦依赖于职工满意度的持续提升。只有在物质和精神层面上充分满足职工的需求并促进其成长，才能有效激发职工的工作热情与创新能力，进而为医院的持续发展注入智慧与活力。

本研究发现中山医院在文化建设过程中，职工的使命感、参与度与内在满意度之间存在显著的相关性。医院工会在增强职工的使命感和提升其参与度方面发挥了积极作用，从而提高了职工的满意度。例如，医院工会搭建职代会提案网上征集和全流程办理系统，有效促进了民主管理的实践和医院管理制度的现代化。该系统使得职工更便捷地提出宝贵的意见和建议，不仅提高了职工的参与度，也增强了他们对医院发展的责任感。而且职代会提案始终关注医院的高质量发展和国家医学中心建设，以及关心关爱职工实事项目，鼓励职工为医院的全面进步和职工福祉提供建议。此外,通过参与医院丰富多彩的文化活动,职工得以深刻领会医院的价值观与文化底蕴,进而形成了统一的文化共识和认同感。以连续举办25年的"中山医院杜鹃花节暨体育文化节"为例,2023年成功举办了城市定向赛、电子竞技赛等多种活动,旨在通过寓教于乐的方式深化医院文化的根基。中山医院工会作为全国职工书屋示范点,不断完善职工书屋设施,实现信息化管理,并定期举办中山医院读书节活动,以丰富职工的文化生活并满足其文化需求。而且通过劳模工匠选树和劳模工匠创新工作室的创建,医院为广大职工树立了先进标杆,形成了争先创优的浓厚学习氛围。中山医院的"语言艺术基地"和"时装展示基地"作为上海市医务职工文体活动基地,为职工们展示个人才华和交流学习的平台,在参与各类文体活动中屡获佳绩,从而有效提升了职工的归属感和团队凝聚力。

(三)医院文化建设的相关举措提升职工满意度

1. 建立有效的沟通渠道和机制

建立开放透明的沟通渠道,积极听取职工的意见和反馈,让他们参与医院的决策和建设过程,增强职工的参与感和使命感。一般而言,与医院文化建设有关的制度、规章等都是由医院高层次的行政管理人员参与制定,导致不够全面,从而使得其他人员对医院文化建设的认知度和满意度不够。医院管理层应该委派工会或者人事部门定期开展各部门、各级别职工的访谈活动,了解当前环境下各职工的需求情况,并加以分析,争取针对性满足职工的合理需求,为他们创造更加民主和人性化的工作氛围,让他们感受到医院的关怀和支持,从而更好地融入医院文化建设的过程。比如,定期组织问题反馈会议和访谈活动,解决职工关注的问题,及时改进医院的工作和管理。在文化建设过程中需要多听取不同文化程度、不同就职时间、不同职业等医务人员的建议。研究发现,资深职工在医院中发挥着稳定基石的作用,他们因工作经验丰富、感染力强、态度认真,对激发年轻职工热情有显著影响。他们注重自我价值和薪酬公正性,因此,细化和完善绩效考核指标体系变得至关重要。相比之下,年轻职工充满活力和朝气,但医院工作的特殊性质可能使他们面临时间压力、收入不足和社会压力。他们的主要需求包括薪酬合理化、工作环境改善和医疗技术升级。为满足这些需求,医院应不断优化工作环境,创造更有利的工作条件。

2. 关注职工需求和福利

合理设置薪酬福利制度,提供良好的工作环境和发展机会,有助于提升职工满意度。尤其是,切实解决医院职工的实际困难,如提供心理健康咨询、家庭关怀计划和子女教育资源支持,以减轻职工的生活压力。这些措施不仅能够直接应对职工的需求,还能够增强职工对医院的归属感和忠诚度,从而为医院的长期发展注入持续的动力。例如中山医院作为全国总工会设立的"爱心托管班",致力于解决职工子女假期看护问题。为了更好地满足职工需求,2023年工会进行了"职工亲子工作室"的深入调研和全面规划,力求打造更为优雅、温馨的环境。此外,工会亦高度重视职工的身心健康,正积极推进"巴林特小组"心理关爱项目,通过各种专题活动,为职工提供全方位的心理支持和帮助,共同促进医院与职工的和谐发展。

3. 丰富培养医院文化意识的形式

开展医院文化宣传活动,增强职工对于文化建设的认同和参与意识。设立院史陈列馆,将珍贵的历史物件、图文影像资料保存于馆内,供职工参观。职工感受医院历史有助于融入医院。借由传统媒体及新媒体多渠道、多角度宣传医院文化,并形成宣传机制,覆盖至全院所有职工。持续宣传之外,多形式的学习也能帮助医院文化扎根职工内心。此外,建立全院范围内的职工培训管理部门,定期开展培训活动,满足不同职工群体的培训需求。培训内容应涵盖医院文化的理念和目标,帮助职工深入了解和认同医院的核心价值观。进一步调研,明确各不同职务、层次职工的培训需求。整合各类培训资源,建立一个持续的学习、交流的平台,为医院职工提供持续的培训机会和同行之间的交流机会。同时,形成阶段性培训机制和制度,并通过多种渠道如微信推送、自媒体直播、短视频录制等,对较为简单的培训内容进行传播教学。

四、总结

医院文化建设是医院发展的基石,也是医院职工满意度的重要影响因素。医院管理者应该认识到文化建设在医院职工满意度中的重要性,通过与职工密切合作,充分发挥医院职工的积极性和创造力,共同建设一个积极向上、和谐稳定的医院文化。只有在医院文化建设和医院职工满意度相辅相成的基础上,医院才能更好地应对新的挑战,提供更优质的医疗服务。

(本文获第二十六届年会征文二等奖)

在医院文化建设中传承中华传统文化的实践探索
——以上海中医药大学附属龙华医院为例

陈 豪 刘 胜 周雨花 张艳丽

(上海中医药大学附属龙华医院工会)

医院文化是医院在长期医疗服务过程中,逐步形成并日趋稳定,为全体员工所认同与遵守的独特的价值观和医院精神,以及由此而产生的道德观念、行为规范、理想愿景、制度传统和医院管理特色、服务理念、经营策略等,反映的是医院综合的管理理念和意识形态。中华传统文化是中华文明成果根本的创造力,是民族历史上道德传承、各种文化思想、精神观念形态的总体。医院文化是社会主义文化的重要组成部分,要充分发挥中华传统文化价值,为医院文化建设提供精神动力,为汇聚医院软实力、提高医院文化自信提供坚实基础。中国共产党既是中国先进文化的积极引领者和践行者,又是中华优秀传统文化的忠实传承者和弘扬者。在医院文化建设过程中,应充分坚持医院党委领导核心,发挥党组织在提高医务人员思想道德素养和科学文化素养等方面的组织优势,发挥党组织引领作用和党员先锋模范作用,为打造医院文化良好氛围起到积极的引导和推动作用。

一、在医院文化建设中传承中华传统文化是时代的需要

(一) 用中华传统文化激发医院文化自信

习近平总书记在党的十九大报告中强调,"文化是一个国家、一个民族的灵魂。文化兴国运兴,文化强民族强。没有高度的文化自信,没有文化的繁荣兴盛,就没有中华民族伟大复兴",并指出,"中国特色社会主义文化,源自于中华民族五千多年文明历史所孕育的中华优秀传统文化,熔铸于党领导人民在革命、建设、改革中创造的革命文化和社会主义先进文化,植根于中国特色社会主义伟大实践"。这些重要论述,为医院文化建设工作在新的历史起点上实现新的奋斗目

标指明了方向、提供了遵循。

文化自信,是对自身文化价值的充分肯定和对自身文化生命力的坚定信念。这种自信很大程度上来自历史、来自中华民族优秀的传统文化。在我国经济社会深刻变革、对外开放日益扩大、各种思想文化交流交融交锋的背景下,医院应以新时代中国特色社会主义思想为指导,发挥党组织核心领导作用,坚守中华文化立场,立足当代中国现实和医院特点,深化对中华优秀传统文化重要性的认识,深入挖掘中华优秀传统文化价值内涵,结合医院实际,推动中华优秀传统文化创造性应用和发展,文以载道,以文化人,通过医院文化建设,展现医院精神风貌和提升医院文化自信。

(二)从中华传统文化汲取医院发展动力

中华传统文化是医院文化建设的动力和源泉,医院应当坚持中华优秀传统文化引领,不断汲取中华优秀传统文化精髓,将优秀传统文化融入医院工作的各个方面,有利于提升医院文化建设内涵和成效。中华优秀传统文化是中医药文化的根基,中医药文化又是中华优秀传统文化的重要组成部分。随着社会的发展,特别是在经济全球化、文化全球化的背景下,中华传统文化一方面遭受到了冲击和挑战,另一方面其价值也越来越受到重视。此外,中医学对中华民族的繁衍昌盛及人类的医疗、保健实践做出巨大贡献,它之所以在科学发达的今天仍然保持极大的活力,根本原因在于它深深地植根于中华传统文化的土壤。中华传统文化是中医保持生命力的根源所在,中华传统文化的盛衰决定着中医学发展的盛衰,中华传统文化与中医药文化密不可分,要传承和发展好中医药事业,也离不开对中华传承文化的传承和发扬。因此对比西医医院,对于中医医院的文化建设来说,一方面中医文化特色为传承中华传统文化提供了条件,另一方面也给医院文化的具体实践提出了更高的要求。要坚持为人民服务、为社会主义服务,坚持医院文化的创新性建设,铸就医院特色文化,使之成为医院发展的强大精神动力。

二、在医院文化建设中传承中华传统文化的实践探索

立足中华优秀传统文化,思考中华优秀传统文化与医院文化建设的关系,结合医院文化建设现状,挖掘和探索在医院文化建设中传承中华优秀传统文化途径,培育可持续性品牌项目和特色文化路径。以上海中医药大学附属龙华医院

为例,龙华医院积极发挥医院党组织文化阵地作用和思想政治工作实践优势,传承弘扬中华优秀传统文化引领,加强医院文化建设,凝聚"严谨、仁爱、继承、创新"的医院精神和文化。龙华医院医院文化建设中传承中华优秀传统文化的具体实践可以用"仁、和、精、诚"四个字来概括。

(一)仁:医乃仁术,中华传统文化融入医院核心价值观培育

医院发挥党组织的政治核心作用,为医院文化建设提供正确的价值导向,探索将中华优秀传统文化融入医院核心价值观的培育和实践,坚定文化自信,传承医德信仰,医院核心价值体系的构建应体现社会主义核心价值观、中医药文化核心价值、职业精神等,形成核心价值体系、行为规范体系、环境形象体系。医院强化文化载体建设,编制《龙华医院中医药文化核心价值读本》,这是医院全体员工信奉和遵守的共同观念,读本分为核心价值观、经典论述篇、文化传承篇、医德典范篇、文化品牌篇五个篇章,充分体现了中华优秀传统文化和医院文化的核心价值。顺应新媒体时代传播特点,编制《龙华医院中医药文化核心价值读本系列之漫画中医故事》,运用诙谐生动的漫画形象,呈现中华传统优秀医德医风故事,激励医务工作者学先贤、崇医德。

为强化医院人文关怀,激发医院员工人文道德关爱,为患者提供人性化服务和人文关怀,医院常年开设道德讲堂,积极探索中华优秀传统文化融入医院医德医风教育中的途径,将中华优秀传统文化内容融入"道德讲堂"。如邀请昆曲艺术家作昆曲专题讲座,让职工体会文化的交融,品味昆曲之雅致;邀请中国国礼导师分享旗袍文化、中华礼仪的内涵,提高职工美学素养,提升职业礼仪。将中华传统文化核心理念融入医院各类文化活动中,在全院营造良好的传承中华传统文化氛围,促进医院文化建设。医院自2001年起每年举办中医科技文化节,每届围绕主题组织开展丰富多彩的文化活动,传承中华传统文化,以文化人,提高职工人文素质,促进医院发展。在2018年首个"中国医师节"庆祝活动中,也融入了民族音乐文化、武术文化、师承文化、中医药文化等中华传统文化,展现现代化医院的人文气质和文化自信。

(二)和:医患信和,中华传统文化融入医务志愿服务

医院的公益性质要求医院必须勇担社会责任,这是社会发展赋予医院的使命,医院必须关注着国家发展和社会需求,把强化社会责任、知识服务社会等作为医院文化建设的重要任务,积极发挥党员先锋模范作用,积极发挥中华传统文

化中的和谐思想和表现形式,勇于创新医务志愿服务模式,医患携手,共建和谐医患关系。

龙华医院是上海市卫生系统授予的首批"上海市志愿者服务基地",常年通过具有特色优势的志愿服务打造志愿者服务品牌,医院志愿者队伍主要由党员志愿者、医务志愿者、社会志愿者组成,不断探索将中华优秀传统文化融入医院志愿服务创新模式实践,积极开展中华优秀传统文化进病房项目。经过广泛调研,医院相继成立志愿服务小组,把志愿服务与优秀传统文化有机结合,更好地服务患者,成立了"心和明智"棋艺小组活动、"心随手动"剪纸小组活动、"墨韵人生"书法小组活动,在多个病房定期开展主题活动。此外,医院还在中华传统节日开展特色志愿项目,如在端午节开展"闻香识囊,端午情长"端午节香囊制作活动,在元宵节开展"欢庆闹元宵,喜乐灯谜会"传统文化进病房活动,较好融合了中华传统文化中的饮食文化、民俗文化、中医药文化等,通过充满中华传统文化特色的志愿活动,传递医院的人文温度,也让患者在潜移默化中感受中华传统文化魅力,体现文化建设的价值。

(三)精:精益求精,中华传统文化融入医疗细节服务

医院作为向全社会提供健康服务的医疗机构,服务文化建设是其日常建设工作的重要内容。在传统文化的影响下,医院的文化建设可以实现"人人重视、人人参与"的良好格局,为新时期的医院发展奠定稳固的基础。

坚持"以人为本"是医院文化建设的出发点和落脚点,为进一步深化推进医院精神文明建设工作,强化文明服务意识,医院完善党建管理制度,探索将中华优秀传统文化融入医院医疗细节服务中的途径,将中华传统文化融入各种规章制度的制定和实施过程中。建立党员亮身份制度,创建"党员责任区",建立健全诊疗行为规范、言语仪表规范、教学传承规范、特定礼仪等,关注自身的一言一行,认真履行各项规范要求的行为服务准则;完善党内考核机制,进行党员个人服务综合评价体系,充分发挥党员先锋模范作用带动身边同事共同提高医疗服务质量,守护百姓健康。医院将中华优秀传统文化内涵注入服务文化、环境文化建设等方面,发动党支部在全院各病区开展文明空间建设,在病区有限的空间内打造富有人情味的医患空间。如建设在肿瘤六科病区的"苁蓉驿站"是为患者提供移情治疗的场所,空间内包括植物角、图书角、情志治疗室以及病区走廊文化墙;苁蓉之名源于中药材苁蓉,有从容之意,传递给肿瘤患者从容心态,帮助他们重树人生信心。肾病科病区的"鉴肾空间"则利用健康走廊、健康墙、食物模型等工具,将专病专科知识、中医人文关怀传递给患者;"鉴"为鉴别,又与"健"谐音,寓意以动静结合健康教育形式,引导患者掌握肾脏健康方式。

(四)诚:心怀至诚,做中华传统文化的传播者

医院应注重医院文化建设成果和优势的辐射,做好传承的同时也应做好传播,通过媒体宣传、行业内外交流等,助力中华传统文化的传播,增加群众获得感。中医院是中医药文化继承和创新、展示和传播的重要场所,医院通过跨行业合作,以党建共建为纽带,打造文化传播品牌项目。如与上海地铁共建"健康文化区",设立在4、7号线东安路站;与徐汇图书馆共建"龙华健康课堂",根据市民读者等的健康需求开展主题公益健康文化活动。中华传统文化博大精深,蕴含着丰富的教育资源,是青少年汲取的重要精神养料。青少年是祖国的未来和民族的希望,承担着传承和弘扬中华民族优秀传统文化的重要使命。医院长期致力于向青少年普及中医药健康知识,通过讲课、互动体验,开展"中医药科普课程进课堂"等活动把中医药文化传递给青少年。

中医药饱含中华优秀传统文化,是文化走出去的一支重要力量。医院注重中医药文化国际传播,讲述中国故事,通过承担马耳他中医中心项目建设,医务人员除了让中医药为马耳他人民提供更多的健康保障外,中医药文化讲座也被首次纳入到马耳他家庭医生培训课程,推动中医在马耳他及欧洲的发展,促进中医药文化国际传播,助力国家"一带一路"倡议。此外,医院凭借中医药诊疗特色和中医药文化内涵,在国际JCI认证过程中在国际标准上勇做中医加法,彰显新时代现代化中医医院的责任担当和文化自信。

三、思考与体会

(一)要坚持党组织在医院文化建设中的引领作用

医院党组织不仅是医院文化建设的核心引领者和组织者,更应该是医院文化建设的有力践行者,在医院文化建设中要有效发挥医院党组织的政治核心作用,体现医院党支部的战斗堡垒作用。党组织要按照中国特色社会主义文化的要求,以坚定的理想信念、准确的政治方向、正确的价值理念和规范的行为导向对职工加以正确的引导,推动医院沿着正确的轨道健康地、可持续地发展。医院党组织应探索通过党组织自身建设、创新文化实践载体、加强人文关怀、健全医院运行管理机制等途径开展具体实践,在医院文化建设中形成"一个党员就是一面旗帜"的良好局面,引导和带领其他职工共同传承建设医院文化。同时,通过医院文化建设也能不断增强医院党组织的凝聚力、创造力,是加强党的先进性建设的有效载体。

(二)要利用融媒体平台提升中华传统文化的现代表达

医院文化建设过程中要传承好中华传统文化,必须要根据医院目标、时代特点、新技术应用手段等不断创新升华,突出特色,丰富载体,保持医院文化的活力,要在传承方式上注重创新发展。在"互联网+"时代,中华优秀传统文化可以借助多种媒体媒介来对文化传承和建构进行宣传,让人们在生活中随时随地都可以接触到优秀传统文化的信息,从而在潜移默化中将传统文化进行传承,这种文化传播途径覆盖面广、影响力大、传播路径和纬度多,能够让中华优秀文化达到最好的传承效果。在实践探索中,医院也尝试使用漫画、快闪等符合"互联网+"时代传播特点的方式来提高中华传统文化传承效果,医院应进一步利用新媒体平台,如微信、微博、官网等平台对传统文化进行传播,使"互联网+传统文化"变为新常态,加大对传统文化弘扬的力度,提升传统文化传承效果。

(三)要发挥教育在传承中华传统文化中的基础性作用

医院党组织应做好新形势下思想政治教育工作,必须坚持目标导向和问题导向,切实提升思政工作的广度、深度、效度和信度,形成合力育人、协同育人的长效机制,推进全员全过程全方位育人。教育作为中华优秀传统文化传承的重要途径,具有系统性、传承性、完整性和教育性的综合特征,在中华优秀传统文化传承中具有较高的引导与促进价值。在医院文化建设过程中,通过优秀传统文化与思想政治教育相融合,充分利用优秀传统文化中的思想教育资源,将优秀传统文化融入医院思想政治教育中,受众不仅仅是医院广大职工,尤其是临床医学院的广大医学生们,对于他们的道德修养有一定的提升作用。有学者表示传统文化提倡"泛爱众,而亲仁",在医院文化建设中,要把文化建设理念延伸到人,应该切实做到"以人为本",让医务工作者充分认识到自己的责任,把仁爱精神体现到诊疗活动的一言一行中去,这是对传统文化的实际践行。

(四)要关注医院文化建设中的中西文化碰撞和融合

在医院文化建设中,也应关注所面临的中西文化的差异和融合的问题。各种外来文化特别是西方文化的影响已经深入到社会经济和文化生活的方方面面,冲击了中华传统文化的价值观念、文化结构和文化模式。不可忽视有部分人群存在片面追求西方文化、忽视本民族文化的现象。随着国际交流的增多,医院文化建设中面临的不仅是中医、西医或中西医结合的问题,更多的是在交流过程中面对的中西文化的差异和碰撞。中华传统文化的传承不是一蹴而就、立竿见影的,而是一个长期的、循序渐进的过程,为使中华传统文化的传承不浮于形式、流于观念,就需要一套精准的、完善的、具有可操作性的制度体系,以保证传承工作的顺利进行和科学落实,进而提高中华优秀传统文化传承体系构建的实效性。此外,在医院文化建设过程中,中华传统文化的传承和创新是一项长期工作,不仅要在继承的基础上创新,也要在创新的指导下继承,擅于继承才能少走弯路,勇于创新才能开拓前进,两者辩证统一。这样才能帮助解决在医院文化建设中所面临的中西方文化差异和碰撞的问题,促进共同进步。

四、结语

医院不仅是提供医疗服务的专业机构,同时应具备文化自觉,勇于承担文化责任与使命,医院要坚持党组织引领,引导医院文化不断创新、健康发展,坚定文化自信,必须传承好中华优秀传统文化这个"魂",将中华优秀传统文化融入医院文化建设各方面,使之成为医院发展的强大精神动力,服务百姓健康,服务健康中国战略。

(本文获第二十五届年会征文二等奖)

基层医疗机构立体职工书屋建设对策研究

费 苛 沈 艳 王 燕 冯爱成 纪 慧

（华东疗养院工会）

中国工会十七大报告指出，"全国工会加强和改进职工思想政治工作，加强职工职业道德建设，扎实开展精神文明创建活动，积极培育职工文化，建设职工书屋10万多家，辐射职工6 000万人以上，引导职工践行社会主义核心价值观。"习近平总书记强调要"加强对职工思想政治引领"，明确要求发挥职工书屋等宣传阵地作用。全总也将职工书屋建设列入工会工作重要任务，对职工书屋建设工作提出更高、更新的定位和要求。

当前在党的十九大、全总十七大精神感召下，新时代基层工会积极响应全总号召，加强职工思想政治引领，努力探索并深化医务职工品牌书屋工程，发挥职工书屋宣传阵地作用，打造健康文明、昂扬向上、全员参与的职工文化。同时紧贴医疗卫生行业特色，在"互联网+"工会服务模式下，探索全方位、多层次的立体职工书屋模式，打造独具医疗卫生行业特质的职工书屋品牌。

一、卫生系统职工书屋建设现状及原因分析

课题组以15家上海市卫生健康系统下属医院、站所为研究对象，通过电子问卷调查、实地调研等，分析目前职工书屋建设现状及管理使用情况。共计回收有效问卷524份，收到建议425条，同时上海医务工会关于2018年医务职工读书活动的调查问卷也为课题组提供大量翔实数据；实地调研北京中国工人出版社以及行业典型医院2家；交流访谈行业典型站所2家。在此过程中，了解掌握全总职工书屋的建设理念和未来发展规范、职工书屋政策信息及典型经验，深入了解医务职工对职工书屋建设的具体需求，进一步了解基层工会职工书屋建设在开展读书活动、引领广大医务职工践行社会主义核心价值观方面发挥的积极影响。

历经 10 年建设,目前上海卫生系统共有职工书屋 237 家,其中全国示范性职工书屋 73 家,上海市示范性职工书屋 47 家,区级层面职工书屋 128 家。职工书屋场地总面积 10 440 平方米,总藏书量 464 018 册,报刊数量 30 095 种,电子音像制品 5 866 张,联网电脑 1 947 台,积极引领医院职工文化,坚守意识形态领域,将医务职工最广泛最紧密地团结在党的周围;在进一步倡导医学人文精神,弘扬劳模工匠精神,全面提升医务职工综合素质等方面发挥重要作用。当然也存在一些困惑与问题,这些问题在一定程度上成为职工书屋进一步发展的制约因素。

(一) 问题与不足

1. 职工书屋质量参差不齐

有的场地空间不足,硬件设施不到位;有的书籍和杂志内容陈旧、以杂充量等。问卷调查中,62.74%的调查对象认为目前职工书屋环境氛围一般,14.15%认为不怎么样,只有 23.11%认为很好;27.36%的调查对象认为职工书屋图书内容陈旧,64.39%认为还好,只有 8.25%认为不陈旧。由于职工书屋使用空间及设备有限,不能满足藏书数量不断增长及职工读者人数增多的需求,有些单位书屋的整体文化氛围没有达到最佳状态。

2. 职工书屋使用率不高

有的书屋服务措施不够完善,加之医务人员由于工作忙碌,走进书屋、专心阅读时间不够,导致利用率没有达到预期效果。只有 4.95%的调查对象表示经常去职工书屋,24.53%有时间就看看,40.33%偶尔看看,30.19%从来不看,显然,职工书屋的吸引力和利用率远远不足。

3. 职工书屋功能没有充分发挥

有些职工书屋建立后,有平台无活动,没有通过有效的文化活动举措调动职工阅读积极性、培养职工阅读兴趣,调查中,53.54%的调查对象认为职工书屋对读书生活有帮助,但仍有 38.44%认为没影响,8.02%认为没帮助,职工阅读学习的效果还不够明显。

4. 传统书屋不能满足阅读需求

在信息网络高速发展的大数据时代,仅有传统职工书屋显然不能满足职工多层次、多渠道、多方位的阅读需求。在对"最期待的职工书屋模式"调查中,调查对象期待前三名的模式为:传统线下书屋与各类线上阅读平台相结合占 44.34%,传统书屋占 24.06%,手机 APP 占 18.4%。可见,在建设服务完善的传统书屋基础上,优质的线上阅读平台深受职工欢迎。

5. 电子阅读平台良莠不齐

各类电子读书软件平台鱼龙混杂，倘若缺乏必要引导，势必会弱化职工书屋在引领职工思想政治教育和核心价值观方面的作用。

(二) 原因分析

1. 对职工书屋建设支持力度和配套投入不足

上海市医务工会调查问卷显示，188家业内机构中，有61.17%明确建有职工书屋，另有38.83%的单位未建立或不确定。有些书屋软硬件设施投入不足，如书籍更新缓慢、缺少预算、管理不健全、对职工阅读鼓励不够等，调查对象中，只有7.31%认为目前职工书屋资源内容能满足需求，58.96%认为还可以，33.73%认为不满足。

2. 网络时代使阅读方式悄然改变

随着各类读书网站、电子报刊、阅读APP、微信等电子媒介的不断发展，职工的阅读方式正在发生改变，海量阅读信息让职工应接不暇，导致对传统职工书屋的兴趣不高，造成书屋使用率低迷的现状。

3. 丰富多彩的现代生活降低了职工书屋的吸引力

随着生活水平的提高、价值取向的多元化，许多职工兴趣爱好广泛，读书只是他们业余生活中的一种选择，运动健身、艺术欣赏等都瓜分着他们的业余时间，也让职工书屋门可罗雀。调查中显示，30分钟至1小时是大部分职工理想的每日阅读时间；一年平均阅读量为1~10本的职工占74.06%，11~20本的占19.1%，21本以上的占比则非常小。传统职工书屋与习惯了碎片化阅读的职工显得格格不入。

二、建设立体职工书屋的功能定位及途径

(一) 立体职工书屋的功能定位

在深入调研和汇总分析的前提下，课题组积极探索研究新时代职工书屋的功能定位。

1. 思想引领，凝聚职工的重要阵地

充分发挥职工书屋在思想政治引领、核心价值观引导方面的作用，凝聚思想共识，为推动卫生健康事业改革发展提供思想保障。

2. 提升职工综合素养的重要载体

为广大医务职工获取知识、提高专业技能和人文修养提供条件,为推进医疗行业人才队伍培养助力,为事业发展不断输送新鲜血液。

3. 服务职工,联系群众的重要纽带

坚持服务功能,充分发挥贴近群众、凝聚职工的作用,以职工书屋为平台,拓展延伸服务功能,结合行业特点,为职工提供多样文化服务,成为卫生健康事业和谐发展的桥梁纽带。

未来职工书屋的发展模式更为贴近基层、贴近实际、贴近职工,在保留实体书屋的同时又要突出"互联网+读书"的时代特点,满足职工阅读需求,提供便捷阅读方式。职工书屋不能成为一个孤立的个体,要把服务职工同引领职工文化结合起来,通过开展不拘一格主题读书教育活动,组织各形式职工学习培训活动,使职工书屋成为引领职工文化的有效载体。为此,课题组依托全总职工书屋电子平台,试点尝试六位一体的职工书屋模式,从而通过创新发展职工书屋找到有力抓手,加强职工文化建设,多提供思想精深、制作精良的文化产品,形成健康文明、昂扬向上的职工文化,进一步增强工会组织吸引力凝聚力战斗力。

(二) 立体职工书屋的构建

1. 传统职工书屋建设

(1) 加强规范化建设。工会切实担当职工书屋建设主体责任,从制度规范、经费保障、人员配备、配书服务、日常维护等各方面合理规划,建设阅读条件更完备、阅读氛围更浓厚、服务职工更广泛的职工书屋建设管理机制,使之真正成为医务职工的精神文化家园。

(2) 整合资源,优化书屋内涵。以职工阅读需求为导向,选配适宜的藏书。调查中,职工们对通过阅读愉悦身心、提升品位素养、获取知识、查询资料等均有或多或少的需求;而在图书种类的选择上,排名前五的分别为文学、休闲、生活、人文社科、专业图书;同时对职工书屋增加书刊种类和精品书供给也有着较高需求。这也为推进传统职工书屋建设提供了思路,可以朝着打造融"专业技能书屋""人文艺术书屋""生活品质书屋"等为一体的实体职工书屋而努力。此外,结合医疗机构中往往有专门的医学书刊阅览室甚至对外开放的大众阅览室等情况,可进一步整合资源,协调联动,为职工阅读提供更系统更便利的体验;同时也可考虑与省市区公立图书馆,或所属大学图书馆合作,通过"阅读绿色通道"等形式为职工提供更为丰富的阅读资源。

（3）灵活机动，提升利用率。单位内的职工书屋往往设于一处，对于许多忙于工作或距离较远的医务职工来说非常不便。因此，职工书屋可通过划区域多点设立"读书角"、开展"图书漂流"的形式，让书屋内的图书"醒过来""动起来"，提高利用率，使阅读更为便捷。

（4）优化配置，营造书香环境。传统职工书屋应发挥其实体性能，通过优化书屋硬件设施、空间设计等，为医务职工营造窗明几净、环境优雅、静谧温馨的阅读环境。同时也可考虑增设咖啡吧、茶吧等，在享受茗香中品味书香，让职工来得情愿、来得高兴、来得积极。

2. 电子书屋建设

在进一步完善传统职工书屋管理、丰富藏书、优化环境的基础上，按照全总《关于做好全国工会电子职工书屋推广使用工作的通知》，积极推广使用电子职工书屋，更好地吸引、凝聚和促进广大职工阅读学习、提升素质、弘扬正能量。

（1）搭建职工电子书屋平台。依托"全国工会电子职工书屋阅读系统"，为职工发放电子阅读卡，在医务职工集中工作场所添置电子阅读一体机，推动电子书屋建设，打造实体传统书屋＋手机 APP＋微信＋电脑 PC 端＋数字阅读一体机＋PAD 六位一体的立体职工书屋模式，为职工阅读学习提供全方位的便利，全面无缝覆盖，真正实现职工阅读学习线上和线下结合的数字阅读空间。

（2）丰富电子书屋内涵。切实以职工的阅读需求为出发点，不断丰富更新电子书屋内容，包含图书、期刊、有声书、视频、学习资料等多元化学习资源和视听功能。同时，注意正确的思想引领和价值导向，加强内容筛选，做到去粗取精、去伪存真，让电子职工书屋在市面上众多良莠不齐、思想多元、价值观混乱的电子阅读平台中脱颖而出，凸显新时代工会职工文化建设的思想政治建设和社会主义核心价值观引领。

（3）打造线上文化专栏。在电子书屋平台中开辟单位文化专栏，可将各类主题教育、主旋律宣传、活动信息、单位动态、职工"闪光点"、领导关怀、志愿服务等内容进行发布宣传，打造医院文化建设的线上平台，进一步拉近医院与职工之间的距离，增加职工归属管，激发主人翁精神。

（4）加强线上读书交流。通过线上的读书活动、社交化阅读，让职工们能随时随地分享阅读感悟，加强交流学习，互相促进提高，同时增进同事之间的友谊，为营造和谐医院书香文化提供助力。

3. 职工书屋功能延展

为满足职工群众不断增长的精神文化需求，职工书屋还应不断拓展外延，以更亲和的姿态、更丰富的内涵、更多元的载体,成为职工群众提供增长知识、提升素养、增强本领、增进交流的优质平台。

(1) 拓展职工文化素质培养功能。工会可结合行业特点,依托线上线下职工书屋举办读书节、文化沙龙、名家讲座、道德讲堂、诗文朗读、读书征文、好书分享等各类读书活动,并进行线上展示,引导职工多读书、读好书,营造浓厚阅读氛围。在提高职工读书兴趣的同时,潜移默化、润物无声地提升职工文化知识和素质修养。

(2) 拓展职工专业技术提升功能。职工书屋可充分发挥"学校"作用,针对医疗行业职工在专业技术知识方面的需求,与单位科教部门合作,通过邀请业内专家授课、院内职工微课堂、典型病例交流分析、专业书籍阅读分享会、医学伦理及医患关系研讨会等形式,为医务职工丰富自身专业知识内涵、提升专业技术水平搭建平台,进一步增强医务职工职业自信,激发医务职工干事创业热情。

(3) 拓展职工交流联谊功能。线上线下的职工书屋,让趣味相投、爱好读书学习的职工们相聚于此,既可交流分享阅读感悟,又能探讨工作中遇到的疑难杂症,也可互相疏导缓解工作生活压力,更能增进同事友谊,打造呵护职工身心健康的综合文化平台。

三、立体职工书屋建设成效初探

"实体传统书屋 + 手机 App + 微信 + 电脑 PC 端 + 数字阅读一体机 + PAD 六位一体"的立体职工书屋模式,是信息网络高速发展的大数据时代坚持政治导向、契合医疗卫生行业发展、引领职工思想文化、满足职工多层级多渠道阅读需求的积极探索。课题组通过在本院进行一段时间的试运行,已有如下成效:

(一) 多维度书屋结构更合理

本院的职工书屋结构更为合理,形成了涵盖传统书屋、医务图书室、阅览室、电子书屋的全覆盖多维度结构。实现资源的重复利用,方便职工查阅图书。

(二) 职工书屋管理更完善

助力课题研究,工会积极投入人力物力,完善职工书屋的管理和环境美化,响应职工心声,工会更新了大量图书,丰富了图书期刊种类,让书屋环境更舒适、图书内涵更丰富。

（三）职工阅读兴趣更深厚

职工的自愿阅读意愿有了明显提升，课题组通过"全国工会电子职工书屋阅读系统"的后台统计发现，1个月内全院在线阅读和下载阅读超过两本书的职工比例超过了60％，试运行期间，最高个人下载图书量达到1596册。数据表明更为便捷的阅读方式深受职工喜爱。

（四）医院读书氛围更浓郁

以立体职工书屋为主体，策划组织了系列主题读书活动，提高了职工知晓度与参与度，让医院的读书氛围更为浓郁，更好地引领医务职工群众爱读书、读好书、善读书，弘扬主旋律，倡导劳模工匠精神，积极传播正能量，激发广大职工群众以更大的激情与活力投身健康中国的行动计划，为医疗卫生事业做出更大贡献。

（五）立体书屋推广更广泛

在医务工会的大力支持下通过上海医务职工读书活动平台，在行业内分享交流六位一体的立体职工书屋模式，积极宣传推广研究成果，对推动医疗行业职工书屋向"综合化、数字化、便利化"延伸发展、进一步深化职工书屋的服务内涵、创新职工书屋建设发展模式具有积极意义。

（本文获第二十二届年会征文二等奖）

"巴林特小组"模式与职业心理调适
——新医改背景下公立医院组织文化营建的探索

陆 敏

(复旦大学附属中山医院工会)

一、问题提出

十九大报告指出,实施健康中国战略,要深化医药卫生体制改革,全面建立中国特色基本医疗卫生制度、医疗保障制度和优质高效的医疗卫生服务体系,健全现代公立医院管理制度。新医改历十年征程,公立医院收入增速在2009年后放缓,2013年后收入增速被成本增速反超,公立医院成本收益率在2017年创下近15年最低,公立医院的发展由"黄金期"走向"减速期"。我国医疗服务体系的整体改革已经进入"深水区"。

医院文化融于公立医院的发展中,是推动我国医疗改革的基石,因为文化可以通过组织的共同假设,指导和约束医务人员的行为和态度,这些将直接影响其所提供医疗卫生服务的质量和工作效率。现阶段滞后的组织文化正在成为限制公立医院自身发展和医疗改革进一步深化的最大瓶颈,加之缺乏正确的外部社会舆论导向,社会转型的种种矛盾转化成多重压力。日前,"上海某三级医院赵姓主任医生被警察拷离岗位"事件刷屏并持续发酵,此类"医—患""医—社会"矛盾恶性事件的频发,对医务人员职业心理造成难愈型创伤。公立医院文化变革的切入点和突破口在哪里?面对医院文化变革的冲突时,如何引导医务人员积极主动地作心理调适,化解职业压力和职业倦怠,减少文化变革中的适应性障碍?

各大公立医院在推进医院文化变革方面做了许多探索。复旦大学附属中山医院"巴林特小组"的引入,提出了一种组织文化建设新模式。"巴林特小组"是20世纪50年代匈牙利精神分析学家米歇尔·巴林特创立的心理治疗形式。中山医院于2009年开展"巴林特小组"项目,以疏解职业压力、提高沟通能力、训练处理医患关系的方法。每两周一次开展常规活动，不定期开展"巴林特小组"联欢。常规活动采用话题讨论、情景扮演等形式让医务人员互相沟通交流。由5～15名来自不同专业背景的医务人员组成小组，由其中一位成员提供在工作中遇到的案例，小组其他成员基于案例进行坦诚无虞的探讨，帮助小组成员从压力中解脱。通过特定的框架设置，为参与者提供一个安全的容器（在巴林特中称为"金鱼缸"），让所有人在活动中反思、获益。实践证明，持续的"巴林特小组"为公立医院文化营建、变革找到了切入点。

二、"巴林特小组"推动文化变革的机制

"巴林特小组"的作用不仅限于其提供的交流平台帮助公立医院医务人员分忧解愁，消除职业倦怠，更大的价值源于"巴林特小组"独具特色的运作模式，它能引导医务人员理解所在组织的深层假设，成为推动组织文化发展和变革的强大动力。

通过引进新技术对基本假设产生影响，是文化变革的重要方式。根据有"组织文化理论之父"之称的美国管理大师埃德加·沙因"文化基本假设"理论，除非挖掘到潜在基本假设的水平，否则任何人都不可能真正解析特定组织在文化表层呈现的人工饰物、价值观念和行为规范。另一方面，如果人们发现这些基本假设，并探讨其相互关系，人们便能真正获得文化的精髓，并可以用之解释大量的事情。

运用技术诱导的方式，目的是使组织的文化假设以一种更中性、外表上看去更安全的方式传播开来。在组织的文化变革中缺乏共同假设的处境时，一些新技术或者新型管理方式的引入，可以帮助组织创造出一些共同概念和语言。一般情况下，管理者可以利用教育上的干预来引进这类新的社会技术或管理学工具，并将其作为组织发展的一部分。在这方面，"巴林特小组"无疑是成功的案例，这种建立小组并定期组织私密、深层讨论的方式，在小组中逐步营造出一种新的共同语言和概念。这种影响是微妙的、累积的、某种程度上甚至是无意识的，能够最大程度免除组织在经历文化假设的变革和冲突时带来的副作用（如压力、焦虑、职业倦怠等）。

"巴林特小组"活动如何通过改变组织文化深层假设，并最终推动文化变革，下面结合"巴林特小组"的一些实例来阐明。为适应外部环境，对公立医院而言，其组织目标包括维护"医患和谐"，追求"患者满意"。在传统公立医院文化管理

模式下，领导层总是以高道德水平要求组织，极力强调与医务人员职业精神有关的工作价值观——平等、仁爱、患者至上、真诚守信、精进审慎、廉洁公正、终生学习。笔者走访上海市六所具有代表性的医疗机构，全部都强调"患者至上"，大部分医疗机构把"一切为了患者"作为组织对外宣传的核心价值观，传输给组织成员，成为每个医务人员在组织中共同遵守的"规则"。根据沙因的理论，这种规则实际上是组织内部意识层面的深层假设。基本假设只能通过组织共享的社会经历被证实，组织内成员互相强化这些深层假设，那么它们会逐渐变成对组织成员而言理所当然的信念。那些不接受这类信念的人，将冒着被"逐出"的风险（不能真正地融入组织）。只有当一个组织内部成员真正理解并认同这个组织内部各层次的基本假设，他才能作出对组织而言最正确的判断和行为，并被组织真正地接纳。

但医疗行业相比其他服务行业，具有技术复杂、专业性强等特殊性，一般的患者如非医学专业人士，大到整体的治疗方案，小到具体的耗材、药物是否适合自己，都缺乏系统性、理论性的正确判别；更难以从质量好坏、数量多寡以及性价比去评价被提供的医疗服务；因此患者的评价仅限于就诊体验这个层面。这样的评价模式决定了患者满意度是一种主观的评价方式，很大程度上取决于患者本人的文化程度、性格脾气和心理素质等个人因素。

医务人员对"患者满意""患者至上"应该贯彻执行到怎样的程度，换句话说，在实际的医患沟通以及诊疗过程中，一种治疗方案是否被推荐给患者（如什么情况下该用抗生素，可以使用多少剂量和疗程），有多大程度应该考虑患者自身的偏好，多少比重应该由责任医师根据其临床经验来判定，实难界定。

这种难以界定感实际上是组织成员在经历组织文化各基本假设的冲突时，内心体会到的一种模糊的感觉。在具体的事件中，组织成员能觉察到这种冲突，却无法完全辨认冲突来自哪里。"巴林特小组"活动开展，为这种冲突提供了一个良好的宣泄口。进入"巴林特小组""金鱼缸"的人员应自觉遵守保密原则和保护原则，最大限度保障整个活动过程交流的坦诚、放松。密闭、安全的特定空间更有利于使那些在平时环境中不易揭示的深层假设被意识到并且揭示出来。

在"巴林特小组"实际讨论的案例中，这种触及深层假设的交流比比皆是。比如某顶尖公立医院的高级专家在谈到工作中遇到的经典病例时，比起维护良好的医患关系，他更强调当事医务人员所掌握的精湛医疗技术。事实上，在医务工作者内部，医生是以一种居高临下的态度谈论患者，特别是那些因不了解医学知识而无法做出更有利于治疗疾病正确判断的患者。也就是说，在组织内部，除了"患者至上"的规则以外,事实上存在着更深层次的另一条"规则"。这两条规则在组织内造成了对抗和斗争。如果一名专业医师基于其专业知识提出的治疗方案被患者拒绝,患者出于自己的理由希望改变医师的方案,且这种改变被临床经验论证为不利于患者本人,那么这个处于特定组织文化中的医师会认为,不应该去"迎合"患者,但这需要医师对自己的判断冒一下险。如果没有很好地说服患者和平接受治疗方案,可能会引发一场医患矛盾,最坏的结果可能是引来患者的投诉,需要花费额外的精力和时间取得患者的理解和解决相应的麻烦。他这样的选择,是源自组织内的一种更深层次的基本假设——"做正确的事",即基于专业知识的坚持会为他赢得尊重。通过"巴林特小组"高频率的深度交流,这些更深层次的基本假设更可能被医务人员习得和领悟。

"患者至上"在特定情景下显得不再是"做正确的事","违背"患者偏好才是最佳选择。另一方面,这一选择带来的医患关系紧张和工作压力是组织中成员不得不承担的代价。在"巴林特小组"的案例讨论中,医务人员阐述职业倦怠的压力来源时,一些医务人员坦言:"我担心患者对于我处理他们问题的方式不满意""我总是小心翼翼的对待患者""我担心这份工作会让我变得冷漠""我觉得有些患者由于他们自己的问题归咎于我""我认为患者的很多问题都是多余的""一些患者在我看来是不可理喻的"等等。"巴林特小组"的意义在于它能够启发医务人员的自觉、自省和自我领悟,将这一系列压力、矛盾、焦虑的不良反应降到最低,更平稳且自然而然地接受新的文化假设,甚至医务人员本身成为自发推动组织文化变革的驱动力。

冲突和变革是组织文化发展中不可避免的部分,在变革过程中,文化就会通过不断同化那些多年来在组织发展中最起作用的部分逐步进化。"巴林特小组"通过有规律的持续活动,使更高层次的原则得以显现,并在指导组织成员行动的过程中被进一步地加强。通过这一过程,有力推进了公立医院组织文化的发展和变革。

三、"巴林特小组"实践与组织文化变革方向

"巴林特小组"在十年的创新实践中,取得了显著的效果,使医院文化呈现出良好的发展态势。

(一)从员工主体性缺失,到自发驱动文化变革

医疗服务体系组织文化的主体,是全体医务工作者,他们是整个医疗服务体

系组织文化的承载者、传播者和推动者。脱离了广大医务工作者,组织文化便成了"无源之水、无本之木",便失去了生机和活力。现阶段医疗服务体系组织文化建设中,医务人员的主体性缺失却是一种普遍的现象,员工思想观念十分多元,难以对组织产生认同感和归属感。主要原因如下:其一,我国处于改革开放的快速转型期,社会发展很快。其次,各类型医疗机构之间经济收入差距拉大,医务人员在社会上所处的层次地位不均。其三,社会的思潮相当丰富、多元,特别是微信时代的到来,为人们带来了一个信息爆炸的时代,医务人员的思想观念多样,思想难以统一。上至大城市人满为患的"超级医院",下至基层医疗机构都不能幸免。在现实中则体现为医疗改革进入"深水区",在改革的进程中后劲不足,卫生政策难以推进,改革无法持续且彻底。医改在宏观上对医疗投入、费用调整结构,也带来了公立医院微观层面的利益重新分配。从某种意义上来说,公立医院的改革既是医院管理的精细化,也是利益的重新分配。因此,改革更是一场对组织全体人员的思想动员。既需要自上而下的顶层设计,也需要自下而上的配合支持。在一个对组织缺乏认同感、主体性缺失的组织中,管理者难以构建职工对于医疗改革共同的思想基础,更无力持续、彻底地推动改革,实现组织的愿景。

"巴林特小组"活动的重要意义,是提供机会,让医务人员在自发驱动下,对现有的组织文化进行检验,重新定义某些认知元素。这种重新定义包括改变某些核心文化的认知优先次序,或者抛弃某个难以从属于更高层次原则的假设。在这过程的每个阶段都要保证医务人员全力参与,他们必须是发现和定义组织文化的人。"巴林特小组"小组活动开展的根本机制,就是把文化建设的主动权牢牢地放在医务人员手里,让他们不仅作为组织文化的被动参与者,接受管理机构的灌输,更是文化的创造者和推动文化变革的实践者。只有当每个医务人员都决定全身心投入医院愿景的时候,成功的文化变革才可能发生;只有当公立医院文化呈现出变革创新的活力,才能最大限度地激发医务工作者主体性,调动他们凝心聚力,共同作战,那将汇聚成一股巨大的能量,突破医疗改革的瓶颈,取得最终胜利。

(二) 从科学主义至上,到科学、人文并重

在我国,尤其是改革开放四十年以来,医疗卫生领域中医学技术和管理技术都进入了跨越式发展的阶段,科学技术成为推动公立医院发展的加速器。正因如此,人们往往过分迷恋科学技术,陷入"技术万能主义"的怪圈。在医改浪潮中,一些"先发展壮大"的公立医院,通过行政资源,大手笔配置顶尖医疗设施设

备(如高端影像复合手术室、手术机器人等)和高级医学人才、专家。通过设备、技术领先,迅速建立竞争优势。众多追求快速扩张、快速做大做强的公立医院也纷纷追捧效仿,在这种"先做大,后做强"的发展趋势下,公立医院的领导者往往过分专注于医学的科学属性而忽略医学的人文属性。在这样的观念主导下,公立医院进入"技术重要,服务不重要""见病不见人"的误区,在"量"(包括门急诊量、住院量、手术量等)的追求上过于急功近利,对"质"(人文关怀、患者体验)的提升顾之不及。在医疗服务中缺乏人性温度,导致患者体验较差,满意度低,医患关系紧张。

"巴林特小组"模式的探索与实践,正是对"科学至上"价值观的反思。"巴林特小组"活动通过角色转换、遐想、共情等方式探讨日常医疗工作中的医患问题,针对典型案例,分析事件当事人情绪背后的心理过程,让医务人员理解患者及家属的情绪及行为,从而释放自己内心的负面情绪,以包容的心态对待患者。正如美国医生特鲁多所言"有时去治愈,常常去帮助,总是去安慰",来自医生的安慰和关怀本身就是患者的良药。"巴林特小组"的意义是回归初心,遵循"医生就是药物"的原则,努力让医生能够"调频"到患者的"频率"。医生提高换位思考的敏感度,将"心理头脑"整合到医疗活动中,让患者觉得"医生能感受他的感受"。通过医院行政约束,使这一过程制度化,形成每两周一次"巴林特小组"活动的常态机制。随着活动的开展,医生的工作更趋完善,医生的人格魅力得以升华。

实践证明,"巴林特小组"是一个引导公立医院价值观从"科学至上"转向"科学与人文并重"的良好切入点,能够帮助医务人员更多地考虑患者的体验和感受,更好地理解服务对象的需求和情绪。在行政制度的保障下,逐步使医学回归人文的温度,实现科学技术与人文关怀之间的平衡。

(三) 从偏重经济效益,到尊重"人"的价值

现阶段公立医院绩效方案大多还停留在把人力资源成本当作另一种物耗成本来对待,仅从经济指标数据来考察人力资源成本,没有真正认识人的价值。这种考核体系在短期内可能具有一定的激励科室创收、控制成本的效果,但长远来看,存在诸多负面影响,很大程度上限制了公立医院的长远发展和可持续发展。

它直接导致了医务人员获得感、安全感和对组织的信任感匮乏,科室最大限度地关注实际收入与支出,规避风险,缺乏进取,拒绝成长。科室创收的"杀手锏"是,只接诊以"短、平、快"为特征的常见疾病或通过开各类数量大或单价高的检查(磁共振、PET-CT等)创收,直接导致医疗费用不断攀升,对患者、医保是双重负担。因为开展难度大、风险大,但能够体现医务人员自身能力和价值的项目,往往短时间内无法给科室带来真金白银的经济效益。而且万一冒险以失败告终,以经济效益为主导的组织文化无法为敢于进取的医务人员提供软着陆(即足够缓解风险和抗压的心理调适机制)。因此,"无风险"的操作多了,久而久之,不但造成科室医疗技术水平停滞不前,也造成医务人员自我提升、自我实现的动机丧失。

"巴林特小组"的开展是公立医院对寻求员工综合价值最大化的探索和实践。公立医院人力资源管理不再仅限于人事管理,而是更大限度地发挥党委、工会职能,对职工身心健康管理、危机干预、家庭关怀、职工幸福感和满意度、职业规划等综合考虑,并且形成科学、长期的规划。参加过"巴林特小组"的医生坦言,虽然在发生医患矛盾的当天,她很快平复心情,但"直到参加完活动才真正卸下心理包袱"。还有的医生表示:"自从事件发生后,我一直很害怕,每天提心吊胆,总担心再次遇到同样的患者。在巴林特小组给大家分享了这个案例,得到许多同行的建议和鼓励,我感觉心里暖和多了。"这些真实有效的心灵治愈每天都在医院内发生。

医院对人的价值的认识,从单看人力劳动成本的价值;转为着眼于人的包括身心健康、工作状态的综合价值。虽然组织需要在这些保障员工健康的项目上花费一部分成本,但由此增加的职工获得感、幸福感和安全感,对组织的信任度,提高的生产力,吸引和保留的优秀人才及医院因此而提升的品牌形象,一系列隐形的价值其实是远超成本投入的。

"巴林特小组"促成组织内部深度交流,帮助医务人员更好地理解组织文化中的各种深层假设,进而推动了公立医院组织文化的变革和发展,呈现出从主体性缺失到员工自发驱动文化变革,从科学主义至上到科学、人文并重,从偏重经济效益到尊重"人"的价值的发展态势。为公立医院自身可持续发展和进一步深化医疗改革探索出一条可行之路。

(本文获第二十三届年会征文二等奖)

疫情背景下工会利用新媒体开展文化培训活动的实践和策略探究

沈 杰 张殷华

(上海中医药大学附属岳阳中西医结合医院工会)

习近平总书记指出,要把网上工作作为工会联系职工、服务职工的重要平台,增强传播力、引导力、影响力。随着互联网技术的发展,微信、微博、抖音等新媒体迅速发展,并深度影响广大群众的工作和生活。新时期工会工作创新的重点方向就是充分发挥网络技术的优势,实现新媒体与工会工作的深度融合。

文化培训活动的开展是一个单位人文活动活跃性的体现,是反映单位凝聚力和文化底蕴的一个重要形式。当今,疫情进入常态化阶段,防控工作仍然不能放松,新常态下的工会工作如何创新工作模式,竭诚服务职工,不断提高职工群众获得感、幸福感和安全感,是一个值得探讨的新课题。

本文就疫情常态化背景下工会如何利用新媒体开展职工文化培训活动的现实意义、难点和实际应用进行探究。

一、利用新媒体开展文化培训活动的现实意义

工会要发挥重要作用,提高工会的凝聚力和吸引力,顺利开展各方面工作,必须有一定的群众基础和吸引力,而工会工作中,针对群众的文化生活以及精神需求而安排的一系列丰富又活跃的文化活动就起到了关键性的作用。但在疫情防控背景下,线下较难开展聚集性的文化活动或教育培训。工会利用新媒体实施线上文化活动和教育培训模式,不仅能够有效解决距离对职工凝聚力和工会活力不足造成的影响,还可实现由统一的集中组织活动向个人不限时、不限空间参与的迁移。以往的线下文化活动中,缺乏探究兴趣和内在吸引力,难以形成文化共鸣,职工们已经习惯被动接受知识的方式。工会在工作中要对单位文化内涵不断进行发掘与推广,在实际工作中,让职工文化生活更活跃,通过"文化亲和性"形成文化共鸣,并保证职工文化紧跟党的指示,提升职工素质,这是对工会工

作贯彻习近平新时代中国特色社会主义思想的新要求。

此外,工会以往的线下教学培训中,以教师的讲授为主导,职工仅能理解、掌握基本的知识点,而缺乏对于知识的灵活分析、运用和实践;在有限的线下培训时间内,也难以完全兼顾到所有职工的学习需求,无法全面了解每个职工的掌握情况。而线上沉浸式体验教育培训模式的实施,可以使职工随时随地通过前期学习、查阅答题、沉浸式体验环节,突破时空限制,有效地将培训内容与实践操作进行串联与应用,而非机械地理解、记忆知识,并在此基础上,解决实际问题。

因此,在疫情防控背景下利用新媒体开展文化培训活动时,工会在组织形式、内容选择上,应注重挖掘职工对于本单位文化内涵的理解和共鸣;线上沉浸体验式培训要引导职工对专业知识进行自主探索,这样才能更符合一线职工的学习特点,有助于进一步激发职工对职业技能知识的主动探索。

二、工会利用新媒体开展文化培训活动的难点

(一) 受条件限制较大

利用新媒体开展文化培训活动模式虽然早已在工会工作中普及,但仅作为线下工会活动的补充,在一线职工教育培训中的应用非常有限。新媒体开展文化培训的线上实施,是对广大工会工作者信息技术基础与运用水平的考验。在具体实施过程中,其作用的发挥会受到以下因素的影响。

1. 缺乏应用理念

大家对工会工作中应用新媒体的思想内涵把握仍然不够,对工作理念的转变只局限在形式变化上,对如何全面合理地应用新媒体开展线上文化活动或教育培训以提高工会工作效率未能进行深入研究,且对应用新媒体工作的自主意识不够,缺乏信息化结合理念。没有理念就没有动力,就很难调动工作的积极性,就不利于工会工作的高效进展。

2. 缺乏新媒体高素质专业人才

目前,工会工作人员年龄普遍偏大,学习能力减弱,工作干劲不足,接受新媒体、新知识有一定的难度。科技发展进步快,新媒体信息资源包罗万象,软件平台也在不断更新换代,要随时跟随平台的更新来应用,因此,对工会从事相关工作的专业人才要求较高。

（二）文化活动内涵和教育培训的创新性体验亟待提高

工会在开展文化培训活动时，缺乏具有先进性、引领性，可以唤醒职工主动有为的文化活动内涵和创新性体验的教育培训，容易出现漏洞或短板，活动培训流于形式，使新媒体难以有效融合于工会工作，事倍功半。应注重挖掘活动内涵，关注培训体验，使工会线上宣传阵地在党委的领导下弘扬主旋律，发挥最大效能，让职工之家在疫情防控背景下真正"活"起来，使其成为广大职工群众进行交流学习、自我提升的有效平台和载体。

三、工会利用新媒体开展文化培训活动的实施策略

（一）提升应用理念，发挥新媒体工具性

以习近平新时代中国特色社会主义思想为指导，积极转变传统观念，分析新媒体提供给工会工作的优势。

1. 树立借用新媒体促进工会工作的理念

随着新媒体迅猛发展，工会中的每一位成员都应充分认识到新媒体带给社会的进步和发展，相信新媒体能够推动工会开展线上文化活动和教育培训工作的顺利进行，尤其在疫情常态化防控背景下，更能发挥其交互性、立体性的优势。工会应创造机会和条件主动鼓励工会干部学习新媒体知识和技术，与时俱进，定期对职工普及更新知识，将传统工作模式向新媒体工作模式转变；学会用科技思维处理问题，善用新媒体进行工作创新，在工作中引入新技术、新应用，借助新媒体策划开展丰富的工会文化活动和教育培训，提升职工职业技能，引导职工践初心使命、爱岗敬业勤奋斗。同时，缓解职工的工作压力，增强工会与职工群体交流，推动工会工作的"亲和性"和高质量发展。

2. 明确新媒体的工具性，充分发挥其优势

在使用新媒体技术的过程中，其是否具备价值，还要看其是否可以给职工带来高效的服务，从本质上来说，新媒体本身只是一种工具与手段。若是不能发挥其优势，只会对工会工作增加负担甚至起到反作用。所以，一定要准确把握工会工作与新媒体的契合点，科学研判职工需求，严选服务平台，强化活动与培训策划，及时跟进线上活动进程，完善反馈机制，推动新媒体应用于工会文化培训活动有序、有效、有质地实施。使新媒体和工会工作得以有机结合，这样才能充分

调动职工群众参与的积极性,让新媒体的优势作用得到全面的发挥。

(二) 明确目标方向,强化活动策划

疫情常态化防控背景下利用新媒体开展职工文化培训活动要坚持围绕中心、服务大局,始终将工会工作的立足点和着眼点放在服从、服务于医院和谐发展的中心任务上。正如工会十七大上明确提出的,工会要"把智慧和力量凝聚到落实党中央决策部署上来,唱响新时代奋斗者之歌",充分调动职工的工作热情,让他们在新时代下不断奋斗实现自我价值。

1. 注重挖掘文化核心内涵和引导全员参与

新媒体应用于线上开展文化培训活动要坚持一手抓普遍参与,一手抓精品打造;一手抓医院文化的广泛性,一手抓医院文化的核心内涵,用数量扩大覆盖面,用质量提高影响力。笔者所在的上海中医药大学附属岳阳医院,发动职工凝练出"精勤仁信"的院训和"建设国内一流、国际闻名的现代化中西医结合单位"的愿景。随之,"岳阳文斋"的应运而生,开展职业精神、医院愿景宣传,包括疫情防控期间"文斋"成员线上传递抗疫书画作品,为一线奋战职工加油鼓劲,成为服务职工精品活动,在职工群体间形成了文化共鸣和文化亲和性,催生"文斋"内优秀作品不断衍生出精品"文创",在院内全员之间广为流传,提升了医院职工精神文化的品位。新年伊始,开展"劳模工匠、巾帼先进、优秀岳阳人"等先进代表新春线上送祝福活动,引领职工学习劳模精神、劳动精神、工匠精神,弘扬了"精勤仁信"的岳医精神;活动中自编自演的凑唱部分由岳阳医院获评市医务工会职工文化品牌五星级"合唱团"和三星级"爱岳乐团"担任,发挥了职工主人翁精神,唱响建功新时代的"主旋律"。

职工群众对医院目标准则的认同感,对本职工作的自豪感、对医院的归属感,形成了有利于医院和谐发展的价值体系,推动了医院精神文明建设,也为党建引领下的工会工作提供了多种活动形式和载体。

2. 强化文化培训活动的策划

工会在利用新媒体开展线上文化培训活动时,要把重点放在满足不同年龄、不同性别、不同爱好职工群众的精神文化需求中来,力求内容健康向上、形式丰富多彩。根据笔者所在岳阳医院的特点,结合"建党百年"契机,开展了以"奋斗百年路　启航新征程"为主题的经典红色电影主题活动(配音大赛、红影名猜猜)。主题活动中大家既是演员,又是观众,通过线上参与和观看,把握经典红色电影的内涵,以语言表达演绎情感,追忆峥嵘岁月,展示当代医务职工昂扬的精

神风貌和坚定的理想信念,激励了广大职工从中国共产党的百年光辉历程中汲取前进的力量。线上红色电影名猜猜活动,以微信 H5 为媒介,引用网络比较流行的看图猜成语的形式,融入趣味性、科学性、思想性,寓教于乐,追思先烈,引发情感共鸣,对职工有导向、凝聚和教育的作用,在潜移默化中促进了工会在职工思想引领工作上的先进性和创新性,体现了医院精神文化建设的核心价值体系。

(三)注重发挥文化服务品牌效应

习近平总书记强调要"以高质量文化供给增强人们的文化获得感、幸福感"。岳阳医院作为上海市级综合性三级甲等医院、全国重点中西医结合医院,近年来从多个层面加强文化建设,树立良好的精神风貌,极大地促进日常医疗卫生工作的开展,特别是在重大突发公共卫生事件的处置上发挥了重大作用。自 2001 年开展"书香岳阳"——职工读书活动以来,成功开展了包括每年举办的读(讲)一本书、写一篇主题征文、听一次专题讲座等活动。疫情防控期间,主动应变,利用新媒体结合医院精品文化品牌活动"书香岳阳",以庆祝建党百年为契机,开展"书香岳阳路咱们走着瞧"活动。活动以微信小程序为媒介,要求职工每日步数达到 6 000 步以上,以闯关答题模式获得阅读人文知识、"四史"知识阅读权限,重温上海改革开放史,以"指尖"和"足尖"丈量学习历史,增强职工阅读、学习的主动性,不仅让职工的身体得到锻炼,心情得到放松,而且进一步扩大了其知识面,提升了工会工作的凝聚力和吸引力。回顾组织的每一次活动,都能受到职工的高度关注,并成为职工长时间奔走相告"津津乐道"的话题。

因此,利用新媒体开展线上文化培训活动要注重发挥文化品牌引领的辐射带动作用,作为"职工之家"的核心内涵,以创造性的服务引领职工实现自我。

(四)强调使命引领,主动有为,沉浸式体验培训活动

利用新媒体开展线上文化培训活动时,要结合工会工作的使命去引领广大职工,明白自己为什么工作,工作意义何在,从而积极开拓进取,主动有为,引领职工通过劳动提高技能水平,实现中华民族的伟大复兴梦。

以往线下培训时,多采用单纯性理论灌输、政策宣传、技能培训,这样枯燥乏味的教育方式,职工参与积极性不够,效果不尽如人意。针对职工实际特点,紧扣当前工作,服务一线职工,利用新媒体微信 H5 形式为主开展了"职工健康促进、安全生产为主题"的线上教育培训活动,通过聚焦医院内各工作生活场景的个人防疫措施和医院运营期间安全生产相关环节,以情景模拟、动漫游艺为形

式,通过答题获取防疫知识方面的培训,答题过关方可参加场景式隐患排查闯关。通过模拟的医院患者诊疗场所、办公室、食堂等高风险区域,参与者针对场景中的错误之处进行排查,全部完成排查任务后即完成培训;并通过链接参与活动体验度的调查问卷,及时对活动满意度及效果进行评价。

利用新媒体开展文化培训活动的特点就是职工可以充分利用碎片化时间,随时随地参与其中,培训效果更显著,工作、学习两不耽误。同时,为疫情下的医院院感科等部门有的放矢地进行职工防疫知识培训提供了基础数据,增强了大家的安全生产意识,发挥了工会教育培训、监督引导作用,提高了医院的经济效益和社会效益,从而实现医院各科室间健康稳定和可持续发展。

综上所述,为提高疫情背景下工会工作的实效性,保证工会工作的生机与活力,迫切需要利用新媒体新技术,实施有别于线下文化培训的活动方式,重塑新形势下的工会工作方式,提高职工的获得感、幸福感。工会人要转变观念、提升理念,明确新媒体在职工文化活动、教育培训中具有无可比拟的优势等工具性特点;坚持在党的领导下,围绕中心任务,夯实文化内涵,充分发挥好精品文化品牌效应作用,不断总结经验教训,不断实践前行,不断开拓进取,利用新媒体策划、打造出精品活动和优质培训项目。

(本文获第二十四届年会征文二等奖)

健康促进

品管圈在提高职工之家健身器材使用率的应用

陆 敏　秦嗣萃　宋亦斌

（复旦大学附属中山医院工会）

品管圈（quality control circle，QCC）概念源自美国，在日本发扬光大。在过去的40年中，品管圈概念被引入了多达100多个国家。其特点是由基层员工组成的小组，通过适当的训练及引导，使小组能通过定期的会议，去发掘、分析及解决日常工作有关的问题。该小组推动这种行为的方式是自主管理，利用质量控制概念和技术或其他技术，展示创造力，形成自我发展和相互发展。该活动目的在于：发展他们的能力，实现品管圈成员的自我实现，使工作场所充满生机和活力。增加客户满意程度，作出社会贡献。

某三甲综合性医院工会将QCC活动主题设定为提高职工之家健身器材的使用率，于2018年1月至10月开展了本轮品管圈活动，整个质量改进活动时间为10个月。

一、品管圈实施过程与方法

（一）掌握品管圈工具知识

工会引入品管圈管理工具已有五年，工会工作者对于品管圈管理工具的应用已经达到基本掌握的熟练程度。能够独立并合理运用品管圈方法对问题进行分析研究。

（二）成立品管圈

工会于2014年成立大树圈，圈员集体协商使用"大树圈"的圈名。圈徽的图形似一棵大树，由工会的拼音首字母G和H组成树的树冠和树干。树冠中的小树叶构成"人"字，三个"人"字则组成一个"众"字，品管圈由7名圈员、1名圈长和1名辅导员组成。

2018年1月启动第五轮品管圈活动,象征着工会利用有限的文化活动资源,提高效率为职工提供服务。

(三)主题选定

1. 主题选定评价

在主题选定过程中,活动组根据自身工作的特点结合部门工作的方向,共提出6个较有现实意义的主题改善方向。各圈员分别从领导重视程度、圈能力、重要性和本期达成性四个维度并根据各维度相应权重对备选主题进行评分(见表1)。"提高健身器材的使用率"在评分中取得最高分,全体圈员一致将其确立为本期主题。

表1 主题选定评分汇总表

主题评价题目	领导重视度	圈能力	重要性	本期达成性	总分	顺序	选定
减少健身器材的损耗率	4.6*1.69	1.0*1.34	3.9*1.55	2.8*1.42	23.11	3	
提升职工书屋借书量	3.5*1.69	1.5*1.34	3.8*1.55	3.4*1.42	18.64	4	
提高退休人员活动积极性	5.0*1.69	2.8*1.34	4.1*1.55	3.5*1.42	23.53	2	
提高财务工作人员效率	4.5*1.69	2.8*1.34	3.2*1.55	2.3*1.42	17.92	5	
提高职代会代表参与	4.3*1.69	2.8*1.34	3.2*1.55	2.3*1.42	17.58	6	
提高健身器材的使用率	5.0*1.69	2.9*1.34	3.9*1.55	4.7*1.42	25.05	1	◎

2. 选题理由

职工层面:让更多的职工真正享受到工会的运动资源。养成良好的健身习惯,快乐运动,为工作加油,减轻压力,提高生活质量。

科室层面:积极探索更公平、有效的管理方式,利用工会资源服务好广大职工。

医院层面:科学管理提高资源使用效率,提升职工整体满意度。

(四)活动计划

大树圈按照品管圈活动步骤,运用甘特图管理工具,拟定了活动计划书,确定各步骤运用的品管手法和负责人。

(五)现况把握

某三甲综合性医院工会为了解职工的健身需求设计调查问卷。对全院职工进行随机抽样,从不同工种、职务、年龄分层次抽取100位职工作为调查对象发放问卷。回收问卷100份,有效问卷100份。对调查显示的各类欠缺项目进行统计,绘制查检表(见表2、表3)。

表 2 工会健身器材利用率低现状查检表

错误项目	1~4	5~8	9~12	13~16	17~20	21~24	25~28	29~32	33~36	37~40	41~44	45~48	49~52	53~56	57~60	61~64	65~68	69~72	73~76	77~80	81~84	85~88	89~92	93~96	97~100	合计
不同健身器材使用频次差异大,部分器材未充分利用	2	4	2	1	1	3	1	3	1	2	2	2	2	0	1	2	1	2	2	1	1	1	1	2	2	42
健身器材发生故障,停用	0	0	0	0	0	0	0	0	0	0	0	0	1	0	0	0	1	0	0	0	1	0	0	0	1	4
运动资源占用不均(小部分职工占用大部分运动资源)	3	2	1	3	1	0	2	2	2	1	1	2	2	1	2	1	2	1	2	1	1	0	2	1	2	38
职工健身房较远、受硬件设施所限,运动不方便	0	0	0	1	0	0	1	0	0	0	1	0	0	0	0	0	0	1	1	0	0	0	0	0	0	5
职工不具备良好的个人运动习惯	1	0	0	1	1	1	0	0	1	1	1	0	0	0	2	0	1	1	0	0	1	0	0	0	0	12

表3 工会健身器材利用率低错误项统计表

不良项目	缺点数	累计百分比/%
不同健身器材使用频次差异大,部分器材未充分使用	45	45.00
运动资源占用不均(小部分职工占用大部分运动资源)	36	81.00
职工不具备良好的个人运动习惯	10	91.00
职工健身房较远,受硬件设施所限,运动不方便	5	96.00
健身器材发生故障、停用	4	100.00
合计	100	

随着全民健身的理念深入人心,职工对自身身心健康的需求越来越重视。医院工会也十分注重健身器材的添置、维护,尽力满足职工的健身需求。但是,工会对于职工的健身喜好、健身的时长、时段、职工的个人运动习惯等并没有深入的了解。要提高工会健身器材使用率,达到吸引职工到工会健身房的最终目的,势必要先将认真对职工的健身喜好和需求进行全面了解。

接着,工会利用品管圈方法对职工健身房的现行模式管理下的工作不足展开了讨论,绘制了柏拉图。根据80/20法则,确定将现行模式管理下,错误计数相加超过所有错误计数的80%的两个错误项——"不同健身器材使用频次差异打,部分器材未充分利用"和"运动资源占用不均"作为本次改善的重点。

(六)目标设定

数据统计改善前职工之家健身器材使用频次,结果为3个月内健身器材的使用总量为2 116人次。柏拉图提示本次活动改善重点为81%,再根据主题选定表中本主题对应圈能力分值2.9/5,得到圈能力为58%,因此得到的目标值是三个月内健身器材使用量提升至2 116人次,改善幅度为47%。

(七)要因解析

由品管圈步骤"现况把握"发现职工之家健身器材使用率低的差错项主要有两个(柏拉图累计百分比大于80%的项目名称),全体圈员运用品管手法中头脑风暴的方式,绘制了鱼骨图(见图1、图2)。

通过汇总鱼骨图中所有"鱼刺末端"的问题根本原因,全体圈员进行重要性打分评价,针对两个错误项分别查找要因,所有要因相加共16项。依据80/20法则,对16项要因进行真因验证,经问卷调研,超过80%被问卷调查对象提出"冷门器械占用场地""个别职工占用时间过长"。

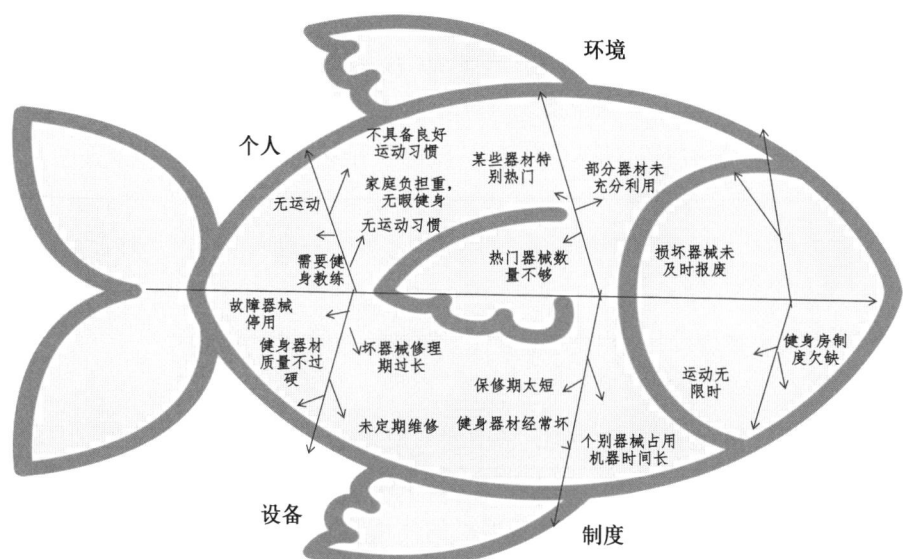

图 1 "不同健身器材使用频次差异大,部分器材未充分利用"鱼骨图分析

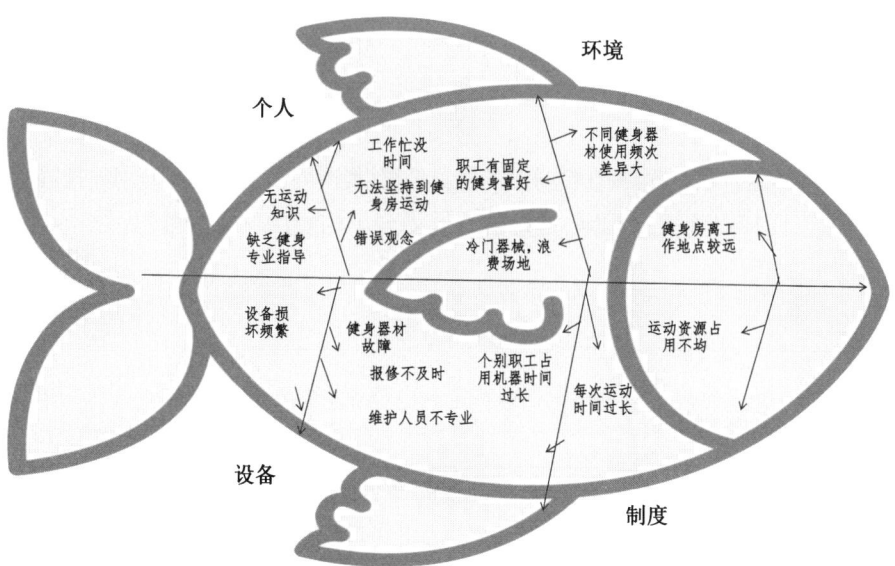

图 2 "运动资源占用不均"鱼骨图分析

(八) 对策拟定

针对真因,全体圈员运用品管圈手法——头脑风暴法寻求所有可能的解决

方案和改善对策,利用评价法对所得备选策进行遴选,对备选对策的可行性、重要性、经济性等方面逐一打分。统计总分后,按品管手法80/20法则计算,取排位前20%的对策加以实施。最终遴选的对策依次为"挂牌统计每台运动器材使用频率,即可科学划分出'热门'器材和'冷门'器材""每年根据统计数据科学调整器材数量配置""开展运动指导文化讲座"和"每人每次活动限时1小时"四条对策。

(九) 对策实施

在对策实施阶段,大树圈先后实施了四条管理对策。

(1) 工会列出健身房所有器材名称,并统计出每个器材在一定时间段内的使用频次。对使用频次进行排序,将一周内使用0~5人次的器材划分为"冷门器材",使用6~70人次的器材划分为"较热门器材",使用70人次以上的器材划分为"热门器材"。工会定期对健身器材的使用频次进行统计,及时掌握健身器材的使用情况,以便做出合理调整。

(2) 根据"冷门""较热门"和"热门"的分类统计结果,合理配置职工健身房中器材的数量和种类,并对健身房的冷热门器材的摆放进行合理布局。

(3) 工会邀请体能研究室专业健身教练,作《关于健身流汗前的第一课》文化讲座,帮助职工树立正确的健身理念。

(4) 针对个别会员对某个热门器材使用时间过长的情况,工会对健身器材使用规则制作了告示,并张贴在健身房的醒目位置,提醒各位会员合理使用健身器材。

以上四项对策通过QCC活动的开展得到了切实的执行和落实。

二、结果

(一) 有形成果

通过本次活动,大树圈将职工之家健身器材使用从改善前的三个月总计1 440人次提升至2 208人次。除了拟定的四项对策外,还制定了标准作业书,并确保标准作业书中所拟管理制度的执行。调查结果显示,职工之家健身房的使用率得以提升。

大树圈根据改善前后职工之家健身器材使用频次的数据以及相关公式对此次活动的实际目标达标率做了分析。目标达标率=(改善后-改善前)/(目标值-改善前)×100% = 113.6%。

数据显示此轮品管圈活动已达到了预设目标,取得了成功。

(二)无形成果

通过本轮品管圈活动也提升了圈员的内在素质,大树圈根据品管圈活动步骤绘制了雷达图(图3)。

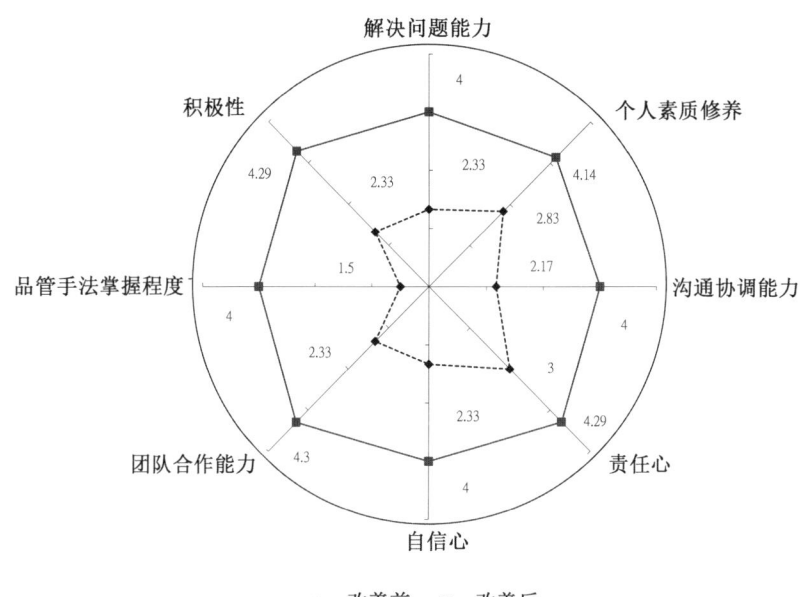

图3 改善前及改善后圈员的体会分析汇总

从图中可直观体现出圈员的内在素质和综合能力在活动后得到改善。因此,此轮品管圈活动的开展不但有效提高了职工之家健身器材使用率,切实达到了用足健身设备、服务职工的目的,同时也增强了工会团队的整体素质

三、总结

经实践证明,通过品管圈活动,有效提高医院工会职员的工作积极性,不但达到了管理的预期目标,同时增强了团队凝聚力和团队内在素质。工会将充分学习和使用品管圈这一先进的管理工具,改进工会的工作和管理水平。

(本文获第二十二届年会征文一等奖)

上海市三甲医务人员心理健康影响因素及工会干预机制研究

朱 辉 秦 艺 陈万里 靳 茜 李冠辰 余 飞 陶建民 李昌斌

（上海市第十人民医院工会）

世界卫生组织（WHO）1984年给健康定义为，健康不仅仅是没有疾病或身体虚弱，而是一种身体、心理与社会的完好状态。2016年上海市医务工会重点课题对6家综合性医院、4家专科医院展开调查，59.9%的医务人员认为工作压力大。从研究可看出，医护人员作为特殊职业群体，具有工作压力大、工作负荷重、人际接触频繁、作息不规律和职业风险高等特点，长期处于这些应激环境中可能会对医护人员心理健康造成一定影响。

习近平总书记在全国总工会新一届领导班子集体谈话提出：工会要多做组织群众、宣传群众、教育群众、引导群众的工作，多做统一思想、凝聚人心、化解矛盾、增进感情、激发动力的工作。在这一大背景之下，三甲公立医院工会作为医务人员心目中的"娘家人"，如何利用组织支持来提升职工心理健康能级，值得医务工会领域认真研究的一大课题。

本研究通过调查分析三甲医院医务人员的心理健康状况及其影响因素，并研究归纳医院工会相关创新的政策机制和实践活动，旨在引起上级相关部门对医务人员心理健康的重视，并为上级制定"接地气"的政策机制及相关医疗机构的工会采取创新实践活动，以此来改善医护心理健康水平。

一、对象与方法

（一）研究对象

选取上海市6家三甲医务人员——上海交通大学附属仁济医院（简称"仁济医院"）、上海中医药大学附属曙光医院（简称"曙光医院"）、上海市第六人民医院（简称"六院"）、上海市第一人民医院（简称"一院"）、上海市第十人民医院（简称

"十院")、上海市肺科医院(简称"肺科医院")作为研究对象,采用无记名问卷呈填写。共收到问卷918份,剔除卷中答案同一选项或者单个变量同一选项,有效问卷830份,有效回收率90.41%。

(二) 研究方法

1. 基本情况调查问卷

本研究小组自制基本情况调查问卷,调查患者的性别、年龄等情况。

2. 量表

(1) 组织支持量表,选取Eisenberger等编制组织支持量表并经专家汉化,Cronbach's alpha系数0.970。

(2) 心理健康量表采用《90项症状自评量表》(SCL-90,中国修订版)中4个分量表(焦虑、抑郁、强迫、敌对)。

所有量表内部一致性基本达0.90,且总体α值大于0.90。由此可以显示本研究所引用的经典量表与每个量表内维度都有极高可靠性和可信性。

(三) 统计学方法

对于问卷调查搜集到的数据,本研究主要使用SPSS 23统计软件数据分析。

二、结果

(一) 调查对象基本情况

本研究最终确认的有效问卷有830份样本(见表1)。

表1 被调查者基本情况统计表

名称	选项	频数	占比/%	累积占比/%
性别	男	225	27.11	27.11
	女	605	72.89	100.00
年龄	30岁以下	290	34.94	34.94
	31~40岁	375	45.18	80.12
	41~50岁	125	15.06	95.18
	51岁及以上	40	4.82	100.00

续表

名称	选项	频数	占比/%	累积占比/%
工作形式	临床	270	32.53	32.53
	医技	95	11.45	43.98
	护理	420	50.60	94.58
	科研	15	1.81	96.39
	管理	30	3.61	100.00
学历	本科及以下	620	74.70	74.70
	硕士研究生	155	18.67	93.37
	博士研究生	55	6.63	100.00
职称	初级	370	44.58	44.58
	中级	315	37.95	82.53
	高级	80	9.64	92.17
	其他	65	7.83	100.00
聘用形式	事业单位编制	395	47.59	47.59
	劳务派遣	435	52.41	100.00
工作年限	10年及以下	455	54.82	54.82
	11～20年	240	28.92	83.73
	21～30年	115	13.86	97.59
	31年及以上	20	2.41	100.00
合计		830	100.0	100.0

（二）三甲医务职工组织支持感、心理健康数据情况

1. 样本三甲医务人员组织支持处中上水平、心理健康得分偏高

被调查医务人员组织支持得分（3.41±0.81）。微高于罗亚丽等研究郑州市三级甲等医院护士组织支持感（3.23±0.31），与杨继鹏等研究天津市某三级甲等医院的600名医护人员（3.48±0.72）相近。可能因为医务人员在医院较纯护理人员更受医院的关注，受到组织的支持更多。

被调查医务人员心理健康中抑郁因子的得分为（2.34±0.71）分，焦虑因子的得分为（2.18±0.74）分，强迫症状的得分为（2.41±0.73）分，敌对的得分为（2.09±0.83）分且高于常模，差异有统计学意义（$P<0.001$）。

抑郁、焦虑、强迫症和敌对4个因子得分≥2分的检出率分别为66.87%、60.24%、72.89%和53.12%；得分≥3分的检出率分别为20.48%、20.48%、

22.89%、19.28%。

调查发现,样本医务人员的心理健康状况不佳,各维度得分显著高于常模。前期市总工会对市级医疗机构职工心理情况显示,28%长期情绪低落。结果同国内主要调查结果大体一致。王香平等发现北京市三级综合医院医务人员中度心理问题检出率17.6%。

2. 不同心理健康维度三甲医务人员心理健康问题情况

在心理健康抑郁维度,问题最大是"有时感到自己精力不足,活动减慢""会过分担忧"和"对异性兴趣感减退"。在焦虑维度,问题最大是"会想要很快把事情做完""有时会神经过敏,心中不踏实""会感到紧张或容易紧张"。在强迫症维度问题最大是"忘性很大""做事难以做出决定""做事必须反复检查"。在敌对维度,问题最大是"容易烦恼和激动"和"自己不能控制脾气"。因此医院工会可在以上几方面问题为方向开展活动、培训。

3. 三甲医务人员对医院组织支持与心理健康相关性

利用相关分析去研究抑郁、焦虑、强迫症、敌对,分别和组织支持感共1项之间相关关系,使用Pearson相关系数表示相关关系的强弱情况。具体分析可知:抑郁与组织支持感共1项之间全部均呈现出显著性,相关系数值分别是−0.248,并且相关系数值均小于0。焦虑与组织支持感共1项之间全部均呈现出显著性,相关系数值分别是−0.156,并且相关系数值均小于0。强迫症与组织支持感共1项之间全部均呈现出显著性,相关系数值分别是−0.090,并且相关系数值均小于0。敌对与组织支持感共1项之间全部均呈现出显著性,相关系数值分别是−0.114,并且相关系数值均小于0。

即本研究中,医院给予医务职工组织支持,对心理健康问题呈显著负相关,组织支持感越高心理健康的相关状况(抑郁、焦虑、强迫症、敌对)越好。表明组织支持感对促进医务人员心理健康有重要意义。说明了从组织角度出发,医务职工心理健康的提升与组织支持感密切相关。可以反映出组织在职工管理方面可以采取积极有效的管理对策,以提升员工的心理健康,从而更好地投入工作。

三、提升和改善心理健康建议

(一) 医院相关管理建议

1. 对于工作量过大问题的建议

相关访谈专家表示,现今三甲医院工作量过大,无法好好放松是最为关键问题。建议在政府层面合理配置医疗资源,推动分级诊疗,减轻三甲医院医务人员工作压力。在医院层面加强健康档案建设,做好医务人员健康跟踪及反馈工作。在个人层面积极参加医院每年组织的体检,及时全面地掌握自身的健康状况。

2. 医患纠纷导致医务人员的敌对心理问题

访谈专家表示,现今医患纠纷导致医务人员的敌对心理较其他职业来更为明显,无法更为有效地与患者沟通是最关键的问题。建议政府层面应正确引导群众,引导舆论发展,减少不良的医患关系,减轻医务人员心理压力。医院层面搭建沟通桥梁,缓解心理压力;多丰富员工作之外的生活;定期开展心理咨询及辅导,让医务人员正视自己心理健康状态,及早发现、正确引导、干预治疗,预防医务人员心理理疾病进一步恶化。个人层面要提升交流技巧,提高自身的沟通和服务能力,以此来降低或者避免不必要的医患矛盾出现。此外,医务职工现今工作压力和工作产出不成正比,因此抓紧医改步伐,构建符合医务人员自身价值和工作能级的绩效薪酬机制。

(二)医院工会相关管理建议

1. 管理理论建议

(1)加强对职工心理健康教育,引导健康生活方式。工会确定职工的心理健康问题及成因之后,应针对不同类型的职工的身心情况,提供个性化的娱乐和心理支持。此外要积极提供户外集体运动的数量,通过心理和运动的双重支持,提升医务人员的心理健康能级。

(2)逐步建立和完善职工心理健康状态监测档案。目前所有医院对于员工都有生理健康体检,但医院有职工心理健康状态监测档案的基本为0。因此,工会应成立各自医院的新员工心理状况档案。

(3)构建每家医院特有工会文化。工会组织还应充分发挥教育和服务职能,联合医院宣传、团委及其他相关部门管建立符合医院实际情况的工会文化,增强职工使命感。

2. 管理实践建议

针对以上医院及医院工会管理者相关访谈,梳理各医院(工会)对利用组织支持来缓解其心理健康的良好做法,供推广至各医院工会,以提升本市医务职工幸福感,降低医务职工心理健康问题的检出率。

(1)生理需求

①"关爱医患十院专项基金"(十院)。与上海市慈善基金会深入合作共同发

起"关爱医患十院专项基金",关爱对象包括医护人员和贫困患者。该慈善项目所募得款项将用于在重大公共卫生事件及在援助工作中表现突出的医护人员、十院员工及其直系亲属遭遇重大变故、重大灾难或重大疾病时进行慈善爱心帮助。②沈大成职工食堂——健康饮食嘉年华活动(仁济医院)。仁济医院每年在工会部门参与下,与沈大成联合举行"中华二十四节气菜品之秋季各节气菜品品鉴会"。仁济医院用该方法进一步提升职工幸福感,提升职工就餐体验。③体育创意活动(六院)。包括乐享减脂训练营、"瑜"悦身心瑜伽培训、有氧搏击课等。

(2) 心理需求

①心理减压需求——"关爱员工"心理减压项目团队(十院)。关爱援鄂抗疫英雄音乐治疗团体减压活动、关爱团员青年音乐治疗团体减压活动、关爱支援上海公卫"抗疫英雄"音乐治疗团体减压活动等。②医务职工"轻心"热线(仁济医院)。仁济医院工会仁济女职工轻心热线荣获"2021年上海市卫生健康系统女职工工作优秀品牌"。通过热线,帮助员工缓解心理压力。③职工读书节(六院)。六院工会读书节,鼓励员工能够在休息期间自发学习自己感兴趣的课外书籍,提升自我修养。④曙光小筑(曙光医院)。为提升医务人员的心理健康水平,增强其心理弹性,曙光医院工会联合具有专业资质的精神心理科医师、心理咨询(治疗)师、社工师定期来院坐班开展心理咨询与个案服务,打造医院特有"曙光小筑",帮助医务职工调整认知与应对模式,宣泄负面情绪,缓解情绪问题,从而有效提升医务人员对于心理健康知识的了解与关注。

医院工会要努力为员工搭建一个良好的服务平台,形成一个医护人员可以安心工作、医患关系和谐、员工全面发展的优质工作环境,竭尽全力帮助员工解决工作、生活中遇到的问题,真正让员工感受到工会是"职工之家"。

(本文获第二十五届年会征文一等奖)

上海市抗击新冠疫情医务人员心理健康状况横断面调查比较及干预效果评价

柯颖达 苏家春 周 萍 卢 霏 陈 宏

（复旦大学附属华山医院工会）

新冠疫情作为一种突发的重大传染病，严重影响着公众的身心健康。医务人员作为落实防控工作的主体，承担着较大的工作任务外，还承受着巨大的心理压力。全国各级卫生行政部门、医疗机构就疫情暴发初中期医务人员应激心理疏导做了大量的工作和研究，但是对于未知传染病大规模爆发期到转为常态化时期，防疫抗疫医务人员群体的心理健康状况尚无大样本调查和分析，为此，本课题组根据《关于本市组织开展新冠肺炎疫情心理重建工作的通知》要求，在完成阶段性抗疫任务和抗疫常态化的两个时间节点，分别对上海抗疫一线医务人员的心理健康状况进行测评，了解心理健康状况的变化和可能的影响因素，分析心理干预和关爱策略对改善医务人员心理健康的作用，为更好地进行心理辅导与心理干预，支持与帮助医务人员保持乐观积极心态、持续做好防疫抗疫以及完成一线抗疫后尽快回归到正常工作生活，同时为建立"突发公共卫生事件下的医务职工心理关爱体系"提供基线数据和干预评估。

一、对象与方法

（一）调查对象

采用方便抽样的方式，抽取上海各级医疗机构援鄂及支援外单位的一线队员、上海抗疫防疫各级定点医疗机构的一线人员、上海其他各级医疗机构的医务人员。

调研问卷通过问卷星平台，从上海市医务工会、上海市医务职工职业健康促进协会网络渠道向目标人群发布。采取匿名、在线、自愿填答并实时提交。

2020年3月底至4月上旬，开展上海市医务人员（尤其是支援上海市与援鄂医务人员）的心理健康状况的基线调查，时隔半年后，于9月底至10月上旬，完成第二阶段本市医务人员的心理健康状况调查。基线调查共有1 424人填写问卷,1 401人愿意接受调查;排除无效问卷后,共纳入1 392份有效问卷,有效回收率为97.75%。第二阶段调查共有4 556人填写了问卷,其中4 494人愿意接受调查;经过双人逻辑比对,最终纳入有效问卷4 338份,有效回收率为95.22%。

(二) 调查内容

包含:个人基本情况、参与抗疫情况、核心心理健康状况、自我评价各方关注度以及心理关爱/辅导的评价等。

二、研究结果

(一) 基本情况

第一次横断面调查(基线调查)中,男性占76%,女性24%;35岁以下占90%,35岁以上10%;临床医生占17%,护士占65%,医技9%,公卫医师3%,行政后勤6%;43.10%为独生子女,62.28%已婚,42.74%是中共党员,12.14%的受访者曾经参与过重大公共卫生事件的一线抗疫救援工作(如"非典"、汶川、玉树、H1N1等),4.67%曾经援外、援边或援藏。

第二次横断面调查中,男性占81%,女性占19%;35岁以下占63%,35岁以上37%;临床医生占24%,护士占50%,医技占12%,公卫医师4%,行政10%;49.04%为独生子女,72.07%已婚,26.39%是中共党员,9.80%的受访者曾经参与过重大公共卫生事件的一线抗疫救援工作(如"非典"、汶川、玉树、H1N1等),3.11%曾经援外、援边或援藏。

(二) 总体心理健康状况

睡眠时间:对基线与第二阶段的抗疫一线的被调查医务人员进行分析,过去两周睡眠每天少于6小时的人数占比第二阶段与基线相比有显著差异,显示第二阶段睡眠时间有改善。

焦虑症状:对基线与第二阶段的抗疫一线的被调查医务人员进行分析,控制了性别、年龄、学历、政治面貌、婚姻状况、子女状况、工作岗位、职称、所在医院级别或类型等个人基本情况,以及抗疫类型、时间、工作差异度后,中度及以上焦虑的发生率,第二阶段与基线相比,没有显著差异,但系数显示第二阶段有改善(β

值 0.45、标准误值 0.25);其中支援外单位抗疫人员,第二阶段与基线相比,没有显著差异,但系数显示第二阶段有所改善(β 值 0.33、标准误值 0.33)。

抑郁症状:对基线与第二阶段的抗疫一线的被调查医务人员进行分析,控制了性别、年龄、学历、政治面貌、婚姻状况、子女状况、工作岗位、职称、所在医院级别或类型等个人基本情况,以及抗疫类型、时间、工作差异度后,中度及以上抑郁的发生率,第二阶段与基线相比,有显著改善(β 值 0.49、标准误值 0.15);其中支援外单位抗疫人员,第二阶段与基线相比,没有显著差异,但系数显示第二阶段有所改善(β 值 0.27、标准误值 0.19)。

PTSD 症状:对基线与第二阶段的抗疫一线的被调查医务人员进行分析,控制了性别、年龄、学历、政治面貌、婚姻状况、子女状况、工作岗位、职称、所在医院级别或类型等个人基本情况,以及抗疫类型、时间、工作差异度后,可能有 PTSD 症状的发生率,第二阶段与基线相比,没有显著差异,但系数显示第二阶段有所改善;其中支援外单位抗疫人员,第二阶段与基线相比,没有显著差异,但系数显示第二阶段有所改善(β 值 0.13、标准误值 0.39)。

(三) 参与者对心理干预/关爱活动的评价

表 1 显示,参与者对于上海市医务工会和本单位开展的心理疏导讲座或活动的满意度都达到 93% 以上;93% 以上认为讲座、活动很有帮助或较有帮助。

表 1 参与者对心理干预/关爱活动的评价表

接受/参与过干预者的反馈	第二阶段		一线抗疫者		支援外单位者	
	人数	占比/%	人数	占比/%	人数	占比/%
您如何评价所参与的医院开展的心理疏导讲座或活动?						
非常满意	282	70.32	194	73.48	143	73.71
比较满意	102	25.44	60	22.73	42	21.65
一般	17	4.24	10	3.79	9	4.64
您觉得医院开展的心理疏导讲座或活动对您是否有帮助?						
很有帮助	253	63.09	173	65.53	123	63.40
较有帮助	123	30.67	74	28.03	58	29.90
帮助很小	22	5.49	15	5.68	12	6.19
不确定	3	0.75	2	0.76	1	0.52

续表

接受/参与过干预者的反馈	第二阶段		一线抗疫者		支援外单位者	
	人数	占比/%	人数	占比/%	人数	占比/%
您如何评价参与的市医务工会开展的心理疏导讲座或活动?						
非常满意	257	68.53	194	69.04	158	68.70
比较满意	94	25.07	71	25.27	60	26.09
一般	24	6.40	16	5.69	12	5.22
您觉得市医务工会开展的心理疏导讲座或活动是否有帮助?						
很有帮助	246	65.60	187	66.55	153	66.52
较有帮助	107	28.53	78	27.76	65	28.26
帮助很小或没帮助	17	4.53	11	3.91	7	3.04
不确定	5	1.33	5	1.78	5	2.17

(四) 自我评价

表2显示有87%的被调查者表示基本或完全回归了正常工作生活,援鄂人员中占比高达94.4%;45%的被调查者表示目前对工作的总体满意度有提升。

表2 自我评价表

	第二阶段全体		一线抗疫者		支援外单位者	
	人数	占比/%	人数	占比/%	人数	占比/%
您是否已经回归到正常的工作生活						
完全回归	2 121	48.89	924	53.66	620	69.12
基本回归	1 674	38.59	557	32.35	227	25.31
一般	388	8.94	146	8.48	39	4.35
基本/完全未回归	155	3.57	95	5.52	17	1.90
与疫情发生前相比,您对目前工作的总体满意度						
满意度显著提升	838	19.32	356	20.67	205	22.70
满意度略有提升	1 025	23.63	468	27.18	269	29.79
满意度无变化	1 805	41.61	672	39.02	361	39.98
满意度略有下降	500	11.53	151	8.77	48	5.32
满意度显著下降	170	3.92	75	4.36	20	2.21

续表

	第二阶段全体		一线抗疫者		支援外单位者	
	人数	占比/%	人数	占比/%	人数	占比/%
与疫情发生前相比,您对目前生活的总体满意度						
满意度显著提升	790	18.21	347	20.15	197	21.82
满意度略有提升	967	22.29	459	26.66	280	31.01
满意度无变化	1 831	42.21	686	39.84	367	40.64
满意度略有下降	587	13.53	171	9.93	43	4.76
满意度显著下降	163	3.76	59	3.43	16	1.77

三、讨论和展望

前后两次调查的数据分析显示,上海抗疫一线医务人员心理健康状况总体有向好趋势,尤其体现在"抑郁"情绪上:可能中度及以上焦虑症状、可能 PTSD 症状的发生率前后两次略有向好趋势;可能中度及以上抑郁症状的发生率前后两次有显著改善;援鄂医务人员的心理健康状况前后差异虽未有统计学差异,但亦有向好趋势。多因素分析显示,抗疫时间长、抗疫期间工作差异度大者更易焦虑;需要抚养孩子的、二级医院人员、抗疫时间长、抗疫工作差异度大者更易抑郁;然而,援鄂医务人员抑郁发生率更低;二级医院人员更易有 PTSD 症状。

在两次横断面调查之间的近半年时间内,行业和各基层单位分级分类实施针对性的健康促进和心理关爱计划。上海市医务工会、上海市医务职工职业健康促进协会推出"上海抗疫一线医务人员心理健康关爱计划",以上海各级医疗机构援鄂医疗队队员和定点医院一线医务人员为重点,对经受新冠疫情影响的医务工作者,开展科学、及时的心理评估和心理干预。关爱内容包括科学排摸服务对象,把握心理健康状况;开展面上培训,改善社会适应性,提供线上线下菜单式免费讲座约 50 项,参与人数约 4 000 人次;组织团体辅导,缓解抗疫带来的应激问题,完成正念疗法 9 场、叙事疗法 2 场、巴林特小组 3 场、团体心理拓展活动 1 场,参与人数约 400 人次;开展心理咨询 100 余人次,必要时转介心理治疗;组织援鄂医疗队员等一线抗疫人员及家属分批报名疗休养活动,累计 3 262 人次,举办"博物馆之夜""致敬白衣天使"等特别活动。同时,各级直属基层单位和区县医务工会针对各自情况,开展多种形式的医务人员心理关爱工作,包括华山医院的"新冠疫情下构建医务人员人文关怀心理支持机制的实践"、上海市精神卫生中心工会的"心灵驿站抚慰护士心灵"、杨浦区医务工会的"在突发公共事件中卫生健康系统EAP四化四标建设"、儿科医院的"新冠定点收治医院的医护人员心理支持与关怀项目"、仁济医院的"轻心工作室项目"、岳阳医院的"在应对突发公共卫生事件中医院工会精准化关爱帮扶的实践"、妇产科医院的"新冠疫情下移动新媒体时期医院工会基于微信平台职工关怀工作实践"、上海市浦东医院的"员工关怀提升疫情防控医护人员心理健康的实践"、市六东院的"提升应急状况下医院EAP项目服务能级关键路径建设"、嘉定区中心医院的"心悦湾人文关怀心理疏导服务项目"、上海市瑞金康复医院"莲馨苑心灵港湾午间心灵驿站项目"等等。

本次调查显示,22%的被调查者接受过心理干预或关爱活动,比基线时提高了6%;参与心理干预或关爱活动者对市医务工会及各自医院开展的心理疏导讲座或活动的评价中"很有帮助"和"较有帮助"的占比分别达94.13%和93.76%。两项间接指标也获得正向效果:87%的被调查者表示基本或完全回归了正常工作生活,援鄂人员中占比高达94.4%;45%的被调查者表示目前对工作的总体满意度有提升,证明心理干预或关爱活动对医务人员应对心理压力发挥了显著效果。

由此展望,在突发公共卫生事件特殊时期,行业系统和基层单位通过建立和实施有针对性的医务人员心理干预和关爱策略,能有效提升医务人员的社会支持力,支持与帮助医务人员保持乐观积极心态、持续做好防疫抗疫,并在完成一线抗疫后尽快回归到正常工作生活。通过进一步分析整理各家单位的心理干预和关爱机制,应能尽早制定并建立"突发公共卫生事件下的医务职工心理关爱体系"。

(本文获第二十三届年会征文一等奖)

工会开展医务职工健康促进工作的实践探索

许红霞　庞医峰　陈　桑

（上海市闵行区中心医院工会）

党的二十大报告强调深化群团组织改革。工会要强化其服务职工的桥梁纽带作用。医院工会的核心任务是服务医务人员，通过建设需求导向的服务平台和开展多样化活动，提升职工的工作热情和减轻工作压力。医务人员作为健康中国建设的推动者，其福祉直接关联医疗服务质量和稳定性。因此，医院工会需给予人文关怀，营造和谐氛围，并通过改革创新激发职工的积极性，推动医院高质量发展。

一、研究设计

（一）研究方法

在课题调研过程中，课题组通过对现有43个班组的医务人员按照年龄、学历、岗位进行分层分类，初步明确不同年龄段、不同岗位的医务人员的心理现状。基于此，由医院工会牵头，围绕职工权益维护、职工健康管理、职工之家建设和困难职工帮扶等内容，课题组通过问卷调查、座谈交流、个别访谈等形式在班组及临床科室中开展深入调研，进一步确定医务人员的个性化需求，倾听职工诉求，了解职工普遍关心的问题，使职工关爱计划更具针对性、有效性，以期更好改进工作，当好职工"娘家人"。研究方法大体可分为问卷调查法和访谈法。

1. 问卷调查法

问卷调查法是依托问卷进而搜集和分析资料的方法。课题组在查阅相关文献及借鉴同级医院经验的基础上，从六个维度即工作满意度、工作压力、职业倦怠、工作与生活平衡、团队合作与沟通、职业发展与培训的情况设计问卷，并针对不同背景的医院职工发放，回收944份有效问卷。结果显示，传统服务体系难以满足职工多元化需求,工会工作也需创新以满足职工的物质与文化需求。

2. 访谈法

访谈法则通过座谈和个别访谈形式,深入了解 165 位医务人员的身心健康状况及需求,有助于工会总结职工意见。课题组梳理归纳出有效意见,并制定整改清单。工会与相关部门协作跟进问题整改,同时加强宣传和完善职工体检、职业防护措施。

(二) 理论基础

1. 激励理论

激励理论描述的是如何利用各种资源作为激励医务人员积极工作的方法和手段。它是指在组织系统中,激励主体通过激励因素或激励手段与激励主体之间相互作用的关系的总和。其中,激励理论可分为过程性激励即分析激励员工的过程以及内容型激励理论即该用什么方法来激励员工。内容性激励包括马斯洛的"需要层次理论",将人的需要划分为生理需要、安全需要、社交需要、尊重需要以及自我实现需要,并认为只有较低层次的需要得到满足后人才会追求高层次的需要。过程性激励理论则包括公平理论、期望理论、强化理论和归因理论,分别从公平激励角度、员工期望角度、强化员工行为以及部门对于成功或失败的看法进行分析。工会通过开展各类活动满足医务职工的多层次、个性化需求,以此产生激励效应,促进医务人员的效能感、积极性和创新性,为职工创造良好的工作环境。

2. 增能理论

增能是激发服务对象的潜在能力,从而实现提高其能力的过程,是通过各种方法和手段,利用信息和外部资源激发个人潜能的过程。增能理论认为,如果个人的需求得不到满足,环境对个人的压迫会导致个人问题的产生,因此应挖掘对象优势并加强其能力。并且,增能的过程也是个人和团体获得更大成长空间的积极探索。工会通过开展健康运动与比赛提升医务职工的锻炼能力,开设心理课程培养其心理抗压和情绪管理能力,以此推动职工的积极全面成长。

工会基于激励理论和增能理论设计精彩多样的活动,提供各类专业课程,从而提升医务人员的身心健康水平,减轻工作压力,增强工作积极性和幸福感。同时为他们提供全方位的关怀服务,激发医务人员的创新潜能,以外驱力激发职员内驱力,促进医院可持续、高质量的发展。

二、职工需求概况

(一)进一步拓展社团活动

工会针对医务人员需求,发现疫情防控期间社团活动受限,职工渴望更多参与机会。他们提出增加活动频率且活动地点宜近,同时希望活动能够考虑到不同科室的参与可能性。医务人职工作压力大,需要工会创新活动形式和服务方式,提供多样化服务,并形成常态化的服务机制。总之,医院工会需不断探索和创新,以满足医务职工在工作和生活方面的多元需求,通过有效的激励和增能措施,促进医务人员的积极参与和全面发展。

(二)多层面保障职工权益

为了保障医务职工的权益,工会正在积极推动相关政策的制定和实施。首先,职工期望医院提高薪酬和福利待遇,确保劳动与收入相匹配,激发工作热情,并提高医疗服务质量。为了满足这一需求,工会建议人事部门依据职工的绩效合理调整薪资预算,并鼓励科室提高效率,避免浪费。此外,工会也倡导增加青年人才的培养和晋升机会,通过提供多维度的支持和项目化的帮助,增强科室对人才的关注和支持。同时,工会也积极倡导医院与职工共同参与创新项目,以促进医疗服务水平的提升。

三、工会多维度关爱职工路径

医院工会在院党委的领导下,不断深入学习贯彻习近平新时代中国特色社会主义思想及习近平总书记关于工人阶级和工会工作的重要论述,着眼工会工作的新特点、新变化,以职工需求为导向,依托高质量服务阵地平台,通过"悦·动时光""悦·享生活"和"悦·融健康"系列精准化策划活动项目开展,以全方位服务职工为目标,做实做细职工关心关爱,把服务大局与服务职工有机结合起来。通过搭建平台,丰富载体,使职工快乐工作、健康生活,形成积极向上的工作学习氛围和自信乐观的医院文化氛围,更好地调动职工积极性、创造性,强化责任意识和开拓精神,更好地服务职工、凝聚职工,以实际行动助力医院高质量发展。

（一）拓展多样解压活动——"悦·动时光"

1. 健康运动与比赛

开展各种形式的健康运动和比赛项目，如飞镖月月赛、线上健步走、趣味运动会、尊巴练习班、舞蹈班、减脂运动训练营、八段锦等。同时还联合医院九大社团，组织足球赛、篮球赛、跳绳踢毽子比赛、定向越野赛、健身操展评和院内定向赛等竞技活动，以增加团队合作和竞争意识，提升个人体能水平和动力素质。通过这些活动的参与和荣誉的获得，提升医务职工的自我健康管理能力，满足他们对于运动方面的需求，同时增强身体素质、身体灵活性和协调性，使职工拥有成就感与获得感。

2. 个性化兴趣班

考虑到职工的不同兴趣和需求，医院工会提供了多种类型的兴趣班，包括瑜伽班、舞蹈班、合唱班、手机摄影摄像培训班和科普短视频创作班等。这些兴趣班的开设，满足了职工对于个人兴趣爱好的追求，为他们提供了学习和发展的机会，同时促进了职工之间的交流和共享。这样的个性化安排，不仅能提高职工的满意度，也能增强团队凝聚力。

3. 户外身心放松

工会安排了"看上海、品上海、爱上海"浦江夜游、"职工疗休养"等活动，成果显著。浦江夜游让职工们有机会欣赏上海的美景，品味城市的魅力，增加对家乡城市的热爱和认同感。而职工疗休养活动则为职工提供了休息和放松的机会。这些户外活动不仅让职工们能够暂时远离工作的压力，也能够加强职工之间的交流和团队合作。

通过这些活动，职工们能够更好地放松身心，提高工作效率，进一步增强了职工对工会组织的认同和归属感，促进了团队的凝聚力和向心力。

（二）丰盈职工精神世界——"悦·享生活"

1. 高雅艺术进工会

工会组织职工观影、赏剧、听音乐会，让他们享受电影和音乐艺术的盛宴。工会充分了解职工的兴趣和需求，精心策划和组织各种艺术活动，为职工提供了一个放松身心、沉浸艺术的平台。观影活动让职工们欣赏到最新的电影作品，赏剧活动则让他们感受戏剧的魅力，音乐会则为他们带来了美妙的音乐享受。这些活动为职工们带来更多精彩的艺术体验，进一步丰富职工的精神世界。

2. 心理压力疏导

工会通过开设心理课程和巴林特工作坊,帮助职工了解心理健康,学习处理压力和焦虑的方法。这些课程和工作坊提供了一个安全、支持性的环境,让职工能够积极参与讨论和分享他们在工作和生活中所面临的心理压力和挑战。此外,工会还邀请专业人士开展心理关爱讲座和活动,为职工提供专业的心理咨询和支持。这些活动为他们打开了心灵沟通的渠道,让他们能够更好地理解自己和他人,增强情绪管理和人际关系的能力。工会联合职工创新工作室成立情感疏导室,组织和支持各类心理关爱活动,为职工提供全方位的心理支持和保障。

3. 节日活动人文关怀

工会在各种节日组织多样活动,营造和谐氛围。无论是春节、端午节、七夕节、中秋节还是护士节、医师节,工会都会策划丰富多彩的庆祝活动,包括文艺演出、手工艺品制作、主题派对等。这些活动不仅让职工能够在节日里感受到浓厚的节日氛围,还为他们提供了参与、互动和欢聚的机会。此外,在职工生日、结婚、生子等重要时刻,工会也会给予祝福和慰问,通过送上精心准备的祝福礼物、贺卡等,表达对职工的关怀和祝福。这些举措旨在提升职工的获得感,让职工们在医院大家庭中感受到温暖、关怀和归属感,体现了医院"以人为本"的精神。

(三)完善健康保障体系——"悦·融健康"

1. 关注职工健康

医院每年为全院职工参保"在职职工住院津贴互助保障计划""在职职工特种重病互助保障计划"和"在职职工意外伤害保障计划",实时为出险职工办理申报和理赔工作,保障职工利益。制定《闵行区中心医院工会"帮困送温暖"工作制度》,不断加大对患重大疾病职工的帮扶力度,为职工疾病救治构建强大保障。取得党政领导支持,完善职工体检方案,增加颈部血管超声、无痛胃肠镜等检查项目,其中检查无痛胃肠镜的职工占体检职工的43%,通过早发现、早诊断、早治疗有效地保障了职工健康。并提供个体化健康评估和营养知识传授,帮助职工关注自身健康状况。

2. 关爱重点人群

关注困难职工,开展职工互助保障和爱心一日捐,落实好并进一步完善困难职工关怀机制。在关怀女性职工方面,一方面关注女职工在孕期、产假等特殊时期的健康,与妇产科合作开展"免费盆底肌检测"公益活动,同时致力于完善"爱心妈咪小屋"的建设,并成功创建了五星级的爱心妈咪小屋。另一方面,为女职工量身定制了权益保护法律培训,帮助她们了解自身权益并学会维护。

在关怀不同岗位职工方面,首先针对急诊、发热门诊等岗位的职工开展了多次走访和慰问,并给予巴林特小组活动专场,以关心和支持他们的工作。其次,积极开展手术室职工休息室的创建,分别在手术室东区和西区建立了"幸福时刻"和"轻松时光"职工休息室。这些休息室配备了冰箱、电视机、咖啡机、按摩椅、恒温加热板、香薰、蒸汽眼罩、文创工艺品和畅销图书等硬件设施,打造成为"2023年上海医务职工休息室"。通过提供舒适的工作和休息环境,有效帮助医务职工缓解工作压力,促进身心健康。

3. 搭建健康成长平台

对新入院职工开展入院培训,向新职工传输医院文化,安排体验式拓展项目,通过团队建设、益智游戏等活动增进信任,熔炼团队。建立在职培养提升机制,鼓励硕士、博士学历的在职学习提升,开展高层次人才导师制结对培养,为医、技、护技术骨干提供高层次进修培训机会,通过激励机制激发员的积极性与创造性,使其在专业领域健康成长。积极引导医务职工把自身发展与医疗事业、医院的高质量发展紧密结合,充分发挥主力军作用,会同有关科室开展岗位练兵,举办病例展评、技能操作、健康宣教、医学科普大赛等,不断提升医务人员的业务素质和专业技能,锻造了一支仁心仁术、屡经疫情锤炼、敢上敢拼敢赢的医务工作者队伍。

(四) 加强职工思想教育

1. 鼓励创新思想

推进医务职工岗位建功,培育市、区两级职工创新工作室,鼓励职工发明创造、申请专利及成果转化。在2023年第六届中国(上海)国际发明创新展览会中获4项金奖、3项银奖。发挥创新工作室特色优势,运用医疗专业特长、服务群众所需,深入社区开展系列活动。2023年职工创新工作室举办各类义诊13场,进社区、商务楼为居民授课24场,约5 000人收益。借助"学习强国"平台,在"闵医科普"专栏发布科普视频57期,为强化重点人群和重大疾病综合防控,实现从以治病为中心转向以健康为中心提供有效支持,保障人民健康。

2. 系统化政策引导思想

其一,围绕党的二十大精神和中国工会十八大精神、《中华人民共和国工会法》等重要内容,依托医学教学中心网络平台、医院内网等,抓实班组政治学习,以习近平新时代中国特色社会主义思想武装头脑,团结引导医务职工坚定不移听党话、矢志不渝跟党走。其二,组织开展主题征文、好书共品读、"党旗下的颂歌"原创诗歌及红色经典诵读、廉政书画、摄影作品评展等多种思想政治教育和展示活动。对广大职工普遍关心的热点问题第一时间给予解读,让职工知晓政策、弄懂政策、享受政策,不断提升工会服务质效。

四、总结与展望

闵行区中心医院工会的报告强调了深化职工关爱计划对于提升医务人员健康和医院高质量发展的重要性。研究发现,医务人员的健康直接影响工作效率和服务质量,因此,全面的健康保障和心理支持对于提高医务人员的健康水平至关重要。建议医院建立完善的职工关爱机制,提供优良的工作条件和发展机会,增加政府和医院的支持,以及加强管理层与工会的合作。

报告提出,应增加对医务人员健康的投资,完善健康保障体系,加强心理健康服务,并通过多样化活动促进健康。同时,完善职工关爱机制,提供良好的工作环境和福利待遇,增加培训和发展机会,激励医务人员的积极性。此外,医院管理层和工会应建立定期沟通机制,共同制定目标和策略,促进医院和医务人员健康的良性循环。

课题组认为,虽然项目取得了成果,但仍需进一步完善健康管理体系和心理健康服务。工会工作应紧密围绕医院中心工作和发展大局,服务职工,营造良好工作环境,激发医务职工的激情,促进医院高质量发展,为健康闵行、健康上海做出贡献。

(本文获第二十六届年会征文二等奖)

基层医务工作者心理健康情况与影响因素研究
——上海市社区卫生服务中心医务工作者心理健康调研

董建树　王　怡　金　漪　万和平　陶　雷　李　晶

（上海市健康促进中心工会）

一、研究背景

随着国家医疗卫生事业快速发展和人民生活水平提高，公共医疗卫生服务供给与需求呈不均衡状态，这一定程度上影响了医患关系的不平稳。作为医疗服务直接提供者，医务人员承担越来越重的工作压力，医务人员心理健康问题需受重视。

医护人员的心理健康状况低于全国平均水平。2011年，严进、董建树等针对军人、警察、医生和教师等重点人群研究显示，医护人员承受较高的职业压力水平，面临一定得职业环境风险，其焦虑、抑郁发生率高，相较于其他职业群体而言，职业倦怠水平更高；袁琰琴等用抑郁自评量表（SDS）和焦虑自评量表（SAS）对557名医护人员的心理健康状况进行调查，发现医护人员焦虑发生率为22.5%，抑郁发生率为34.2%；胡敏予等采用SCL-90对长沙市5所综合医院护士心理健康状况进行调查，发现护士的SCL-90总均分、大多数因子分均高于国内常模得分，常见心理障碍包括躯体化、抑郁和强迫等。

在某些特殊时期和特殊科室，医护人员的心理健康问题更为突出。刘景红等对8家军队医院"非典"期间发热门诊工作的医护人员进行心理问卷测评，结果显示发热门诊医护人员的躯体化、抑郁因子得分明显高于普通病房医护人员；李喆等人针对新冠疫情加重情况下影响医务人员心理健康的因素进行研究，在疫情流行过程中，与非疫情情况对比，严重精神障碍（SMI）在医务人员中发生率与普通人群对比更高，医务人员发生SMI的独立危险因素包括疫情每日关注耗费时间、近期频繁疫情相关噩梦、媒体疫情报道高度关注等。Xiang Y.T.等研究发现，由于医务人员的专业属性及医学知识，使得其更担心周围人群的感染情况,尤其是自己的亲属和好友。新型冠状病毒肺炎流行期间,医务人员总体心理健康状况呈现为工作负荷大、安全担忧、易焦虑和易激惹等。王香平等以北京市2 460名医务人员为研究对象,发现心理健康水平较好的为医疗管理部门医务人员,而心理健康水平最差的是重症监护室医务人员;张自伟等对石家庄市4所三级甲等医院医护人员调查发现,被测人员得分显著高于普通人群,敌对、强迫及躯体化症状在急诊科室医护人员中表现更为突出,抑郁和焦虑得分上内科医护人员更高。

针对基层的医护人员,人员在职业发展前景、职业成就感等因素上存在迷茫、困惑等现象,容易在长期低落情绪情况下出现较高的职业倦怠情况。卢伟等对比县城及城市内医务人员工作倦怠情况,县级医务人员的个人成就感评分低于城市医务人员,城市医务人员倦怠因素会影响职业发展,家庭因素及神经质因素极有可能导致医务人员工作倦怠。苏畅等对8个市区涵盖社区卫生服务中心、县级医院及乡镇卫生院在内的医疗机构,546名医务人员开展调查,42.31%为抑郁医务人员检出率,其中中度及以上的患者所占比例为22.34%,接近全国平均水平。胡祥英等对海南省儿科医务人员开展研究,比较不同级别的医疗卫生机构医务人员心理健康状况发现,三级医院各因子分较高,一、二级医院各因子分较低,差异性显著。

多组研究人员对医护人员的心理健康产生影响的因素进行了讨论。严进、董建树等人提出较强的工作负荷、较远的通勤距离等客观因素对个体长期以来的职业压力的"积累"有着重要的影响,而人际关系压力、职业晋升压力、个体的人格特征等是个体主要的心理压力来源;Eweilina发现波兰的麻醉师由于工作的特殊性,导致其承受着较大的心理负担;Mike Clarke提出医患在诊疗过程中有效的交流沟通对医务人员心理健康状况有着显著影响;Alice Miller研究了职场环境氛围对医务人员心理健康的影响。

由此,本课题对上海基层医务工作者的工作压力情况开展了调研,具体情况报告如下。

二、研究内容与研究方法

本项目问卷调查、非结构性访谈等方法对上海市医疗卫生单位职工开展心理健康调查。

以职业倦怠问卷(MBI-HSS)作为工作压力状态的结果指标,结合自编问卷。数据采集通过问卷星平台实施，数据清理后通过 SPSS 25.0 开展数据分析。非结构化访谈数据应参与调研人员的要求未留录音，但由主持人和助手分别现场记录后整理使用。

三、研究结果

（一）人口学变量

本项目在各区随机选取两家社区卫生服务中心，同时选择卫生热线工作人员和部分医疗机构检验科工作人员进行调查。有效回收 3 480 份问卷（见表1）。

表1 被调查人员基本情况表

变量	组别	人数	占比/%	变量	组别	人数	占比/%
婚姻状况	未婚	654	18.8	职业类型	医生	1 185	34.1
	已婚	2 697	77.5		护士	1 071	30.8
	离异	116	3.3		医技	752	21.6
	丧偶	13	0.4		行政管理人员	170	4.9
专业技术职称	高级	311	8.9		医院其他工作人员	187	5.4
	中级	1 841	52.9		公共卫生	115	3.3
	初级	1 066	30.6	性别	男	737	21.2
	无	262	7.5		女	2 743	78.8
工作年限	1年及以下	73	2.1	受教育程度	大专及以下	630	18.1
	2～3年	169	4.9		本科	2 585	74.3
	4～5年	226	6.5		硕士	253	7.3
	6～10年	609	17.5		博士	12	0.3
	11～15年	858	24.7	合计		3 480	
	15年以上	1 545	44.4				

（二）医务人员对工作压力的自我报告

被调查人员报告了自我认知到的工作压力水平，题目为"过去三个月，您对您工作压力的评分是(0 没有压力～10 压力非常大)"。该项得分为 6.98±2.50。

工作压力自我报告平均分为 6.98，标准差 2.50。觉知到工作压力很强（超过

9分)的人员有470人,认为自己没有压力的有118人。

(三) 每日睡眠时长和通勤时长

被调查人员报告了过去三个月通勤时长和睡眠时长。通勤时长超过一小时以上的682人。过去的三个月每天睡眠时长,整体为6.59±0.96小时。

(四) 职业倦怠评定与发生率

MBI-HSS量表对职业倦怠水平进行测量。整体3 480名受访者中,职业倦怠的检出率为65.20%(2 270人),其中轻度27.80%(968人)、中度27.10%(943人)、重度10.30%(359人)。

(五) 影响因素及预测

采用二分类Logistic回归探讨医务人员职业倦怠的主要影响因素。模型系数的Omnibus检验$P<0.05$,该模型总体有意义。Hosmer-Lemeshow检验中$P>0.05$,模型拟合优度较高。模型预测准确率为65.3%。正确预测出职业倦怠阳性比例,即灵敏度为96.1%;正确预测职业倦怠阴性比例,即特异度为7.4%。ROC曲线下面积为61.3%。

该Logistic回归模型加入年龄、婚姻状况、工作年限、通勤时间、每周工作时间和每日睡眠时间这六个变量。结果显示:

年龄,随着年龄的增加,出现职业倦怠的风险降低;

婚姻状况,相较于未婚,已婚出现职业倦怠的风险降低;

工作年限,相较于"一年以下""十到十五年"出现职业倦怠的风险增加1.97倍;

通勤时间,随着通勤时间的增加,出现职业倦怠的风险增加;

每周工作时间,随着工作时间的增加,出现职业倦怠的风险增加,"每周平均工作时间57小时以上"是"40个小时"的1.85倍;

每日睡眠时间,随着每日睡眠时间的增加,出现职业倦怠的风险降低23%。

四、结论和讨论

(一) 基层医务工作者职业倦怠检出率高,心理健康问题需重视

项目受访者表现为较高的职业倦怠检出率(65.20%),因此基层医务工者的

心理健康状态应当受到重视。

本次研究获取的三级医疗机构人员数据较少,但三级医疗机构的医务人员学历水平一般较高,对职业期待更高,医患关系处理难度大,工作难度和复杂度高,因此在现有数据的基础上,三级医疗机构的人员工作压力可能更强,职业倦怠的检出率可能更高。

(二) 医务人员的自我感受性强、自我认知水平高,需要对医务人员日常工作中的意见建议予以重视和解决

职业倦怠的检出情况与医务人员自行报告的压力水平是一致的,显示了医务人员这一群体具有良好的自我认知能力和准确表达能力。

访谈中,部分医务人员提出"本科室领导能力差、有不公平的情况,造成其对工作的厌倦和疲累""人际关系复杂,难以处理"等,此类被医护人员报告出来的内容上级应当予以重视。

影响职业倦怠和职业压力的因素主要包括工作年限、月收入、通勤时间和每周工作时间等。但受访者报告工作难度大、领导批评、人际关系处理困难是自我觉知压力大的主要原因,部分人员强调了自身所处单位或部门管理不合理和不科学是自身压力大的原因。

根据非结构性访谈中部分医务工作者表示收入比较少、工作量大,这是受访者与自己的同学、朋友比较后的感受。医患关系相关信息(报道和传言)均对其工作的意义性产生了一定的负性影响。

(三) 年龄、婚姻状况、工作年限、通勤时间、每周工作时间、每日睡眠时间等指标具有良好的职业倦怠发生的预测性

通过关键影响因素的研究,同时通过现有数据分析发现,在上海医护人员良好自我认知的前提下,能够形成简短心理健康自我监测工具。

监测工作逻辑为:(1)在一年时间内以三个月一次的频率提交"简短监测问卷数据";(2)根据简短测评问卷的数据有必要的情况下向目标人员推送焦虑自评问卷、抑郁自评问卷、职业倦怠水平问卷等诊断问卷,并反馈相关诊断数据,提出相关调适建议;(3)对重点人员开展进一步心理咨询服务。

通过数据监测,能够进一步协助单位工会或者人力资源部门了解员工整体心理健康水平,并为构建适合本单位员工心理健康保障相关措施提供科学支撑。

（四）在开展心理健康监测工作的基础上，可进一步加强职业发展指导和各单位中层管理能力培训工作

在监测的基础上，可对重点人群的识别和个性化干预，提供职业能力提升相关课程和专项培训项目，指导其逐步获得职业能力提升，帮助其更科学规划职业发展路径；对于一些单位，逐步增强部门或科室领导人员的领导能力，帮助其减少职工因组织管理、直接领导缺乏领导能力带来的职业发展盲视感。

（本文获第二十六届年会征文二等奖）

新冠肺炎疫情下医务人员压力、焦虑、抑郁状况及影响因素研究

张宴萍　褚连芳　庄开岑　钱文芳　袁鹏亚　徐在华　夏仁娣

（上海市金山区精神卫生中心工会）

2019年12月以来，全球受到新型冠状病毒感染的影响。医务人员在疫情防控中日夜奋战，前期面临医疗物资紧缺和超负荷工作强度，肩负全社会抗击疫情的期盼，承受巨大心理压力。因此，在保护其避免感染的同时，了解疫情下医务人员的心理健康状况，科学地制定心理疏导计划，是帮助医务人员顺利度过疫情防控特殊时期的重要举措。已有诸多对湖北等一线和新冠定点收治医护人员心理健康状况的调查，但缺乏针对其他地区普通医务人员的心理健康状况分析。本研究对上海郊区医务人员进行心理状况调查，探究主要影响因素，以期为改善新冠病毒流行期间医务人员这个特殊人群的心理健康状况及重大突发公共卫生事件后心理重建和心理关怀政策制定提供参考。

一、对象和方法

（一）研究对象

2020年3月10日到3月25日，对金山区内3 021名参与疫情防控工作的医务人员进行问卷调查。本研究获上海市金山区精神卫生中心伦理委员会批准。

（二）方法

通过问卷星制作问卷，通过微信开展调查。调查对象知情同意后独立完成问卷。自制问卷包括：(1)一般情况：性别、年龄、婚姻状况、教育程度、部门、目前岗位、工龄、周工作时长等；对新冠疫情的态度：包括对防控的预期时长、家庭支持情况等。(2)采用压力知觉量表(perceived stress scale，PSS-10)评定受试者的应激状况，该量表克隆巴赫系数(Cronbach's alpha)0.78～0.91，以≥14分判

定为存在应激情况。(3)采用广泛性焦虑量表(generalized anxiety disorder,GAD-7)评定焦虑症状,该量表 Cronbach's alpha 系数为 0.91,GAD-7 以评分≥6 分判定为存在焦虑症状。(4)采用健康问卷抑郁症状群量表(patient health questionnaire,PHQ-9)评定抑郁症状,该量表 Cronbach's alpha 系数为 0.8～0.9,以 PHQ-9 评分≥7 分判定为存在抑郁症状。

按照可能接触新冠肺炎病毒的风险大小,将疫情防控中的岗位分为低风险、中等风险和高风险。发热门诊、流行病学调查、实验室检测、集中隔离观察点、援鄂医疗队员、隔离和转运发热病人列为高风险;普通门诊和病房、道口检疫、居家隔离患者管理、疫情防控指导、场所消毒、院感列为中等风险;其他疫情相关健康教育、心理健康服务、数据统计、后勤保障、媒体宣传等列为低风险。

(三)统计学处理

采用 SPSS 22.0 进行数据分析,计数资料用例数和百分率描述,计量资料以 $\bar{x} \pm s$ 或中位数[M]表示。经卡方检验对不同性别、年龄、婚姻、教育程度等人口学特征和面对新冠疫情状况的心理应激、焦虑症状、抑郁症状的阳性率进行比较;采用二元 Logistic 回归检验影响焦虑、抑郁、压力应激情况的主要因素;检验水准 $\alpha = 0.05$。

二、结果

(一)调查对象基本情况

调查收到问卷 3 021 份,有效问卷 2 745(90.86%);调查对象女性居多,为 2 098 人(占 76.40%);平均年龄(36.93 ± 9.36)岁;工龄 0.5～45 年,均值为 12 年;教育程度以本科及以上为主,为 1 845 人(占 67.2%);工作风险以高、中等风险居多,有 2 721 人(占 99.13%);周工作时间＞50 h 的有 785 人(占 28.60%);家人支持疫情防控得分均值为(9.57 ± 1.11)分。

(二)医务人员心理健康问题结果

调查对象整体压力应激阳性率为 27.9%(95%CI:26.2%～29.5%),焦虑症状阳性率为 30.0%(95%CI:28.3%～31.7%),抑郁症状阳性率为 27.0%(95%CI:25.4%～28.7%)。

(三)不同人口学特征的心理情绪问题比较

不同性别、年龄、教育程度、婚姻状况、工龄的医务人员在压力应激和焦虑症状阳性率差异均有统计学意义($P<0.01$)(见表1)。

(四)不同疫情防控因素的心理情绪问题比较

不同工作风险、周工作时长、家庭支持、对疫情的预期时长、医疗机构类别的医务人员的压力应激阳性率差异有统计学意义($P<0.05$);不同工作风险、周工作时长、对疫情预期时长的医务人员的焦虑症状阳性率差异有统计学意义($P<0.001$)。

不同工作风险、周工作时长、家庭支持、对疫情预期、医疗机构类别的医务人员的抑郁症状阳性率差异有统计学意义($P<0.05$)(见表2)。

(五)压力应激、焦虑、抑郁症状的影响因素分析

将以下自变量纳入Logistic回归模型,各变量均以"0"为基准,基准组赋值为性别(女),年龄(21~29岁),教育程度(中专),婚姻(其他婚姻状态),工龄($\leq 3a$),工作风险(中低危段),每周工作时长($\leq 40h$),家庭支持(≥ 9分),医疗机构分类(其他医疗机构),对疫情的预期时长(≤ 2个月)。

女性压力应激风险是男性的1.42倍;30岁以下组风险是40~49岁组的1.31倍,是50岁以上组的1.78倍;周工作时长41~60 h组的压力应激风险是40 h以内组的1.46倍,超过60 h和80 h人群的风险则更高;家庭支持较差的人群风险是高支持家庭的1.52倍;高工作风险人群是中低风险者的1.35倍;有发热门诊的综合医院是其他医疗机构的1.54倍,社区卫生服务中心是其他医疗机构的1.46倍。

出现焦虑症状的风险比较,女性是男性的1.32倍;其他婚姻状态人群风险是已婚人士的1.47倍;周工作时长超过40 h风险明显增加,而超过60 h组和超过80 h组焦虑阳性风险是40 h组的2.1倍和3.88倍;高工作风险者是中低工作风险者的1.57倍;工龄3年以上各组风险均高于工龄3年及以下组;对疫情预期时长不能确定组风险最高,是预计2个月以内结束人群的1.44倍。

抑郁症状阳性的风险比较,有发热门诊的综合医院是其他医疗机构的1.41倍;21~29岁组是≥ 50岁年龄组的1.35倍;周工作时长超过40 h,抑郁阳性风险

表1 不同人口学特征压力应激、焦虑、抑郁症状发生率比较表[$n=2745$,人(%)]

项目	人数	压力应激症状阳性 n(%)	χ^2值	P值	焦虑症状阳性 n(%)	χ^2值	P值	抑郁症状阳性 n(%)	χ^2值	P值
性别			9.863	0.002		7.013	0.008		1.450	0.229
女	2 098	616(29.4)			656(31.3)			579(27.6)		
男	647	149(23.0)			167(25.8)			163(25.2)		
年龄(y)			25.956	0.000		16.585	0.001		16.565	0.001
21~29	790	247(31.3)			241(30.5)			231(29.2)		
30~39	835	262(31.4)			287(34.4)			251(30.1)		
40~49	781	189(24.2)			215(27.5)			192(24.6)		
≥50	339	67(19.8)			80(23.6)			68(20.1)		
教育程度			10.954	0.012		12.035	0.007		5.037	0.169
中专	152	26(17.1)			29(19.1)			30(19.7)		
大专	748	221(29.5)			222(29.7)			197(26.3)		
本科	1 677	465(27.7)			511(30.5)			469(28.0)		
硕士及以上	168	53(31.5)			61(36.3%)			46(27.4)		
婚姻状况			10.154	0.001		4.061	0.044		7.255	0.007
其他	684	223(32.6)			226(33.0)			212(31.0)		
已婚	2 061	542(26.3)			597(29.0)			530(25.7)		
工龄(a)			18.285	0.000		14.716	0.002		16.297	0.001
≤3	501	151(30.1)			134(26.7)			133(26.5)		
3.1~10	744	222(29.8)			244(32.8)			229(30.8)		
10.1~20	608	190(31.3)			207(34.0)			179(29.4)		
≥20	892	202(22.6)			238(26.7)			201(22.5)		

表2 不同疫情相关因素压力应激、焦虑、抑郁症状发生率比较表[$n=2745$,人(%)]

项目	人数	压力应激症状阳性 n(%)	χ^2值	P值	焦虑症状阳性 n(%)	χ^2值	P值	抑郁症状阳性 n(%)	χ^2值	P值
工作风险			23.529	0.000		43.072	0.000		24.187	0.000
中低危	1 410	336(23.8)			344(24.4)			324(23.0)		
高危	1 335	429(32.1)			479(35.9)			418(31.3)		
周工作时(h)			18.007	0.000		33.185	0.000		16.092	0.001
≤40	811	186(22.9)			206(25.4)			177(21.8)		
41~60	1 608	464(28.9)			486(30.2)			459(28.5)		
61~80	230	74(32.2)			88(38.3)			73(31.7)		
≥81	58	24(41.4)			32(55.2)			18(31.0)		
家庭支持			12.113	0.001		3.023	0.082		4.214	0.040
≥9分	2 405	643(26.7)			707(29.4)			634(26.4)		
≤8分	338	121(35.8)			115(34.0)			107(31.7)		
机构分类			13.105	0.001		5.148	0.076		10.110	0.006
其他医疗机构	705	162(23.0)			207(29.4)			174(24.7)		
社区卫生服务中心	1 007	284(28.4)			281(27.9)			253(25.1)		
有发热门诊的综合医院	1 033	319(30.9)			335(32.4)			315(30.5)		
对疫情的预期			7.801	0.02		9.856	0.007		15.434	0.000
2个月内	596	147(24.7)			150(25.2)			134(22.5)		
3~6个月	1 759	490(27.9)			541(30.8)			476(27.1)		
不能确定	390	128(32.8)			132(33.8)			132(33.8)		

增加,超过 60 h 组风险是 40 h 以内组的 1.79 倍;对疫情预期时长不能确定组是预计 2 个月以内结束人群的 1.68 倍;高工作风险者是中低工作风险的 1.36 倍。

三、讨论

本研究结果显示,金山区医务人员整体压力应激、焦虑和抑郁症状阳性率分别为 27.9%、30.0% 和 27.0%。比浙江援鄂天佑医院调查显示约三分之一的医务人员发生焦虑抑郁等症状的结果略低,与武汉同济医院调查的压力应激、焦虑和抑郁症状的报告率 29.8%、24.1% 和 13.5% 相比,焦虑和抑郁的阳性率略高,压力略低。提示武汉抗疫人员面临的心理负荷确实稍高于非前线人员,但总体相差不远,非援鄂前线医务人员在疫情防控中同样面临较重的心理负担。这与王月莹、王竞等的研究结论基本一致。而在研究结果显示的影响心理健康的因素,为今后开展心理干预提供一定依据。

(一) 重视高风险单位和岗位人员心理状况,分层了解心理健康需求

医务人员在紧张的疫情防控形势下,需要承受感染风险高、疫情早期防护资源的短缺、长时间的工作负荷等,容易产生负面影响。本研究结果显示,有发热门诊的综合医院出现压力应激反应和抑郁症状的风险均最高,其次是社区卫生服务中心人员。同时,结果显示高感染风险岗位的心理压力和焦虑反应均高于中低风险岗位人群。这也提示应分层了解不同心理负荷层面的人员的心理服务需求,后期给予针对性指导。

(二) 工作时间超负荷会对心理健康产生负面影响

结果显示,周工作时间超过 60 h 后,压力应激、焦虑、抑郁的发生率明显上升。这与袁媛等提示连续工作时间越长,焦虑检出率越高的结果一致。因此,通过合理的轮班制度,减少连续工作时间,周工作时长不建议超过 60 小时,减轻连续奋战的疲惫感和耗竭感,保障医务人员的战斗力。

(三) 关注女性、青年、非在婚状态和家庭支持等因素,多给予关怀

本研究发现,女性压力应激和焦虑症状的风险均高于男性,可能由于女性在疫情防控工作中除了是抗疫战线上的主力军,同时照顾家庭的压力也显著高于平时,工作和家庭的双重压力让女性心理负担有所增加。青年在压力应激和抑

郁阳性率均高于 50 岁以上年龄组，在焦虑上也略高，可能与年轻人群在疫情防控经验相对较少，应对突发状况和自我保护能力相对较弱，更易出现心理问题。这与王可欣等的研究认为年轻医务人员更易产生焦虑的结果类似。因此，要关注青年人群的心理疏导，重视开展应急培训演练，有效提升疫情防控实战能力。

非在婚的其他婚姻状态发生焦虑的风险较高，可能与已婚人士家庭结构较稳定有关，家庭支持高是降低压力风险的保护因素。有效的家庭支持可以缓解医务人员的负面情绪，增强被支持被理解感，得到家庭支持较多的人员可能更愿意与家人沟通，这也有助于他们及时缓解心理压力。结果同时显示，对疫情何时结束感到不确定的人员在焦虑和抑郁症状的发生率上都较高，提示在心理干预中，尤其是早期阶段应关注对事件的心理预期。当人们感到绝望或失去控制时，往往更易出现心理问题。

压力、焦虑和抑郁虽均为心理健康相关维度，常有一定关联性，但由于每个人对心理问题所表现的方式和敏感度有所不同，因此不同的因素对其结果的影响也会产生一定差异。

综上所述，在重大疫情等公共卫生事件中，即使不是震中地区，医务人员依然面临较高的心理健康风险。新冠肺炎疫情发生以来，尽管国家卫健委第一时间发布《新型冠状病毒感染的肺炎疫情紧急心理危机干预指导原则》，将医务人员列为第一级目标人群，各地也采取了相应的措施，如体检、疗休养、适当增加带薪休假时间，国家提出要及时做好医务人员的心理调适疏导，开展心理健康评估，强化心理援助措施；但实际工作中，还缺乏工会等组织具体可行的心理关怀政策。因此，以问题和需求为导向，制定具体可行、适用各辖区医务人员的心理关怀政策迫在眉睫。

（本文获第二十三届年会征文二等奖）

疫情防控常态化时期工会对临床一线护士心理健康状况的调查分析与应对策略

崔 屹 谈晓红 徐 敏 沈 超 高月求 曹 康 陈映虹 王 静
（上海中医药大学附属曙光医院工会）

人文关怀是群众路线的重要组成部分。工会在党的领导下更应当落实以人为本的基本理念，贯彻人文关怀精神，在人文关怀中起到关键性的疏导、深化和决定性作用。疫情防控常态化时期，临床一线的医务工作者们面临重重压力。通过使用自我报告工具来评估1 000多例中国医生和护士，结果显示接触新冠病毒的临床一线医务人员出现相关的精神健康后遗症，其中，中度至重度精神症状包括焦虑（12％～20％）、抑郁症（15％～25％）、失眠（8％）甚至创伤性痛苦达到35％至49％。因此，这类人群急需引起关注，寻求专业人员的帮助。

本次研究采用"心理健康自评问卷"调查的形式，引导本院临床一线护士进行心理健康状况调查，同时，通过对问卷的简单分析，为采用针对性的措施促进其心理健康提供参考依据。

一、对象与方法

（一）对象

本研究于2021年1月10日至2月10日采取方便抽样法，通过问卷星线上调查问卷的形式，以医务人员自愿参与的方式，在本院抽取临床一线护士参与本次调查。

（二）方法

1. 调查工具

（1）一般资料调查问卷。由研究者自制，包括性别、年龄、科室、工作年限、职称、职务及文化程度等内容。

（2）心理健康自评问卷（World Health Organization self-reporting questionnaire-20，SRQ-20）是世界卫生组织（WHO）发布的简易快速筛查工具，SRQ-20量表的克隆巴赫系数（Cronbach's alpha）为0.869。

2. 调查方法

本次调查采用问卷星的形式，不记名调查，采用统一的指导语，向研究对象说明本研究的目的、意义及注意事项，然后在各临床一线科室微信群发放问卷二维码，填写时间为2~3分钟。同一手机注册号只能提交1次，填写项目有缺失或多次提交问卷者视为无效问卷。共回收416份有效问卷。

3. 统计方法

采用SPSS 23.0软件进行统计描述和统计推断。计量资料若为正态分布，用均数±标准差（$\bar{x} \pm s$）表示，若为偏态分布，用中位数和四分位间距表示；计数资料用频数、构成比、率表示；计量资料均数比较采用t检验，计数资料组间差异性比较采用χ^2检验。通过单因素分析和Logistic回归分别分析影响临床一线护士心理健康状况得分的主要因素，以$P \leqslant 0.05$为检验标准，表示差异具有统计学意义。

二、结果

（一）调查对象的一般资料

本次调查的临床一线护理人员共416人，男性13人，女性403人；平均年龄35.51±7.93岁，其中，20~30岁114人，31~40岁203人，41~50岁86人，51~60岁13人；平均工作年限为14.57±8.94年，其中，1~5年86人，6~10年49人，11~15年110人，16~20年69人，21~25年50人，25年以上52人；职称：护士88人，护师189人，主管护师139人；职务：护士25人，护士长391人；文化程度：中专8人，大专139人，本科264人，研究生5人；科室：内科169人，外科66人名，急诊14人，监护室62人，门诊8人，其他辅助科室47人。

（二）临床一线护士心理健康状况得分

在416例临床一线护士的心理健康状况各条目得分中，得分较高排在前3位的条目为容易感到疲劳、睡眠差以及感觉不安、紧张或担忧，分别占比为

61.3%、39.4%和29.1%，见表1。

表1 临床一线护士心理健康状况得分表($n = 416$)

条目	心理健康状况得分 $[M(P_{25}, P_{75})]$	得分为"是" (n, %)
1. 是否经常头痛？	0(0, 1)	108(26.0)
2. 是否食欲差？	0(0, 0)	29(7.0)
3. 是否睡眠差？	0(0, 1)	164(39.4)
4. 是否易受惊吓？	0(0, 0)	99(23.8)
5. 是否手抖？	0(0, 0)	54(13.0)
6. 是否感觉不安、紧张或担忧？	0(0, 1)	121(29.1)
7. 是否消化不良？	0(0, 0)	78(18.8)
8. 是否思维不清晰？	0(0, 0)	42(10.1)
9. 是否感觉不快乐？	0(0, 0)	107(25.7)
10. 是否比原来哭得多？	0(0, 0)	41(9.9)
11. 是否发现很难从日常活动中得到乐趣？	0(0, 0)	90(21.6)
12. 是否发现自己很难做决定？	0(0, 1)	105(25.2)
13. 日常工作是否令你感到痛苦？	0(0, 0)	58(13.9)
14. 在生活中是否不能起到应起的作用？	0(0, 0)	38(9.1)
15. 是否丧失了对事物的兴趣？	0(0, 0)	42(10.1)
16. 是否感到自己是个无价值的人？	0(0, 0)	25(6.0)
17. 头脑中是否出现过结束自己生命的想法？	0(0, 0)	13(3.1)
18. 是否什么时候都感到累？	0(0, 1)	116(27.9)
19. 是否感到胃部不适？	0(0, 0)	100(2.0)
20. 是否容易疲劳？	1(0, 1)	255(61.3)
总分	3(0, 6)	

（三）临床一线护士心理健康状况单因素分析

由表2、表3结果显示，416名临床一线护士经SRQ-20筛查为阳性的有94人，约占总人数的22.60%。不同年龄、工作年限、职称的临床一线护士心理健康状况总分与SRQ-20筛查为阳性比率的比较，差异有统计学意义（$P<0.05$），不同性别、职务、文化程度、科室的临床一线护士心理健康状况总分与SRQ-20筛查为阳性比率的比较，差异无统计学意义（$P>0.05$）。

表2 不同组别临床一线护士心理健康状况得分的单因素分析表

变量	类别	人数(%)	心理健康状况得分 $[M(P_{25}, P_{75})]$	χ^2/Z	P
性别	男	13(3.13)	0(0, 4)	-1.814	0.066
	女	403(96.88)	3(1, 6)		
年龄(岁)	20~30	114(27.40)	2(0, 5)	15.586	0.001
	31~40	203(48.80)	3(0.5, 6)		
	41~50	86(20.67)	5(2, 8)		
	51~60	13(3.13)	3(1, 4)		
工作年限(年)	1~5	86(20.67)	2(0, 5)	17.057	0.004
	6~10	49(11.78)	2(0, 5)		
	11~15	110(26.44)	3(0, 6)		
	16~20	69(16.59)	4(0, 7)		
	21~25	50(12.02)	4(2, 7)		
	>25	52(12.50)	3.5(1.5, 8)		
职称	护士	88(21.15)	2(0, 5)	13.911	0.001
	护师	189(45.43)	3(0, 6)		
	主管护师	139(33.41)	4(1.5, 7.5)		
职务	护士	391(93.99)	4(3, 7)	-1.916	0.055
	护士长	25(6.01)	3(0, 6)		
文化程度	中专	8(1.92)	7(2.5, 12)	7.232	0.065
	大专	139(33.41)	2(0, 6)		
	本科	264(63.46)	3(1, 6)		
	研究生	5(1.20)	4(1, 6)		
科室	内科	169(40.63)	3(1, 6)	4.340	0.502
	外科	66(15.87)	3(0, 6)		
	急诊	14(3.37)	2.5(1, 3)		
	监护室	62(14.90)	2(0, 6)		
	门诊	58(13.94)	3.5(1, 7)		
	其他	47(11.30)	3(0, 6)		

表3 不同组别临床一线护士心理健康筛查结果的比较表[n(%)]

变量	类别	人数(%)	SRQ-20分 阴性(0~6分)	SRQ-20分 阳性(≥7分)	χ^2	P
性别	男	13(3.13)	12(2.88)	1(0.24)	0.938	0.333
	女	403(96.88)	310(74.52)	93(22.36)		
	合计	416(100)	322(77.40)	94(22.60)		
年龄(岁)	20~30	114(27.40)	97(23.32)	17(4.09)	12.712	0.05
	31~40	203(48.80)	159(38.22)	44(10.58)		
	41~50	86(20.67)	55(13.22)	31(7.45)		
	51~60	13(3.13)	11(2.64)	2(0.48)		
	合计	416(100)	322(77.40)	94(22.60)		
工作年限(年)	1~5	86(20.67)	74(17.79)	12(2.88)	12.502	0.029
	6~10	49(11.78)	41(9.86)	8(1.92)		
	11~15	110(26.44)	88(21.15)	22(5.29)		
	16~20	69(16.59)	51(12.26)	18(4.33)		
	21~25	50(12.02)	34(8.17)	16(3.85)		
	>25	52(12.50)	34(8.17)	18(4.33)		
	合计	416(100)	322(77.40)	94(22.60)		
职称	护士	88(21.15)	76(18.27)	12(2.88)	7.911	0.019
	护师	189(45.43)	148(35.58)	41(9.86)		
	主管护师	139(33.41)	98(23.56)	41(9.86)		
	合计	416(100)	322(77.40)	94(22.60)		
职务	护士	391(93.99)	304(73.08)	87(20.91)	0.444	0.505
	护士长	25(6.01)	18(4.33)	7(1.68)		
	合计	416(100)	322(77.40)	94(22.60)		
文化程度	中专	8(1.92)	4(0.96)	4(0.96)	3.824	0.281
	大专	139(33.41)	112(26.92)	27(6.49)		
	本科	264(63.46)	202(48.56)	62(14.90)		
	研究生	5(1.20)	4(0.96)	1(0.24)		
	合计	416(100)	322(77.40)	94(22.60)		
科室	内科	169(40.63)	129(31.01)	40(9.62)	3.802	0.578
	外科	66(15.87)	54(12.98)	12(2.88)		
	急诊	14(3.37)	11(2.64)	3(0.72)		
	监护室	62(14.90)	50(12.02)	12(2.88)		
	门诊	58(13.94)	40(9.62)	18(4.33)		
	其他	47(11.30)	38(9.13)	9(2.16)		
	合计	416(100)	322(77.40)	94(22.60)		

（四）临床一线护士心理健康筛查结果为阳性的多因素分析

以临床一线护士心理健康筛查结果为应变量，以单因素分析有统计学意义的变量为自变量，年龄、工作年限和职称，Logistic 回归分析结果显示，工作年限与心理健康的阳性率呈正相关，是影响临床一线护士心理健康状况的危险因素。

三、讨论

（一）疫情防控常态化时期临床一线护士心理健康状况

本次调查结果显示疫情防控常态化时期临床一线护士的心理健康阳性率为 22.6%，与疫情防控期间临床一线护理人员的心理健康阳性率（23.9%）相类似。由此可见，疫情防控常态化时期临床一线护士的心理健康状态不容乐观。临床一线的护理人员再次面临焦虑和压力增加的风险，首先是工作量的迅速增加，包括数量庞大的样本采集与检测、繁重的疫情防控工作要求、复工复产并确保医疗安全的要求等；其次，面临着新型冠状病毒肺炎较强传染性和较高致病性的风险，担心自己、家人、同伴的健康状况；另外，日常工作量与应对新冠病毒之间的冲突，特别是还存在家庭照护职责的改变等，这些都会影响护士的心理健康状态。

本次调查结果表明，在 416 例临床一线护士的心理健康状况各条目得分中，得分较高的条目为容易感到疲劳、睡眠差和感觉不安、紧张或担忧。说明工作负荷骤然提升使一线护理人员的身体出现明显不适症状，影响睡眠质量，且出现一定不良情绪倾向。这些不良的心理应激反应会直接影响临床工作，对医疗与护理安全造成一定的隐患。因此，关注临床一线护士的心理健康问题，给予相应的社会支持和积极的应对方式具有重要的意义。

（二）疫情防控常态化时期临床一线护士心理健康筛查阳性的影响因素分析

本研究对疫情防控常态化时期临床一线护士心理健康的影响因素进行分析，发现不同年龄、工作年限、职称的临床一线护士心理健康状况的比较，有显著性差异，但是在多因素 Logistic 回归分析中，未发现年龄、职称与临床一线护士心理健康状况存在相关性。只有工作年限与心理健康状况存在一定相关性，且呈正相关,工作年限每增加5年,发生心理健康问题的风险增加1.489倍。究其原因,临床一线护士的工作年限越大,资历越高,临床经验也就越丰富,成为一线抗疫的主力军的可能越大,强大的工作负荷落在身上,因此出现不良的心理应激反应的情况也会变多。

(三)加强疫情防控常态化时期临床一线护士的中医人文关怀

1. 主动关心并慰问临床一线护士

(1)工会与需要关爱的护士建立微信群,关心他们的生活、心理、家庭情况。

(2)向一线重点科室护士送慰问品。

(3)建议相关部门管理层采取具体措施,如合理的优化排班,缩短工作时长,适当予以假期奖励等,激励临床一线员工,最大限度地体现人文关怀。

2. 积极开展心理疏导

(1)通过问卷调查及主动排摸,提高预警报告率。

(2)创建"曙光小筑",提供一对一咨询,必要时转为心理治疗。

3. 发扬中医特色治未病

(1)中医芳香疗法:使用芳香类中药,制作成香囊,睡前放于枕边,达到镇静安神、助眠的作用。

(2)中医情志干预:开展舒缓情绪、放松情绪的活动,分别以"香""绘""茶""花"为主题,使其在舒缓减压的同时体验中华民族传统文化。

(3)中医特色适宜技术:穴位贴敷神阙穴等,缓解疲劳、焦虑、改善睡眠。

(4)中医经典方药:各类应激出现的心理健康问题,临床上通过中医专家的辨证论治,选择个体化、针对性的中药方剂进行干预。

综上所述,在疫情防控常态化时期,不同年龄、工作年限、职称的临床一线护士心理应激反应不同,而工作年限是影响临床一线护士心理健康状况的危险因素。虽然目前对疫情的防控管理已进入常态化,比起早期新冠病毒流行期间更容易被人们熟知,总体控制疫情比前期更有信心,但是临床一线护士的心理健康问题依然比较突出,需引起高度重视。工会可根据护士的不同工作年限所反映出的心理应激反应进行有针对性地制订相应的管理方案、心理疏导与中医特色人文关怀,有利于缓解临床一线工作的护士的心理的应激状态,以促进身心健康。

(本文获第二十四届年会征文二等奖)

疫情防控常态化背景下新冠疫苗接种点医务人员心理状态调查及疏导方式研究报告

丁克颖　杨琴文

(上海市闵行区疾病预防控制中心工会)

一、研究背景

目前,我国新冠肺炎疫情防控已经进入疫情防控常态化新阶段。稳妥有序推进新冠病毒疫苗接种工作,成为此阶段的公共卫生工作重点。接种新冠疫苗是对自身及他人进行保护的有效手段。按重点人群、高危人群和其他人群依序推进新冠病毒疫苗接种已经成为当下公共卫生工作的重中之重。在闵行区体育馆设立的新冠病毒疫苗集中接种点设有100个接种单元,每日可接种2万人次。

医务人员在疫情暴发以来,医务人员除承担着常规医疗卫生工作外,还要肩负常态有疫情防控工作、隔离点集中隔离工作、新冠疫苗接种工作等多重工作任务,及全社会抗击新冠疫情的期盼,承受巨大心理压力。医疗行业是一个集专业性、复杂性、责任性于一体的特殊职业。有研究显示,医务人员在工作中产生的心理和职业压力如果长期得不到有效的降低和缓解,不仅会对其自身生理和心理产生一定的不良影响,而且还会导致医疗质量降低、医疗成本上升甚至出现医疗差错等整体不良结果。

目前,以医院为研究场所,一线医务人员为研究对象,分析医务人员焦虑和抑郁情况的文献有7篇,结果均显示疫情对一线医务人员心理状态有一定影响,需要开展针对性的干预来缓解焦虑。以集中隔离点位研究场所,隔离点工作人员为研究对象的仅有1篇,以新冠疫情下疾控人员为研究对象的有4篇,以社区防疫工作者为研究对象的有2篇,研究结果医务人员存在心理问题。然而,以新冠病毒疫苗集中接种点为研究场所,了解该场所医务人员在疫情防控常态化背景下心理状态研究仍为空白。同时,集中接种点医务人员的专业素养及新冠肺炎、疫苗接种相关知识掌握情况直接关系到疫苗接种的安全。已有诸多研究对医务人员疫苗接种知识知晓情况及不同人群新冠肺炎相关知识知晓情况进行分析,但缺乏针对新冠病毒疫苗接种点医务人员新冠肺炎防控知识现况的调查。

因此,了解上海市闵行区新冠病毒疫苗集中接种点医务人员压力、焦虑及抑郁现况及新冠肺炎防控知识知晓现况对于我区顺利开展新冠病毒疫苗接种工作至关重要。

二、研究内容

(一) 研究对象

采用方便抽样的方法,选取 2021 年 5 月 1 日到 5 月 10 日在上海市闵行区新冠病毒疫苗接种点(上海市闵行区体育馆)参与新冠病毒疫苗接种的医务人员为调查对象。

(二) 调查方法

考虑到新冠疫情期间工作特殊性及信息采集便利性,本调查采用问卷星制作问卷,通过微信开展调查。

(三) 调查内容

1. 一般情况

性别、年龄、婚姻状况、学历、专业、职称及工龄、所在单位、是否脱产参加新冠疫苗接种工作及周工作时长等。

2. 压力知觉量表(perceived stress scale,PSS-10)

PSS-10 是目前比较广泛地应用于研究对象应激感受评定,该量表由 Cohen 等在 1983 年发表在《健康与社会行为》(*Journal of Health and Social Behavior*)期刊上。本研究采用中文版 PSS-10,该量表被证实在不同的年龄、性别和职业人群中使用均具有良好的信度与效度(Cronbach's alpha 系数 0.78~0.91)。

3. 广泛性焦虑量表(generalized anxiety disorder,GAD-7)

GAD-7 是目前用于鉴别广泛性焦虑症状的有效量表,由 Spitzer 等在 2006 年设计的简易焦虑筛查量表,具有良好的信度与效度(Cronbach's alpha 系数 0.92)。

4. 患者健康问卷抑郁症状群量表(patient health questionnaire,PHQ-9)

PHQ-9 是由《精神疾病初级医疗评估工具》(primary care evaluation of

mental disorders，PRIME-MD)发展而来的简易抑郁症状筛查工具,该量表由Kroenke等在2001年发表在《普通内科杂志》(*Journal of General Internal Medicine*)期刊上,共有9个条目。

5. 新冠防控知识

以中国健康教育中心编写的《新冠肺炎疫情常态化防控健康教育手册》《新型冠状病毒肺炎健康教育手册第二版》为依据,自行编制问卷。其中,常态化防控基本知识6题、新冠基本知识6题。

6. 新冠病毒疫苗接种知识

以疾病预防控制局发布《新冠病毒疫苗接种技术指南》(第一版)为依据,编制疫苗接种知识10题。答对1题得1分,答错不得分,总分为22分。条目知晓率=(答对题目数/答题人数)×100%;总体平均知晓率=(答对题目总数/题目总数)×100%。

（四）质量控制

本研究采用问卷星的形式开展调查,一个IP地址只能做一次问卷,问卷回收后对数据进行复核,剔除内容缺项≥1的问卷。共回收问卷795份,有效问卷788份,问卷有效率99.12%。

（五）统计学分析

应用SPSS 17.0进行数据分析。计数资料采用率表示,组间比较用卡方检验;计量资料采用均数±标准差,组间比较用t检验/F检验,以$P<0.05$为差异有统计学意义。

三、研究成果

（一）一般情况

研究对象年龄21~59岁,平均年龄为(34.94±8.06)岁。

（二）医务人员压力、焦虑、抑郁症状现况

1. 不同人口学特征医务人员压力、焦虑症状、抑郁症状情况

调查对象压力整体现患率为46.07%,焦虑症状整体现患率为39.47%,抑郁

症状整体现患率为28.93%，不同人口学特征医务人员压力、焦虑、抑郁症状情况见表1。

表1 不同人口学特征医务人员压力症状、抑郁症状情况表（$n=788$）

变量		合计 $n=788$	压力症状阳性 $n=363$	χ^2	P	焦虑症状阳性 $n=311$	χ^2	P	抑郁症状阳性 $n=228$	χ^2	P
性别	男	178	59	5.255	0.022	42	8.193	0.003	31	6.082	0.014
	女	610	304			269			197		
年龄	20～29	242	93	4.267	0.234	94	2.682	0.443	69	1.986	0.575
	30～39	323	159			131			96		
	40～49	172	88			62			45		
	50～59	51	23			24			18		
婚姻状况	未婚	231	80	7.985	0.018	74	6.771	0.034	57	6.988	0.030
	已婚	520	270			227			165		
	其他	37	13			10			6		
学历	大专及以下	303	112	6.202	0.045	95	4.372	0.012	76	6.827	0.033
	本科	444	235			199			145		
	研究生及以上	41	16			17			7		
专业	护理学	488	260	11.250	0.010	214	20.315	0.000	157	13.591	0.004
	预防医学	34	14			18			13		
	全科医学	88	28			21			15		
	其他	178	61			58			43		
职称	无职称	147	45	19.609	0.000	39	9.499	0.023	26	8.281	0.041
	初级	348	153			144			104		
	中级	276	155			120			92		
	高级	17	10			8			6		
工龄	<5	237	82	9.820	0.020	68	8.092	0.044	49	7.853	0.049
	5～10	186	86			77			50		
	11～20	237	125			106			81		
	>20	128	70			60			48		

2. 不同工作情况下医务人员压力、焦虑、抑郁症状情况

不同工作情况下医务人员压力、焦虑、抑郁症状情况见表2。

表2 不同工作情况下医务人员压力、焦虑症状、抑郁症状情况表($n=788$)

	合计	PSS-10	χ^2	P	GAD-7	χ^2	P	PHQ-9	χ^2	P
公立医院	103	45			36			26		
民营医院	144	46			50			31		
专业站所	193	86	50.003	0.000	70	12.816	0.012	57	10.249	0.036
社区卫生服务中心	330	184			151			111		
其他	18	2			4			3		
是	73	24	4.083	0.043	19	5.050	0.025	13	3.947	0.047
否	715	339			292			215		
<40 h	143	34			40			26		
40~56 h	380	175	24.31	0.000	151	6.502	0.039	111	6.799	0.033
>56 h	265	154			120			91		

（三）新冠肺炎防控知识知晓现况

1. 新冠肺炎防控知识知晓情况

调查对象新冠肺炎防控知识总分22分，总体平均得分16.81 ± 2.79，总体平均知晓率为76.46%。各维度知识点平均得分：常态化防控基本知识4.80 ± 0.93，平均知晓率80.22%；新冠肺炎基本知识4.66 ± 0.92，平均知晓率77.69%；新冠病毒疫苗接种知识7.35 ± 1.54，平均知晓率73.46%。

2. 不同人群新冠肺炎防控知识知晓情况

不同人群新冠肺炎防控知识知晓情况见表3。

表3 不同人群新冠肺炎防控知识问卷得分表($\bar{x}\pm s$)

变量	人数[人(%)]	常态化防控基本知识(6分)	新冠肺炎基本知识(6分)	新冠病毒疫苗接种知识(10分)	小计(22分)
性别					
男	178(22.59)	4.75 ± 1.13	4.52 ± 1.06	6.59 ± 1.49	15.64 ± 3.17
女	610(77.41)	4.82 ± 0.87	4.70 ± 0.87	7.57 ± 1.48	17.04 ± 2.62
t值		0.879	2.306	7.761	5.968
P		>0.05	<0.05	<0.01	<0.01
年龄（岁）					
20~29	242(30.71)	4.85 ± 0.84	4.71 ± 0.84	7.19 ± 1.54	16.74 ± 2.59
30~39	323(40.99)	4.73 ± 1.04	4.59 ± 1.02	7.35 ± 1.53	16.67 ± 2.99
40~49	172(21.83)	4.84 ± 0.88	4.74 ± 0.88	7.42 ± 1.51	17.01 ± 2.76
≥50	51(6.47)	4.84 ± 0.81	4.65 ± 0.77	7.84 ± 1.54	17.33 ± 2.50
F值		0.943	1.274	2.826	1.199
P		>0.05	>0.05	>0.05	>0.05

续表

变量	人数[人(%)]	常态化防控基本知识(6分)	新冠肺炎基本知识(6分)	新冠病毒疫苗接种知识(10分)	小计(22分)
婚姻状况					
未婚	231(29.31)	4.86±0.84	4.68±0.84	7.08±1.58	16.62±2.65
已婚	520(65.99)	4.78±0.93	4.65±0.91	7.45±1.50	16.88±2.77
其他	37(4.70)	4.76±1.46	4.68±1.47	7.57±1.56	17.00±3.84
F 值		0.699	0.077	5.150	0.782
P		>0.05	>0.05	<0.01	>0.05
学历					
大专及以下	303(38.45)	4.63±1.02	4.50±1.01	7.12±1.76	16.25±3.16
本科	444(56.35)	4.90±0.84	4.76±0.84	7.50±1.35	17.16±2.42
研究生及以上	41(5.20)	4.89±0.87	4.75±0.86	7.48±1.36	17.12±2.51
F 值		8.481	7.174	5.687	10.027
P		<0.01	<0.01	<0.01	<0.01
专业					
护理学	488(61.93)	4.79±0.88	4.66±0.88	7.54±1.54	16.99±2.66
预防医学	34(4.31)	5.12±0.88	4.97±0.94	7.59±1.40	17.65±2.81
全科医学	88(11.17)	4.95±0.68	4.84±0.69	7.56±1.44	17.39±2.21
其他	178(22.59)	4.69±0.68	4.51±1.10	6.66±1.43	15.87±3.168
F 值		2.962	3.997	16.088	10.059
P		<0.05	<0.01	<0.01	<0.01
职称					
无职称	147(18.65)	4.53±1.22	4.39±1.17	6.48±1.47	15.40±3.39
初级	348(44.16)	4.78±0.87	4.66±0.87	7.35±1.00	16.82±2.53
中级	276(35.03)	4.94±0.81	4.79±0.81	7.37±1.48	17.50±2.52
高级	17(2.16)	5.24±0.75	4.94±0.83	7.78±1.49	17.53±2.24
F 值		7.552	6.651	24.883	19.828
P		<0.01	<0.01	<0.01	<0.01
工龄(a)					
<5	237(30.08)	4.62±1.14	4.49±1.17	6.95±1.63	16.26±3.30
5~10	186(23.60)	4.74±0.94	4.62±0.93	7.15±1.51	16.31±2.79
11~20	237(30.08)	4.91±0.85	4.74±0.84	7.56±1.40	17.21±2.51
>20	128(16.24)	4.96±0.67	4.82±0.68	7.93±1.42	17.71±2.12
F 值		5.173	4.293	14.565	11.460
P		<0.01	<0.01	<0.01	<0.01

3. 各维度不同条目知晓情况

各维度知晓率情况见表4。

表4 各维度不同题目知晓情况表($n=788$)

知识维度	题 目	知晓人数/人	知晓率/%
常态化防控基本知识	我国新冠肺炎疫情防控总体要求	756	95.94
	分区分级精准防控要求	766	97.21
	常态化疫情防控要坚持"四早"	613	77.79
	需要做新冠病毒核酸检测人群	708	89.85
	核酸检测主要是检测鼻咽、咽、痰液标本中是否有新冠	717	90.99
	传染病疫情防控中个人的责任和义务	233	29.57
维度合计		3 793	80.22
新冠肺炎基本知识	新冠肺炎的主要症状和表现	755	95.81
	新冠肺炎的传播途径	764	96.95
	无症状感染者	570	72.34
	新冠肺炎潜伏期	703	89.21
	聚集性疫情	709	89.97
	密切接触者	172	21.83
维度合计		3 673	77.69
新冠病毒疫苗接种知识	对某种食物、花粉、某种药物过敏可否正常接种新冠病毒疫苗	660	83.76
	有备孕计划的女性/男性可否正常接种新冠病毒疫苗	429	54.44
	正患有急性发热性疾病者可否正常接种新冠病毒疫苗	760	96.45
	处于在哮喘的急性发作期可否正常接种新冠病毒疫苗	760	96.45
	患有精神病者可否正常接种新冠病毒疫苗	376	47.72
	新冠肺炎核酸、抗体检测阳性者以及新冠肺炎既往感染者可否正常接种新冠病毒疫苗	349	44.29
	曾有脑梗病史若已处于稳定期可否正常接种新冠病毒疫苗	742	94.16
	高血压患者,如血压控制得到控制可否正常接种新冠病毒疫苗	679	86.17
	新冠病毒灭活疫苗需接种2剂,2剂之间的接种间隔天数	754	95.69
	其他疫苗与新冠病毒疫苗的接种间隔天数	280	35.53
维度合计		5 789	73.46
总计		13 255	76.46

四、讨论

（一）医务人员压力、焦虑、抑郁现况

本研究结果显示，上海市闵行区新冠病毒疫苗集中接种点医务人员整体压力、焦虑和抑郁阳性率分别为46.07%、39.47%和28.93%。显著低于罗芊懿等在2020年2月10—20日针对广东省广州市某新型冠状病毒肺炎定点收治医院医护人员压力、焦虑和抑郁的结果（100%、45.03%和39.77%）。高于Zhou等在2020年2月8—10日新冠防控应急状态时针对湖北省武汉市同济医院工作人员的压力、焦虑和抑郁结果（阳性率分别为29.8%、24.1%、13.5%）。也高于张宴萍等在2020年3月10—25日针对上海市金山区参与新冠疫情防控的医务人员压力、焦虑和抑郁的结果（27.9%、30.0%、27.0%）。与何海艳等针对天津市疾控工作人员焦虑和抑郁调查结果（33.87%和38.88%）相比，本研究焦虑结果略高，抑郁症状结果略低。提示上海市闵行区新冠病毒疫苗集中接种点医务人员面临压力较大，这可能与医务人员自2020年初我国重大疫情防控工作进入应急状态至今长期日夜奋战，克服面对未知时的担心和忐忑、克服物资短缺和超负荷工作有关。

上海市闵行区新冠病毒疫苗集中接种点女性医务人员压力、焦虑和抑郁阳性率高于男性。女性的特殊社会和家庭角色使其可能需要承担更多的家庭责任和家务劳动，在面对重大传染病疫情时更容易产生心理影响。已婚人群压力、焦虑和抑郁阳性率高于其他人群，可能由于在疫情防控期间，除了抗疫工作外，照顾家庭的压力也显著高于平时，工作和家庭的双重压力让已婚人群心理负担有所增加。护理专业医务人员压力、焦虑和抑郁阳性率高于其他专业医务人员。可能由于在预检、接种、留观等环节中，新冠病毒疫苗受种人员与护理人员接触最多，增加了护理人员的感染风险；其次，护理人员大部分被安排在疫苗接种的岗位，需要穿防护服连续作业，工作负荷较大。上海市闵行区新冠病毒疫苗集中接种点医务人员压力、焦虑和抑郁阳性率随着职称的升高及工龄的增加而增高，可能由于高职称和工龄的医务人员大多是管理人员或者业务骨干，自身累积的工作经验及强烈的归属感和荣誉感增强使此类人群承担着更大的责任和更重的工作任务，一定程度上增加了工作压力。因此，要重点关注女性、已婚、护理专业、中级及以上职称和工龄较长医务人员的心理状态，适时对相关医护人员开展

心理评估,提供心理援助,帮助他们提高情绪自我调适的能力。

来自社区卫生服务中心的医务人员压力、焦虑和抑郁症状阳性率显著高于其他来自其他单位的医务人员,可能与社区卫生服务中心工作投入、工作活力、工作奉献水平较高,职业倦怠、情感耗竭阳性率高,个人成就感低有关。非专职从事新冠病毒疫苗接种工作的医务人员压力、焦虑和抑郁症状阳性率显著高于专职医务人员,可能是由于非专职医务人员在承担接种疫苗工作的同时,各类常规工作也必须完成,增加了工作负荷。随着周工作时长的增加,压力、焦虑、抑郁发生率也随之显著增高,与张宴萍等研究结果一致。袁媛等研究结果显示,日平均工作>8 小时($OR = 1.55$)、双休日至少工作一天($OR = 2.34$)、每天睡眠时间<7 小时($OR = 3.55$)是医务人员焦虑的危险因素;睡眠时间<7 小时($OR = 3.14$)、无年休($OR = 1.50$)是医务人员抑郁的危险因素。因此,通过合理的人员调配,岗位调整,建立轮班制度,减少连续工作时间,保障双休等措施,减少连续奋战而产生的疲惫感和情绪耗竭,保障医务人员的长期战斗力。

(二) 新冠防控知识知晓现况

调查结果显示,上海市闵行区新冠病毒疫苗集中接种点医务人员新冠防控知识知晓率为76.41%,与刘利等高校教职工人群相似(79.59%),高于郑雪娇等社区居民(64.35%)及刘景超等企业复工人群(60.4%),低于贾利利等医务人员人群(87.20%)。提示本地新冠病毒疫苗接种点医务人员新冠防控相关知识的认知水平急待提高,应加强对接种点医务人员的培训和继续教育,不断提升医务人员的专业能力和队伍的整体水平。

女性得分高于男性,可能由于女性在社会及家庭中的特殊角色,使其对于自身及家庭健康预防方面重视度高于男性。本科、研究生及以上学历人群得分高于大专及以下学历人群,文化程度上的差异可能导致对健康知识的理解和认知产生差异,高学历人群对于知识的掌握能力高于低学历人群。同时,随着职称和工龄的提高,得分呈上升趋势。可能由于职称较高和工龄较长的医务人员大多是管理人员或业务骨干,有更好的专业技术水平和能力,在多年的工作中累积更多的相关工作经验。其他医学专业及护理学得分低于预防医学及全科医学人群,原因可能与不同医学专业在专业领域上的差异有关,其中预防医学以不同人群为对象,以传染病、慢性病、职业病等疾病的防治、健康促进及生命质量的提升为工作重点。提示本地区应针对新冠病毒疫苗集中接种点男性、学历低、职称低的年轻医务人员及非预防医学专业医务人员,开展新冠肺炎防控知识相关培训。

常态化防控基本知识总体情况尚可,对于常态化疫情防控要坚持早发现、早报告、早隔离、早治疗的控制传染病流行措施知晓率不理想,仅为77.79%;仅29.57%的调查对象知晓个人在传染病防控中的责任和义务。新冠基本知识总体得分<80%,仅72.34%知晓无症状感染者的定义、21.83%的调查对象能正确回答密切接触者的判定标准。结果表明上海市闵行区新冠病毒疫苗集中接种点医务人员新冠防控知识存在薄弱点,未来应加强新冠防控知识及传染病防治法等的系统培训。在抗击传染病中,尤其是此次抗击新冠病毒,医务人员起到了中流砥柱的重要作用,是控制和消除传染病发生以及传播的重要环节,必须清楚地掌握传染病传播途径、流行过程、预防策略。

新冠病毒疫苗接种知识总体得分<80%,其中4个条目得分<60%:"有备孕计划的女性/男性可否正常接种新冠病毒疫苗"为54.44%、"患有精神病者可否正常接种新冠病毒疫苗"为47.72%、"新冠核酸、抗体检测阳性者以及新冠既往感染者可否正常接种新冠病毒疫苗"为44.29%、"其他疫苗与新冠病毒疫苗的接种间天数"为35.53%。结果显示上海市闵行区集中接种点医务人员对于新冠病毒疫苗接种禁忌证及知识水平欠佳,其原因可能由于预防接种人员工作负荷过重、工作压力大及工作成就感低,从而引起情绪耗竭,导致产生工作倦怠。未来应根据《新冠病毒疫苗接种技术指南》重点开展疫苗类型、免疫程序、建议接种人群及禁忌证等知识的培训。新冠病毒疫苗集中接种点是上海市闵行区全面落实国家新冠病毒疫苗"应接尽接"策略的重要医疗场所,场所内医务人员承担预检分诊、信息登记、健康筛查、疫苗接种、健康教育等多重工作职责,必须清楚地掌握新冠病毒疫苗接种相关知识及最新知识,才能帮助受种人员正确把握禁忌证,减少因禁忌证把握不当造成的受种人员流失、减少医患矛盾、降低不良反应发生率、保障新冠病毒疫苗接种安全。

五、结论

上海市闵行区新冠病毒疫苗集中接种点医务人员整体压力、焦虑和抑郁阳性率较高,应及及时对医务人员开展心理评估,做好心理调适和疏导工作,强化心理援助措施。此外,上海市闵行区新冠病毒疫苗接种点医务人员新冠肺炎防控知识掌握程度较低,应加强场所内医务人员新冠肺炎防控及新冠病毒疫苗接种相关知识的培训,提高场所内医务人员的总体素质和专业能力。

(本文获第二十四届年会征文二等奖)

常态化疫情防控下"互联网+"工会对一线医务人员心理健康的促进与实践研究

张松莉 曹 尉 王 健

（上海市临床检验中心工会）

一、引言

在常态化疫情防控下，由于一线医务人员其工作性质与所处环境，有必要加强对其心理健康的促进。工会作为联系职工的桥梁和纽带，如何调整工作内容，将工会发展与防疫工作紧密结合，对医院工会工作提出了更高要求。如何在新形势下将疫情防控和工会发展进行精细化、网格化与信息化融合成为未来重要的研究方向，这将有利于医院工会信息化建设水平的提升，促进工会完善压力管理体制机制，有利于为一线医务人员提供强大的精神支撑，减少其后顾之忧。让工会更好地担当医务人员"娘家人"角色。

二、研究设计

本研究运用质性研究方法，包括文献法、访谈法，通过运用半结构式深度访谈与参与观察的研究方式收集资料，以上海市医疗卫生行业S单位一线医务人员为研究对象，选取上海市医疗卫生系统市直属的一家医疗卫生行业S单位，通过滚雪球抽样选取了一共15名医务人员与5名工会相关领导干部。在常态化疫情防控下提出"互联网+"工会对一线医务人员心理压力网格化与信息化管理机制。

三、常态化疫情防控下一线医务人员心理健康现状透视

（一）一线医务人员心理健康现状

1. 焦虑和抑郁情况

虽然有资料指出医护人员的健康水准一般较为低下，但在躯体化、强迫、人际敏感、情绪压抑、焦虑、敌对情感等项目上的成绩均超越了全国常模。常态化疫情防控下一线医务人员面对不确定的外部环境若不能够很好地调整目标，确立行为准备，那么便会在具体疫情防控中存在焦虑抑郁状况。在访谈的15名一线医务人员中约有10名反映自己曾在疫情防控中存在焦虑心理，有7位反映自己曾处于抑郁状况。

2. 心理与职业韧性

职业韧性概念包含三个维度——自我效能感、冒险和依赖性。在新冠疫情常态化的社会背景下，一线医护人员的心理与职业韧性显得尤为重要。在访谈的15名一线医务人员中有8名（占比53％）反映在疫情防控中自己能够很好地进行自我监控与心理调节，研究发现专业技术过硬、训练有素、先前经验、家人朋友的支持是影响一线医务人员心理与职业韧性的重要因素。

3. 外显的躯体化表现

环境因素和日常的应激状态影响、人格易感性、认知特点、注意偏向、心理归因方式等都是造成一线医疗工作人员外显性躯体化病症产生的主要原因，在常态化疾病防控下，由于一线医疗卫生从业人员工作的持续时间长，劳动强度大，在一定程度上会加剧躯体化表现的严重性。

4. 心理复原力及情绪处理方式

心灵复原能力是人类对抗应激、保持身心健康的关键资源，可以协助个人应对压力与威胁，进而让个人以一种身心健康、积极向上的精神状态去应对生命中所面临的所有挑战与危险。心理复原能力和处理方法成正相关关系，并且能够预见处理方法。调查表明一线医护人员在疫情防控中采用积极的应对方式有较高水平的心理复原力。

（二）工会心理健康促进信息化平台建设现状

1. 缺乏信息化专业化人才队伍

常态化疫情防控下，S单位工会组织虽然很重视一线医务人员心理健康方

面的问题，也做了相关的举措。但是由于专业化程度不高和时间精力有限，工会工作者不是专业的心理咨询师。笔者了解到S单位工会组织相关负责人大多是兼职，有其本职工作需要完成，并且没有接受过专业的培训，专业化程度与时间精力受限，因此很难适应一线医务人员心理咨询的职业要求。

2. 网络信息平台利用度较低

工会网上工作是服务职工群众的一项重要工作。S单位工会信息发布的渠道主要是职工群，虽然单位设有公众号，但主要有科普、党建E网通、微调查等板块，缺少工会板块。此外，通过访谈调查了解到S单位工会在心理健康活动的宣传方面主要依托职工之家微信群。信息发布渠道过于单一。活动开展形式与主题比较单一，缺乏互联网思维，方式上仍然偏向于传统的工作模式。同时，在新冠疫情常态化下找准一线医务人员喜闻乐见愿意参与的契合点缺乏相应创新性思路，导致职工参与度不高、网络平台影响力不够大、网上服务黏性不够强、网上活动吸引力不高。

3. 信息化平台建设缺乏长效机制

S单位工会对一线医务人员的心理健康采取了相应的措施，但是对职工心理健康促进的持续关注度不是太高，缺乏相应的心理评估长效机制。同时受工会经费的限制，活动的开展次数也受到一定限制。心理健康促进活动或者讲座的举办流于形式，对心理健康促进的持续性与稳定性效果较差。目前S单位工会还没有设立专（兼）职的心理健康咨询指导机构或人员，不可能及时、主动地了解并迅速解决职工在心理健康方面存在的问题。职工又不会也不愿主动地去寻求心理咨询、治疗，容易造成心理问题的恶性循环。

四、"互联网＋"工会一线医务人员心理促进路径

本小节从"互联网＋"工会的角度，如图1所示，以3E为核心，构建"互联网＋"工会医务人员心理压力网格化与信息化管理机制，线上依托OA系统深化开发心理服务功能板块，充分落实工会干部网格化责任主体，积极构建融合SNS的移动心理服务平台。线上分级审批，线下通过个案与小组活动，心理支持技巧与方法的传输，促进一线医务人员自我心理成长。

（一）心理服务网站的构建

心理服务网站的构建主要以OA办公系统为依托，将心理网站链接嵌入OA

工会心理信息管理平台中。在功能设置上,体现工会职责,集宣传、组织、服务功能于一体,在官方网站、官方微信公众号、朋友圈等三类载体中得以完整体现。前端在体系运行上,着力打造 S 单位工会网络信息化服务立体化格局。力求将 S 单位工会打造成心理信息化服务平台建成一站式、综合性、全方位的网上工作平台。

OA 工会心理信息管理平台涉及的服务板块包含心理网站、身份验证、权限管控、技术服务、信息平台管理等模块,在各个板块内做好工会干部和与各级技术管理与技术支持部门之间的协作以及信息系统责任分配与衔接。心理网站的设计兼顾社会动静、科技与兴趣、互动交流和自我展现等。在具体项目的设计思路上,涉及在线咨询、工会动态、心理讨论、友情链接、资讯发布、心理学习园地、留言板和心理测试等诸多内容。

整合一群社工师、心理咨询师、学者等组成的第四域共营社群,力求在常态化疫情背景下,为 S 单位一线医务人员搭建在线心理教育的学习、交流、分享和服务平台,提供最新资讯、讲座、专家咨询等资源。以线上平台的搭建、社会资源的整合,实现资源真正的有效对接。

(二)构建心理测评与预警系统

OA 工会心理信息管理平台中端主要基于一线医务人员心理信息数据库的心理测评与心理预警系统,提供预防型心理健康服务。心理预警系统主要分为两个部分。

1. 心理健康调研及建档

具体实施步骤如下:以一线医务人员为重点对象,使用标准化的心理健康诊断问卷对所选样本进行调查;根据心理健康建立一线医务人员心理健康档案;综合问卷结果以及督导意见,对一线医务人员心理健康状况进行心理评估与需求分析,并采取针对性的干预计划。

2. 心理服务站

以单位外聘心理咨询师、社工师驻点的形式,建立初期心理服务站。搭建线下一线医务人员与专业心理咨询师的沟通桥梁。具体实施内容如下:前期的资料收集以及一线医务人员需求对接,为轻度困扰或短期困扰一线医务人员提供情绪疏导、心理支持及社工个案服务,建立并完善 S 单位心理服务站相关的功能、职责以及服务流程。

(三)线上线下服务渠道的建立

通过前期心理测评与预警系统的建立,对一线医务人员心理健康与需求进行评估分析,为心理问题较严重的一线医务人员提供线上线下心理治疗与心理团体辅导发展型服务。

1. 心理个案治疗型服务

线下心理个案治疗型服务针对心理测评与预警系统中评估情绪/心理问题较为严重的一线医务人员提供专业心理咨询服务。具体实施内容如下:以单位外聘心理咨询师、项目合作社工师驻点心理服务站为基点,接收来自单位内部情绪、心理问题较为严重的一线医务人员个案,通过线上与线下资源整合转介到专业的心理咨询师,由心理咨询师提供具体的诊断、干预及治疗服务,绘制心理地图,促进服务对象的改变以及成长,达到心理治疗和心理支持的目标。

2. 心理发展型服务

心理发展型服务主要以线上宣传、线下实施为主线。发展型项目服务包括专业社工与心理咨询师共同介入,为具有不同程度心理健康问题的一线医务人员定制个性化的项目服务。心理发展型服务的主要方式有两种,即团体辅导与讲座课堂。

团体辅导主要针对有共性心理健康问题的一线医务人员开展团体辅导等活动,团体辅导压力管理可以基于一线医务人员心理健康需求,具体实施步骤如下:以团体辅导、讲座课堂、座谈会等形式综合介入一类共同的心理困扰,提供心理支持;以一线医务人员心理健康需求为依据发展一类特色工会心理服务,打造医务工会心理服务品牌。实施内容为,专业社工开展前期需求及问题对接、资源整合的功能以及服务方案设计,心理咨询师针对有共性心理健康的一线医务人员开展团体辅导等活动。

讲座课堂内容主要以宣讲普及心理健康知识为主,经常开展学习,逐渐培养了社会及工会人士对心理现象认知、心理健康疏导的基本意识,目的就是为了能够更好地帮助社会同行们以解决实际工作、生活中的心理困难。特别是对基层部门或工会工作者来说,能够运用心理沟通以及"线上+线下"结合的形式,按照调研对象个性化心理健康需求,开展讲座咨询。

五、总结与反思

自我调节能力是制约一线医务人员身心健康发展的关键因素;"互联网+"工会的建设,可以带动一线医务人员身心健康的提高;常态化疫情管控下,个案或团体活动的开展有助于提高对一线医护心理的控制效果。对一线医护心理危害原因的研究多聚焦于外界环境变量，但未来探索中将逐步地从人个体心理特征入手，对个人内在原因综合考虑，就可以筛查高危医务人员，从而及时地做出防范，使工会更好地响应二十大号召当好职工信赖的"娘家人"。

（本文获第二十五届年会征文二等奖）

关心关爱

突发公共卫生事件下定点收治医院的职工关怀与支持体系建设探索实践报告

汪庭娟

（复旦大学附属儿科医院工会）

一、研究背景

突发公共卫生事件下，医护人员的负面情绪和心理问题普遍存在。调查结果表明，重大突发公共卫生事件中的一线医护人员存在不同程度的焦虑、恐惧、无助、同情疲劳、工作压力及应急能力下降的心理应激反应，且有一定程度的饮食和睡眠障碍，严重影响着医护人员的身心健康和工作生活。各地与各行业迅速出台一系列疫情相关的诊治与防控措施，要求关注医护人员的心理健康并开展心理相关的干预。

二、研究目的与内容

探索常态情况下医院资源整合联动机制及对院内医务人员的心理关怀与社会支持评估方法、团队合作形式、工作流程、服务内容、技术手段等；并以新型冠状病毒肺炎疫情为例，研究突发公共卫生事件下的职工关怀与支持应急体系。

三、研究对象

复旦大学附属儿科医院（简称"复旦儿科"）全体职工及职工家属。

四、研究步骤

（一）第一阶段

整合已有活动，设计一套常态化的多团队合作职工关怀与支持流程。

（二）第二阶段

整理疫情防控期间我院职工关怀与支持相关举措；开展焦点小组调查医院职工在疫情不同阶段的需求。

（三）第三阶段

以新型冠状病毒肺炎疫情为例，制定突发公共卫生事件下的应急职工关怀与支持体系。

五、资料收集与分析方法

（一）问卷调查

项目组根据需要评估的维度选择合适的评估量表，集合所有量表建立量表库。调研数据将通过 SPSS 软件进行处理与分析。

（二）质性访谈

针特定个体或特定问题，拟采取个案访谈或焦点小组的形式收集质性资料，并通过编码对质性资料进行分析。

六、研究实施

（一）常态化职工关怀与支持服务整合

1. 相约星期四

"倾听窗口""巴林特小组""社工在身边""新手爸妈沙龙""窗口更明亮"四大板块组成的"相约星期四"职工减压培训活动每周轮番活动，全方位关爱职工。

2. 家庭电影日

工会每月播放一部精彩电影，职工可带家属观影，拉近医院与员工和家属的距离。

3. 健康食堂建设

医院从食堂食品质量控制方案、健康饮食服务标准等方面建设健康食堂；开设健康角,针对职工开展健康膳食科普宣传。

4. 读书系列文化主题活动

开展形式多样的读书系列活动,如网上书市、征文、知识竞赛、朗读者等,丰富职工文娱生活。

5. 其他

工会开展节日庆祝、职工运动会、退休职工慰问及其他各类职工福利,给予职工全方位的关怀。

(二) 常态化职工关怀与支持评估、流程设计

1. 结合已有经验

医院根据支部、部门等分为众多工会小组。经验表明,工会小组是联结医院职工的有效途径。

2. 常态化职工关怀创新环节

(1) 组建量表包

选取经典量表组成量表包,包括:广泛性焦虑量表(GAD-7)、抑郁症筛查量表(PHQ-9)、创伤后应激障碍检查表(PTSD checklist for DSM-5,PCL-5)、社会支持评定量表等。

(2) 设立倾听窗口员工版

复旦儿科成立"倾听窗口员工版"核心工作小组。

(3) 成立职工心理关怀与支持小组

在党委领导下,由工会、心理科、社工部与康复科共同组成院内职工心理关怀与支持小组。

(4) 搭建复旦儿科职工心理支持平台

复旦儿科搭建医院职工心理支持平台,所有职工及其家属,均可通过心理绿色通道、社工倾听专线等方式寻求支持。

(三) 突发公共卫生事件下职工关怀与支持举措整合

1. 职工心理与社会需求调研

(1) 职工心理状态调研

心理科调查医院职工心理健康状况,调查量表包括人口学资料和个体焦虑、抑郁以及压力相关量表。

据统计,总计347名职工参与本次调查。73.8%的人可能存在压力问题;而

直接参与一线抗疫的工作人员95%的人可能存在压力问题。直接参与抗疫的工作人员，在焦虑、抑郁和压力量表的平均分高于非直接参与抗疫的工作人员，且在压力量表的得分上，差异具有统计学意义（$P<0.05$）；护士在焦虑和抑郁情绪上得分最高；而医生在压力问题上得分最高；不同学历组别（硕士及以上＜大专及以下＜本科）之间在抑郁量表得分上存在显著差异（$P<0.05$）；不同年龄组别（20～29岁＜30～39岁＜40～65岁）、不同学历组别（大专及以下＜本科＜硕士及以上）在压力量表得分上存在显著差异（$P<0.05$）。调研结果显示，疫情防控期间，综合性儿童医院工作人员与综合性成人医院相比，焦虑、抑郁问题的检出率更低，但压力问题的检出率更高，尤其是一线工作人员。

（2）职工社会支持需求调研

社工部制定分人群的院内需求评估计划，对本院医护人员、行政人员、工勤人员、规培/进修/医学生等群体及其家属开展需求调研。

据统计，有效问卷共486份，其中，院内工作人员问卷回收346份，家属问卷回收140份；个案访谈23例。评估问卷包含基本信息、物资需求、情感互动、信息偏好、社会支持五个维度内容。调研发现，职工与家属在疫情初期对于防控物资的需求较为迫切；职工及家属情感需求四大特征为："知情畅通""倾诉""娱乐""尊重"；院内职工与家属、患儿家庭在信息层面均表现出较大的需求；社会支持从高到低依次为家庭支持、朋友支持、其他人支持。

2. 关怀与支持服务

（1）防疫一线职工减压小组

关怀小组在需求调研基础上，针对门诊、急诊、疑似患儿隔离病区、确诊患儿隔离病区、重症监护室五个重点科室的医务人员开展减压项目。减压项目以半开放式小组的形式开展，以社会支持理论与压力研究为理论基础，从增加保护性因素的角度出发，搭建负面情绪、问题的表达平台及互助网络，减轻服务对象心理应激、缓解紧张状态、发掘身边资源、提高社会适应能力。

（2）信息宣传与告知

关怀小组通过微信公众号和企业微信，每周定时为职工推送心理科普和放松减压建议。医务社工整理制作出两份信息科普手册并保持实时更新。

（3）政策与行为倡导

关怀小组将评估到的部分信息反馈给相关科室，从制度和流程上进行完善，同时强调对医护人员、医技人员、后勤人员、管理人员等不同群体提供人文关怀服务。

（4）物质、精神慰问

医院职工心理关怀与支持小组积极链接、调配资源，为职工提供送餐、打车、在线教育等服务；关心和慰问隔离病房和外派支援医务人员的家属等。

（四）后疫情时期职工需求调研与服务开展

1. 焦点小组

（1）活动目标

了解职工在疫情防控期间的心理情绪、社会支持状态与影响因素/事件，以及疫情防控期间的支持需求，为制定突发公共卫生事件下职工心理与支持关怀方案做筹备。

（2）服务科室

按照行政部门、工勤人员、普通科室、一线部门区分不同场次，每次7～10人。

（3）活动议程

①介绍流程；②组员观看国内与院内疫情大事记相关的视频与文字材料，回顾并填写个人疫情大事记表格、压力值曲线；③将分享事件记录在研讨墙相应区域；④1～3分钟时间参观研讨墙；⑤讨论：澄清具体事件、当时感受、当时已有支持、还希望有哪些支持等；⑥总结分享。

（4）编码整理

对组员的压力事件、所需支持进行编码。

课题组对不同小组组员的压力值进行计算，发现医务人员压力最高值出现在疫情暴发阶段（1—3月）；而后降低平稳（4—5月）；直至疫情发生反弹（6月北京疫情），压力值略有波动；因儿科特征，医院迎来暑假就诊高峰期（7—8月），结合常态化防控措施，职工较往年同期压力更大；后因部分地区疫情反弹（10月青岛疫情），压力略有回升（9—10月）。

在疫情初期阶段，医务人员压力来源主要有三类：担心自身与家人生命安全，对生存环境担忧；出于疫情防控需要造成的暂时性的工作生活阻碍；对疫情走势、未来发展情况的担忧。

在疫情常态化防控阶段，前期被基本需求压抑的更高需求突显出来，此时压力来源主要有两类：在连续不断的防控阶段职工高频沟通与付出带来大量情感消耗；常态化防控需要在以往工作、生活的基础上坚持防控，压力加剧。

2. 职工正念减压活动

为关爱员工及志愿者身心健康，复旦儿科联合北京同心圆慈善基金会开展为期十次的正念减压活动,邀请职业心理咨询、心理治疗师教授正念课程。

七、研究成效

(一) 常态化职工关怀与支持流程

根据医院已有职工关怀路径与服务,结合创新服务,复旦儿科设计需求为本的常态化职工关怀与支持流程。

1. 需求评估

职工服务从发现需求开始。员工可通过倾听窗口员工版等途径主动提出需求;工会小组、各部门科室等组织在发现需求时上报;必要时选择相应量表进行调研。

2. 分层服务

支持服务由工会、社工部、心理科分级开展。工会负责初步评估与普适性关怀;社工部负责个体情绪、社会支持、资源链接以及团体减压等;心理科负责心理咨询。制度性需求可通过倾听窗口员工版平台联合医院相关部门协调处理。

3. 联合服务

经过工会、社工部、心理科三级服务仍未完善解决的问题及需求,需提交医院职工心理关怀与支持小组进行讨论,在党委领导部署下开展联合服务,发挥不同学科优势。

4. 内外结合

针对个别院内无法处理的问题或职工需求,在党委领导下由职工心理关怀与支持小组链接外部资源。

5. 成效评估

职工心理关怀与支持小组根据不同事件性质,采用不同的成效评估方式。①心理情绪类的职工需求,以各类量表前后测对比、职工及相关人员反馈资料等为评估指标,综合评价服务有效性。②制度与事件类的职工需求,以该制度的最终完善与实践为评估标准。③长期规划类的职工需求,以该项改进工作最终完成,结合同期的职工满意度调查资料为评估标准。

(二) 突发公共卫生事件下的应急职工关怀与支持体系

由于突发公共卫生事件的紧急性,需提前出台职工关怀应急预案。

1. 常态化筹备工作

医院须在常态化阶段做好突发公共卫生事件下职工关怀准备。

(1) 团队准备

团队搭建：医院需联合院内相关科室，组建职工关怀与支持服务团队，并明确各部门、人员的职责分工与介入时机、路径。

服务人员培训：①相关理论与研究：服务团队中的人员需了解重大突发公共卫生事件下医务人员可能会面临的生活、生理、心理问题，以及需求评估、危机干预相关的基本理论，系统掌握服务时所需的知识与技巧。②相关服务技巧：服务人员需接受有关倾听技巧、价值中立、移情与反移情等内容的培训。③服务内容与转介：服务人员需知悉在什么情况下将职工需求转介给团队中的其他哪个部门或人员。④自我察觉与保护：加入助人者自我心理情绪察觉的内容。

(2) 制度准备

医院需建立一套完善的职工服务制度，包括启动方式、行政路径、行动周期、沟通平台、关注内容等，明确应急职工关怀与支持基础制度。

(3) 职工训练

在常态时期加上对职工抗逆力、恢复力及修复等能力的训练，提高职工自身抗压与缓压、减压能力。

2. 需求评估

危机介入重点针对反应而并非事件本身，因此在危机介入与重大突发公共卫生事件心理健康介入前必须先进行需求评估工作。

根据马斯洛需求层次理论与复旦儿科实践，职工需求调研包括但不限于物质需求（防护物资、生活物资）、安全需求（防护措施、培训）、社会需求（社会支持、信息获取）、尊重需求（公众评价）及心理情绪状态评估，防控新常态下也要注重了解职工的自我实现需求（个人发展、成就感、自我效能感等）。

3. 介入时机

根据复旦儿科实践经验，精准把握介入时机，可从以下角度着手。

(1) 评估时机

对职工的压力及需求需要保持动态的持续评估；尤其在①事件发生伊始；②事件有反复的迹象、趋势；③国家、医院的相应政策、制度、流程有较大改动时，需重点关注相关人群。

(2) 服务时机

职工关怀服务的时机可从需求轻重缓急、关怀形式进行考量。优先提供最紧迫的需求服务内容,如物质保障、培训等;优先开展需持续支持且占用职工较少时间精力的关怀服务,如筛选、整理、发布真实可靠信息并实时更新。

4. 服务内容

(1) 保障正常工作、生活

在突发公共卫生事件下,社会、医院的部分运作机制改变,如一线职工为避免传染家人希望在医院留宿。服务团队需联合外部资源或内部协商;提供给职工充分的休整时间,保障其工作和生活需求。

(2) 高度关注心理情绪变化

突发公共卫生事件下医务工作者承担繁重的诊治、防控任务,活动的时间、空间受到严格控制,高压环境下的医院职工心理需求需要被重点关注。

(3) 提供家庭关怀与照顾福利

家庭支持是医院职工获取情感支持力量最主要的来源之一,但职工却因投身工作无法陪伴亲人,常常成为职工自责内疚的主要因素。医院职工支持团队应将职工家属作为服务对象之一,为家属、孩子提供关怀与福利。

(4) 建立紧急职工需求上报通道

医院通过短期高频开展例会或其他形式,建立紧急职工需求上报通道,及时发现、讨论、回应职工紧急需求。

(5) 发起社会倡导

医院职工支持团队应当发起社会倡导,倡议公众尊重医务工作者,形成医患和谐的良好社会风尚。

(本文获第二十三届年会征文一等奖)

公立医院党委关爱医务人员协同机制研究

陈 娟 丁晓宇 杨新潮 徐 祎 吴琪玮 包 晰

（上海市第一妇婴保健院工会）

坚持人民至上，是习近平新时代中国特色社会主义思想的世界观和方法论的鲜明本色和根本立场。医务人员是坚持"人民至上"忠实践行者，是提供医疗服务的主力军。无论是在平时还是疫情时期，医务人员始终奋战在医疗最一线，他们在保障人民群众健康安全中发挥至关重要的作用。2021年国务院办公厅颁布《关于推动公立医院高质量发展的意见》，明确指出要建立保护关心爱护医务人员长效机制。面对医务人员劳动强度大、技术难度高、职业风险大的行业特点，公立医院党委应发挥好把方向、管大局、作决策、促改革、保落实的领导作用，积极构建党委领导下的关爱医务人员工作体系、机制，切实提升关心爱护医务人员工作质量和水平，维护好医务工作者队伍的稳定和发展，践行人民宗旨，不断彰显中国特色社会主义制度优势。

一、加强公立医院党委关爱医务人员工作的现实考量

加强对医务人员关心关爱，营造良好执业环境和成长发展环境，公立医院党委责无旁贷要履行好关爱医务人员工作的牵头抓总职责，以规范化的制度机制切实保护好医务人员权益，积极营造良好的尊医敬医的社会氛围。

（1）加强公立医院党的建设根本要求。2018年，中央《关于加强公立医院党的建设工作的意见》（简称《意见》）指出，要"关心医务人员身心健康，增强医务人员职业荣誉感，积极维护医务人员合法权益"。按照《意见》要求，公立医院党委应全面介入关爱医务人员工作，把关爱医务人员工作纳入加强公立医院党的建设工作体系，切实发挥党委的核心作用，统筹调动党务、行政、群团等相关部门，建立关爱医务人员工作制度和机制，不断提高关爱工作质量和水平，夯实党建根基，发挥好公立医院在我国医疗卫生体系中的主体地位和公益性

功能。

(2) 保障医务人员队伍稳定的迫切需要。调研结果显示,目前公立医院特别是三甲医院的医务人员数量不足、从业环境差,平均每周工作至少60小时,若遇到夜班、紧急抢救等要达到80~100小时/周,长期超负荷工作造成身心透支。而且,医务人员培养周期长、学历要求高、待遇偏低,也导致医务人员队伍不稳定。据调查,近40%的医务人员表示有更好的机会会离开现在的岗位,超半数的医护人员表示不愿意子女学医。这样发展下去的后果,必将使人民健康受到损害。因此,建立关心关爱医务人员长效机制,坚决保护医务人员安全,关心医务人员成长发展,维护医务人员合法权益,落实好医务人员福利待遇,关系到医务人员队伍的稳定和人民健康安全。

(3) 落实好党管人才的重要举措。医务人员关心关爱工作是落实好党管人才工作的重要抓手。公立医院党委是党的建设和事业发展的领导核心,具有强大的政治优势和组织优势。因此,建立公立医院党委领导下的关爱医务人员工作长效机制,充分发挥党委的组织领导和统筹协调各相关职能部门共同做好关心关爱工作的领导作用,有利于全面提升关爱医务人员工作的整体质量和效果。

二、公立医院关爱医务人员工作面临的现实问题

通过调研上海市10家三甲公立医院的关爱医务人员工作现状,发现医院管理者和医务人员对关爱工作认识不到位,关爱医务人员工作缺乏规范的制度、完善的机制和有效的载体,没有体现新时代医务人员的特点和需求。

(一) 对关爱医务人员的思想认识不到位

公立医院关爱医务人员工作涉及组织、人事、工会、医务、护理、科教等多个部门。然而,调研发现73%的受访者认为关爱工作是工会的事,而且超过80%的医院员工和管理部门对关爱医务人员工作的认识还停留在生活慰问、困难帮扶、健康体检等传统内容上,对医务人员的政治关怀、人文关爱、职业发展、薪资待遇、安全保障等方面的关爱工作没有较全面的认识和系统的设计。针对这一问题,医院党委应将关爱工作纳入医院重点工作,建立关爱医务人员工作组织架构和科学规范的关爱工作机制,指导督促各相关部门扎实开展各类关爱工作,保障公立医院长远发展。

（二）缺乏关爱医务人员工作实践规范

调研发现,绝大多数公立医院迄今为止都没有系统的关于员工关爱的制度机制,现有的制度大多是职工帮困、大病救助类,或是人事方面的专项制度,且内容侧重管理和约束,体现关爱的导向不足。同时,工作机制缺少顶层设计,整体性、系统性不够同时,又因缺乏考核评价机制,关爱工作也只是"点到为止",难以真正落到实处。而且,关爱内容不能够切实体现医务人员的实际需求,同时缺乏人员、经费、场地等保障,导致关爱工作困难重重。

（三）党政工团等各部门组织缺乏联动协作

从实际工作来看,涉及关爱工作的组织、人事、工会、党支部、团委等部门角色定位不清、职责不明确、项目零散,缺少牵头部门的组织协调和各部门的沟通联动,导致各部门之间形成信息孤岛,工作相关性不强、关爱质量不高、医务人员的感受度和获得感不强等情况。对此,医院党委应从多元协同的视角,强化党委统一领导,加强各部门沟通协作,建立关爱医务人员多部门多元协同工作机制,从而实现关爱工作"1+1＞2"的效果。

三、公立医院党委关爱医务人员协同机制构建

鉴于以上情况,公立医院要建立关爱医务人员工作长效机制。医院党委要加强统一领导,组织各相关部门建立关爱工作网络,制定部门协作机制、资源整合机制、考核评价机制和协同保障机制,实现关爱医务人员工作常态化、长效化。

（一）确立党委统一领导机制

公立医院党委既是医院事业的领导核心,也是责任主体,要落实"党委抓、班子抓、干部抓"的关爱责任机制,切实把关爱医务人员工作摆在重要位置,列入医院规划和年度计划。要成立由党委领导的关爱医务人员工作委员会,党、政负责人同时担任委员会主任,班子其他成员担任委员会副主任,关爱工作相关部门负责人担任委员,委员会办公室可设在组织人事部门,由组织人事部门负责关爱工作的日常运行。医院党委要研究制定关爱医务人员工作制度,关爱工作委员会要每年制定关爱工作"任务、责任、措施"三项清单,落实责任分工。通过建立党委总抓、书记主抓、班子成员共抓,党政群团各相关部门各司其职、凝聚合力的协

同机制,保障关爱工作推进有序、措施有力、工作有效。

(二)完善部门组织联合协作机制

公立医院党委要建立关爱工作部门、组织联合协作机制,压实责任,细化政策措施,推动关爱工作真正落实落地。组织人事部作为关爱工作管理协调部门,要定期组织医务、护理、工会、后勤、团委、青联等相关部门召开关爱工作联席会议,围绕医务人员需求分析研究关爱工作计划、进展、问题和改进举措等,同时要做好工作督办和信息反馈,发挥好组织、协调、保障作用。党政群团各部门、组织要根据职责范围,种好关爱工作"责任田";组织部门要落实对医务人员的政治关怀,积极推进"双培养"工作,将优秀骨干培养成党员,将优秀党员培养成业务骨干,要密切关注医务人员思想动态、情绪变化,开展经常性的谈心谈话,及时做好思想政治工作。人事部门要重点关注医务人员职业发展,尤其要加大青年骨干培养力度,拓宽医务人员职业发展空间。工会要充分发挥职代会、院务公开等民主管理平台作用,维护好医务人员合法权益,提升医务人员幸福感、获得感;要积极探索集医疗保健、营养保健、运动保健、心理保健等一体化推进的健康关爱新模式,加强凝聚力建设、文化阵地建设,做好员工人文关怀。宣传部门要持续开展先进职工、岗位能手、行业劳模等评先评优活动,大力弘扬先进典型,及时做好表彰奖励工作。后勤保卫部门要加强与驻地警署联动,主动调处、化解各类医患矛盾纠纷,开展法律援助,切实维护诊疗秩序,保障医务人员人身安全,同时要提升医院食堂精细化管理水平,为经常加班的医务人员提供干净、健康、营养、便捷的就餐服务。医务科和临床科室要主动靠前,把关爱工作的触角延伸到"神经末梢",要始终抓住"最核心",科学安排医务人员和工作任务,保障医务人员法定休假;要始终关注"最迫切",组织开展岗位练兵、技能竞赛等活动,提升医务人员工作技能。

(三)建立考核评价机制

建立关爱医务人员工作考核评价机制,是推动关爱工作落实落地的重要保障。一是要明确考核评价原则。既要充分考虑各部门的特点和工作实际,强化指标的导向性、精准性,突出关爱工作的差异化和个性化,也要尽量避免指标过多过细和"定性不定量"的问题。二是要建立科学的考核指标体系。建议可根据各家医院实际情况分别设置运行指标、激励指标和约束指标。运行指标可包括贯彻落实上级部门决策部署、制度建设,政治思想、职业发展、人文健康等涉及日常关爱工作的具体指标。激励指标主要体现关爱工作有创新、特色、亮点,具有引领性、示范性,可由关爱工作委员会认定打分,以激发各部门做好关爱工作的内在动力。约束指标主要对被考核部门的不良事件进行考核扣分,起到约束作用。三是创新考核载体,推进考核公开透明。可通过医院OA网、微信平台等线上信息化手段,对被考核部门关爱工作成效进行医务人员满意度测评打分,满意度分数纳入关爱工作考评总分。关爱医务人员工作考评结果作为干部年度考核、绩效奖金发放的重要依据。

(四)优化资源整合机制

公立医院党委可整合区域化党建共建、青年联盟、志愿者协会等社会组织资源优势,共同开展精准关爱工作。比如,医院党委可与属地政府、企业、社会组织建立党建联盟,通过党建共建加强与联盟单位开展关爱工作的合作,如在人才公寓、子女入学、教育培训、文化活动、治安维护等方面寻求联盟单位的支持,拓展关爱工作外部资源,提升精准关爱质量和效果,同时也营造全社会尊医重卫的和谐氛围。比如,有的医院党委联合企业、学校、社区等共同组建关爱帮扶志愿服务工作队伍,下设若干专业服务小组,重点围绕医务人员及其家属的切实需求,提供如心理疏导、交通服务、物资代购、日常通勤、生活应急服务等关爱项目,帮助医务人员解决实际困难。

(五)完善协同保障机制

公立医院要党政协同,贯彻落实好中央、市委和卫生管理部门关爱医务人员工作各类制度文件,拿出具体政策措施,列支专项经费并纳入年度预算,用于医务人员职业培训、薪酬改善、设备购置、场所建设、文体活动等方面,不断改善关爱工作条件,切实提升关爱工作水平和质量,激发广大医务人员干事创业的动力和活力,为公立医院高质量发展、健康中国建设提供的坚强的人力保障。

(本文获第二十三届年会征文二等奖)

基于员工关爱体系建设的工会参与医院管理新路径研究

苏家春

(复旦大学附属华山医院工会)

传统上,工会参与医院管理路径主要通过组织职代会和提案收集落实,推动院务公开民主管理等途径落地。在新时代医院党建引领高质量发展大背景下,加强员工关爱体系建设已成为体现医院管理水平和人文关怀质量的重要指标。医院工会作为党领导下的群团组织,是医院党委联系关心关爱职工群众的桥梁纽带和平台。如何运用工会关爱员工职能为抓手,探索工会参与医院管理的新途径,在国内外尚没有相关理论研究,也并未形成规范化标准化的模式。本研究应用问卷调查法和德尔菲专家咨询法建立《医院员工关爱体系建设标准》,同时分析医院管理相关人员对工会在员工关爱体系建设中的定位、角色和功能,尝试提出以员工关爱体系建设为抓手的工会参与医院管理新路径。

一、资料与方法

(一)医院管理相关人员对员工关爱建设的认识和工会在其中的作用

通过文献研究并结合问卷调查全国各省市医院 230 名医院管理相关人员(其中医院管理人员 148 人,临床管理人员 22 人,工会管理人员 50 人,其他人员 10 人),分析汇总后拟定《医院员工关爱体系建设标准》的核心要素。抽取医院管理领域、EAP 领域、心理学领域的 6 名专家进行深入访谈,根据访谈结果,整理形成初步的指标框架,包括 6 个一类指标、15 个二类指标;同时调研在员工关爱建设中医院工会参与医院管理的定位、角色和功能。

(二)《医院员工关爱体系建设标准》的编制确定

1. 咨询问卷的编制

根据初步指标框架,编制德尔菲专家咨询表。咨询表的内容包括:专家基本情况、评价指标与分值结构、基本指标内容及分值、特色指标内容及分值、专家意见的判断依据和影响程度等五部分内容。指标评价部分采用3个客观指标和2个主观指标。客观指标是对指标重要性、熟悉程度和可操作性进行1～5级评分,主观指标分别是指标定性修改意见和需要新增的指标。

2. 咨询专家的选择

本研究选取6名专家,涉及医院管理者、高校学者和EAP领域专家。专家的入选标准是:熟悉医院文化建设、医院员工关爱工作,具有副高及以上职称,具有10年以上医院管理或EAP研究经验,对本项目感兴趣、有全程参与的意愿。

3. 咨询问卷的发放与回收

通过微信发送专家咨询表,定时回收。结合专家意见修改指标体系,形成新一轮咨询表,再次发给专家,直至专家意见趋于一致。

二、结果与分析

(一)医院管理相关人员对员工关爱建设的认识和工会在其中的作用的调研结果

参与调研的230人中,认为医院管理中应包含员工关爱的占98.7%。认为医院员工关爱工作是一项长期战略的占91.74%。认为非常有必要或有必要建立医卫行业内员工关爱体系的建设标准的占98.26%。认为医院的员工关爱工作能否落实最关键因素是领导层推动力、职能部门执行力、员工参与度的分别占76.09%、13.04%、10.43%。认为医院员工关爱工作的顶层设计中领导层最应扮演支持角色、参与角色、关注角色的分别占62.61%、26.96%、10.43%。认为医院有必要培养由医院内部人员组成的有专业能力的服务队的占93.48%。

50%的被调研者认为应设跨部门的专项委员会负责落实医院员工关爱工作,22.61%人员认为应设独立职能部门来负责落实,也有27.39%的人员认为应直接交工会来负责落实。

认为工会在员工关爱工作方面的主要角色为主导角色的占48.7%,为执行角色的占37.83%,为配合角色的占13.48%。

参与调研的230人中,认为医院员工关爱最应该体现在医院文化氛围中的占45.65%,最应该体现在员工福利中的占31.74%,最应该体现在规章制度中的占22.61%。

认为医院员工关爱的内容按优先级先后顺序应分别包含:心理关爱、健康促进、节日福利、职业安全、帮扶慰问、素质提升、家庭支持、关系调解。

认为医院员工关爱工作的评价最重要来自员工满意的占 97.39%。

认为评估医院员工关爱工作成效的最直观方法为员工满意度测评的占 96.09%。

认为医院员工关爱标准化建设机制应涵盖:员工关爱体系的目标、组织/管理架构、服务内容、具体举措。

根据此轮问卷调查,明确员工关爱是医院管理中的一项重要内容,工会在员工关爱工作中的主要角色和定位,员工关爱的内涵和评价指标,以及医院员工关爱标准化建设机制的框架结构。

(二)德尔菲法咨询《医院员工关爱体系建设标准》编制的结果

1. 专家的积极系数

积极系数可以判断专家对研究的关心程度,一般通过专家咨询表的回收率 RR 和专家提供文字性意见情况来分析。RR 是指专家接受德尔菲法咨询的人数占比,RR = 收回的咨询表份数/发出去的咨询表份数×100%。专家提供文字性意见情况是指专家是否对指标情况提出的指标筛选、修改和完善意见,书面意见率 = 提出书面意见人数/专家总数×100%。本次共开展 2 轮德尔菲法咨询,第一轮发出 6 份专家咨询表,回收 6 份。第二轮发出 6 份专家咨询表,回收 6 份。两轮有效应答率均为 100%。第一轮专家咨询中 6 名专家中 1 人提出书面意见,占 16.67%。第二轮专家咨询中 6 名专家中无人提出书面意见。表明专家参与此次研究的积极性较高。

2. 专家权威系数

专家意见的权威系数体现专家对指标进行评价时,判断依据的可靠程度。权威系数 Cr = (判断依据 Ca + 熟悉程度 Cs)/2,权威系数 $Cr \geq 0.70$ 时,一般就认为研究具有较为可靠的信度。

一个是专家对于医院人文关怀评价指标作出的判断依据(Ca),一个是专家对于医院人文关怀的熟悉程度(Cs)。本研究第一轮专家的权威系数(Cr)平均值为 $Cr = (Ca + Cs)/2 = (0.92 + 0.98)/2 = 0.95$。第二轮的权威系数平均值为 $Cr = (Ca + Cs)/2 = (0.97 + 0.96)/2 = 0.97$。

对于权威系数 $Cr \geq 0.70$ 时,我们一般就认为研究具有较为可靠的信度,本研究两轮的专家咨询的权威系数均高于 0.75,可以得出研究结果较为可靠。

3. 第二轮指标重要性、可操作性评分结果

德尔菲法的指标的筛选标准为:若备选指标符合下列标准的其中一项则考虑删除:综合评分均值≤4分;变异系数≥0.25;权威程度≤0.7。根据两轮的专家评分,第二轮所有指标的重要性评分均值在4.50以上,变异系数均小于0.25。所有指标的可操作性评分均值在4.17以上,变异系数均小于0.25。可见,第二轮咨询专家意见协调程度较好,且指标得到专家的一致认可。因此,经过两轮专家函询,最终形成医院员工关爱体系建设标准。该体系包括6个一类指标、15个二类指标。

三、讨论

(一) 建立医院员工关爱体系建设标准对工会参与医院管理的意义

随着《关于建立保护关心爱护医务人员长效机制的指导意见》《公立医院绩效管理考核办法》《公立医院高质量发展规划》《公立医院高质量发展评价指标(试行)操作手册》等文件的出台,"以员工为根本"的人文理念融入医院管理要素,员工关爱成为医院文化软实力的一种体现。经过本次调研形成的《医院员工关爱体系建设标准》包括"基本指标"和"特色指标"两部分。"基本指标"反映医院员工关爱体系建设的基本情况,共5项一级指标,包括领导力与关爱文化,工作架构与制度,培训与交流,内容分类实施,评估与改进,细分为10个二级指标,共27个评价点。"特色指标"反映医院员工关爱体系建设工作特色和社会评价,共5个二级指标。这部《标准》是全国第一部规范和指导医院开展员工关爱工作的体系建设标准,全面制定包括保障工作条件、维护身心健康、落实待遇职称政策、加强人文关怀、创造安全的执业环境、弘扬职业精神等六方面的关爱实施指标;是第一部全面对标"国考"员工满意度测评指标的改善医务人员关爱水平的行动指南;也是第一部对《公立医院高质量发展评价指标(试行)操作手册》中"关心关爱医务人员,提高积极性"指标的细化分解和量化落实的工作指南。《标准》明确的开展员工关爱的相关着力点、落实点和评价点,多数与工会工作职能、内容和路径相吻合,也符合本调研中医院管理者对"工会参与员工关爱工作"的共识与期待,因此,这部《标准》将使工会参与医院管理提供新路径,具有非常重要的现实意义。

(二) 以员工关爱体系建设为抓手的工会参与医院管理新路径

当下现代医院管理已从单纯的制度管理、绩效管理向其与人文管理融合、形

成刚性和柔性兼顾的管理模式进化；同时评价医院管理水平的指标也从追求医疗质量、运行健康等绩效指标，转向以医患满意度为衡量指标的更体现医院公益性的价值追求。因此，医院员工关爱工作势必成为医院管理中提升医患双满意的基础任务。

医院员工关爱体系建设标准明确开展员工关爱的相关着力点、落实点和评价点，比如强调"建立健全医院员工关爱管理架构三级网络"、实施中的"身心健康促进、支持性职场建设、家庭社会支持"等内容；以"员工满意度为标准的"评价体系等。工会是最贴近职工，联系基层最直接的组织，传统意义上，工会参与医院管理路径主要通过组织职代会和提案收集落实，推动院务公开民主管理等途径落地。新时代医院党建文化和医院高质量发展要求医院工会作为党领导下的群团组织，是医院党委联系关心关爱职工群众的桥梁纽带和平台。根据本次调研成果，《医院员工关爱体系建设标准》的建立为工会参与医院管理提供新的思路和路径，我们尝试提出以下基于员工关爱体系建设为抓手的工会参与医院管理的新路径。

第一，工会可以成为提升相关领导力和倡导关爱文化的医院政策制度的制定者。工会运用全覆盖的工作性质和传统的职代会和民主管理机制，充分及时掌握员工的困惑和需求，为医院关爱员工的决策提供更加准确可靠的信息；同时通过丰富多彩的职工文化体现医院关爱员工的人文管理和文化氛围，并参与制定在医院整体管理制度框架下独立的医院员工关爱制度。

第二，工会可以成为医院员工关爱设计策划和内容实施的管理者。工会可以运用更多更广的职工教育、文体活动、素质提升、慰问关怀等机制，主导医院员工关爱的年度计划的设计和策划，并负责员工关爱计划实施的流程管理，提升员工对医院的凝聚力和向心力，进而体现医院人文管理水平。

第三，工会可以成为提升医院员工满意度的促进者。医院员工满意度是当下医院"国考"成绩的重要指标，如何不失分考验的是医院开展关爱的力度和让员工有获得感的强度！因此，工会在这项工作中大有可为，既可作为员工的代言人，为员工争取更多合理诉求和期望，推动医院相关职能部门及时回应和落实；又可协助医院管理层引导员工理性客观评价医院，使医院管理更显人性化，使医院文化氛围更趋和谐向上。

(本文获第二十六届年会征文二等奖)

新形势下医务人员对员工关爱计划的需求调研分析

吴晓菁　陈晓勤　陆彩凤　仇佳妮　陆轶铖　顾琦静
（上海交通大学医学院附属新华医院工会）

习近平总书记在党的十九大报告中提出"实施健康中国战略"，是我国医疗卫生事业发展的新纲领、新指导和新方向。在新的形势任务下，医院要更好地为患者提供健康服务，就必须关注医务人员的身心健康，创造良好的健康支持环境，以激发他们的工作积极性、主动性和创造性。员工关爱计划（employee assistance program，EAP），是由组织为员工设计的长期且系统的援助和福利计划，一项针对三甲医院医务人员的调查表明，87.7%的医务人员认为医院有必要主导开展有针对性的系统性的"员工关爱计划"。因此，本研究以上海市某三级甲等综合性医院的医务人员为研究对象，调查分析他们对EAP的需求情况，并结合该院的具体举措进行分析，为EAP在医院中的实施和完善提供有益的借鉴。

一、对象与方法

（一）研究对象

2018年7月至8月，针对上海某三甲医院的在职、在岗的医务人员展开调查，由经过培训的调查员在征得该院医务人员知情同意后现场发放调查问卷，采用匿名填写并当场收回，随机发放问卷共300份，回收有效问卷为272份，回收有效率为90.7%。

（二）研究方法

在前期文献研究及对已经实施EAP的部分三甲医院的做法的基础上，自行设计问卷内容形成初稿，采用专家咨询法对问卷内容进行验证和修正，最后在删除、修订和增加相应条目后,编制涵盖工作、生活、健康层面的 25 项内容构成医院 EAP 需求调查问卷,要求医务人员分别对"该层面您最希望医院提供哪些方面支持"及"您认为哪些方面医院履行较好"进行选择。针对现场调查资料,采用 Epidata 3.1 建立数据录入库,导入 Excel 2013 形成现场调查数据分析库,以 Excel 数据库进行清库处理,转入 SPSS 22.0 进行统计分析。

二、结果与分析

(一)调查对象一般人口学特征

272 名被调查职工,其一般人口学特征包括年龄、性别、职业、职称、学历、所在科室、工作年限等构成。

(二)对医院 EAP 具体实施方式的需求调查

按照被选频次占比,医务人员倾向的 EAP 实施方式由高到低依次是各类沙龙、网络咨询、讲座培训、宣传资料、面对面咨询、在线测评、电话咨询,其他,占比分别为 52.6%、48.5%、47.1%、43.0%、43.0%、33.8%、25.0%、4.8%。

(三)医务人员对 EAP 服务内容需求强度及对医院 EAP 履行情况评价排序分析

该院医务人员对员工关爱计划各项服务内容需求较为强烈,25 项服务内容中有 15 项选择超过半数,但是对医院履行情况 25 项服务内容中仅有 4 项内容评价超过半数,按照被选频次占比,在工作层面,医务人员希望提供的 EAP 服务内容排名前三项的内容依次为薪酬待遇(88.2%)、工作硬件环境改善(72.1%)、危机事件的支持(62.1%),而在这方面被调查者认为医院 EAP 履行情况较好的前三项内容分别为职业技能训练与培训(64.7%)、工作硬件环境改善(34.2%)、个人潜能的测试与开发(39.7%)。在生活层面,医务人员希望 EAP 提供的服务内容排名前三项的依次为子女抚养及教育(65.4%)、法律援助(57.4%)、照顾父母(55.1%),而其认为医院履行情况较好的前三项内容分别为其他生活方面支持(28.3%)、家庭关系支持(52.9%)、法律援助(28.3%)。在健康层面,需求排名前三项的内容依次为医疗保健(77.9%)、压力管理(73.9%)、心理保健(72.8%),而履行情况排名前三项的内容依次为文体活动(52.6%)、医疗保健(31.6%)、运动保健(26.5%)。

(四) 需要重点关注的EAP服务内容

根据医务人员对EAP相关服务内容需求和医院实际履行情况两个维度,以每个维度百分比均值为中点,形成四个象限,根据各个内容在两个维度上的得分情况,得出医院EAP服务需求四象限分布图,第一象限(右上)为医务人员需求相对较高且医院履行情况较好的EAP服务内容,包括职业技能训练与培训、工作硬件环境改善、职业发展与规划、法律援助、子女抚养及教育、医疗保健、运动保健、文体活动、饮食保健九项内容,第二象限(左上)为医务人员需求相对较低,但医院履行情况较好的EAP服务内容,包括个人潜能的测试与开发、家庭关系支持、其他生活方面支持三项内容,第三象限(左下)为医务人员需求相对较低且医院履行情况相对不够的EAP服务内容,第四象限(右下)为医务人员需求相对较高,医院履行情况相对不够的EAP服务内容,包括危机事件的支持、规避医疗风险提供医疗纠纷相关资讯、购买职业保险、照顾父母、购房及住房装修咨询、压力管理、不良情绪控制、心理保健九项内容,此处是医院实施EAP需要重点改进的内容,提供和完善这些服务内容最能得到医务人员的良性反馈。

三、讨论与建议

实践证明,EAP服务是维护医务人员心理健康、提高生命质量和工作绩效的有效手段,新时期下,为了确保EAP在医院中的有效运用,必须先明确医务人员实际需求,并采取有效的解决对策,以促进医务人员和医院的和谐发展,最大化发挥EAP的优势。调查结果显示,医务人员对EAP有强烈的需求,并对EAP服务项目有高度的认同和接受度,特别是在工作和健康方面的支持上。结合医务人员实际需求,课题组认为应从以下几方面进一步完善医院EAP实施:

(一) 强化职业生涯管理,深化医务人员归属感

通过EAP制定来对各个阶段医务人员的管理状况进行阶段性的评估和分析,进一步强化职业生涯规划管理,将医院特色渗透到医务人员的工作、生活中,增进其归属感,实现医务人员个体与医院整体的双赢。近年来,该院通过开展各类进修、境外培训、优青培养、继续教育等人才培养项目,青年人才不断获得各类局级以上人才项目资助,同时结合医务人员的业务技能和性格特点进行科学岗

位配置,并开展各类职业技能大赛,使医务人员不断加强专业知识和业务能力,发挥其主动性和创造力,医务人员在比赛中交流、在交流中提高,在提高中取得宝贵经验,并将这些经验进一步应用于临床工作,逐步实现自我价值。

(二)优化绩效分配方案,提升医务人员公平感

根据马斯洛的需求层次理论,满足基础需求后,医务人员才有动力追求更高层次的需求。因此,医院要尽可能地优化绩效分配方案,增强医务人员寻求更高层次需求的动力。明确以劳动量为基数、医疗质量和运营效率为系数的分配指导思想,实现多劳多得、优绩优酬。鼓励科室调整学科结构,加大重点病种和手术奖励力度,对新项目、新技术给予奖励和政策支持,充分体现分配的导向作用;设定单项奖指标,给予额外奖励。创新运营绩效管理模式,以运营绩效为核心驱动力,优化现有绩效考核体系和分配结构,提高资源使用效率,提升效益,提升医务人员的公平感。

(三)以环境改善心境,加强职工获得感

良好的工作环境对人的情绪和心理状态有积极的影响,医院应充分利用现有条件和资源,力所能及地改善硬件条件,配备相应设备设施。该院近年投入100余万元改造医院食堂并针对职工之家进行设备添置,建成近500平方米的综合活动场所,命名为医院职工之家,包括棋牌室、摄影室、乒乓球、羽毛球馆、瑜伽房、健身房及多功能厅,为广大职工提供一个集休闲娱乐、强身健体、沟通交流于一体的精神家园;同时为女职工设立妈咪小屋,为哺乳期"背奶妈妈"们和孕期女职工提供私密、干净、舒适、安全的休息场所。职工之家的投入使用,使员工幸福指数和获得感持续提升。

(四)建立医务人员心理健康档案,多措并举缓解医务人员职业压力

调查显示高达73.9%的医务人员认为需要加强压力管理,72.8%的医务人员迫切需要心理保健。该院为缓解职工压力,每月定期开展新时尚生活课堂,结合传统或重要节日,策划专题类活动,内容涵盖"5·12"扮靓美小护、端午节"巧手包香囊"、"夏日炎炎画团扇"、中秋节"广式月饼DIY"、重阳节"桂花糕制作"等,同时举办疾病预防与身体健康知识、心理健康知识系列讲座,多措并举普及身心健康知识,传递身心健康理念,虽然在活动形式上受到医务人员喜爱,但是鉴于心理状态是一个持续动态的发展过程,心理问题的发生在于提前预防,而不是发生后的干预治疗,因此建议建设心理咨询室、放松室、减压舱、咨询热线等

EAP 固定服务场所及设施,综合运用调查问卷、咨询式访谈、现场观察等方法,为其建立一份心理健康档案,这样做的目的除了能掌握医务人员的心理健康状态,还能及时发现问题,对心理存在问题的医务人员进行及时的干预,为提高 EAP 的针对性、实效性提供参考和依据。

(五) 开展家庭支持项目,解决职工后顾之忧

家庭生活的不和谐会造成个体的工作无法专注、工作满意度下降等情况。将医院 EAP 服务从工作拓展到家庭生活,从八小时以内延伸到八小时以外,尽力解决一线医务人员的后顾之忧,如针对医务人员子女,该院自 2014 年寒假起开始举办的职工子女假期社会实践活动"陪爸妈一起上班"项目,职工子女以志愿者的身份进入医院工作,和家长一同为患者提供服务,并通过各种有趣活动了解医院、了解家长的工作环境、树立社会责任意识,在帮助医务职工子女成长的同时,保障其与子女之间沟通更为顺畅。

(六) 丰富医务人员文体活动,激发职工参与感

文体活动不但能够提高医务人员的身体素质和综合能力,又展示出广大医务人员的精神风貌和文化需要,是医院 EAP 重要内容之一。为了更好地丰富职工的业余生活,提升职工参与文体活动的热情,医院鼓励医务人员在具有共同爱好的职工群体中自发成立职工社团,为维护社团的健康持续发展,医院工会对每个社团给予经费支持,用于活动耗材及日常活动等开支,目前,目前医院职工社团共 11 个,包括乒乓球、瑜伽、羽毛球、跑团、摄影、电子乐队、舞蹈、集邮、尊巴、篮球、合唱队等,丰富多彩的活动进一步激发职工的参与感,同时也为和谐医院建设,传承医院文化,引领品位生活,提高幸福指数发挥积极的作用,让医院真正成为全体职工的精神家园。

(七) 医院 EAP 未来工作方向设计

医院 EAP 需要标准化但避免僵化,加强信息化建设,结合职工实际需求和医院特色文化,建立动态的实施体系。管理层应认识到 EAP 的重要性,进行科学规划,多措并举,分步实施,长期坚持,实现与医院其他业务的同步发展、规划和执行,才能准确把握 EAP 的前瞻性,使其实践更加科学。

(本文获第二十二届年会征文二等奖)

在应对突发公共卫生事件中医院工会精准化关爱的实践研究

张殷华　钱风华　沈梦雯　沈　杰　邵　顼

（上海中医药大学附属岳阳中西医结合医院工会）

一、研究背景

党的十九大报告明确指出："中国特色社会主义进入了新时代"。意味着中国特色社会主义社会更加井然有序，意味着中华文化、经济、科技水平的蓬勃发展。工会作为党委领导下的群团组织，如何为职工谋幸福而建设一个更加精准的服务体系，落实符合新时代要求的工会精准化帮扶举措，促进医务工作者的身心健康，是一个值得研究和探索的重要问题。

2020年，新型冠状病毒感染的肺炎在全国爆发，新型冠状病毒肺炎（COVID-19）的疫情是一场突发的公共卫生事件，它对于每一个人来说都是一件心理应激性事件，对于医护人员而言更是如此。医护人员作为接触新冠病毒患者的一线人群，承受着来自病毒的威胁、患者的期望和家人的担忧等因素的影响，加之高负荷劳动，从而承受着巨大的心理压力。即使在完成一线支援任务后，应激所导致的负面情绪可能会在一段时期内长期存在，严重的甚至产生创伤后应激障碍（post-traumatic stress disorder，PTSD）。这些心理应激反应会严重危害医护人员的身心健康，进而导致影响日常工作效率和疫情的有效防控。

二、研究内容

本研究通过分组访谈、个案研究等研究方法，总结医院工会在新冠疫情期间对援鄂、支援上海市公共卫生临床中心的医疗队员和发热门诊一线医务人员的关爱帮扶工作经验和不足。结合调查问卷的结论，提炼出以"整体关注、因人制宜"为特色的新时代工会精准化关爱帮扶机制，应用于重大突发公共卫生事件的应对中。

三、研究方法

（一）建立工作组

选择在工会、党支部工作相关工作 10 年以上，及有心理咨询、采访相关资质的人员，组建工作组，建立微信群，进行方案设计、专项工作的分工等前期工作准备。

（二）收集、汇总资料

收集、汇总新冠疫情中医院工会对援鄂、援上海市疾病预防控制中心、发热门诊一线医护人员采取的关爱帮扶措施，对资料进行编码、归类等类属分析，分析受访者对工会关爱举措的认知和感受。

（三）查阅文献

通过文献综述法设计访谈问题，对参与 2020 年援外医务人员（援鄂、支援上海市公共卫生临床中心）及发热门诊的医务人员进行访谈，通过视频、音频的方式记录访谈过程，收集素材及视频资料，进行整理、个案研究。

（四）具体实施

通过问卷、查阅文献资料，围绕工会关爱措施，分享体会和探讨实效。

四、研究成果

（一）医护人员的心理需求

1. 医护人员的职业心理特质

医护人员承担多种压力，时刻与生死斗争，高度集中注意力，容易造成失控感；同时，疾病缓急、传染性、医患矛盾等问题也会对医护人员产生担忧；频繁的超时工作也会导致对家人的责任缺失和歉疚感等。然而，作为生命的捍卫者，医生被赋予"英雄"身份和"无畏"精神，限制甚至压抑医务人员负面情绪的表达。

2. 针对医护人员STAI的调查结果

课题组向医护人员发放根据医务工作实际情况修订后的《状态—特质焦虑问卷(STAI)》,结果统计显示:

关于正面情绪,仅有6.25%的医务人员感到安逸、自我满足,12.5%的医务人员平时是处于轻松状态的、感到舒适、宁静、有自信心、遇到事情可以镇定处理,18.75%的医务人员感到心情平静及愉快的,31.25%的医务人员感到有完全的安全感。另有6.25%的医务人员在安全感、满意满足感、舒适感、自信心、轻松感、平静镇定、感到高兴、容易作出判断选择"完全没有"的极端选项;18.75%的医务人员在愉悦感、安逸感选择"完全没有"的极端选项。

在对负面情绪的调查中,结果显示约半数的医护人员,没有极端的负面情绪。然而有25%的医护人员选择"希望像别人那样高兴",提示对于愉悦的期待感,另有12.5%的医务人员在过分烦恼、极度紧张不安、优柔寡断、感到慌乱、神经过敏和不安、缺乏自信心选择中等程度;6.25%的医务人员在易紧张、感到害怕、烦恼、过分忧虑、极度乏力、不合适感中选择中等程度。

在针对造成自身压力事件的排序题的统计结果显示"职业风险"排在第一位,紧随其后的是"身体健康受到影响"和"对家人疏于照顾",其后依次为"缺少休息和娱乐时间""职业理想无法实现""收入无法匹配生活需求""得不到应有的社会认同",排在最后的是"持续保持学习状态"。

3. 医护人员的心理特质分析

通过初步的调查问卷分析显示,医护人员普遍接受过良好的教育,且因长期高压工作环境,具备较好的心理应变和自我调节能力。医务人员的负面情绪主要来自职业风险、对自身健康状况以及对家人的担忧,相较于收入和长期学习状态,自我实现的需求更受医务人员重视。

作为医院工会,需要更加密切地关注医护人员的需求,医护人员的良好生活和心理状态是医疗治疗的保障之一。因此,如何因人制宜,切实关爱医护人员是工会需要思考的问题。

(二)新冠疫情一线医护人员关爱举措总结指导新时代工会精准化帮扶机制建设

1. 突发公共卫生事件时需要对医护人员尽早地心理干预

一项针对在湖北省内参加抗击疫情的168名医护人员的问卷调查结果显示:73.2%的医护人员会出现焦虑,其中13.1%的医护人员经常会焦虑,而有

10.7%的医护人员经常出现恐惧情绪。53.0%的医护人员会感到无助,58.9%的医护人员常感觉压力很大。67.9%的医护人员会出现同情疲劳(compassion fatigue),即由于在短时间内高强度接触不幸的讯息而产生压力、冷漠、愤怒的心理状况,属于"次级创伤"(secondary traumatic stress, STS)。一项关于疫情防护医务人员精神心理调查结果显示:医务人员中抑郁、焦虑、失眠和应激症状检出率分别高达50.7%、44.7%、36.1%和73.4%。另有一项针对41名防控一线护理人员进行心理调查发现:出现焦虑32人,恐惧38人,抑郁2人;其中有8人出现强迫表现。由此可见,新冠病毒会给医护人员带来严重的心理损害,"抗疫英雄"同样需要在心理上被关心关爱。也正因为如此,上海市卫健委发布的《上海市新型冠状病毒肺炎疫情受影响人群心理重建工作方案》重点提到医护人员的心理重建工作。

调查问卷显示,当获知需赴一线工作时,紧张(42.5%)、焦虑(30%)是医护人员主要的负面情绪。但即使如此,仍保持日常工作,选择平静对待这一任务。

客观来说,疫情导致的心理应激是一种正常现象。过分抑制或逃避这种情绪反应会增加内心的不确定感和恐慌感。心理干预是防灾抗危的一部分,对处理社会突发事件和预防具有效果。通过积极干预,及早进行情绪调节和心理疏导,帮助医护人员接纳和稳定负面情绪,有助于减轻疫情带来的心理损害和患PTSD的风险。

2. 新冠疫情期间对援鄂、援上海市疾控中心、发热门诊一线医护人员关爱举措

为了满足医务人员心理需求,工会在医院党政领导下实施一系列关心关爱措施,旨在解决抗疫英雄的后顾之忧。

(1)及时预警通知:发通知提醒广大职工加强防护、规范工作,保持身心健康。与相关部门合作,积极为医护人员筹备相关物品,提供增强免疫力的营养物品。

(2)关心关爱援助人员及家属:保持与援外医务人员的联系,并给予精神支持和物质援助。关心慰问援鄂医疗队家属,提供相关支助。

(3)关心关爱临床隔离观察期医护人员:赴隔离点进行关心慰问。

(4)加强医院重点一线防疫职工的保障工作:与相关部门合作,确保物资的发放流程顺畅。

(5)宣传和精神文明建设:宣传抗疫一线涌现的先进人物事迹,为宣传提供相关素材。

3. 基于新冠疫情一线医护人员关爱经验探讨新时代工会精准化帮扶

针对新冠疫情对医务人员的影响,需要总结经验,为今后医护人员的关爱提

供理论研究依据。

援外医务人员已完成任务并返回原岗位,通过访谈和视频记录医务人员的真实感受和体会,为构建医护人员关爱体系提供重要参考。

4. 对新冠疫情一线工作人员关爱举措感受的问卷调查结论

从我们对院内40位在疫情一线的医务人员进行的调查《基于新冠疫情汇总关爱员工系列措施的调查问卷》,结果显示:服务一线期间,生活习惯(57.5%)、工作安排(50%)是遇到的最大困难,其次依次为心理问题、子女教育、照顾老人等。在接受工会援助的过程中,最为需要的依次是物资配送(87.88%)、心里支持(63.64%)、经济补助(42.42%),家庭支持和工作安排并列(27.27%),最后是解决户籍问题(15.15%)和子女入学教育问题(9.09%)。

调查结果还显示49.41%的医护人员认为关爱措施合理,有人认为措施与需求不匹配(38.82%),甚至有18.82%医护人员认为存在过度关心。在进一步的调查中显示,有部分抗疫人员觉得关爱举措和关爱物资带来困扰,其困扰主要来自关注太频繁,疲劳应对(5%);物资良莠不齐,处理困难(5%);打扰正常工作(2.5%)。

5. 对新冠疫情一线工作人员关爱举措感受的访谈

课题组邀请援外医务人员及发热门诊的30名医务人员为访谈对象,分为6组进行访谈,由3位党务工作者和1位有心理资质的人员组成核心访谈团队,采用半结构访谈,受访对象通过视频、音频的方式记录访谈过程。

为保证结论的精准化、专业化,就访谈预约设计、前期工作、素材及视频资料归档等进行专项工作进行分工。根据预约访谈、问卷搜集到的相关信息,结合国内外相关研究资料,进一步将研究主题具体化,列出初步的访谈提纲,在课题组内进行论证,进一步完善个性化访谈提纲,体现"因人制宜"。每场由1位课题组成员、1位党务工作者及1位有心理资质的人员主持,围绕医院工会关爱举措的认知和感受进行访谈。

通过对访谈记录和访谈视频(音频)的整理,重现抗疫医务人员的心理转变过程,以及受到关爱后的具体感受,分析相关关爱举措的接受度和效能。对于收集到的资料进行编码、归类等类属分析,直观呈现出受访者对医院工会关爱举措的认知和感受等。

通过对访谈记录和访谈视频(音频)的整理汇总,结果显示如下。

(1) 对于家人的慰问和照顾最暖心

对医护人员以及家属的关心关爱工作主要包括与援外医务人员本人的联系

和家属的关心慰问。适时将慰问的照片和视频发给前方战士,让前线战士感受到后方的关爱,增强打赢抗疫战的信心。

(2) 获得社会的认可建立职业自信

部分医护人员因抗疫支援在返岗后在相应的落户政策、晋升机会、课题立项、子女入学等方面获得优先政策。医护人员反应,比起物质的资助,在政策上得到同行和社会的认可,树立职业自信。

(3) 身心健康受关注增加安全感

在支援过程中,每日有针对医务人员的健康例行询问,并且在支援地和返岗后,均有来自上级、工会组织的心理沟通,在关心关爱病患的同时,自己本身亦受到关心关爱,对于自身身心的安全感,是无畏拼搏的基础保障。

(三) 对问卷调查和访谈结果的反思

新冠疫情期间的关爱措施主要来自社会力量,对医护人员的关心举措有一定特殊性。通过访谈总结出一些真实的需求,值得建立长效机制并重点关注。

1. 医护人员需要与风险匹配的"安全感"的获得

经访谈了解到,经历过"非典"时期的医护人员在应对新冠疫情时更有自信心。进入隔离区工作前的培训对提升医护人员的安全感有帮助。

2. 医护人员更在乎风险工作的"被看见感"

社会资源对援鄂医护人员的关心和支援较多,但在援助上海市公共卫生中心的医护人员同样面对真实的新冠患者,但关注度较低。医护人员表示缺乏"被看见感"会对心理造成困扰。

反思日常工作,这种"被看见感"同样也是高风险科室人员的需求。课题组也向高风险科室的医护人员发放同样的调查问卷,结果显示,作为高风险科室最为需要的关爱措施依次为:心理支持(74.12%)、收入提升(70.59%)、子女入学教育(49.41%)、先进评选和职称晋升并列(47.06%)、老人照护(43.53%)。高风险科室本身往往是一些甘愿奉献的人,对于医生职业的认同感极强的人,但是如若一味地因为甘愿奉献而"消费"奉献,无疑会寒一些人的心,这应该是支部工作中去"看见"和珍视的。

3. 足够的"获得感"才能保证医疗卫生事业拥有高素质人才

医护人员需要社会认同和支持,给予户籍政策、职称倾向、课题立项、子女就学等方面的支持能增强医护人员的勇气和决心。此外,提供适当的疗休养安排和政策倾向,落实关心关爱,也能吸引和留住优秀的医护人员。

（四）新时代工会精准化帮扶机制初步构建与思考

基于调查问卷的结论和访谈的结论分析，初步进行新时代工会精准化帮扶机制的构建。此次项目中，在各部门工会中成立专项帮扶小组，小组成员由部门工会主席、支部书记、工会骨干共同组成。在日常工作中，基于实际发现的问题，依托设计的医护健康、医护福利、医护发展、医护生活四大帮扶模块，精准解决问题。

1. 以"被看见感"为引导，关注医护健康，落实医护福利

包括健康体检和心理疏导。通过医院每年的体检福利，对有健康问题的职工进行进一步检查和建议，同时提供工作上的支持。

工会利用深入群众的优势，与所在部门的医护人员进行心理沟通，了解他们的需求，并提供关心和帮助。

2. 以提升"获得感"为目标，推动医生成长和发展，切实提升医生

以党建为引领，加强群团工作，提升科室文明建设；注重人文关怀，打造和谐科内氛围；加强沟通协调，促进医患关系；强化行风建设，杜绝不良医疗行为，鼓励志愿者服务活动，回馈社会。积极参与义诊等工作。

在部门工会活动中，增加临床业务和医患沟通的培训和交流，充分融合党建、工建、联建与业务工作。

3. 以提升"安全感"为目标，根据工作实际调整工会工作形式，提高工会活动参与度和实效

务求工会活动灵活多样。①开展多样的"轻松午间一小时"活动，丰富职工的业余生活，开启服务职工新模式。②根据职工需求调研，解决年轻人的亚健康问题，邀请专业老师为职工们授课，达到强身健体的目的；推动年轻人利用碎片化的时间做运动，增强团队凝聚力，形成健康向上的"新风貌"。

夯实文化基础，增强"文化自信"。推进中华优秀传统文化的非遗项目进医院，弘扬优秀民族文化课程，感受中国文化的博大精深，同时享受愉悦与放松。

积极推进职工援助服务工作，做到"职工有求，我必有应"。①满足一线职工有关法律法务的要求，整合上级平台、社区资源，提供专题法律咨询和援助，使职工职业和生活更加安全。②围绕细节服务、个体差异、群体健康、素质提升，提供多元化、长期的咨询、讲座、沙龙等服务，突出工会维权、服务的主责，让职工感到亲切。同时，为医院精神文明建设和职工医德医风文化教育创造良好的氛围和环境。

（本文获第二十三届年会征文二等奖）

新冠疫情下构建医务人员人文关怀心理支持机制的探索

苏家春　柯颖达　伍　蓉　卢　霏　周晓兰

（复旦大学附属华山医院工会）

新冠肺炎疫情发生以来，医务人员义无反顾冲上疫情防控第一线，保护人民生命安全和身体健康。疫情之下，医务人员工作任务重、感染风险高、工作压力大、心理负担重，面临着常人无法想象的挑战。中共中央总书记习近平作出重要指示，强调医务人员是战胜疫情的中坚力量，务必高度重视对他们的保护、关心、爱护，从各个方面提供支持保障，使他们始终保持强大战斗力、昂扬斗志、旺盛精力，持续健康投入战胜疫情斗争。中央应对新型冠状病毒肺炎疫情工作领导小组印发《关于全面落实进一步保护关心爱护医务人员若干措施的通知》，指出要"及时做好心理调适疏导。开展一线医务人员心理健康评估，强化人文关怀和心理援助措施，做到心理问题早发现、早干预、早疏导"。组织层面采取全面有效的应对策略，建立强大的支持网络，对于帮助医护人员以最佳状态应对疫情防控和患者救治具有重要的意义。

一、医务人员面临的心理压力

笔者经过文献检索和专家咨询了解到，在抗疫期间，医务人员需要克服多重压力。

（一）疫情初中期

1. 防护救治知识和技能不足

疫情暴发初期，人们对疾病的认识不足，尤其是对病毒的传播途径、致病力的研究有限，再加上尚缺乏统一诊疗方案和指南，使得医务人员面对诸多疾病未知的挑战。另一方面，疫情初期大量患者感染就医，形成一定程度的医疗资源挤兑，同时感染科、呼吸科、重症医学科医护人员缺口较大，大量相关专业以外的医护人员紧急支援前线或战斗在一线,他们需要重新学习相关防护、诊疗知识,这对医护人员的综合救治能力都提出很高的要求。

2. 工作负荷大和医疗防护物资紧缺

疫情初期,需救治患者爆发式增长,医院收治能力有限,导致医务人员连轴工作。防护物资和医疗物资紧缺,医护人员为了节省防护物资,常常减少进食和上厕所次数,连续工作数十小时才换班,长时间劳累、高度紧张的工作,使医护人员承受着较大的生理和心理负荷。

3. 心理负担重

医护人员自身一直暴露于被病毒感染的高风险状态,承受着随时可能会被感染的内心恐惧,同时他们肩负着整个社会抗击疫情的期盼,他们在身心俱疲的同时仍需耐心地安慰和开导患者及家属,他们可能因患者病情变化过快无法抢救而自责,或是看着身边的战友被病毒感染却无能为力。在抗击疫情时,长时间与家人分离,害怕感染家人,易使医护人员形成孤独、无助、压抑和愧疚情绪,这些都使得医护人员心理处于多重应激之下。

(二) 后疫情时期

而当医务人员回归正常的医疗工作中后,又可能面临以下问题。

1. 职业价值观问题

由于疫情和救援带来的职业暴露,可能会造成医务人员心理应激反应,引发职业价值观的转变。

2. 心理调适问题

抗疫期间的心理应激反应在疫情后转化为新的心身问题,诸如持续性抑郁状态、失眠等,还有一些医务人员会因为害怕自己把病毒带给家人而焦虑紧张恐惧,从而影响医务人员转换到正常的工作生活状态中。

3. 过度宣传所导致的创伤性记忆反复强化

社会给予抗疫医务人员高度关注,抗疫英雄回归后受邀参加各类宣讲活动和分享交流活动。然而这对于有创伤性记忆的医务人员来说,可能会因为创伤性记忆的反复强化,导致心理疗愈过程延缓。

4. 因角色转换产生的社会适应问题

回归正常工作后,切换到医教研常规工作,可能因工作节奏转换带来不适应。

二、医务人员可能会出现的应激反应

1. 生理反应

如过度疲劳和紧张,过度亢奋,心悸,胸闷,头晕,头痛,失眠等。

2. 心理反应

如不同程度的认知减退,注意力不集中,情绪不稳,焦虑不安,抑郁,悲伤,委屈,无助,压抑,挫败,自责,甚至耗竭等问题。

三、运用社会支持理论开展医务人员人文关怀,构建心理关爱支持机制

(一) 社会支持理论

20世纪70年代,Raschke提出社会支持是指人们感受到的来自他人的关心和支持。社会支持理论认为每个人都处于社会关系之中,无法自绝于社会而存在。人的生存需要与他人合作,并且依赖他人从而获得协助;人的一生中都会遭遇一些可预期和不可预期的事件发生;人们在遭遇一些事件时,需要自身资源以及外部资源的支持;当人们遭遇事件处于压力之下时,社会支持网络能缓解负面的压力;一个人所拥有的社会支持网络越强大,就能够越好地应对来自外部的挑战;社会中的困难群体需要强化他们的社会支持网络,增强社会支持功能。Cutrona和Russell(1990)将社会支持区分为情感性支持、社会整合或网络支持、满足自尊的支持、物质性支持和信息支持。黄希庭把社会支持界定为:情绪支持、手段支持、情报支持、评价支持。

(二) 构建抗疫医务人员人文关怀和心理支持机制的实践

在突发公共卫生事件特殊时期,医院和社会越能给医务人员提供强大的社会支持,医务人员就越能应对疫情的挑战,提高个人的环境适应能力,使自己免受不利环境的伤害,从而以更好的状态投入新冠患者的救治中。在突发公共卫生时间后期(后抗疫时期),良好的社会支持系统能助力医务人员尽快走出疫情的阴霾,以更好地状态回归工作和生活中去。

新冠疫情发生后,华山医院成立抗新冠期间员工关爱支持项目领导小组和工作小组,建立起应急管理体系,调动全院的资源和力量,落实针对华山抗疫人

员的关怀关爱和保障。

1. 抗疫前支持——信息支持、工具支持

信息支持：指提供相关的信息以帮助个体应对当前的困难，以提高个体的可控感。在医务人员参与救治前，进行心理危机识别与心理调适培训，帮助医务人员了解心理应激反应，学习调控情绪的方法，使当事人在心理上对压力和心理应激有所准备。

工具支持：是指提供财力帮助、物质资源或所需服务等。医院的做法：(1)多部门紧密配合，提高医院内部的防护等级，将防护用品调配向临床一线倾斜，对医务人员实施周密的安全防护措施。(2)完成急诊、发热门诊、CT检查室、留观病房、隔离病房等的改造，确保各方面衔接到位，为一线医护人员提供有力保障。(3)对于参与援鄂医护人员要配备足够的防护物资和生活物资。

2. 抗疫中支持——工具支持、信息支持、情绪支持

工具支持：(1)尽可能安排好医务人员的作息时间，做好人员储备，让更多医护人员得到充分休息。(2)保持和抗疫前线医务人员的沟通，及时补充所需的物资。(3)通过各种渠道向援鄂前线队员及时配送食品、营养品等，为院内一线医务人员持续提供营养均衡的工作餐和营养品，帮助前线医疗队员和一线医务人员提高免疫力，实现零感染。(4)做好医务人员家属的关心慰问，为需要帮助的老人和孩子提供照顾，消除一线医务工作者的后顾之忧，让医务工作者可以安心投入工作。

信息支持：人类天生对未知的事情感到恐惧，很多时候给人带来焦虑的不是事件本身，而是事件的不可预知性。医院在疫情防控期间每天及时准确发布疫情动态信息、防控最近进展，提高医务人员信息知晓度和可控感。医院工会通过新媒体公众平台、微信群等每日发布人文关怀类、心理支持类和自助科普类文章，为医务人员提供"心理按摩"。

情绪支持：是指涉及个人表达的共情、关心和爱意，使人感到温暖和信任。医院建立抗疫医务人员心理关爱EAP项目，做到关爱范围"全方位"。(1)邀请抗疫一线医务人员中有心理学知识背景的队员担任观察员和联络员，从而第一时间了解和发现职工可能存在的情绪问题和心理问题，为一线医务人员提供同伴支持。(2)对每一批援鄂、援公卫和院内一线抗疫医务人员建立微信群(最多达7个)，安置心理关爱师入群，每日关心询问，随时动态了解前线医务人员身心状况，提供普适性支持。(3)充分发挥工会员工关爱热线以及专业机构心理援助热线的作用，及时为员工提供实时心理支持和一对一心理援助服务。(4)对于有

心理干预需求的抗疫一线医务人员,医院及时转介至华山医院抗疫心理支持专家,提供专业心理指导。

3. 抗疫后支持——评价支持、情绪支持

评价支持:指通过对医护人员的行为给予肯定、认可、表扬和鼓励等,以此提升医务人员对自己工作意义和价值的认可。疫情防控期间,医院大力宣传医务人员的抗疫事迹,并通过各大媒体向社会发布,有效增强医务人员的自我效能感。制作抗疫英雄墙,召开表彰大会,举办"感动华山,抗疫先锋"主题活动,生动展示抗疫事迹,从而提升医务人员对自己工作意义和价值的认可。

情绪支持:重大公共卫生事件后心理问题在相当长一段时期仍可能会持续出现。医院仍时刻关注医务人员心理动态,制定关爱方案,帮助医务人员能顺利调适心理状态,回归正常的工作和生活。主要做法如下:(1)通过调查问卷和心理量表,科学排摸服务对象,把握心理健康状况。(2)安排疗休养休息调整,放松身心。(3)开展支持类的心理培训,改善社会适应性。(4)对于有共性问题的服务对象,采用诸如正念疗法、叙事疗法、巴林特小组等手段,帮助其释放消极情绪、修正认知曲解、提升行为意愿、自觉适应后抗疫时期的工作和生活,主动调节职场和家庭的人际关系。(5)提供心理咨询,必要时转介心理治疗。

突发公共卫生事件对于个体和社会所造成的影响是广泛而深远的,各医疗卫生机构乃至整个行业应通过及时对上半年抗疫的复盘,汲取经验和教训,加强各自探索,争取形成一套突发公共卫生事件下的医务职工人文关怀和心理关爱体系,打有准备之仗,对于提高应对突发重大公共卫生事件的能力和水平有重要的意义。

(本文获第二十三届年会征文二等奖)

突发公共卫生事件下医护人员"六大"关爱体系的建设

吴玉华　吴恩贞　薛文雄　何春晓　卫莺雪
冷海燕　韩　骅　唐丽莲　李佳婉
（上海市闵行区医务工会）

一、研究背景

新冠疫情是一种典型的突发公共卫生事件，指疾病的发生突然和快速蔓延。有效应对和处理公共卫生突发事件已经成为维护国家和社会稳定的一个重要研究课题和任务。公共卫生突发事件具有突然性、复杂性、破坏性和不可预测性的特点，及时甄别、有效管控、科学处理，关系到人民的生命安全与社会稳定。新冠疫情突然发生并快速蔓延，是一种典型的公共卫生突发事件。自2019年12月以来，湖北省武汉市已发现多例病毒性肺炎患者。2020年1月12日世界卫生组织将引起此次肺炎疫情的新型冠状病毒命名为"2019-nCoV(2019新型冠状病毒)"。根据国务院联防联控中心的报告，全国人民积极响应，做好联防联控工作。为有效应对新冠肺炎，根据上级文件，闵行区各社区卫生服务中心都建立集中医学（健康）观察场所，对确诊和疑似新冠肺炎患者的密切接触者进行集中观察工作。突发公共卫生事件给人们造成的生理危害可能短时间内能恢复，但是对心理的影响却会持续很长时间。在抗击新冠肺炎等重大公共卫生事件过程中，对集中医学（健康）观察场所的一线医护人员的心理健康的关注尤为重要。

二、研究目的

中国工会十七大报告指出，要坚持职工需求导向，健全服务职工体系，拓宽服务职工领域，让工会在职工需要时能够看得见、找得到、信得过、靠得住。2018年10月29日，习近平总书记在同全国总工会新一届领导班子成员集体谈话时指出，工会要坚持以职工为中心的工作导向,抓住单位职工最关心最直接最现实的利益问题,认真履行"维护职工合法权益、竭诚服务职工群众"的基本职责,切实增强职工群众的获得感、幸福感和安全感,力争成为职工群众的知心人、贴心人和"娘家人"。

工会做好服务职工工作的目的,是帮助广大职工排忧解难,维护好广大职工的根本利益。其目标、宗旨与党的目标、宗旨高度一致。工会是党联系职工的桥梁和纽带,竭诚为职工服务,是全心全意为人民服务的根本宗旨在工会工作中的具体体现。因此,闵行区医务工会开展"六大"关爱服务体系建设,为减轻和缓解一线医务人员的心理问题起到积极的作用。

三、研究概况

(一) 研究目标

采用自行设计的一般情况调查表、医护人员的应急感受量表(PSS-10)和健康问卷(PHQ-9)对集中医学(健康)观察场所的医护人员进行调查,并进行整理分析,了解在新冠肺炎疫情下集中医学(健康)观察场所工作的医护人员的压力源和负性情绪等心理健康状况。

(二) 特色及创新点

为有效应对新冠肺炎,根据上级文件,闵行区各社区卫生服务中心都建立集中医学(健康)观察场所,对确诊和疑似新冠肺炎患者的密切接触者进行集中观察工作,此项工作的开展为取得疫情胜利起到非常重要的作用。在抗击新冠肺炎疫情等重大公共卫生事件过程中,重视集中医学(健康)观察场所的一线医护人员的心理健康和应对方法尤为重要。通过研究,对造成集中医学(健康)观察场所医护人员产生工作源和负性情绪的原因有更进一步的了解,为改善集中医学(健康)观察场所医护人员的心理健康状况提供部分依据。区医务工要求基层工会落实"六种关爱"服务措施,持续关注每位医护人员,为他们解决实际困难,全力支持一线医护人员,建立对医护人员的精准的"六种关爱"服务体系。

(三) 主要研究内容

1. 研究对象

上海市闵行区13家社区卫生服务中心集中医学观察场所的所有医护人员。

2. 研究方法

向13家社区卫生服务中心发放调查问卷，由各中心组织集中医学（健康）观察场所的医护人员统一填写问卷并回收。

3. 技术路线

自行设计一般情况调查表，采用应急感受量表（PSS-10）及健康问卷（PHQ-9）→向13家社区卫生服务中心发放设计制作好的调查问卷→各社区卫生服务中心自行组织集中医学（健康）观察场所的医生护士填写问卷→统一回收问卷→收集资料→统计分析→撰写论文。

4. 关键技术或指标

文献回顾、问卷设计、问卷调查、统计分析。

（四）研究意义

（1）新冠肺炎为突发公共卫生事件，目前无特效药物治疗，传播迅速且范围广、人群普遍易感，在威胁人类健康的同时也造成民众恐慌。由于确诊及死亡例数迅速增加，部分医务人员和公众出现焦虑、抑郁等心理问题，尤其是与患者直接接触、战斗在抗击疫情一线的医务人员。本研究对新冠病毒疫情下集中医学（健康）观察场所的一线医护人员压力源及负性情绪进行问卷调查，了解疫情对医护人员的影响，以便于开展精准干预。本研究完成后对在集中医学观察场所工作的医护人员的压力源情况、压力水平和负性情绪等心理健康状况都有详细的了解和掌握。

（2）本研究旨在了解闵行区各社区卫生服务中心集中医学（健康）观察场所医护人员的压力水平及负性情绪后，按照区医务工会要求，各基层工会要落实"六种关爱"服务措施，一是身心健康关爱服务，二是思想减压关爱服务，三是人文关怀关爱服务，四是情感激励关爱服务，五是困难帮扶关爱服务，六是氛围营造关爱服务，持续关注每位医护人员。以缓解他们的压力源和负性情绪，为集中医学观察人员提供更高质量的医疗和护理工作，保障观察对象生命健康。

四、研究过程

（一）调研概况

1. 调查问卷框架设计

本课题研究所使用的调查问卷由三部分组成，第一部分是自行设计的一般情况调查表,第二部分是医护人员的应急感受量表(PSS-10),第三部分健康问卷(PHQ-9)对集中医学观察场所的医护人员进行调查并进行数据分析,从而了解在新冠肺炎疫情下集中医学(健康)观察场所工作的医护人员的压力水平和负性情绪等心理健康状况。调查问卷均通过信度与效度检测。

调查问卷通过医务工会组织,采用问卷星平台,转发问卷链接和二维码匿名完成调查,累计回收到1 038份有效问卷。采用SPSS 19.0软件进行统计学分析,计数资料以百分比(%)表示,计量资料以$\bar{x}\pm s$表示。

2. 调查对象人群

课题以本区13家社区卫生服务中心集中医学(健康)观察场所的所有医护人员为调研对象。13家社区卫生服务中心集中医学(健康)观察场所的1 038人进行调研,其中男性179人,占比17.24%;女性859人,占比82.76%;其中医生499人,占比48.07%;护士539人,占比51.93%;其中中专18人,占比1.73%,大专221人,占比21.29%,本科753人,占比72.54%,硕士或以上46人,占比4.43%。

(1) 调查对象工作倦怠情况

本研究调查对象出现不同程度的情绪衰竭(32.56%、17.92%、6.26%)、成就低落感(21.19%、33.72%、14.35%)。

(2) 调查对象应激感受情况

本研究调查对象近半数偶尔出现应激反应,近1/4出现频繁的应激反应。

(3) 调查对象健康问卷情况

本研究调查对象超半数偶尔出现做事时提不起劲或没有兴趣(52.7%),感觉疲惫或没有活力(55.2%);不同程度的心情低落、沮丧或绝望(47.78%、9.44%、3.76%),食欲缺乏或吃太多(45.38%、12.33%、3.37%)。

五、讨论

(一) 身心健康关爱服务

1. 开通健康咨询热线

本次调查显示医护人员出现不同程度的情绪衰竭(32.56%、17.92%、6.26%)和成就低落感(21.19%、33.72%、14.35%)。近半数偶尔出现应激反应,近1/4出现频繁的应激反应。超半数偶尔出现做事时提不起劲或没有兴趣

(52.7%),感觉疲惫或没有活力(55.2%);不同程度的心情低落、沮丧或绝望(47.78%、9.44%、3.76%),食欲缺乏或吃太多(45.38%、12.33%、3.37%)。区医务工会始终把一线医护人员的身心健康放在首位,建立心理咨询室、解压室,引导一线医护人员用正确方式处理人际关系、表达各种需求。健康咨询热线由专人负责,随时为一线医护人员答疑解惑和心理护理。密切关注一线医护人员心理感受和情绪反应,做好一线医护人员的心理疏导,对早期出现心理问题及负性情绪及时进行干预,进行有效沟通、从而释放压力、减轻压力、消除疲劳,增强信心。

2. 开展心理健康教育

健全心理咨询网络,开展心理健康教育,一线医护人员利用闵行区医务工会微信平台,可自行在平台内选择课程视频进行观看,随时利用业余时间学习舒缓压力的方法。通过学到的不同内容的心理知识,以平复不安的心理。工会线上平台搭建一座与一线医护人员之间互通的桥梁,拉近彼此"心"的距离,更好地建立起"互联网+"工会管理新模式,让一线医护人员深切感受到疑问有人答、困难有人帮。积极开展各类知识讲座,及时调整一线医护人员的积极心态,提升正能量,加强一线医护人员人际沟通交流能力,缓解工作和生活的心理压力,为一线医护人员构筑心理健康防线。

3. 建立一线医护人员健康档案

对"身心健康不放心的人"进行摸排登记,定时组织一线医护人员进行体检,为他们建立健康档案。加强一线医护人员自我健康管理,在集中观察场所值班室配备血压仪和急救小药箱,帮助一线医护人员将身心调适到最佳状态。减轻医护人员的工作压力,从而构建更和谐的医患关系。更有利于提升工作成就感与工作价值获得感。

4. 提供思想减压关爱服务

(1)每家基层单位工会主席坚持每月一次与医护人员面对面谈心交流,真正做到"五清楚五谈话"(一线医护人员基本情况清楚、家庭情况清楚、性格爱好清楚、工作表现缺点清楚、业余生活清楚),用晓之以理,动之以情的谈话方式,送上一份关怀、慰问、关爱和帮助,架起与一线医护人员交流沟通的连心桥。因为职工思想理顺了、压力舒缓了、困难解决了、心情舒畅了,干劲就足了,工作的凝聚力也就体现出来了。

(2)闵行区各社区卫生服务中心应根据疫情防控需要和诊疗实际,合理配置专业技术力量,结合工作强度,个人生理需求及防护用品使用要求等,科学安排诊疗班次,避免过度劳累。各单位要合理安排医护人员作息时间,减轻工作压力、劳动强度和心理负担,为消除一线医护人员的后顾之忧,安排专人进行后勤保障,集中观察场所的医护人员尽量每半月轮换一次,合理安排值班轮班,保证充分的睡眠和饮食。为增强一线医护人员的营养支持,区医务工会指导基层工会主席经常、主动慰问一线医护人员,送去慰问品,全方位、多角度地照顾到一线医护人员,满足他们的生活需要。

(3) 对家庭有帮困需求的一线医护人员安排志愿者协助料理家庭生活,并对员工家庭生活予以积极关心帮助,比如家中老人的关心、探望和照顾,家中孩子的关爱、接送和照护。新东方在线向上海医护人员子女免费开放学习名额;布鲁可公司向上海医护人员子女(适龄阶段1~6岁)免费赠送1万套积木玩具;复旦大学志愿者团队为抗疫一线医务职工子女提供一对一学习辅导等惠民工程。关注一线医护人员家庭生活,帮助解决实际困难,力争做好员工的贴心人,使大家感受到工会和社会的关爱和温暖。

(4) 医务工会组织一线优秀抗疫先进工作者参加疗休养活动,以减轻身心压力,放松心情。

(5) 建立减压室:在有条件的隔离观察场所,建立减压室。配备减压设施,如台球桌、羽毛球桌、乒乓球桌、小皮人等。帮助一线医护人员缓解工作压力,减轻焦虑情绪。

(二) 人文关怀关爱服务

1. 女一线医护人员关爱服务

工会从女一线医护人员实际需求出发,给予物质和精神上的双重帮助,以缓解她们的后顾之忧。在常规体检之外为女一线医护人员安排妇科专项检查,有针对性地增加一些特殊疾病筛查项目;定期邀请区总工会心理咨询专家上门授课,对女一线医护人员可能出现的负面情绪及早进行疏导,引导女一线医护人员主动关注心理健康;定期举办女一线医护人员礼仪、化妆、插花等女性专场主题活动,营造一线女医护人员乐观向上、快乐工作的心理状态。工会为庆祝"三八"妇女节的到来,为妇女同胞送上特别关爱,丰富女一线医护人员的业余文化生活,组织开展主题活动和慰问活动。

2. 开展工间操和广播操活动

鉴于集中医学(健康)观察场所的特殊性,因此"工间操和广播操"可以说是针对上班族、长期伏案等不良生活方式给一线医护人员工作和生活带来严重困扰而专门设计的一项运动,其运动适量,简单易做,对大多数一线医护人员来说,是最方便、最实际、最可行的运动方式。工会组织一线医护人员每天上、下午各做10分钟工间操和广播操,让一线医护人员能够在繁忙的工作中短暂抽出身来,伸伸胳膊、抬抬腿、弯弯腰,在短时间内达到活动肌肉的效果,不仅符合"十三五"规划纲要中关于推进健康中国建设的要求,也是广大一线医护人员预防慢性病、远离亚健康的有效手段,既缓解压力,又充分激发大家的工作热情,有效地促进工作效率的提升。

3. 提供人性化午睡服务

部分一线医护人员有中午午睡的习惯,午睡已经成为许多一线医护人员恢复精力的另一种方式,高质量的午睡能让一线医护人员以更饱满的精神投入工作。从以人为本的角度考虑,为其准备一些躺椅、折叠床等,有条件者开辟休息室,提供一定的午休时间,是给予一线医护人员的无形福利。多方位加强人文关怀,有助推进一线医护人员身心健康发展。实施个性化的人文关怀,使他们能够心无旁骛地投入工作中,保质保量地完成各项工作。

4. 情感关怀关爱服务

（1）营造积极向上的氛围

一是通过多种多样的形式开展职业技能知识培训和业务竞赛活动,提高一线医护人员的综合素质,增强彼此间的竞争力。加强对一线医护人员队伍的培训,努力提高广大一线医护人员参与竞争的能力。因为一线医护人员竞技能力加强后,他的悲观心理,厌倦心理也就随之消失,这样既稳定一线医护人员队伍,又提高整体一线医护人员队伍的素质。

二是对远离家乡的一线医护人员,举办联谊会、座谈会,缓解他们的思乡情绪;坚持每月为一线医护人员举办集体生日活动,用亲情和爱心凝聚一线医护人员,为他们送去温暖送上关怀,让他们切实感受到区医务工会和基层工会的温暖。

（2）生活救助服务

① 日常生活。在日常生活方面,基层工会及时掌握困难一线医护人员的生活情况,并提供相应的帮助。例如,通过"爱心超市""职工之家"等多种方式关怀和帮助困难一线医护人员。

② 助学补助。在助学方面,主要针对困难一线医护人员子女的就学问题给予相应的助学资助。例如开展"金秋助学"活动,在经济和精神文化层面共同助学。

5. 困难帮扶关爱服务

（1）建立中心班子成员与困难一线医护人员结对联保制度，健全困难一线医护人员档案，实行动态管理。持续推进帮扶救助活动，为困难一线医护人员发放救助金和慰问品。创建特困一线医护人员帮扶中心服务队，以志愿服务活动为载体，积极开展各类服务活动。

（2）互助保险服务，疫情发生后，区医务工会时刻关心医务职工，为职工购买新冠肺炎疾病意外保险，各基层工会为全体会员增加上海职工互助保障项目的保险额度，保险费用由原来50元/人提升到339元/人，切实帮助一线医护人员解决工作和生活中遇到的实际困难。

6. 氛围营造关爱服务

（1）丰富文体活动，为一线医护人员打造精神家园。爱好是陶冶情操的良好途径，有利于调节情绪，处于一种自我满足和放松的状态。比如爱好音乐、棋艺等有助于形成冷静思维，球类、武术等有助于宣泄心中闷气。

基层工会鼓励一线医护人员培养良好的爱好，加强职工之家建设，使一线医护人员在工作之余得到放松，缓解精神压力。定期组织活动，举办趣味运动会、团队拓展活动、正念认知体验活动，"爱活力"科学健身等活动。在活动中，一线医护人员之间相互合作，增加彼此间的交流，增强团队的凝聚力。

（2）基层工会通过开展一系列接地气、聚工会班组小活动，增强一线医护人员的团队协作意识，营造浓厚的文化氛围。挖掘提炼典型事迹，利用微信公众号平台推出"最美党员""最美医生""最美护士"，使一线医护人员学有标杆、赶有目标；发挥创新工作室、"优秀员工"的劳模引领作用。

（3）东方卫视《潮童天下》栏目征集新冠肺炎疫情防控一线医务职工子女的视频拍摄，工会对一线医务职工子女进行指导。在疫情防控期间，基层工会每周收集职工需求、抗疫先进事迹等工作，基层工会对一线医护人员家庭主动关心，对情绪不好的一线医护人员主动谈心，为一线医护人员谋求发展做到尽心，时常要让一线医护人员感到窝心。

六、总结

按照《国务院应对新型冠状病毒感染肺炎疫情联防联控关于聚焦一线贯彻落实保护关心爱护医务人员措施的通知》的要求，落实好各项措施，确保党中央、国务院保护关心爱护一线医务人员政策措施落到实处，为广大一线医务人员全身心投入疫情防控工作提供坚强保障、注入强大动力、给予关怀激励。

作为工会多做一些"暖人心、得人心、稳人心"的好事、实事，真正做到急一线医护人员所急、想一线医护人员所想，使一线医护人员感受到基层工会的关心、关怀和温暖。

通过"六种关爱"服务的深入实施，有效地缓解一线医护人员的思想压力，提振精神士气，激发崇德向善、敬业奉献、拼搏进取的正能量，极大提升出勤率、显著增强安全意识、调动工作积极性，使单位的关怀和温暖润物无声地流淌在一线医护人员内心深处，有效地增强一线医护人员的幸福感、安全感、归属感，推动基层单位的和谐健康发展。

（本文获第二十三届年会征文二等奖）

基于EAP理念打造"平""战"结合员工关爱体系建设实践与探讨

李 晖 严叶霞 李 莉

(上海市第六人民医院工会)

在举世瞩目的疫情防控大上海保卫战中,上海市第六人民医院临港院区(简称"临港六院")成为上海新冠肺炎救治定点医院,在短短70余天的定点医院运行期间,医院职工面临着建制打乱、全员转岗,全员封闭管理,直面一线感染风险,短时间急危重症患者蜂拥而至,后勤保障不足等一系列困难,给医院职工生理、心理均带来巨大的压力,在上级部门的支持下,在医院党委领导下,临港六院的员工关爱团队,依托医院原有EAP工作基础,借助专业资源,积极推动定点医院转换期间员工关爱工作的进一步深入与完善,很好地完成定点医院员工保障关爱工作,本文基于对疫情防控期间员工关爱工作的整体回顾,结合医院EAP项目建设实践进行全面项目总结,期望可以为医疗单位开展EAP项目建设或应急状态下开展员工关爱工作提供一些借鉴。

一、"平"时员工关爱体系建设

为有效帮助职工调节和缓解工作压力,并逐步创建以提供职工压力管理能力、促进职工家庭事业平衡为主又兼备助力医院组织文化建设,六院临港院区2014年3月开始在全体职工中开展以"热情工作,快乐生活"为整体实施目标的市六东院员工关爱计划(E-EAP)。并基于此不断深化,打造六院临港院区的员工关爱体系。具体举措如下。

1. 借助专业第三方资源,推进医院EAP服务推进速度

六院临港院区是全市乃至全国第一家引入外部EAP专业机构,开展医院员工关爱计划(EAP)的医院。经过深入的调研沟通,市六东院制定第一年"压力心检,防患未然"、第二年"暖心沙龙,深度宣传"以及第三年"重点关怀,文化共建"的E-EAP三年规划。经过项目开展,形成学习培训、内部EAP团队培养、心理

辅导、危机干预四项实施机制，建立较为完善的实施体系。

2. 结合职工特点，确定 EAP 员工关爱内容

内容涉及 EAP 知识普及、员工心理健康调查、电话心理咨询服务、危机干预心理咨询、减压培训、管理者团体辅导、员工关爱团队建设、探索建立长效常态机制等八个方面。从项目阶段性及重点工作的角度来回顾，市六东院的快乐天使 E-EAP 计划有系统、有层次地面向全院职工铺开关爱活动。

3. 注重医院自身关爱团队建设

以心理学应用技术的角度，先后 2 批遴选内部关爱大使 65 人，开展专业培训，培养一批联系全院各科室的内部关爱大使队伍，并制定从基础、进阶、应用三个阶段的实用性系列培训。为今后在医院持续、深入实施 E-EAP 项目提供有力的内部团队基础。

二、"战"时员工关爱工作取得不俗的成绩

在开展 EAP 活动以来，医院运营效率逐年提高，业务量每年保持 20% 以上递增，学科建设不断加强。员工对项目的认知度和认可度都不断提升，医院的影响力也不断扩大，2017 年市六东院工会成为国际 EAP 中国分会会员、中国 EAP 医疗卫生行业联盟第一届理事单位，项目并被评为中国医院协会的全国医院文化亮点特色优秀案例，在中国医院 EAP 联盟"员工关爱"优秀案例评选中连续 4 年获得"优秀创新/示范案例"。

六院临港院区在接受转换为新冠救治定点医院后，在原有 EAP 项目工作基础上，依托专业心理团队，建立定点医院转换期间员工关爱、保障体系，提升职工心理关爱支持力度，增强疫情心理应对能力，维护医院职工身心健康。具体举措如下。

1. 建立转换期间员工关爱行动组织架构

接到转换指令后，医院立即启动工作预案，成立临港院区临时党总支，带领原疫情防控应急指挥部推进各项工作，由党总支委员牵头在徐汇院区工会支持下，组建员工关爱组，工会、党群等职能部门负责人参与，承担全院员工定点医院转换期间员工关爱工作，并将员工心理关心关爱作为疫情防控工作重要组成部分。同时将一线员工心理疏导支持与其他关爱措施同步实施，委托第三方专业公司做专业支持，邀请精卫中心的专家做保障，制定疫情防控期间员工关爱实施方案，依托原有关爱大使团队成员及工会条线干部开展员工关爱工作。

2. 及时了解员工困难及心理状态及诉求

依托工会条线建立职工困难征求渠道,及时了解员工诉求,在全市闭环管理,医院全员封闭管理的大背景下,医院职工本人及家庭都经历非常多的具体困难,也是员工可能诱发心理危机的重要诱因,我们先后开展5次集中职工困难征集,收到各类困难需求反馈479人次,了解员工的困难所在,也使得针对心理问题的解决有的放矢。

通过第三方EAP项目组为员工做心理评估,共有179名员工有效参与并完成测评。通过心理评估,筛选出20位高危员工,工作岗位包括医生、医技、护士、保安工勤、行政人员。这些员工在测评过程当中的压力量表(PSS10)、焦虑量表(GAD-7)、抑郁量表(PHQ9)、躯体量表(PHQ15)、睡眠量表(AIS)各项测评结果均呈现高危状态,对重点人群的筛选,帮助我们对需要重点干预的范围和介入程度更加明确。

多渠道了解员工诉求和心理状态,得益于临港六院长期推进EAP员工关爱项目,使得我们拥有一支经过专业培训的关爱大使和工会干部EAP专员团队,他们遍布临床、医技、管理各部门,通过他们对"身边人、身边事"的了解,通过分析与反馈,使得医院员工关爱核心团队可以及时获知员工心理状况及困难诉求,使得院方对不愿意参加测评或者不愿意上报困难的员工情况有一定的了解,并可以有针对性开展干预活动。

3. 针对员工面临的困难和心理问题及时干预

针对员工反映定点医院转换后就医、配药困难,建立针对职工和第三方人员完善的医疗保障渠道,开展线上医疗咨询,累计完成咨询64人次,建立并完善舱内人员就医通道,先后服务舱内人员3人次;开设职工慢病配药门诊,累计服务646人次,开具处方1 003张,配药数量10 301盒;建立舱内工作人员借药流程,完成875人次,借药总数4 145盒。

积极为舱内及清洁区职工提供保障支持,借助医务工会捐赠平台,工会采购,院外捐赠,院内募捐等渠道,先后为舱内职工及闭环管理职工筹措发放生活用品、食品等物资37个批次;阶段性开通舱内职工替换衣物转运班车,为居住在临港周边各镇入舱职工转运替换衣物药品54人次;配合医院的防疫工作安排为舱内及清洁区职工及援沪医疗队发放抗疫中成药5个品种,33 819盒,按职工需求发放中药防疫方235人份;通过徐汇院区工会从医务工会渠道争取进口胸腺1 200支,用于进舱人员保障;联合针推伤科开展线上视频健康教育讲座,帮助进舱及清洁区人员缓解疲劳。

积极组织职工开展职工互助服务,针对职工反映城区封闭管理期间存在的生活困难,建立以职工居住地居委为单位的医院"集结号"志愿者团队,骨干成员86人,服务覆盖职工近800人,为职工特别是舱内职工提供后方支持,已累计解决190人次职工困难诉求;建立线上问诊职工互助服务团队,共计29个科室医生参与,大部分都是科室主任亲自参加,为员工提供线上问诊服务;建立慢病配药职工互助团队,先后有7名医生利用个人时间,克服小区封闭隔离等困难,为职工开展配药服务;成立职工义务理发服务团队,4名志愿者先后为舱内、清洁区及援沪医疗队人员理发计118人次。

开展对特殊群体的关爱,建立阳性职工关爱保障群,联合其他职能部门,共同开展对阳性职工的生活保障支持、心理安慰辅导等工作;针对处于孕产期职工,建立线上微信群(群内46名孕妇),请妇产科黄红玲入驻,解决各类问题;对身患大病的及有特殊困难的职工及家属,协调徐汇、临港2个院区的资源进行帮助,已完成相应慰问及支持7人次。

利用特殊时间节点,有针对性开展特色活动,例如六一节日开展上职工子女"别样六一,有爱'童'行"线上K歌赛,让职工子女通过唱歌或配乐诗朗诵的形式,表达父母工作的支持,参与人数65人次。

4. 开展有针对性员工专业心理支持活动

疏导师心理疏导,温馨陪伴暖人心,为推进项目更有效开展,通过第三方公司3位专业的心理疏导师,入驻医院微信工作群(共计服务8个工作群,面向医生、医技、护士、保安、行政人员共计780余人),密切观察群员工心理状态,及时发现潜在的危机事件并进行干预;主动开展咨询工作,为员工提供积极的心理支持和疏导服务,帮助员工疏解日常工作、生活中遇到的心理困扰、情绪压力,咨询主题涉及焦虑、失眠、惊恐发作、职业发展、人际关系、婚姻情感等方方面面的主题;主动与员工联系,为进舱困难的员工开展心理疏导工作;觉察发现工作群中暖心、互助的言行,进行正向激励,努力创建积极、稳定、温馨的工作和生活氛围。

建立心理服务关爱热线,提供24小时心理服务热线,通过被动接听和主动呼出方式,为医护员工提供心理支持服务,共计为职工提供心理咨询65小时、服务63人次,咨询使用率达到16.3%,咨询的主题分类以情绪压力管理、职场人际关系、职业规划、婚姻情感、个人成长等为主。

关爱主题讲座,多角度提升"心"活力,疫情闭环管理期间,员工关爱团队,从如何应对心理耗竭、如何进行自我关爱等不同的角度作为切入点,为医务工作者开展心理健康讲座。分别于5月29日和6月14日,开展《抗疫工作中的心理耗竭调整》及《医务工作管理者的自我关爱》主题讲座,讲座由特邀专业医生进行在线直播。通过别开生面的讲座,帮助医务人员在严峻的抗疫工作中,识别和了解心理耗竭的影响因素,掌握应对耗竭的技巧,启发员工树立积极乐观心态,增强心理韧性和弹性,以更好的精神状态去面对工作和生活中可能存在的困境;助力医务工作者和管理者缓解疫情带来的紧张情绪和心理压力,提升沟通技巧和处理他人情绪的能力,收获工作和生活的平衡,以积极向上的心态迎接工作和生活中的机遇和挑战。

三、"平""战"结合体系在医院闭环管理中发挥巨大作用

医院员工关爱团队在全市静默管理,全院闭环管理,临时打乱原有建制,后勤保障不足的情况下,圆满完成员工关心关爱工作,未发生任何员工心理危机事件,有力保障定点医院运行期间员工身心健康,为大上海保卫战的胜利,做出自己的贡献。

四、小结

综合性医院在必要时转换为定点医院,已经成为疫情防控"平"、"战"结合的重要举措,为了做好"战"时员工身心关爱工作,在"平"时做好医院 EAP 工作显得尤为重要,利用原有心理关爱组织架构、信息沟通反馈机制,借助第三方心理支持作为支援保障,并建设全面的员工困难保障解决流程,使得面对工作职能转换、疫情风险、生活困难等问题的员工感受到组织的关爱,体会到同事之间的友爱,在提升和维护医院组织健康运营和发挥员工工作效能方面,发挥作用,具有一定的实践指导意义。

(本文获第二十五届年会征文二等奖)

突发公共卫生事件下传染病专科医院工会的职工心理关爱体系建设

孙浩思

(上海市公共卫生临床中心工会)

一、引言

我院作为一所集临床诊疗、医学教育与科技创新为一体的上海申康医院发展中心直属大型三甲传染病专科医院,深刻地体会到突发公共卫生事件对职工心理健康产生的影响是不可忽视的。当疫情来临的时候,职工们都面临着前所未有的挑战和压力。心理学理论认为,人们在面临不确定性和压力的情况下往往会体验到一系列的心理困扰和情绪波动。比如,拉扎鲁斯和福尔曼的"广义适应综合体"理论指出,人们在面临压力时会产生不同的生理和心理反应。同时,巴克和列斐伏尔等人的"社会辅助和拥抱性理论"也指出,社会支持和人际关系对个体心理健康具有重要作用。

在上海市唯一的传染病定点收治医院,我们的临床一线医护人员面临着巨大的压力和心理负担,他们的心理困境也与上述理论相吻合。在承受着工作压力和院感风险的同时还要应对个人的安全和家庭的担忧。这些压力和负担可能导致职工产生焦虑、抑郁、无助等心理问题,甚至对工作质量和患者安全产生负面影响。

基于以上考虑,医院工会深刻认识到职工心理关爱的重要性,并积极推动相关体系的建设与实践。我们希望通过引入心理学的理论和方法,为职工提供更加有效的心理支持和帮助,提升他们的心理韧性和应对能力,从而更好地应对突发公共卫生事件的挑战。

在处理突发公共卫生事件中职工心理心健康问题的过程中,我们不断地学习和总结,也借鉴心理学的一些理论和方法,其中之一是阿隆·贝克的认知行为理论。根据该理论,个体的情绪和行为受认知过程的影响,即他们对事件的认知和评估。在实际工作中我们也发现职工在面临巨大的工作压力和恐惧,很容易出现负面情绪和情绪调节困难。因此,我们通过派驻专业的心理咨询团队进入应急病房,通过相关的疗法,帮助职工更好地认识和改变负面思维,减轻他们的焦虑和压力,增强应对能力。

另一个相关的心理学理论是社会支持理论。根据社会支持理论,来自他人和社会环境的支持和关怀对个体的心理健康具有积极影响。在传染病暴发期间,职工可能会面临孤立感和情感上的困扰。因此,建立一个良好的社会支持系统非常重要。医院工会通过不断的实践、学习和总结,力求构建一个较为完善的职工心理支持系统,不仅提供专业的心理支持服务,也能提供情感上的支持,让他们能感受到来自工会全方位的关心和支持。

在本文中,我们会分析在突发公共卫生事件中对职工造成心理压力的主要因素,探讨医院工会在职工心理关爱体系建设方面的具体举措,通过心理学相关理论结合实际情况,探讨如何进一步完善传染病专科医院的心理关爱系统。

二、疫情对传染病医院员工造成的心理压力简述

(一)疫情的压力性质及来源

作为一家三甲传染病专科医院,参与自1949年后的每一次传染病疫情的救治工作,在最近的20年中,我们更是多次经历重大疫情的考验。我们深刻地体会到,突发公共卫生事件对职工心理健康产生的影响是不可忽视的。每当应急病房投入使用,医护人员进入隔离区域,他们会面临前所未有的挑战和压力。通过对应急人员的问卷调查,我们得知他们所压力源主要有工作量、防护服所带来的不便、对疾病的恐惧、来自患者的压力、来自家庭的压力、来自工作环境的压力。

1. 日常工作带来的压力

隔离病房的患者需要持续的监护和护理。这些患者通常病情较为严重,需要密切观察并及时处理,以确保其病情稳定或改善。这包括进行体温、血压、呼吸等生命体征的监测,记录病情变化,并根据医嘱给予药物治疗或其他治疗措施。此外,患者可能还需要进行采样、化验、放射等检查,医护人员需要协助完成这些操作。护士需要进行患者的身体清洁和护理,如协助患者进行洗漱、更换衣物、床单等,以保持卫生和舒适。此外,由于患者的活动能力可能受限,护士还需

协助其进行转移、翻身和康复训练等。另外,还需要与实验室、放射科、药房等其他科室进行紧密配合。为了防止感染,还有大量复杂且重复的操作,不仅增加工作的难度和复杂性,并且,在这种封闭的条件下,工作人员的数量是很难做到富余的,因此,也间接地增加工作时间和劳动强度。

2. 对未知疾病的恐惧、焦虑和压力

正如上文中提到的,本院在新世纪内所经历的几次较大规模的疫情,包括非典、禽流感、甲型流感及新冠均为新发传染病,即使是最资深的医护人员,在面对这些疾病也都缺乏足够的理论认知,只能按照以往的经验做好防护。当医护人员,特别是第一次进入应急病房的那些年轻医护向我们回忆这些的时候都表示,走进病房的那一刻,都会感受到一种无法预测的、不确定的焦虑慢慢地在心中蔓延。这可能是因为人对未知事物的恐惧和压力可以被解释为"未知性焦虑"。人作为社会性动物,会对社会环境中的变化和未知事物感到不安。当这些职工面临未知疾病时,他们会感受到焦虑和压力。每次花半个多小时按照操作流程穿好防护服,戴上 N95 口罩和面罩,连续工作数个小时,浑身湿透,不能喝水,无法中途上厕所,并且要保证不能出错,这会造成巨大的心理负担。因为一旦出现突发状况,他们可能因为不知道如何应对、无法评估风险和后果而产生恐惧和焦虑。

3. 来自患者及工作环境的压力

医护除了害怕自身感染或将感染病毒而产生的恐惧,还会因看护患者(包括基础护理、各种标本的收集、观察以及防护服等)带来的不便而产生的沉重工作负担,和因丧失正常生活节奏而造成的社会隔离和心理隔离。

此外,部分老年患者由于隔离政策的原因,无法安排子女进行陪护,也会产生一定程度的社会和心理隔离,他们会把由此产生的负面情绪对医护人员发泄,这也会给医护人员带来额外的心理压力和负担。

另外,目睹患者的去世也会让医护人员感到悲伤和哀思,特别是对其进行过长时间的护理,但面对这些新发传染病仍然无能为力,可能感到情绪低落、疲惫不堪或情绪波动。

4. 来自家庭的压力

一般来说,医护人员进入应急病房将会在与外界隔离的状态下工作一个月,加上 2 周的医学观察期,通常会有一个半月的时间无法和家人团聚,再加上一些不可控的因素,以至于有些医护人员会在应急病房连续工作半年之久。长期与家人分离可能会让职工面临来自家庭的诸多压力:例如担心家人的健康状况、孩子的教育、老人的照顾以及各种日常及突发事务等。配偶的态度也是一个不能忽视的影响因素。配偶对疫情防治政策和工作的不理解或负面态度,可能会增加工作压力。此外,长期的分离状态本身也会导致夫妻间负面情绪的加剧。根据汉诺威大学的一项研究,与伴侣分隔时间越长,人们对其行为的容忍度就越低,更容易对伴侣的错误产生激烈的反应或感到沮丧。这种情绪的累积可能抑制工作的积极性和效率。同时,夫妻双方的沟通和理解能力也会因长时间分离受到挑战。

(二)因压力造成的短期影响

从上文中我们提到的4种压力来源我们可以看出,应急救治工作本身所带来的压力是如此的巨大,而过大的劳动负荷会导致身体和心理资源的消耗,并可能增加错误和决策失误的风险,这一点我们可以从劳动和组织心理学中得到印证。对新发疾病的恐惧与焦虑,以及因工作环境而发生职业暴露的恐惧都会引发医护人员的负面情绪。此外,隔离的工作环境可能会让人们产生孤独感,加重心理压力,进一步影响他们在工作中的表现。这与孤独心理学的"社会疼痛理论"(social pain theory)相吻合,孤独不仅会导致一系列的行为和心理问题,也可能对个体的生理健康产生影响。在隔离的工作环境下,长期的分离状态还可能对夫妻感情产生影响,从而增加家庭压力。根据犹他州立大学的研究,长期的分离和隔离可以引发向亲密伴侣的情感冷淡,降低夫妻间的情感连续性并可能导致关系疏离。这种疏离感可能加剧个体在工作中的孤独感,进而影响工作效率。密歇根州立大学的一项研究表明,分隔状态下的伴侣更难以理解另一方的立场和情绪,这可能导致更多的误会和冲突,增加家庭压力。在这种压力下,个人可能无法集中精力在工作上,从而降低工作质量和效率。

(三)因压力而产生的长期影响

类似于新冠和非典疫情的突发性危机事件所产生的压力对个体通常会产生持久的影响,多项研究也表明部分医护人员在疫情结束后几年的心理状况依然处于低水平。医务人员在长期疫情环境下可能经历的心理健康问题,如职业倦怠、抑郁、焦虑和创伤后应激障碍(PTSD)。此外,医护人员还面临着潜在的抑郁,焦虑和其他心理健康问题的风险。一项关于对中东呼吸综合征(MERS)和新冠病毒(COVID-19)大流行期间的研究指出,在隔离病房工作的医护人员最有可能出现焦虑症状的人群。相比医院的其他部门,他们在职业压力,社会孤立,抑郁以及心理健康困扰方面的症状更严重。另外,目睹患者离世可能对医护人员产生持久的后遗症和创伤(PTSD),这可能会带来噩梦、闪回等症状并可能伴随强烈的情绪反应。

(四)职工心理关爱系统建设的必要性

上文我们着重阐述应急人员的主要压力来源,并尝试将他们分为4类,以及这些压力可能对医务人员的心理健康产生的影响。费萨尔理论和应激理论可以帮助我们更好地理解压力在心理和生理层面的影响。这让我们认识到采用多种心理支持措施和策略对应急人员进行心理援助是十分必要,也是我们构建一个完整的心理支持系统的主要目的。为了平息他们的恐惧并创建一个更具支持性的系统,我们会与他们进行更频繁和深入地沟通,并提供更多的心理援助资源。此外,通过更细致入微的工会工作和服务,进一步取得医护人员的理解和信任,以确保医护人员得到更好的关爱和支持。

三、工会现有的关爱体系

面对突发的公共卫生事件,我们始终把习近平总书记的话语作为指引,"整个社会都要关心支持医务人员,增强他们的荣誉感、使命感",倡导提供必要的激励和支持来肯定医护人员的努力和贡献。而工会则是实现这一目标的重要组织之一。工会引导着成员,向他们提供必要的支持服务,帮助他们在压力下工作。

(一)具有针对性的关爱措施

启动各项关爱一线医疗队员举措,为一线医护及工作人员送去慰问和物资。以新冠疫情为例,本院的应急隔离病房于2020年1月20日晚上8点正式启动,在得知此消息后,工会工作人员第一时间跨省采购紧俏物资及慰问品,并于晚上11点就将慰问送进病房,病房内医务人员在下班后争相转发慰问照片,表示深受鼓舞。

1. 针对工作压力的缓解

为了帮助其应急医护人员应对心理压力,防止心理健康问题的发生,我们邀请专业的心理服务团队进驻应急病房,来自市精神卫生中心的专家轮流进入隔离区域,通过问卷和反弹相结合的形式,筛选因应激而产生异常情绪、重度焦虑和抑郁医务人员,提前做好心理干预,并有针对性地进行一对一的心理疏导,避免极端事件的发生。

2. 针对疾病未知压力的缓解

工会通过定期组织一系列视频心理健康课程和实战培训,帮助应急人员学习和掌握有效的压力排解和自我调节技巧,系列培训包括线上的心理健康讲座、心理辅导课程、情绪管理技巧分享,以及线下的心理压力缓解体验活动等,帮助医护人员树立正确的心理防护观念,提升他们的心理韧性,解除或缓解对未知疾病的恐惧。

3. 针对患者和环境压力的缓解

随着疫情的进一步发展,从应急病房轮出的人员逐渐增加,在2周的医学观察期,这也是一个封闭隔离的环境,为了丰富他们的生活,工会送去健身器材和文化用品,鼓励他们多运动,保持良好状态。在结束一轮应急隔离凯旋回归时,我们都会组织欢送会,党政领导都会到场祝贺。这些都极大增强广大抗疫职工的荣誉感、使命感、归属感。

4. 针对家庭压力的缓解

在抗疫斗争中,呵护好一线人员的小家是工会义不容辞的责任。20年新冠疫情初期,口罩十分紧俏,为了给一线职工提供一份安心,本院工会积极与上级医务工会协商,通过企业和个人捐赠的途径向应急职工家庭发放口罩。2022年4—6月上海封控期间,本院工会也深入一线医务人员家中走访慰问,帮助解决实际困难,并与光明集体合作,每周为参加过应急防控的一线人员家庭配送新鲜肉蛋菜水果,直至疫情结束。医院工会也主动作为,与上外附中合作,为职工子女升学提供帮助。

申报"抗疫最美家庭"并获奖,并对其事迹进行宣传报道,希望通过树立优秀典型的形式来获得另一半的支持,缓解抗疫人员的家庭压力。

(二) 组成应急关爱小组

为了能进一步了解病房内应急人员的工作情况和心理状态,满足他们的各项合理需求,工会牵头,由院办、医务科和护理部组成应急关爱小组,并建立工作群。为应急人员送去生日祝福,生日蛋糕和鲜花等关爱措施,也都是通过关爱小组工作群来组织和沟通的。

(三) 信任是职工关爱体系的基础和根本

工会办公室人员每天将社会各界捐赠的慰问品、食品及日用品分批送至各个应急病房和区域,由于传染病医院在设计上的特殊要求,我们的院区占地较大,必须开车提高运输效率,最忙的一天,我们冒着大雨,每个区域都送8次,病房内负责接受的医护人员透过窗口看到我们一箱一箱地从车上搬运慰问品,都默默地在工作群里为我们点赞。根据心理共享理论,工会工作人员的亲力亲为会让目睹的医护人员产生情感上的共鸣从而获得一种心理上的支撑,使得他们更加信任和支持工会的工作,这对于职工关爱体系的建设有着十分重要的意义。

面对重大的突发性公共卫生事件,工会都发挥关键角色,通过对员工提供各种必要的支持服务,帮助他们在压力下工作。工会以其特有的方式和资源,发挥着关键作用。它为员工提供必要的支持,帮助他们在压力下工作并保持良好的心理健康。因此,工会的存在和其参与可以有效地提升医护人员的心理健康状况和工作效率。

四、未来展望及策略

展望职工心理关爱体系的未来发展,尤其是在应对可能的公共卫生事件中职工心理关爱体系在应对可能的公共卫生事件中将变得更为重要。以下是展望未来发展的几点重点:

(一)更加全面的支持服务

未来,职工心理关爱体系需要提供更全面的支持服务。这包括加强对职工心理健康的预防教育和培训,提供更贴近职工实际需求的心理咨询服务,积极推动心理疏导和交流活动等。特别是在面对公共卫生事件时,我们需要更加关注职工的心理健康,提供更专业和针对性的支持,确保职工能够稳定情绪、保持健康心态。

(二)强化危机管理策略

公共卫生事件可能会给职工带来极大的压力和不确定性。未来,我们需要进一步完善危机管理策略,包括建立应急预案、加强职工培训、构建危机指挥体系等。工会可以与医院管理层和其他机构合作,共同制定和推动危机管理策略的实施,以确保职工在危机中得到及时、有效的支持和保护。

(三)提升心理健康宣传和倡导力度

未来,我们需要进一步提升心理健康宣传和倡导的力度。这包括向职工普及心理健康知识,强调心理健康的重要性,鼓励职工主动管理和保护自己的心理健康。同时,通过开展公众教育活动,增加社会对于职工心理健康问题的认知和关注,减少对于心理健康问题的社会壁垒。

(四) 未来的具体举措和设想

根据上文提到的长期策略和计划,工会可以通过建立互助平台,共享资源,共同面对和解决个人的心理压力和困扰。这不仅可以帮助职工提升心理健康和幸福感,在困难和挑战面前也能有更大的勇气和动力面对和克服。以下是一些具体措施。

1. 资源整合能力

工会可以与其他机构,如心理咨询机构、研究机构、非营利组织等建立合作关系。通过与其他机构的合作,工会可以共享资源、整合专业知识和经验,提供更全面的心理支持和服务。例如,与心理咨询机构合作可以引入更多的心理专家资源,提供更专业的心理咨询和辅导服务;与研究机构合作可以开展研究和评估,了解职工心理健康的实际需求,为制定更有针对性的政策和措施提供支持。

2. 建立职工心理咨询热线

建立职工心理健康热线,通过来电、来访、互联网和移动应用等技术手段,提供在线的心理支持和咨询服务。接线员则有本院获得二级心理咨询师的职工担任,如遇到严重心理困扰者则上报至应急关爱小组,协调外院专家进行一对一辅导。这有助于职工随时随地获得心理支持,提高心理健康的可及性和便利性。此外,心理健康网络还可以作为职工之间分享经验、互相支持和交流的平台,增强职工心理健康的社群感和归属感。

3. 开展长期、综合的心理健康调研

工会可以定期开展长期、综合的心理健康调研,了解职工的心理健康状况、需求和优先问题。这样的调研可以帮助工会制定更有针对性的计划和政策,提供更符合职工实际需求的心理关怀和支持。同时,调研结果也可以为制定整体的职工心理关爱体系提供参考和依据。

通过以上长期策略和计划的实施,工会能够进一步提升在职工心理关爱体系中的作用和效果。这不仅有助于改善职工的心理健康状况和工作满意度,也为企业的可持续发展提供坚实的基础。同时,与其他机构的合作和引入专业资源,进一步加强工会在职工心理关爱领域的专业性和可持续性。

五、总结

公共卫生事件往往伴随着巨大的压力和挑战,工会作为职工之间联系和支撑的枢纽,在这种情况下发挥着重要的作用。通过在多次公共卫生事件中的历练,本院工会已经建立一系列针对性的职工关爱措施,这些措施也是在我们充分借鉴马斯洛需求层次理论后,按照生理需求、安全需求、社交需求、尊重需求和自我实现需求等五个阶段,为我们的应急医护人员而量身打造的,以帮助他们满足各种需求,缓解压力,提升工作效率。

工会的核心是在党领导下的集体主义和互助主义,本质是在个体和集体中找到一个平衡点,倡导团结一致,共同解决问题,个体为集体贡献自己的一份力量,无数个集体也为了党和国家赴汤蹈火。在工会中,这两种理念的应用能够帮助员工携手面对压力,共同努力,提升团队凝聚力和士气,增强整体的效率和竞争力。这也是文中第四部分对未来策略和设想的理论基础。

(本文获第二十六届年会征文二等奖)

应对突发疫情实施闭环管理期间医院员工关爱的实践与探讨

李 晖 严叶霞 李 莉

(上海市第六人民医院工会)

"控制传染源、切断传播途径、保护易感人群"是国际公认的传染病防控3大措施。鉴于新型冠状病毒的强烈传染性,为减少聚集性病例发生的可能性,降低新冠肺炎疫情反弹的风险,对潜在传染源的管控就显得尤为重要,因上海市第六人民医院临港院区(以下简称临港六院)有1名确诊患者曾在院区内短暂驻留,根据市疫情防控办要求,对临港六院院区所有人员进行召回并对院区内人员进行7天闭环管理,虽然事发突然,在各级防控部门的领导和指导下,整个闭环管理期间医院各项工作均有序进行,六院工会在闭环管理期间开展一系列针对员工的关爱举措,3 000余名院区内人员度过顺利隔离期,未发生任何心理危机事件,起到非常好的心理支持作用,本文对闭环管理期间医院工会开展的员工关爱的实践与成果进行总结,希望可以为医疗机构完善闭环期间管理工作模式提供参考。

一、临港六院开展员工关爱的具体举措

(一) 成立医院闭环管理期间员工关爱组织架构

(1) 借助原有工会管理架构,建立以科室或支部为一级网络、部门工会为二级网络、院工会为三级网络的员工心理关爱网格化管理体系,设立心理联络员(关爱大使),收集信息和员工遇到的困难,并逐级反馈汇总,协调解决,定期在工会群内发布隔离期间心理支持知识,隔离期间活动指南等。

(2) 六院群众工作处在徐汇院区组成支持保障团队,指导、支持临港院区工会开展职工心理安抚工作,通过联系有闭环管理经验仁济医院工会及眼耳鼻喉医院工会了解医院闭环管理期间职工可能遇到的困难及心理问题。

（3）邀请上海精神卫生中心专家作为员工心理支持指导专家，联系第三方专业心理咨询师，共同指导医院员工心理关爱工作，制定《临港院区员工闭环管理工作要点》，作为闭环管理期间员工关爱的纲领性文件，指导闭环管理期间员工关爱工作。

（二）多措并举，积极开展员工关爱工作

1. 及时发布保障信息，解除职工焦虑情绪

闭环管理期间，特别是初期由于后勤保障由平时工作要立即转化到闭环保障状态，必然会存在保障物资不足，流程衔接不及时的问题，造成员工不满及焦虑，通过工会会员群及时转发后勤保障物资发放信息，让员工知晓职能部门工作进度，有效缓解员工焦虑情绪，减少员工对后勤保障的指责和不切实际的要求，降低后勤保障部门工作应对压力。

2. 及时了解员工需求，识别焦点问题

闭环管理期间，员工处于相对"与世隔绝"状态，个人生活及家庭生活都存在一定困难，特别涉及个人健康、子女、老人生活问题，往往会对员工心理状态造成很大的干扰，及时了解员工需求，帮助员工解决难题显得尤为重要。

以部门工会为单位，发布隔离期间困难调查表，了解职工特别是双职工家庭是否存在家庭无法克服的困难，在本次闭环管理期间，先后收集困难130余件，可以解决的协调职能部门支持落实，不能解决的耐心解释，保证件件有回复。

充分利用医院疫情防控工作例会渠道，收集医院管理各个条线，因为闭环管理而导致的困难问题，进行全面的分析，针对严重影响职工心理状态的焦点问题，及时向防疫指挥部反馈，从而保证在抗疫基础上注意做好员工的关心关爱。

发挥医院既有员工"关爱大使"的作用，针对其负责区域，因地制宜地开展对员工支持关爱工作，了解员工诉求，及时反馈了解到的信息，使得员工关爱可以及时、精准、有效。

3. 根据员工"身""心"问题核心诉求，积极落实关爱举措

（1）解决闭环管理"身"面临的困难

身患慢病职工：联系药剂科开通员工借药绿色通道，并建立借药、还药流程及要求，解决部分有慢性病员工用药问题，并保证药物规范使用。

部分职工因闭环管理缺乏洗浴场所：在相关科室的支持下，通过部门工会间的调剂，解决闭环管理期间本院部分职工洗澡难的问题。

针对处于孕期职工诉求：联系妇产科开设隔离期间职工"孕妈关心关爱群"，

邀请妇产科主任和护士长在群内为各位孕妈解答各种问题,做心理安抚工作。

针对后勤保障人手紧张难题:在各党支部的支持下,以部门工会为单位,组建职工志愿者团队参加志愿活动,帮助后勤及个别医疗科室解决保障及运送困难,参与配餐及送餐保障等工作。

(2) 疏导闭环管理员工"心"的难题

提供职工应对闭环管理心理建设信息和知识:通过部门工会微信平台,"关爱大使"微信平台多渠道发布闭环管理心理应对知识,疏解心理压力技巧,提升职工心理层面应对闭环管理能力。

开展线上文体活动,丰富闭环期间员工生活:闭环管理员工需要隔离,无法开展线下活动,通过线上文体活动,降低员工焦虑感,工会先后推出线上 k 歌大赛,线上健身运动等活动,帮助员工放松紧张心理。

提供员工专业的心理支持资源:通过各种渠道公布上海市卫健委医务职工心理关爱热线 12320 * 5,动员职工拨打心理热线,通过专业的心理支持,解决员工因闭环管理、隔离所面临的心理问题。

二、讨论

在上海有效防治"新冠肺炎"的诸多环节中,对涉"疫"医院实施院区闭环管理是一个不容忽视的关键环节。实践证明,院区闭环管理在战胜"新冠肺炎"的过程中发挥着重要作用。但闭环管理期间医院的员工生活和心理健康都会面临一定的问题,做好闭环管理期间员工关心关爱工作,对于整个医院闭环管理期间抗疫工作有着非常重要的实际意义。

(1) 闭环管理应急状态下后勤保障工作可能存在一定缺陷,闭环管理属于突发疫情危机紧急应对举措,所有员工在召回指令后,需及时返回到医院,到院后马上处于隔离状态,从后勤保障角度而言,在院人员的衣食住行都需要满足,特别是吃饭和住宿需求短时间内大量涌现,后勤保障部门需要一定的时间进行协调解决,这个阶段通过工会员工关爱渠道进行信息传递和沟通,进行问题的归类和汇总,无论对一般员工焦虑情绪的缓解还是后勤员工的保障压力都会带来很大的疏解作用。

(2) 闭环管理期间处于应急状态下,员工个体内在的平衡状态被打破,容易出现恐惧、焦虑、抑郁、失眠等各种身心反应若未及时干预,可发展为急性应激障碍、创伤后应激障碍(PTSD)、抑郁障碍甚至自杀通过医院全方位心理应对知识普及、心理应对技巧的教育,员工心理状态收集及反馈,以及相关疏解活动的开展,心理干预热线的介入使得员工心理虽然焦虑、但可以处于一种相对稳定的状态,不至于发生严重的心理危机事件。

三、小结

六院临港院区在闭环管理期间,通过完善的员工关爱组织架构,便捷顺畅的信息沟通渠道,依据员工闭环管理期间诉求,从员工"身""心"两个方面开展员工关爱,协助医院行政顺利度过院区闭环管理,发挥十分重要的支撑作用,闭环管理期间的做法可以为其他医院制定相应预案提供借鉴和参考。

(本文获第二十四届年会征文二等奖)

女职工工作

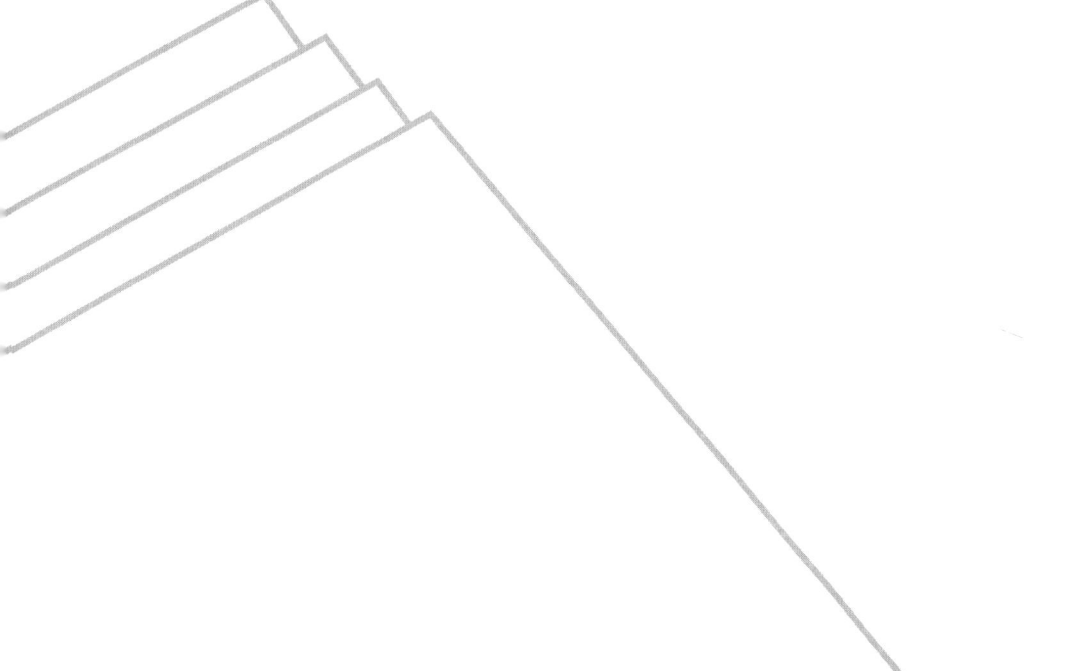

疫情防控常态管理下医院妇委提升女职工权益保障工作研究

傅晟静　刘友军

（上海市第一人民医院工会）

女职工是我国劳动者队伍中一支重要力量。2018年11月2日习近平在同全国妇联新一届领导班子成员集体谈话中指出"依法依规为妇女全面发展营造环境、扫清障碍、创造条件"。对女职工的劳动权益提供必要地、特殊地保护，是党和国家的一贯政策。新冠肺炎疫情暴发以来，从专家团队到医护人员，众多女性贡献智慧与力量，发挥着关键作用。相关数据显示，在抗疫一线的医生中有50％以上为女性。女性职工在本次疫情中的战绩得到了社会的广泛认可和称赞。然而，在女职工如火如荼地开展各项工作的同时，由于女性在生理结构上、情感上、思维方式上的不同，她们在持续面临高强度、高风险的工作状态，频繁面对患者死亡等创伤性事件，易发生感染、焦虑等多种问题。这些问题不但会直接降低传染病疫情防控期间的医疗救援能力，而且还可能对未来应对传染病疫情的医疗人力资源储备及其应急救援能力构成重大挑战。所以作为院妇委开展疫情常态管理下女职工权益保障的工作非常必要，要贯彻落实二十大的精神，有效发挥妇委桥梁纽带作用。

一、研究方法及内容

本研究主要采用访谈法和问卷调查法。笔者先后访谈市级医疗机构妇女委员会工作者10人，以半结构式访谈方式，听取了意见和建议，在前期充分调研、文献检索的基础上自行设计《疫情防控常态下医院女职工权益保障问卷调查》，随机抽样某三甲医院在疫情一线，例如急诊、发热门诊、隔离病房等岗位中的300名女性工作者，发放自制调查问卷，内容包括基本人口信息、工作基本情况；女职工基本权益保障；女职工特殊权利保障；疫情常态化管理下的女职工特殊权益情况；疫情常态化管理下特殊需求5个方面，充分了解疫情防控常态下医院女职工权益保障工作现况,并进一步调研相关工作开展的限制和不足,总结一线工会工作者的实践经验与建议。

二、研究结果

研究共发放调查问卷300份,回收问卷300份,回收率100%;剔除漏填、错填、相似问卷等无效答卷,有效问卷281份,有效率93.6%。统计结果如下。

1. 基本人口信息、基本工作状况

本次调研以在疫情常态化管理下与疫情防治相关科室的在一线时间>30天的女职工,例如急诊、发热门诊、隔离病房等,其中以30～90天为多占到37.37%。年龄结构方面,在抗疫一线工作的女性职工以年轻人为主,40岁以下的人员占到了80%,而大于50岁只有10人,主要为后勤保障人员;由于青年人较多因此总体学历构成中大专学历占到40%;初级职称及以下占到了71.53%;70.82%人员未育;派遣同工同酬61.57%在编人数38.08%;主要以专业技术人员为主,占到了97.15%。

2. 女职工基本权益保障情况

受访单位对于女职工权益保障工作完成较好,均签订了劳动合同并购买了相关保险等。由于在调研期间,我市疫情防控情况还是较严峻,因此出现了周平均工作时长有超过40小时的情况,占到了13.88%,但根据《中华人民共和国劳动法》均给予了补休或支付加班费。

3. 女职工特殊权益情况

受访单位对于女职工特殊权益保障工作完成较好,没有出现过让女性从事的高危职业以及因女职工怀孕、生育、哺乳降低其工资、予以辞退、与其解除劳动或者聘用合同等事件,同时为女性员工提供女性特殊体检、保险和心理健康服务;所有受访单位均提供了女厕所、女卫生室、女浴室、哺乳室(妈咪小屋)等辅助设施;但有90.87%的受访者表示所在医院没有专门为孕妇建立的休息室,其余9.13%的受访者表示不清楚;而有95.73%的受访者表示在生理期(经期)没有得到休假或者减少工作量的照顾。其中知晓所属医院中有哺乳室(妈咪小屋)的252人中,有23人不清楚具体位置,占到9.13%。

4. 疫情常态化管理下的女职工特殊权益情况

在疫情常态化管理下女职工的特殊权益保障也完成较好,不会让在哺乳期女职工在一线工作,并在职业晋升、职称评定、外出学习等情况中也保持男女平等。在一线期间若出现怀孕或流产等情况所在医院均会将女职工调离一线岗位,但是由于疫情的反复,在流程工作中也凸显了较多与疫情相关的问题,例如在一线女职工有受到患者、家属拍照等情况;各类防疫相关的设施也有不利于女职工操作的情况;值得注意的是11.03%的受访者表示在职业场所中受到过各类形式的暴力,均为言语暴力。所在的医院对职场暴力均有相关制度及处理方式,但针对语言暴力此类事件带来的后果的处理却不尽如人意。

5. 疫情常态化管理下女职工特殊需求

有30.25%受访者表示,希望在疫情常态化管理下,工会活动仍能继续。例如:集体生日、健步走等线下活动。有20.32%女职工表示希望能解决在医院封闭管理期间以及特殊时期,例如寒暑假、小区封闭等情况下的子女照看及学习辅助等。

三、讨论与建议

(一)疫情常态化管理下女职工权益保障现存问题

1. 女职工在面对"职场暴力"中应对措施维权意识较薄弱

第一女职工在面对"职场暴力"中应对措施维权意识较薄弱,在我国目前的医疗环境下,尤其是疫情常态化管理下,烦琐的就医流程和手续,对于急于就诊的患者、家属和必须完成手续的一线员工都带来了心理上的负担,促使医患关系日趋紧张,常常发生暴力伤医护事件,对医院一线人员身心健康造成极大的危害,从而直接影响到临床工作。虽然《中华人民共和国治安处罚条例》第四十二条中明确规定,公开侮辱他人将处5日以下拘留及罚款,但是由于一线工作人员、医院对于语言暴力存在取证难、定性难、处理流程拖沓、处罚力度不足以起到惩罚和警示作用等情况,导致这种现象较为普遍存在。

2. 配套设施(装备)不适合疫情常态化管理下女职工工作

虽然本市疫情已到常态化管理时期,但是很多装备,例如:核酸采样椅、核酸采样亭、防护服等还是比较简陋,并且不适合长期使用。例如:核酸采样护士平均每班次要采样300人次,普通护士采样椅是固定不动的,也就意味着护士每班要侧身300余次,长此以往会造成职业伤害。而在疫情常态化管理期间,一般一线人员每班6~8小时,所以正处生理期(经期)一线人员的卫生用品是否能符合生理需求,是否符合卫生要求,没有数据支持。防护服的设计不利于现在常态化使用等。

3. 网络监督不完善

当今信息社会,网络舆论已经成为广大网民充分表达意见、行使监督权利的广阔平台,但是也存在管理监督困难,受访者中表示在未经本人同意,图片、声音发布微信朋友圈、抖音、小红书等情况较多,在一线工作被拍照的情况也比比皆是,后续当事人也无从了解,拍照者是否发布不实信息,这些行为也导致了一线职工肖像权等权力受损。

4. 疫情常态化管理下双职工的育儿情况不容乐观

医院一线女职工多为双职工家庭,并且夫妻双方都奋战在一线的情况较多,而父母不在身边的情况也比较普遍,从而造成了一旦医院有紧急任务,尤其是疫情反复的情况,就会出现家中小孩无人照顾的情况,不能参与一线工作,导致女职工工作权益也受到侵犯。

(二)建议

1. 夯实疫情常态化管理下妇委、妇女小组长职责

充分发挥妇委会委员、妇女小组长的职责。第一,完善妇委组织建设,确保妇委会对于全院女职工全面管理。第二,要加强妇女干部培训和教育,使妇女工会干部尽快"成长起来",制定分层次学习计划,从基础的妇委知识,例如《中华人民共和国工会法》《中华人民共和国劳动法》《女职工权益保障法》《妇女权益保障法》《女职工特殊劳动保护条例》《女职工劳动保护规定》等相关法律法规,以及妇委会职责、工作方法等基本内容,逐渐增加能提升妇女工作者能力的进阶班,例如沟通技巧、EAP、思维导图、名画欣赏等。充分调动专职干部与兼职干部的积极性,让骨干人员熟悉妇女工作制度、贯彻服务理念、更好发挥职能,建设一支强而有力的妇委会工作干部队伍。第三,要组织有关人员对涉及女职工劳动权益保护的重点难点问题进行集中调研走访,扎实解决女职工劳动保护中存在的问题。第四,要主动对人力资源使用过程中女性劳动权益状况进行动态监督和审查,释疑解惑,及时提醒,并反映、协调和处理侵犯女性劳动权益的纠纷。

2. 制定疫情常态化管理下工会活动方案

工会应当根据实际情况保持创新工作常态化、制度化。不应局限于某个特殊的时期或阶段,必须成为一项常态化工作,才能持续为职工群众做好文体工作。根据实际情况,相继举办了多类形式各异的文体活动,比如"云端卡拉OK""线上交友""线上健步走"职工群众足不出户,便可以轻松与他人开展社交活动。

3. 进一步完善女职工维权机制，畅通女职工维权通道

打通维权流程痛点、堵点，让女性在劳动权益受到侵犯时真正投诉有门，维权有道。第一，充分发挥妇联、工会女职工组织等机构的作用。可以通过医院合作的律师、医院的心理医生等提供咨询培训服务，从而提升妇女维权的意识和专业水平。第二，开拓多元化的维权渠道，搭建女职工维权平台，提高女性维权的便利性。

4. 鼓励一线女职工参与创新研究

配合医务处、护理部等临床一线职能部门，共同搭建女职工创新平台，帮助女职工发现工作中的问题，搭建平台，突出岗位特点，组织女职工开展QC小组、小改小革、技术攻关、发明创造、合理化建议等创新活动，促进疫情常态化管理下的各种设施、装备的改良，提高工作效率。

5. 健全女职工心理辅导机制

完善工作机制，打造院内一体化心理辅导平台。第一，开展心理健康教育，提前介入干预。通过座谈、网络教育等让一线女职工初步了解自身可能存在的问题，以及可以寻求帮助的渠道。第二，成立心理辅导小组，通过多元化的模式展开进一步的帮助，例如，24小时电话、面谈、巴林特小组等。

6. 提高妇委各项工作的宣传效果

妇委宣传工作要在女职工群体中提高知晓度，形成"有困难找妇委"的氛围，成为女职工可信赖的"娘家人"。在新媒体环境及"互联网＋"工会发展形势下，创新宣传工作的思路与方法显得尤为必要。妇委工作借助新媒体手段宣传，可享受渠道便捷、互动良好、形式丰富等优势，提高工会宣传的覆盖面；同时图片、视频等多种触觉渠道，可以摆脱传统文字或新闻报道较僵化的传播方式，增强对于女职工群体的吸引力。

7. 充分发挥妇委联动作用，调动社会力量协助特殊女职工育儿问题

充分发挥妇委联动作用，调动社会力量协助特殊女职工育儿问题，与区、校，妇联、妇委联动发挥各自所长。妇委还要加强与早托机构、幼儿园、养老院、康养院等社会化服务机构的沟通，并给予相应的补贴制度，使女性能更好地同时完成人口再生产和经济再生产"两项任务"。

（本文获第二十五届年会征文一等奖）

团队介入式音乐治疗改善急诊和重症监护女职工的负性心理研究

滕 健 何 平 李颖川 胡龙军 张梦玲
（上海市第十人民医院工会）

临床医务人员往往面临高风险、高强度的工作和生活压力，尤其是急诊和重症监护等特殊临床科室工作人员。重症监护室（ICU）是一个集中处理危重患者的全范围、全封闭的护理区域，收治患者病情危重复杂，抢救任务重，技术要求高，工作规律性差，医务人员常处于应激状态，身心疲惫。压力源主要包括精神压力、工作环境和生活节奏、期望与现实冲突、社会地位低等。急诊科医护人员由于工作量过大、护理要求高，容易出现倦怠综合征。与医院其他科室的同事相比，急诊医务人员受到职业倦怠的影响更大。其中，ICU和急诊岗位的女职工（护士占比大），不仅要面对风险大、强度大、压力大的工作量，还担负兼顾照顾家庭的双重压力，易出现职业倦怠和抑郁焦虑等负性心理。

研究证实，音乐治疗对抑郁症、焦虑症、内分泌失调、精神分裂症等疾病具有预防和辅助治疗作用。音乐治疗可有效预防和缓解抑郁症状，是抑郁症康复的辅助手段之一。音乐治疗对焦虑症状有积极影响，能够减轻患者的焦虑程度。相关研究表明，音乐治疗可缓解职业倦怠和心理压力，促进身心健康，从而间接提高工作质量。

目前，国内有大量关于护士群体、急诊和重症监护室医护人员的心理现状调查，但以音乐治疗为干预手段进行研究的较少。本研究经过前期调研发现，上海市第十人民医院的重症监护室和急诊工作的女职工面临着来自工作、生活、情感等各方面的压力和挑战。由上海十院音乐治疗团队为急诊和重症监护一线女职工提供系统的音乐治疗干预和心理疏导，拟研究音乐治疗干预与缓解焦虑抑郁情绪的关系，以减轻女性医护的工作压力和倦怠，提高其社会参与积极性。

一、对象和方法

(一) 对象

样本选取 60 名上海市第十人民医院的重症监护室和急诊工作的女职工为研究对象。纳入标准:①具有医师或护士执业资格;②从事重症监护室和急诊工作的女性医护人员;③在院工作时间一年以上;④无精神疾患和酒精、药物依赖史;⑤无使用抗抑郁和抗焦虑相关药物史;⑥知情并自愿参加本次研究。排除标准:①不能连续参与四次干预;②因病、事假等原因调查期间不在场者。

(二) 方法

1. 基本情况

调查采用本课题组自行编制的《基本情况调查表》进行调查,内容包括调查对象的年龄、工龄、婚姻情况、子女情况、学历、职称等。

2. 调查方法

在干预治疗前进行入组筛查及心理指标前测,随机分为 2 组:实验组(接受音乐治疗干预)与对照组(不接受音乐治疗干预),每组各 30 例,共 60 例。

3. 评价工具

60 名入组的重症监护室和急诊工作的女职工在干预前和干预后根据医院焦虑抑郁量表进行测量。医院焦虑抑郁量表(HADS)包括 2 个亚量表,分别针对焦虑(A)和抑郁(D)问题各 7 题。焦虑(A)的条目为 1、5、7、9、11 和 13 题,抑郁(D)的条目为 2、4、6、8、10、12 和 14 题各条目计分方式:①—0 分,②—1 分,③—2 分,④—3 分。焦虑和抑郁亚量表的分值为:0～7 分属无症状;8～10 分属可疑存在;11～21 分属肯定存在;在评分时,以 8 分为起点,即包括可疑及有症状者均为阳性。

4. 干预方法

音乐治疗的过程是有着包括评估,长、短期治疗目的的建立,治疗计划的建立与实施和疗效的评价在内的严密的科学的系统干预过程。针对急诊和重症监护室女性医护人员实施的 4 次团体音乐治疗干预前后,采用医院焦虑抑郁量表(HADS)进行前测和后测的心理数据的收集。检验音乐治疗在降低临床女职工负性情绪的效果,并形成适合医院临床一线女性医护人员的本土化音乐治疗模式。

音乐治疗团队根据实验组医护人员的需求和喜好调查,为其提供四次团体音乐治疗,每两周一次,每次60分钟。治疗方法包括接受式音乐治疗和主动式音乐治疗。

第一次团体音乐治疗活动的内容包括背景介绍、身体律动、音乐肌肉渐进放松等,使医护人员了解音乐治疗并与治疗师建立初步关系,跟随音乐进行肢体运动和被动放松,关注自我的身体和心理感受。第二次活动内容由治疗性鼓乐和音乐引导想象组成。通过演奏音乐提高团体互动性,增强医护人员的参与感,提升自我效能感。在感受音乐的同时加强内心体验自我认知,初步缓解焦虑抑郁情绪。第三次团体运用"我是指挥家"和"跟着音符找朋友"的活动环节,进一步促进医护人员之间的互动,提升自我效能感。最后一次团体治疗充分发挥音乐创作力和团队协作力,以"抗疫"为主题进行歌曲创编,大家表达内心情感,释放情绪,聆听共情。在表达与分享的同时,认识更好的自己,主动连接他人,提升社会交往能力。

5. 统计学处理

采用SPSS 22.0软件进行数据录入统计,组间比较采用 t 检验。

二、结果

(一)调查对象的一般情况

本次调查对象的一般情况包括年龄、学历和职称,其中,年龄最多的为30～40岁之间的女职工占比48.3%;学历以本科和硕士为主,分别占比43.3%和23.3%;职称以初级和中级为主,分别占比45.0%和46.7%。

(二)调查对象的抑郁和焦虑情况

调查的60名急诊和重症监护室女职工中,抑郁状态的分布情况:0～7分无抑郁症状6人,占比10%;8～10分可疑存在抑郁症状27人,占比45%;11～21分肯定存在抑郁症状27人,占比45%,总的抑郁症状阳性占比90%。焦虑状态的分布情况:0～7分无焦虑症状4人,占比6.7%;8～10分可疑存在焦虑症状11人,占比18.3%;11～21分肯定存在焦虑症状45人,占比75%,总的焦虑症状阳性占比93.3%。

(三) 调查对象的干预效果

在音乐治疗干预前实验组和对照组焦虑和抑郁水平差异无统计学意义（$P>0.05$），音乐治疗干预后实验组焦虑和抑郁水平均低于对照组，差异有统计学意义（$P<0.05$），表明通过音乐治疗干预可以减轻重症监护室和急诊女性医护人员的焦虑和抑郁情绪。

三、讨论

(一) 临床一线女职工承担较重的心理负担

医疗服务领域内人员因高强度高紧张度的工作状态，存在大量的精神疾病危险因素，而女性特殊的生理结构，与男性相比易出现严重的精神心理健康问题。调查显示女性医师自杀风险是一般人群的2.27倍。陈翠等人的研究中，发现女性医护人员的抑郁、神经衰弱、恐惧和疑病反应均显著高于男性。范恩芳等人展开的一项调查显示，抽取的729名医务系统女职工中，中/重度抑郁占30.59%，中/重度焦虑占5.08%。本次调研中，急诊和重症监护室女职工表现出更为明显的抑郁和焦虑状态，占比分别达到了45%和75%。她们表现出对任何事失去兴趣、感到精力下降、行动能力减弱、睡眠障碍、价值感缺失、自残甚至是自杀，对身心健康带来不利影响，应该及时给予心理方面的干预措施。

(二) 音乐治疗对情绪的有益影响

人的认知、情感和音乐是密切相关的，通过音乐治疗方式可有助于人的情绪表达和调节。研究者发现，音乐特有的心理和生理效应，可作为媒介影响人体的下丘脑与边缘系统，对其肾上腺素和去甲肾上腺素分泌具有调节作用，从而刺激机体心理反应。音乐治疗是运用多种治疗方法和技术，加强参与者自我感受与表达、改善情绪和社交，如对创伤后应激障碍患者的症状和抑郁症状、对经前期综合征患者的焦虑和抑郁症状均表现一定的积极影响。

从本次干预结果中看出，急诊和重症监护室女职工的平均抑郁和焦虑水平都从"肯定存在"降低为"可疑存在"，干预效果明显。因此，让医护人员尽可能地自觉参与到音乐治疗过程中，以帮助医护人员享受美感、获得快乐、激发潜能，在互动中共同体验团体的内在动力和凝聚力。

（三）重大公共卫生事件下加强对临床医护心理干预的积极影响

在一项参加抗击新型冠状病毒肺炎的人群调查中，结果显示抗击疫情的人员更易产生心理健康问题，其中以抗击疫情的医护人员更为突出。在新型冠状病毒肺炎（COVID-19）疫情防控期间，医护人员整体心理水平存在轻度障碍，尤其在躯体化、强迫、抑郁、焦虑上显著高于全国成人常模组。在实施心理干预后，抑郁和焦虑显著降低。通过一项对参与疫情防控的 64 名医护人员的对照实验得出，经过心理干预的实验组焦虑与抑郁的评分优于对照组，从而提升医护人员的工作质量。除此之外，对于负性情绪的有效管理和干预还将有益于加强抗疫一线医护人员对风险的正确认知、提升医护人员的心理健康水平、降低肺炎疫情防控期间医护人员的心理危机感。心理干预可以显著改善新冠疫情防治人员的不良情绪，在开展日常管理时，需构建医护人员心理干预体系，为其提供社会以及心理支持，缓解医护工作者的工作压力的同时，促使新冠疫情防治工作顺利开展。

（四）团体音乐治疗的干预优势和注意事项

通常情况下，音乐治疗对负性情绪的干预有三种类型的音乐疗法：主动式、接受式或组合式（主动式和接受式结合），并通过个体或小组形式实施治疗。根据干预频次、时长、类型和形式，音乐治疗干预对参与者的精神病症状、抑郁和焦虑症状、社交和认知功能、行为和生活质量等改善程度也不同。与实施其他类型音乐治疗的研究相比，实施两者相结合的音乐治疗产生了更显著的改善结果。同时，团体音乐治疗在提升社交和创造力方面比个体音乐治疗更有效，特别是使用主动式音乐治疗技术的团体在提高自我效能感方面有显著效果。

在多数情况下，每次干预的时长约为 40~60 分钟，并由训练有素的音乐治疗师作为团体音乐治疗的实施者。在很多研究中显示除专业音乐治疗师外，还有研究助理、精神科护士和职业治疗师等提供了干预，甚至很多研究中没有提到干预的实施者。在我们本次团队介入式音乐治疗中，除了有专业音乐治疗师外，还配备了精神科医生、国家心理咨询师、医务社工等成员，全方位科学评估和设计活动方案。在团体干预中，由音乐治疗师实施主动式音乐治疗和接受式音乐治疗相结合的活动方案，主动式音乐治疗包括治疗性鼓乐、身体律动、歌曲演唱、歌词改编与创作、即兴演奏等，接受式音乐治疗包括音乐肌肉渐进放松、指导性音乐想象、音乐冥想等。团体音乐治疗干预的演变过程分为四个阶段：(1)参与者跟随音乐跳舞的运动阶段;(2)基于聆听音乐的接受阶段;(3)创作音乐和唱歌的活跃阶段;(4)主要是口头阶段,参与者讨论在团体中所经历的情绪、想法和联想等。

从研究的结果来看,与音乐治疗的类型和方法相比,干预时长和频次对音乐质量的影响更大。音乐治疗干预的抑郁得分达到一致的统计显著下降水平需至少六周的时间。因此,以改善抑郁焦虑等负性情绪为目标的音乐质量团体需考虑实施六周及以上的系列干预。

(五) 总结

基于本研究结果,团体音乐治疗的干预对临床一线女性医护人员负性心理状态具有改善作用,可以及早干预与预防恶化,促进她们的良性情绪和身心平衡。医院或其他医疗机构可以以此干预模式为借鉴模板扩大服务范围,如面向医院手术室、急诊、青年员工、工勤人员、窗口一线人员、其他岗位女职工等高风险、高压力岗位的医院员工,通过系列的音乐治疗等人文关怀活动,帮助医护人员找到新的途径释放负性情绪,激发工作动力,增强团队凝聚力,可以使医护人员以更好的状态投身医疗事业的建设与发展。

(本文获第二十六届年会征文一等奖)

工会助力医务女性成才相关性因素的探讨

陆为华　高　熙

（上海中医药大学附属龙华医院工会）

一、背景

2022年召开的全国工会系统女职工工作会议强调要以习近平新时代中国特色社会主义思想为指导，全面贯彻落实党的十九大和十九届历次全会精神，始终保持工会女职工工作正确政治方向。大力弘扬劳模精神、劳动精神、工匠精神，不断加强思想引领，团结动员广大女职工积极投身全面建设社会主义现代化国家的火热实践中。

对医务女性来说，投身全面建设社会主义现代化国家是指在医学领域守正创新，开拓进取，为了祖国医学的进步、人民生命的健康而努力奋斗。根据2020年的数据，上海医务工作者中女性占7成。2022年上海市女医师协会数据显示，上海女医师数量已超过5万，约占上海全部医师的54.3%。她们承担着国家医疗、人民健康的重任，是国家脱贫攻坚，全面小康路上的一个重要方面。据2022年1月的统计，我院医务女性占医院总人数的70%多，获高级职称的女职工占女职工总人数的11%，获中级职称的女职工占女职工总人数的23%。她们是医院建设发展、医疗卫生健康事业高质量发展过程中的一分子。医务女性数量在不断地增加，如何帮助她们取得更多的成绩、实现她们的医学梦想，进而促成医务女性成才，为建设社会主义现代化国家贡献力量，成了大家关注的重点。

成才是指成为有才能的人，是在自己的专业领域不断突破，出类拔萃，名列前茅，为国家和社会的发展进步作出贡献。女性医务工作者成才是指能够切实解决患者的病痛，在医学领域不断取得新进展，为祖国的医药事业发展进步作出贡献。近年来，女性的独立自主意识不断增强，社会对女性成才的观念也发生了积极的改变。但是在医务女性成长的道路上依然会遇到困难、需要帮助,这些困难和需求是影响她们是否能成才的因素,如何使这些因素成为激励她们成才的试金石,而非绊脚石,帮助她们在专业领域实现梦想,获得认可,医院工会开展"工会助力医务女性成才相关性因素的探讨"的课题,了解医务女性对于成才的理解,探索影响医务女性成才的相关性因素,并就此给出建议。

现对本次研究进行详细阐述。

二、研究内容

(一)资料与方法

1. 一般资料

研究对象为我院高级职称的女性医务工作者,共计185人。

2. 纳排标准

纳入标准:①我院获得高级职称的女性医务工作者;②职工对本次研究内容表示知情同意;③职工精神状态良好,可以有效与他人进行沟通交流;④职工可以有效满足研究数据的获取需求。

排除标准:①退休职工;②职工精神和认知不正常,无法有效实现自我意识的表达。

3. 方法

本次研究主要采用了以下三种方法。

(1)查阅资料法

围绕本次课题,查阅了《工会女职工委员会工作条例》《工会女职工工作全书》《女职工心理援助工作指南》等女工工作中关于大力提高女职工素质,为全面建成小康社会建功立业以及女职工职业健康、女职工心理健康等内容的书籍。

通过查阅文献,我们发现医务女性面临的主要问题有:社会环境的压力、工作带来的压力、家庭生活的压力等。

社会环境的压力包括有部分对医务人员的负面新闻、部分因性别引起的区别对待等;工作压力包括工作强度大、晋升渠道少、教育培训机会少;而家庭生活的压力有因照顾子女、父母而影响女职工在专业领域的进一步提升等。这些都会影响女性工作者的职业满意度,但是通过合理地规划和引导,这些问题可以转变为有利于医务女性人才成长和医务人才队伍建设的因素。

（2）总结工作经验

在过去的十余年中，医院工会、人力资源部、EAP 工作小组一直致力于解决阻碍医务女性前行的困难，缓解各种压力，助力她们更快成长，在各自岗位上成就梦想。具体举措如下：①制订培养计划。医院开展各级各类人才培养，包括医学类、行政类等领域，帮助女职工在成长道路上的每个阶段都能得到相对应的培训。②搭建展示平台。医院工会已连续 10 余年开展"十大优秀女性品质"评选，包括比翼双飞、关心他人、技术能手、教子有方、科技创新、忍辱负重、任劳任怨、孝敬老人、自强不息、勤俭持家。这类的展示平台旨在发挥女性作用，提升家庭幸福感、提升工作满足感、提升职涯成就感，鼓励女职工岗位成才。③注重心理建设。医院工会将 EAP 理念运用至职工工作的方方面面。在女职工的心理建设方面，医院工会更是狠下苦功，讲究实效，开展巴林特、人文关怀、员工关爱等多项活动。④营造向上氛围。医院工会积极开展"向先进学习"的活动，听女劳模讲述成长经历，让女先进们有"话"说，女职工们有"样"学，营造积极向上的工作氛围。⑤加强教育培训。根据工会性质，为女职工提供各类人文培训（包括有医患关系、叙事医学等）。

（3）问卷调查法

根据文献资料，以及十余年工作的经验，我们将影响医务女性成才的因素归纳为：外部环境和个人因素。外部环境包括社会环境、医院政策、工作环境等，个人因素包括家庭、理想、经济等。

为了更全面地了解和掌握医务女性对于成才的理解，以及高级职称医务女性在成长之路中的体会和影响她们成长成才的因素，我们设计了问卷调查表。调查表内容包括学历、职称、职位等，重点调研高级职称女职工在实现成才目标过程中获得过哪些帮助，以及这些帮助的影响程度。

通过问卷调查表结果，我们使用 AHP 层次分析，评价每个因素的影响力。根据调查结果，给出建议，助力医务女性成才。

（二）结果

本次课题共发放问卷调查表 141 份，收回 141 份。其中女医生 112 份，占医院高级职称女医生的 78%，女护士 12 份，占医院高级职称女护士的 92%，女技师 3 份，占医院高级职称女技师的 75%，女药师 4 份，占医院高级职称女药师的 80%，女科研人员 10 份，占医院高级职称女科研人员的 50%。

1. 对成才的理解

问卷调查结果显示:对于成才的理解,有17%的受访者认为是"拥有一技之长",25%的受访者认为是"在专业领域出类拔萃",58%的受访者认为是"不断突破自身,取得新的成绩",没有受访者认为是"升职加薪",说明医务女性以"热爱医学,为祖国的医药事业终生奋斗"的精神追求作为奋斗前进的动力,促使她们在专业领域辛勤耕耘、不断学习,守正创新、踔厉奋发、勇毅前行,取得成绩,而不是经济利益驱动。这种精神追求是持续推动医务女性成长成才的关键因素。这与72%的受访者认为"对于医学事业的热爱和追求是她们在成长成才道路上的内在动力"这一项相吻合。

2. 影响因素

对于影响医务女性成长成才的因素,在我们的选项中有以下6个方面,医院有人才培养计划、医院能够提供展示平台、医院有各类教育培训、医院同事之间关系融洽、在医院内,医患关系和谐、医院有心理关爱活动,我们使用AHP层次分析,评价每个因素的影响力。

针对"医院有人才培养计划""医院能够提供展示平台""医院有各类教育培训""医院同事之间关系融洽""在医院内,医患关系和谐""医院有心理关爱活动"总共6项构建6阶判断矩阵进行AHP层次法研究(计算方法为:和积法),分析得到特征向量为(2.000, 1.596, 1.461, 0.674, 0.135, 0.135),并且总共6项对应的权重值分别是:33.333%、26.592%、24.345%、11.236%、2.247%、2.247%。除此之外,结合特征向量可计算出最大特征根(6.000),接着利用最大特征根值计算得到 CI 值(0.000)[$CI = (最大特征根 - n)/(n - 1)$],CI 值用于下述的一致性检验使用。

本次针对6阶判断矩阵计算得到 CI 值为0.000,针对 RI 值查表为1.260,因此计算得到 CR 值为0.000<0.1,意味着本次研究判断矩阵满足一致性检验,计算所得权重具有一致性。

结果显示:"医院有人才培养计划"、"医院能够提供展示平台"、"医院有各类教育培训"这三项影响因素的权重较高,分别为:33.33%、26.59%、24.35%,说明在受访者中,这三项因素在她们成才的道路上影响较大,助力较多。

3. 其他影响因素

除了以上选项中的影响因素,受访者还提到包括游学、进修、继续教育等的培养机会,各种交流、学习的平台也会助力她们的成长。

三、讨论

女性人才在医务系统人才队伍中占有重要的地位,是推动医疗卫生事业发展的主力军之一。加快女性人才资源向人力资本的转变,对于加快医疗卫生事业的发展具有重要意义。本次课题聚焦对医务女性成才影响因素的探讨,使用AHP层次分析法来计算各影响因素的权重,通过SPSS软件分析,我们发现,"医院有人才培养计划"权重值最高,为33.33%,其次是"医院能够提供展示平台",为26.59%,再次是"医院有各类教育培训",为24.35%。根据问卷调查的结果,医务女性对于医学的热爱和追求是她们渴望成才的重要内在动力,因此结合影响医务女性成才的前三项因素,医院工会、人力资源部、EAP工作小组建议,在培养医务女性人才方面应着重加大以下几方面的力度。

1. 为医务女性树立正确的信仰

问卷调查结果发现,所有高级职称的医务女性均不认为成才只是"升职加薪",她们对成才的定义或多或少都带有需在自己的专业领域(即医学领域)取得成绩。推动她们持续努力并开拓进取的是对医学的热爱,对祖国医学进步、实现自身价值的精神追求。因此,对于正处于起步阶段以及成长期的医务女性,必须为她们树立"为医学进步而奋斗"的正确信仰,这是促使她们勇攀医学高峰,成为医务人才的必要条件。具体可体现在加大力度对女职工进行劳模精神、工匠精神的教育,务必不忘初心、牢记使命,务必谦虚谨慎、艰苦奋斗,谱写新时代医学领域更加绚丽的华章。

2. 完善人才培养计划

医院人才工程对接大学、教委、卫健委等上级单位项目,覆盖所有系列,开展了"龙华医院医药技优秀青年人才培养计划""龙华医院优秀青年护理人才培养计划""龙华医院专职科研人才培养计划""龙华医院后勤保障专业人才培养计划""龙华医院青年管理人才培养计划""龙华医院优秀青年人才临床能力提升计划""龙华医院中青年名中医"等人才培养计划。在这些人才培养计划中,还需重视的是扩大受益人群,增加培养内容,注重男女平等的基本原则。在调查中,我们发现,高级职称的护士、技师、药师和科研人员的人数相对较少,但是她们也是推动医学进步的一分子。因此建议:人才培养计划中除了加大医生培养力度外,还应增加护士、技师、药师和科研人员人群的受益面。另外,通过调查,我们也发现,受访者认为游学、进修对她们的成长成才也有很大的帮助,因此建议在人才培养计划中,可以将学历提升、游学、访学、进修、学习交流等纳入培养计划,并能做出较为细致的安排。

3. 拓宽平台功能,增加培训内容

目前开展的"十大优秀女性品质"评选平台为女职工提供了展示的舞台,成了大家学习的榜样,也为女职工树立了"每个岗位都精彩"的观念,形成了爱岗敬业的良好氛围。根据受访者的回复,稳定的、内容丰富的学习、交流平台对她们的成才也起到了推波助澜的作用。研究者建议可以通过技能比武、科研发明展示、女医师座谈会、各类讲座等平台提供前沿技术、科研成果、医疗器械等专业的信息,也可以提供有关时间管理、平衡工作家庭等的信息。

4. 建立女职工之家

关爱医务女性人才,充分发挥女性组织(妇委会、女医师协会、女高知等)的作用,着力培养和造就医务女性人才,为更多女性的成才和素养的提高提供很好的渠道;建立女性人才关怀机制,关注她们的心理健康,引导她们追求新颖、高雅的精神文化生活,关心女性的家庭生活,让家庭的理解和支持为她们扫除成才道路上的后顾之忧。

研究者针对以上4个建议,提出第一、四条由医院工会主要负责,第二、三条由医院人事主要负责。

四、难点问题

在受访者中,对于"家庭给予哪些支持很重要这一项"中,有15%的受访者提到了子女问题,包括教育和照抚。女性在家庭中扮演了非常重要的角色,母亲的责任和女性根深蒂固的家庭作用使很多医务女性无法平衡事业的发展和家庭的幸福,尤其是下一代的成长。这是医务女性成才的难点。

工作和家庭是个体人生中的两大重要领域,也是影响个体获得幸福的重要载体。国内外研究都表明,工作家庭冲突会影响个体的主观幸福感;在解决工作家庭冲突这一问题上,来自各个方面的社会支持在很大程度上可以缓解冲突。对医务女性来说,工作和家庭都是必不可少的部分,若是产生冲突必然一定程度上影响到自身的主观幸福感。对于医院来说,医务女性人才作为必不可少的力量,她们的工作状态关系着医院、医学的发展,工作状态又受到个体自身状态的影响,而主观幸福感是衡量个体生活和心理状态的重要指标。对此,EAP工作小组建议在后续的研究中,更多发挥工会、妇委会娘家人的作用,要将提升医务女性家庭幸福感作为纳入助力医务女性成才的行动指南的一部分,打造事业家庭双丰收的女性人才,推动健康医学事业的新发展。对此研究者建议:①开展相关讲座;②联手医院共建单位,协助解决女职工部分家庭问题(子女教育、老人看护、家政服务)。

(本文获第二十五届年会征文二等奖)

浦东新区医务女性生育二孩意愿及其影响因素研究

俞思伟 陈英 杨小红 孙非 郭薇琼 高远
(上海市浦东新区医务工会)

进入2010年以来,随着中国社会逐步进入老龄化,我国人口主要矛盾也开始发生变化,人口红利消失、生育率偏低以及出生性别比例失调等问题逐渐显现。因此,国家也先后出台了一系列生育政策,在2011年与2013年先后实施了"双独二孩"与"单独二孩"政策。至2015年,我国全面开放二孩政策,并制定了延长生育假、取消晚婚假等配套激励措施。从新政实施后的三年时间来看,每年出生人口绝对数、特别是生育二孩数有较大增长,但总体生育比例仍低,生育二孩情况也存在着明显的地域与行业差异。

育龄女性医务人员是医疗卫生行业的工作主体,其生育二孩意愿除直接影响二孩生育比例外,对社会亦有一定的导向性,具有"风向标"的作用。目前,上海地区育龄女性医务人员的二孩生育比例远低于其他行业,职业压力、生活压力、教育压力等因素均降低了医务女性的生育意愿,既不利于医务女性的身心健康,也不符合国家的基本生育政策。

本研究通过对上海市浦东新区17家二、三级医院与47家社区卫生服务中心的育龄女性医务人员生育二孩意愿进行调查,并分析其与职业压力、生活环境、生活、经济与资源压力等因素的关系,旨在探讨如何有效缓解育龄女性医务人员的职业与生活压力,通过制度保障他们的切身利益,完善生育二孩后的配套支持措施,最终提升女性医务人员生育二孩意愿,促进社会整体和谐与发展。

一、对象与方法

(一) 研究对象

选取上海市浦东新区卫生计生委管辖的17家医院(三级医院2家,二级医院 15 家)与 47 家社区卫生服务中心,遴选育龄女性医务人员(20 至 50 岁,从事临床、护理与医技的女性人员),调查其生育现况、生育意愿、生活与职业压力、环境与资源压力等情况。

(二) 研究方法

本次研究采用问卷调查与专项访谈相结合的方法,问卷分为:受访者基本情况、生育现况与生育二孩意愿、职业压力对生育意愿的影响、生活压力对生育意愿的影响及需要给予的帮扶等五个方面。

问卷具体包括生育现状、生育意愿、生育劝导、育儿模式、职业压力、生活压力、经济压力、教育压力、生育对职业前景的影响等内容。此外,本研究还开展多层次访谈工作,除访谈一线医务女性,了解她们生育二孩的真实想法与实际困难外,还对各级医疗机构医院行政管理者与工会负责人进行访谈,了解医院管理层在医务女性生育二孩对医院运行带来的影响、院方所持的态度及愿意给予的配套帮扶措施等。问卷调查采用无记名形式,对受访谈者信息严格保密。

(三) 统计学方法

采用 SPSS 16.0 统计软件包对数据进行分析,采用描述性统计、t 检验和方差检验,$P<0.05$ 差异有显著性。

二、结果

(一) 问卷方法与回收情况

本次调研采用两大类问卷,A 类问卷针对未育二孩的医务女性,B 类问卷针对已育二孩的医务女性,共发放 A 类问卷 3 000 份,回收 2 833 份(回收比例 94.43%),经梳理后有效问卷 2 800 份,有效率 93.33%;共发放 B 类问卷 600 份,回收 550 份(回收比例 91.67%),经梳理后有效问卷 528 份,有效率 88%。

(二) 医务女性二孩生育意愿及其影响因素

在接受调研的新区 2 694 名适龄女性医务人员中,明确愿意生育二孩的医务女性共 351 人,占 13.03%,其中二、三级医院的 109 人,占 4.05%,社区卫生服务中心的 242 人,占 8.98%;而明确不愿生育二孩的医务女性共 2 343 人,占总数的 86.79%，其中二、三级医院的 1 127 人，占 41.83%，社区卫生服务中心的 1 216 人，占 45.14%。可见，在女性医务人员中，愿意生育二孩的比例非常低，远低于其他行业。

从另一个角度看，无论是未生育或已育一孩的医务女性还是已育二孩的医务女性，都不愿意承担起带头响应生育二孩；且有超过 75% 的医务女性对主动劝导周围人生育二孩持否定或无所谓的态度，$P>0.05$，无统计学意义。这说明，医务人员对于生育二孩有较大的抵触情绪，并容易将这种情绪带到周边的患者与亲友，且此种情况与医务女性的生育情况无关。

进一步深入分析医务女性生育二孩意愿较低的原因，我们发现，职业压力与生活经济因素是降低其生育二孩意愿的主要原因，在二、三级医院分别达到 63.4% 与 68.1%，在社区卫生服务中心分别达到 53.3% 与 59.2%，$P>0.05$，无统计学意义，这表明要提高医务女性生育二孩的意愿，主要缓解其工作压力与经济压力，且与医院等级并无关联。

(三) 职业压力对二孩生育意愿的影响

对于医务女性来说，其所面临的职业压力很多，除了日常繁重的医疗工作以外，还包括了职称晋升压力、科研论文压力、教学压力以及当前紧张的医患关系等，这些都对其生育二孩意愿造成影响。

调研发现，浦东新区二、三级医院医务女性需定期加班的占 69.3%，无法按时用餐的占 42.7%，因工作经常憋尿的占 29.6%，而经常感受医患关系紧张压力的有 65.4%。在社区卫生服务中心医务女性中，需定期加班的占 14.2%，无法按时用餐的占 7.02%，因工作经常憋尿的占 4.78%，而经常感受医患关系紧张压力的有 31.8%，$P<0.05$，两者存在统计学差异，可见医务女性普遍存在较大的职业压力，医院等级越高，此种情况越是明显。

浦东新区二、三级医院医务女性存在职称晋升压力的占 44.3%，有课题论文压力的占 50.1%，有教学压力的占 17.4%，有继教压力占 8.6%。而社区卫生服务中心医务女性有职称晋升压力的占 31.7%，有课题论文压力的占 19.2%，有教学压力的占 7.03%，有继教压力占 8.38%。由此可见，除了医疗工作的压力外，医务女性还不得不面对职称、课题、论文等诸多压力，且二、三级医院的医务女性在这方面的压力远较社区卫生服务中心更大，两者存在统计学意义。

通过进一步调研，新区二、三级医院的医务女性因医疗工作压力放弃生育二孩的占 46.7%，因晋升与科教压力放弃生育二孩的占 49.9%，因医患关系紧张而放弃生育二孩占 18.5%。而同期社区卫生服务中心医务女性上述情况的比例则远低于二、三级医院,两者有统计学差异。这说明职业压力是二、三级医院的医务女性二孩生育意愿偏低的主要影响因素。

(四)生活压力对二孩生育意愿的影响

在全部受访医务女性的生活压力中,经济压力是其中最大的压力来源,分别占到了 63.5% 与 74.3%,其次是子女的教育压力,分别占到了 47.1% 与 22.7%,再者住房压力与健康压力也是重要的因素,且在已育 1 孩和 2 孩的医务女性没有统计学差异,是现阶段医务女性的普遍所遇到的困难。

(五)生活压力对二孩生育意愿的影响

在全部受访医务女性的生活压力中,经济压力是其中最大的压力来源,分别占到了 63.5% 与 74.3%,其次是子女的教育压力,分别占到了 47.1% 与 22.7%,再者住房压力与健康压力也是重要的因素,且在已育 1 孩和 2 孩的医务女性没有统计学差异,是现阶段医务女性的普遍所遇到的困难。

在调研新区医务女性的育儿压力,已育 1 孩的医务女性的家庭经济支出、孩子教育竞争与照护压力排在前三位,分别占到了 63.8%、48.8% 与 33.2%;而在已育 2 孩的医务女性中,家庭经济支出、孩子的照护压力与教育竞争分别位于前三位,分别占到了 74.2%、59.3% 与 44.6%,$P<0.05$,存在统计学意义。这表明,经济压力是医务女性育儿压力的最主要因素,而二孩家庭子女的照护压力也是亟待解决的难点之一。

通过进一步研究与分析,新区二、三级医院的医务女性因生活经济压力放弃生育二孩的占 29.1%,因孩子的教育竞争压力而放弃生育二孩的占 26.7%,因孩子的日常照护而放弃生育二孩占 32.1%。而同期社区卫生服务中心医务女性上述情况的比例则远高于二、三级医院,分别占到了 53.1%、39.8% 和 27.6%,两者有显著的统计学差异。这说明生活压力是新区社区卫生服务中心的医务女性二孩生育意愿偏低的主要影响因素。

(六)已育二孩医务女性的现况分析

对受访的全部已育 2 孩的医务女性中,认为生育二孩后明显牵扯日常医疗工作精力的占 31.8%,降低科教能力的占 52.8%,认为自己在职场竞争力下降的占 49.6%,在工作时有明显焦虑情绪的有 60.1%。可见生育二孩对于医务女性的日常工作的影响较大,导致超过六成的医务女性已经有了明显的焦虑情绪,这样不利于其子女的培养。在调研中可见,53.99%的医务女性不愿意子女继续从事医学工作。

在生活影响方面,认为经济压力过大的占31.8%,认为存在二孩照看问题的占52.8%,觉得二孩学习竞争压力过大占49.6%,认为二孩健康压力的占40.1%,认为生育二孩后幸福指数下降的占30.87%,重新选择仍会生育二孩的占50.8%。上述数据说明,二孩的照看问题是当前医务女性最需要帮助的难点问题,但生育二孩后其主观幸福指数还是得到提升,从其重新选择仍会生育二孩的比例也可印证,因此还是应鼓励医务女性生育二孩。

在征求已育二孩医务女性所需要的帮扶方面,希望能够适当减轻工作强度的占51.1%,希望能采用弹性排班制,多给照看孩子时间的占71.98%,希望单位提供晚托班、暑托班等服务的占66.1%,希望能定期发放婴幼儿物品的占33.7%。

三、讨论

(一)重视医务女性二孩生育意愿及其影响因素

随着国家计划生育政策的重大改变,鼓励生育二孩成了新时期我国人口的新国策,因此适龄女性生育二孩的意愿成了对此项国策能否顺利实施及其成效体现的重要一环。

医务女性是医院工作的主体,占到医师队伍的60%和护理队伍的98%,其在全面开放二孩政策中起到了三方面的作用:第一,在新的生育高峰来临时,其作为医疗骨干将是提供孕产妇服务的中坚力量;第二,医务女性作为社会的重要组成部分,其本身也要肩负起妻子与母亲的角色,应该鼓励其积极生育二孩并提供相应的便利条件;第三,作为专业人士,其生育二孩意愿对社区有着"风向标"的作用,如果医务女性生育二孩意愿过低的话,势必会造成育龄妇女产生对生育二孩是否影响健康的担忧与恐惧。

综上三方面的重要作用,医务女性应当是实施全面二孩政策的推动者与实践者,但事实并非如此。通过调研我们发现,新区医务女性生育二孩的意愿远低于其他行业,对宣传与推动此项工作也并不积极,这不得不引起我们的重视与思考。从小处看,生育二孩关乎一个家庭的幸福与快乐;从长远看,其实质是医务女性整体幸福指数和职业价值的体现。在调研中我们发现,生育二孩对医务女性的幸福感是提升作用的,因此我们有必要帮助医务女性去提升其生育二孩的意愿,并帮助她们解决在生育二孩前后的所遇到的困难,切实保障她们的权益。

通过本次研究,我们发现职业压力和生活压力是降低医务女性生育二孩意愿的主要因素。而职业压力除了高强度的医疗工作外,紧张的医患关系与职称晋升所带来的科研教学压力也是医务女性不得不面对的严酷现实,有超过40%的医务女性表示考虑到职称晋升等因素而推迟或放弃生育二孩的计划,有超过55%的医务女性因担心生育二孩会降低自身的职场竞争力而对此心存芥蒂。在生活压力方面,除了经济压力外,较高的育儿时间与精力成本也是当前医务女性"知难而退"的主要原因。

目前,各医疗机构对于医务女性生育二孩的情况,其重视程度明显不足,并未从制度和机制上去保障此类人员的权益,甚至于少部分医疗机构因害怕医务女性"扎堆"二孩所带来人力资源不足,而对女职工生育二孩持消极的态度。这其实大可不必,医疗机构通过保障医务女性生育二孩时期的权益,正可以有力提升职工的福利,并提炼医院的"家文化",进而有效增加职工的凝聚力与忠诚度。

建议各医疗机构应加强对医务女性生育二孩情况的重视程度,特别是对其生育意愿影响因素的及时干预与处置,适度缓解其职业压力,利用群团途径改善其生活压力,并能针对这一群体的特点制定专门的配套保障措施,这样才能切实有效维护女职工的根本权益。

(二)从机制上缓解医务女性的职业压力

通过调研我们发现,医务女性的职业压力主要来源于工作强度、职称晋升所带来的科教压力以及紧张的医患关系三个方面。要有效地缓解这三个方面的压力,就必须从机制上去建立一整套压力缓解流程与办法,形成制度化与规范化,这样才能保证其得到有效执行。而从访谈医院相关负责人后,我们发现大部分医疗机构此项工作还处在起步阶段,缺乏系统性、科学性与可持续性。这也导致了医务女性的职业压力越来越大,且没有可以缓解或疏导的渠道,最终影响其生育二孩意愿。

在工作强度方面,在当前业务持续上升,总体工作强度无法彻底改善的背景下,采用灵活调配人力资源的方法较为行之有效。从调研中我们发现,医务女性尤为关注孕期工作强度,限于医院总体人力资源的困局,超过58%的孕期医务女性仍在坚持工作,33%的医务女性会一直工作到临产。为保障她们的切身利益,应适时采用弹性排班制并增设"产检假",从而使这些"准妈妈"们能够更好地根据自身身体实际调整好工作作息。

针对晋升压力方面,这关乎医务人员的切身利益,也是大部分医务女性不得不推迟或放弃生育二孩的主要因素。职称晋升压力主要考核医务女性的科教能力,课题与论文也会牵扯医务女性工作以外的大部分精力。因此,我们建议在职称晋升改革的大环境下,未来伴随着晋升考核主体的下沉,可以更为人性化,在考核年限范围上充分考量女性孕期,使医务女性能够真正做到家庭与事业两不误。

在医患关系紧张方面,这是造成医务女性工作焦虑的主要原因,医疗机构应当建立特殊患者的干预机制与医务人员的心理疏导制度,前者可以有效干预医患纠纷隐患,将不良事件消除在萌芽状态,缓解医患关系紧张。后者则可以帮助医务女性有效建立起适宜的心理防御机制,定期改善其焦虑情绪,保障其身心健康。

(三) 提供医务女性人性化生活帮扶

除了职业压力外,医务女性作为家庭里的中坚力量,还承担着不少的生活压力,两种压力的叠加效应也是导致医务女性生育意愿不高的重要因素。从调研结果看,经济压力、子女照护与孩子教育压力是新时期摆在医务妈妈面前的"三座大山"。

从调研数据看,53%的受访医务女性收入在月均 5 000~8 000 元,家庭月可支配收入在 1 万至 2 万元,这个收入水平在上海这样的特大型城市处于中等偏下水平,如果家庭生育二孩的话,确实会带来一定的经济压力,这也导致了不少医务人员离职或畏惧生育二孩。要从根本上破解这一困局,必须打破现有的薪酬制度,好消息是在 2018 年 8 月 20 日,国务院印发了《关于深化医药卫生体制改革 2018 年下半年重点工作任务的通知》中,明确提出"要提高医务人员薪酬,允许医院突破工资调控水平,允许医疗收入用于人员奖励"。这无疑是给现有的医务人员薪酬体系"松绑",也让我们的医务人员看到了未来发展的曙光。

在医务女性子女照护与孩子教育压力方面,是医疗机构下一步工作的重点,如何真正解决他们的实际困难,是提升医务女性二孩生育意愿的重中之重。伴随着二孩的增多,子女照护是一个需要直面的问题,特别是学龄前的儿童,专业的幼托机构价格昂贵,因此大多数医务女性只能依赖于家中老人,由于老人的健康状况及其教育能力的差异,对于部分医务女性存在着现实的困难。因此,随着二孩政策的放开,医疗机构应当考虑开设幼托、暑托等机构,为本单位员工提供方便。这样,既可以改善部分双职工家庭无人带娃的窘境,也可以弥补"学生放学"到"家长下班"之间的"真空期",让医务女性再无后顾之忧。此外,在托班设置过程中,可以与相关共建学校合作,在照护孩子的同时进行适度的启蒙教育,起到事半功倍的作用。在这一方面,新区医务工会与部分医疗机构进行了尝试,2017年起在部分医院试点开设暑托班,受到了家长的热烈欢迎,希望能进一步扩大规模与辐射范围。

此外,在医疗机构内实施针对二孩妈妈们的人性化帮扶措施,也能为犹豫中的医务女性起到很好的示范作用,除了前文中所述的采用弹性排班制与产检假以外,还可以在特定区域开设妈咪小屋,为准妈妈或哺乳期医务人员提供私密场所;食堂提供准妈妈菜谱;院部多提供一些孕期知识讲座、心理疏导讲座等,也是真正体现医院"家文化"的有效途径。

(四)探索群团组织在医务女性二孩生育中的作用

通过本次调研及相关访谈我们发现,医务女性是医院工作者亟待关心与帮助的"弱势群体",她们秉持了中国女性特有的隐忍与内敛,对于压力也很少主动寻求帮扶。这也就要求我们各级工会等群团组织,应该积极探索如何主动在医务女性生育二孩的过程中给予他们帮助与鼓励,并形成有效机制与体系,这样才能使我们的医务女性真正有归属感与依靠。

作为工会等群团组织,除了要帮扶员工的显性困难外,还应当关注职工的潜在困难或意识形态,并给予正向引导。在生育二孩的问题上,群团组织应立足于国家政策的大背景下,充分考量医务女性的工作特性与医疗机构运作实际,从医务人员最需要与最迫切的需求入手,做小、做精帮扶措施,切忌做大、做空,这样才能真正赢得医务女性的信任,真正为他们解决后顾之忧,从而保障我们医疗团队的凝聚力、战斗力与向心力。

我们希望通过本次调研与下一阶段的帮扶措施,能够逐步提升医务女性的二孩生育意愿,保证她们的切身利益,提升她们的职业幸福感,这样才能真正为我们的医疗卫生体制改革夯实基础,为健康中国、健康浦东贡献力量。

(本文获第二十三届年会征文二等奖)

上海某大型三甲医院女职工现状及需求服务意向的研究与分析

俞郁萍　赵维莅　朱　凡　徐婉瑛　方　琼　倪俊超　张敏敏
（上海交通大学医学院附属瑞金医院工会）

在创新驱动、转型发展的大背景下，党中央为维护女性权益，制定了《中华人民共和国妇女权益保护法》等有利于女性维权的法律，为提高女性地位、维护女性权益提供了有力保证。女性是社会生活的主体之一，特别是医疗机构，由于工作性质的特殊性，女性职工人数常占在职职工总人数的70%以上，使得女工组织服务模式面临诸多挑战。

为提高医院妇委会服务质量，使之成为发现医院一线女职工问题、困惑、需求的桥梁和纽带，创新女工组织的工作机制显得尤为重要。医院妇委会通过调查问卷的形式，了解院内女职工现状及其需求服务的意向，针对性开展工作，为女职工提供多元服务，更好地完成各项女工工作任务和生育管理目标，为提高医院医疗服务质量奠定坚实基础。

一、调查对象及样本情况介绍

上海某大型三甲医院是一所综合性医院，医院职工向来有追求卓越的传统，医院女性作为医院发展的重要力量，也是这一传统的实践者。目前，全院在职职工4 075人，其中女性职工3 012人，占73.91%。采用群体随机抽样，愿意配合调查的在职女职工793人，其中30岁以下300人，占样本总数的37.83%；31～50岁452人，占样本总数的57%，51岁及以上41人，占样本总数的5.17%。

政治面貌：群众373人，占样本总数的47.04%，中共党员（含预备党员）219人，共青团员183人，民主党派18人。文化程度：大专及以下252人，本科368人，硕士研究生113人，博士研究生59人，学生1人。

婚姻状况：未婚235人，初婚520人，占样本总数的65.57%，再婚12人，离异或丧偶26人。生育状况：没有子女323人，育有一个子女412人，育有两个子女 57 人,育有三个及以上 1 人。

工作岗位:医生 118 人,护士 508 人,医、药技 81 人,行政、后勤 67 人,科研 15 人,学生、住院医师基地 4 人。工作年限:5 年及以下 238 人,6～10 年 142 人,11～20 年 207 人,21～30 年 172 人,30 年及以上 34 人。职称:初级 419 人,占样本总数的 52.84%;中级 253 人,副高 50 人,正高 21 人,其他 50 人。

二、调查方法

本研究结合医院实际,采用自行设计的匿名问卷调查表,通过"问卷星"发放,对女职工的现状及服务需求意向进行调查。女职工根据自己的真实感受和想法,在认为合适的选项上自愿选择。调查问卷的基本框架来源于女职工的实际情况以及对医院妇委会服务的基本需求,包括个人家庭、生活、工作状况、压力来源、激励方式、学习培训、参与决策、个人需求、求助途径等等。问卷有效回收率 100%,数据采用 SPSS 20.0 统计软件进行分析,采用百分比进行统计描述。

三、结果

(一) 医院女职工现状与分析

调查结果表明,45.4% 的女职工对自己目前的生活、工作状况感到很满意,也有 41.74% 的女职工觉得一般,差强人意。只有 2.02% 的女职工感觉生活不能更完美,1.26% 的女职工感觉糟透了,希望有人帮帮她。医院内的很多优秀女性职工经常荣获市、国家级荣誉称号,这不仅提升了医院知名度、扩大了医院的品牌影响力,也让获得者有职业满足感和归属感,更鼓励同辈们爱岗敬业、勇于创新,以优秀甚至卓越的标准要求自己,以更加旺盛的创新热情和创造活力,积极投身于医疗行业全面深化改革的伟大实践中,为实现健康中国的理念和梦想而努力奋斗。

在压力问题调查中,46.66% 的女职工感觉在医院工作、生活压力非常大,但目前还在承受范围内,有 8.07% 的女职工认为压力已大到无法呼吸,仅有 4.79% 的女职工感觉压力不太大,可以应付自如。其中,压力来源从大到小依次排序是职业晋升与收入增长、身心健康问题、工作和家庭的平衡、购房等经济压力、人际关系复杂、儿童托管、子女教育问题、精神文化生活枯燥和婚姻关系问题。

调查还发现，42.75%的医院女职工感觉到因为照顾家庭等原因，已经影响到学习和成长的机会，49.68%的女职工面临家庭养老、托育等难题，27.49%的女职工对家庭教育感到迷茫。

在生育二胎问题调查中，仅有18.16%的女职工表明有生育二胎的愿望，同时也会面临很多问题。其中，79.17%的女职工表示生育二胎将会导致生活压力增加，影响工作情绪；68.75%的女职工表示需要重新购房，经济压力增大；还有54.86%的女职工表示高龄二胎，担心母婴健康。

（二）医院女职工需求服务意向分析

调查显示，35.69%的女职工认为医院对妇女医教研、人才培养等工作比较重视，45.27%的女职工认为一般。其中，她们认为妇委会最需要加强的是为女职工提供更多平台，有专项经费支持女性职业及人才发展，这表明医院女职工对妇委会构建女性成长、成才平台的期望较高。

不同年龄、岗位、文化程度的女职工对提供服务的需求各异，对妇委会为女职工提供的活动需求程度最大的是提供个人身心健康养生的服务，其次是老人或儿童的临时托管等服务，以及各类文体、手工和陶冶情操类服务，专业领域培训和婚姻家庭的经营。同时，她们还期待妇委会创造不同科室女同胞之间合作交流的机会，为展示女职工才华提供舞台。

在生育二胎的需求调查中，69.74%的女职工表示希望医院提供晚托班服务，66.08%的女职工希望在孕期、产期、哺乳期可以享受值班优先照顾，还有51.83%的女职工希望科室合理安排有生育愿望的女员工，避免"扎堆生育"。

最后，有54.6%的女职工表示在工作中常有焦虑、抑郁情绪，其中76.67%的人希望医院提供免费心理咨询和社工类服务，47.58%的人希望医院开设心理辅导讲座等。由此可见，医院女职工的心理需求异常显著。

四、讨论与总结

医院是一个高风险、高强度、多学科、综合性和应急应变性强的单位，随着人们法制观念及自我保护意识的不断提高，患者及家属对医疗护理质量、医疗护理安全提出了更高的要求。同时随着医疗护理技术的不断发展更新，职业竞争的不断加剧，以及长期繁忙的工作量造成医院职工、特别是女性职工的身心压力剧增，产生了一系列需求服务意向。

根据本次医院女性职工现状及需求服务意向的问卷调查结果，医院妇委会将进一步实施"以人为中心"的人文关怀服务，及时掌握女职工心理动态，解决其最关心问题，切实维护其合法权益和特殊利益，为女职工提供切实帮助，增加其对妇委会的信赖。

（一）服务贴近需求，为女职工开辟减压渠道

围绕本次调查中女职工最关心的话题，开展形式多样、符合女性需求的健身养生活动、心理咨询讲座，关注女职工身心健康，加强人文关怀和心理疏导，开辟感情宣泄渠道，及时为女职工提供必要援助，了解其心理状况并采取个性化的心理干预措施。组织文体、手工和陶冶情操类活动，为不同科室的女同胞提供交流、分享的机会，鼓励女职工参加医院组织的各种文娱、体育活动。这不仅有助于放松心情，缓解各方面的心理压力，更将提升女性自身修养，增加女性人格魅力。

做好"三八"妇女节和"六一"儿童节庆祝、慰问等送温暖服务，为生病、生育和有特殊困难的女职工送去妇委会的关爱，切实维护女性的合法、特殊权益，增强组织的吸引力。整合各方社会资源，落实"四期"待遇、提供暑托班服务，满足女职工生育二胎时的需求。关爱特困、单亲女职工家庭生活，提供"结对子"一对一服务，提升女职工的归属感和幸福感。

（二）搭建巾帼舞台，为女职工创造良好的工作环境

努力搭建巾帼建功舞台，充分展示女职工工作风采。以纪念"三八"国际劳动妇女节109周年、"5·12"护士节、"8·19"中国医师节为契机，积极做好各类推优、荐优工作，全方位搭建展示女性职工才能的平台。大力推选和宣传展示富有创新精神的杰出女性，通过弘扬先进，发扬自尊、自爱、自信、自强的精神，通过榜样的力量引导广大女性职工积极进取、奋发向上。通过各种评选和活动，为广大女职工强化成长、成才意识提供平台，使其投身自主创新实践，不断实现自身发展和学科发展。引导女职工树立终身学习的理念，不断提高政治素质和业务素质，加强医德医风教育建设，以此造福更多患者。帮助和指导青年女医师、女研究生、护士的成长和发展，根据新时期女性的特点和需求，为她们提供更多的交流平台，创造各种机会让她们展示才华、促进成长。

（三）将女职工建议纳入妇委会日常工作，为满足女职工需求创造条件

加强医院妇委会建设，通过微信平台加强与女职工沟通、交流，广泛听取广

大女职工的意见和建议,使医院妇委会真正成为女职工身心健康科普知识的推广平台、妇女干部履行职责的服务平台和女职工贴心交流的沟通平台。团结、鼓励更多的女职工参与到医院的决策中来,充分发挥其观察、思考、理解、判断、分析等软技能,为医院完善女职工的需求服务献计献策。这不仅有利于女职工自身发展,增加其责任感和成就感,更能进一步提高医疗服务质量,从而提高患者及家属满意度。

综上所述,医院女职工的现状及其需求服务意向,关系到医院医疗护理质量的高低和医院的整体发展。我们应采取有效的应对措施,切实开展女职工需求服务措施,让女职工们轻装上阵、焕发精神,使她们真正成为医院临床一线管理的生力军。

(本文获第二十二届年会征文二等奖)

上海市精神卫生中心医务女性需求调研报告

王海云

(上海市精神卫生中心工会)

上海市精神卫生中心(简称"精中")是上海市三级甲等精神卫生专科医院,是全国规模最大、业务种类最全、领衔学科最多的精神卫生机构。中心现有员工1 400多人,其中女性员工占60%以上,撑起医院建设的"半边天"。

为了更好地了解和把握中心医务女性的所思、所想、所需、所盼,进一步增强妇女工作的针对性和实效性,更好地服务大局、服务妇女,中心妇委于2020年开展医务女性需求调研活动,通过线上调研、线下议事会、个别访谈等形式,畅通妇女表达渠道,有效收集妇女需求,267名医务女性参与线上调研,现将结果分析如下。

一、调查结果

"您的需求(可多选)"题中,由高到低依次为:

"妇女权益保障宣传"(56.93%);

"法律咨询"(54.31%);

"心理疏导"(47.57%);

"最美家庭创建"(47.57%);

"岗位技能培训"(39.33%);

"矛盾调解"(9.74%);

"其他妇女儿童家庭相关服务项目"(产后心理咨询、育儿经验交流、二胎、儿童青少年心理健康知识等)(4.12%);

"家庭暴力干预"(1.87%)。

二、结果分析

(一) 受访者基本情况

本次受访者均为女性,年龄分布 20~50 岁;医生、护士、医技、行政、后勤各岗位均有参加,具有一定的代表性。

(二) 女性需求汇总

中心妇委就调查问卷中医务女性所提建议进行汇总,梳理本次调研需求主要集中在心理支持疏导、法律权益维护、素质提升培训三大方面。

三、对策与措施

中心妇委坚持以妇女为中心的工作导向,围绕医院发展大局、紧扣妇女需求、聚焦妇女关心的热点问题,延伸工作臂膀和视角,建立维权服务点、家庭教育指导点、妇女议事协商点,以调研结果为支撑,精准施策,开展妇女权益保障、家庭教育、法律宣传、心理咨询等服务,全方位呵护精中女性成长与幸福,为妇女姐妹干事创业、追求梦想创造更大的空间,提高妇委组织的凝聚力、辐射力、影响力,彰显坚强阵地和温暖之家的生机与活力。

(一) 有力保障,做好"她"后盾

中心妇委积极作为,精心保障,向全院妇女送达"娘家人"的关爱,以扎实有效的工作强信心、暖人心、聚民心。

在新冠肺炎疫情防控工作中,中心妇委制定包括畅通职工诉求、保障职工安全、重点对象支持、心灵驿站关爱、专人联络安抚、协调配合保障在内的疫情防控关心员工六大措施,及时为援鄂、援公卫医护人员家庭、抗疫一线医务女性提供能量补给;通过微信、电话等多种渠道了解情况,上门慰问援鄂援公卫队员家属,解决后顾之忧;设立专人联络因武汉封城封路无法回院上班的职工,做好安抚工作,直至其返院上班;推出理发、平价菜等便民服务,落实院内物资保障等工作,守护一线医务女性安全。2021 年春节,为响应就地过年的号召,中心妇委开展"精心'卫'你,平安过年"系列关爱行动,慰问原地过年、除夕坚守岗位的医务女

性,使妇女姐妹体会到"留沪也有爱,精中亦故乡"的浓浓情意。

2013年中心妇委作为发起部门之一成立的心灵驿站,为妇女姐妹提供心理咨询、压力缓解、情感沟通等,搭建心理疏导平台。疫情防控期间特别成立"心灵驿站疫情应急心理干预小组",制作员工专属心理健康自测表,开展个别心理咨询、团体心理咨询、志愿者心理督导等多种形式的心理健康服务10余次,为员工打开"心结",构筑心灵栖息的港湾。"心灵驿站"先后荣获上海市卫生系统"人文关怀、心理疏导"优秀项目、2016—2017年度上海市志愿服务先进集体、上海交通大学医学院优秀志愿者服务组织、第五届中国医疗卫生行业EAP论坛优秀示范案例等,成为中心员工成长的"减压阀"与"加油站"。

2020年中心妇委在疾控中心宣传与健康教育科和心理测量室同道的大力支持下,为我院职工制作专属心理健康自测表,使职工更好地了解自身心理健康状况,为有针对性地开展职工心理关怀提供依据。

同时,中心妇委发挥专业优势,履行社会责任,成立心理健康公益服务女医师团队,深入机关、企事业、部队、学校、社区等宣传心理健康知识,2020年至2021年,举办线上科普讲座90余场,点击量90余万次,促进全社会关注心理健康,为健康上海行动打造"最大公约数"。心理健康公益服务女医师团队被评为2021年全国巾帼建功先进集体、中国女医师协会最美抗疫防控巾帼团队。

(二) 精准施策,强化"她"服务

中心妇委以"精·致——精心'卫'你,致力成长"为主题,关注女性全生命周期成长,使妇委真正扎根在基层和妇女群众之中。

1. 聚焦需求,资源链接

中心妇委举行"我为妇女群众办实事"精准化服务,从入职教育、青年交友、孕期关怀、婴儿喂养、爱心妈咪小屋、医二代热线,到更年期保健、退休欢送、患病慰问、医疗保障……中心妇委不断扩宽服务渠道,推进妇女、儿童、家庭相关的服务项目落地妇女之家,为全院妇女提供全生命周期服务,与妇女姐妹共成长。

中心妇委开展"关爱孕妇,从身边做起"专场活动,为怀孕女性制作专属"好孕蝴蝶结",提供孕妇工作服;举办"幸'孕'之旅,携手相伴"摄影作品征集、"薪火传承育家风,同舟共济克时艰"家国·家风·家教作品征集、"在灿烂阳光下"创意亲子照征集、育儿讲座、新手爸妈分享群、家长聊吧等活动,创建"最美家庭",共同把家庭教育、家风传承这篇文章做实做好。

其中,"家长聊吧"从帮助构建良好亲子关系的需求出发,在心理专家的引导

下,针对孩子的个性、共性问题和现象,献良策,出实招,反响热烈,不仅为家长搭建交流平台,也为妇委工作提供新思路。在聊吧中有家长提出对优生优育的需求,为此妇委为备孕女性提供免费孕前优生健康检查;也有家长提出,希望为职工子女提供院内心理咨询热线,中心妇委联合社工部,开设"莉莉姐姐听你说"职工子女心理热线,呵护医二代健康成长;推进爱心妈咪小屋建设,为哺乳期妇女提供私密、安全、卫生的哺乳场所;关注女性健康,每年开展妇科检查,女性全部享有上海市职工补助保障会住院、特种重病保障,联合泰康养老,为女性提供特定疾病险、人身意外险;走访困难妇女,慰问患病妇女、分娩妈妈,传递真情暖人心。"家长聊吧"荣获2021年上海市卫生健康系统女职工工作优秀品牌。

2. 持续行动,维护权益

中心妇委联合人力资源部严格执行《女职工劳动保护特别规定》《婚假、产假、计划生育假期规定》,相关制度在 OA 平台公开,做好女性"四期"保护,严格执行女性在月经期、哺乳期、孕期禁忌从事的劳动、对孕期、哺乳期延长劳动时间和夜班劳动的限制、产假和哺乳假规定等。中心女性在工作时间内进行产前检查,所需时间计入工作时间。

2021年中心妇委与上海青浦泽川公益法律服务中心签署合作协议,定期为职工进行线上矛盾调解、家庭暴力干预等法律咨询,组织民法典、婚姻家庭中的女性权益保护、"乘风破浪二十年"女性权益维护法律讲座,实现服务合作、资源互享,相互补位的良好格局。由3位女性组成的中心代表队荣获2020年枫林街道民法典知识竞赛第一名。

(三)内外兼修,提升"她"能力

根据中心医务女性"提升岗位技能"的需求,中心妇委举办以"凝聚精中她力量,提质增效促发展"为主题的岗位技能培训与竞赛系列活动,包括医生心肺复苏操作比赛、护士心电监护仪操作比赛、叙事护理演讲比赛、特色化健康教育手册评比、女性管理者论坛、致未来自己的一封信征文、职场礼仪与职业心态讲座、"劳动最光荣,巾帼绽芳华"主题分享会等女性专项活动,激励医务女性的无限热情,创造活力、创新潜力,在各自岗位上建功立业。

中心妇委还以两年为周期,举办针对临床、医技、行政、后勤等不同岗位的礼仪培训;开展夏季护肤、服饰搭配、美妆课堂、红酒品鉴等女性讲座,提升生活品质。在"三八"国际劳动妇女节、"六一"国际儿童节、"8·19"中国医师节、"5·12"国际护士节等与医务女性密切相关的节日里,开展系列文化活动,将插花、多肉植物栽培、护士风采展示、职业交流等活动融入其中。成立女性书画社、形体芭蕾社，建立"精心医＋艺"女性艺术组合，各美其美，美美与共，满足妇女群众对高品质精神文化生活的新需求。

四、成效与评估

中心妇委抓住医务女性最关心最直接最现实的需求问题，做到边调研边解决边反馈，把解决问题贯穿于调研的全过程。在对妇女工作的成效评估中，284名妇女参与评估，整体满意率为100％。

其中"中心妇委就医务女性所提建议和意见，及时回应，最令您满意的活动"，以"民法典、女性权益保护、线上咨询等法律活动"(62.32％)、"瑜伽、健身操等健康文化活动"(33.45％)、"创意亲子活动"(32.04％)位列前三名。

中心妇委也在为妇女群众服务的过程中，下实功、出实招、见实效，46.83％的受访者认为中心妇委在"围绕妇女需求开展针对性服务及活动"方面提高最显著。

今后，中心妇委将继续以"组织健全、工作规范、服务到位、作用明显、妇女信赖"为目标，坚持"党建带妇建"，带红半边天，做实、做精、做细、做强妇女工作，助力医务女性成长成才，不断增强妇女姐妹的幸福感、安全感、获得感、成就感，使妇委组织真正成为可信赖可依靠的"妇女之家"！

（本文获第二十四届年会征文二等奖）

附　录

上海市卫生计生系统工会工作理论研究会第二十二届年会获奖名单

一等奖(5篇)

医院工会对护士群体多源压力的干预探索——以 S 市大型三甲综合性 Y 医院为例

    冯　皓　刘友军　蒋　勇　吴卫青　吴　昱　徐　炜
（上海市第一人民医院工会）

公立医院工会服务大局、服务职工的作用机制研究及其应用

    岑　珏（上海市第六人民医院工会）

新医改形势下上海市医务职工思想动态调查和监测指标体系的研究

    俞丽辉　张　蕾　吴佳琬　周　殷　刘也华（上海市黄浦区医务工会）

关于闵行区卫生计生系统值班室建设调研报告

    沈文英　吴恩贞　夏海英　黄仲辉　火鸿敏　孙　丹　孙桂芳　张洁梅
（上海市闵行区医务工会）

品管圈在提高职工之家健身器材使用率的应用

    陆　敏　秦嗣萃　宋亦斌（复旦大学附属中山医院工会）

二等奖(10篇)

如何发挥职工代表在医院民主管理中的作用研究——以上海市第十人民医院为例

    秦　艺　陶建民　袁　静　范理宏　陈正启（上海市第十人民医院工会）

基层医疗机构立体职工书屋建设对策研究

    费　苛　沈　艳　王　燕　冯爱成　纪　慧（华东疗养院工会）

上海某大型三甲医院女职工现状及需求服务意向的研究与分析

    俞郁萍　赵维苾　朱　凡　徐婉瑛　方　琼　倪俊超　张敏敏
（上海交通大学医学院附属瑞金医院工会）

打造职工之家　凝聚人心士气——"我用心·你关心"工会会员需求调研报告

方欣叶　沙小苹[上海市卫生和健康发展研究中心（上海市医学科学技术情报研究所）工会]

EAP促进医院新员工组织适应性研究

杨石含　陈晓军　尤　仁（复旦大学附属妇产科医院工会）

上海市某三甲专科医院工会工作调查报告

周　韵　王海云　薛　旻（上海市精神卫生中心工会）

深化院务公开民主管理工作的难点和途径

刘清海（上海交通大学医学院附属第九人民医院工会）

在工会经审工作中运用企业风险管理框架浅析

陈　岚　高围溦　蔡彦虹（上海市疾病预防控制中心工会）

新形势下医务人员对员工关爱计划的需求调研分析

吴晓菁　陈晓勤　陆彩凤　仇佳妮　陆铁铖　顾琦静（上海交通大学医学院附属新华医院工会）

医院职工工作环境满意度调查分析及管理对策研究

杨石含　陈晓军　尤　仁（复旦大学附属妇产科医院工会）

三等奖（14篇）

基于PDCA模型的医院职工文化建设路径探析——以上海某三甲医院H为例

柯颖达　苏家春（复旦大学附属华山医院工会）

发挥工会组织作用　推动"六型班组"建设

陈佳玥　孙译宏　吴　琼　丁　庆　陈雪祎　李元琳　刘　敏（上海市闵行区颛桥社区卫生服务中心工会）

上海某三甲医院医务职工法律素质培养现状

陈　浩（上海市第十人民医院工会）

基于人类需求理论的护士心灵指引项目对低年资护士相关结局指标的影响

孙静敏　陆群峰　李锦康　王　璐　唐文娟　范玲燕（上海市儿童医院工会）

微信公众号在区域卫计系统群团建设中的作用

赖晓莹（上海市第四人民医院工会）

社会工作视角下新入职护士角色转变冲突的干预研究

杨　莹　余　婷　钮　骏　李艳红（上海市儿童医院工会）

新形势下卫计系统职代会制度建设的实践与思考

　　　　　　　　　　　陆卫萍(上海市宝山区罗店医院工会)

宝山区医护人员总体幸福感现状调查分析

　　　　　　　孙　珮　宋　凤　李玉华(上海市宝山区精神卫生中心工会)

新形势下的疾控职工职住平衡及通勤效率调查

　　　　　　　　李小攀　周　弋　齐　慧(上海市浦东新区疾控中心工会)

开展"金点子"活动对于推进和谐医院的作用和思考

　　　　　　　　　　　　　金有欣(上海市第六人民医院工会)

综合性中医院新时期加强中医药国际化临床人才考核评价和培养途径的研究

　江　云　马俊坚　朱梅萍　朱文轶(上海中医药大学附属曙光医院工会)

新时代、新需求、新服务——"互联网＋"肺科之家建设工作的应用与思考

　　　　　　　　杨晓峰　张　燕　陶　蓉(上海市肺科医院工会)

重症监护室(ICU)护士主观幸福感的现状及其影响因素分析

　　　　　　任君红　曾　莉　张　瑾　李晓悦(上海市第十人民医院工会)

在职工中开展读书活动的实践与思考

　　　　　　　　　　　　　韩轶伟(上海市奉贤区中医医院工会)

入围奖(20篇)

关于创新职工文化建设途径的探索——以职工多彩社团建设为例

　　郑燕勤　张瑷珲　叶丽萍　王　华　田嘉磊　赵玉梅　庞医峰
　　　　　　　　　　　　　　　　　　(上海市闵行区中心医院工会)

创建劳模创新工作室及发挥引领示范作用的探讨

　　　　　　史朝亮　施国伟　李剑勇　周　静(上海市第五人民医院工会)

上海市浦东医院保障青年人才稳定性策略研究

　　　　　　　　　　　　　　倪　红(上海市浦东医院工会)

坚持以职工为本　促进工会工作和谐发展——对医院工会问卷调研工作的几点思考

　　　　　　　　　　　　伍　涛　储福根(上海市中西医结合医院工会)

新时代医院职工文化建设的新思路

　　　　　　　陈惠芳　陈元美　李　青　贾　琦　蒋秀凤
　　　　　　　　　　　　(上海交通大学医学院附属第九人民医院工会)

做有温度的帮扶工作——上海某三甲医院工会帮困扶贫工作讨论

　　　　　　　　　　高　熙　陆为华(上海中医药大学附属龙华医院工会)

新时代基于生物-心理-社会医学模式的医务职工人文执业能力与心理资本的培育方式的研究

　　　　高深甚　高　阳　顾震瑶（上海交通大学医学院附属瑞金医院北院工会）

集束化管理模式在医院护工群体中的运用

　　　　　　　　　　　　　　　　　曹蓓蕾（上海市公共卫生临床中心工会）

人力资源管理委员会在医院人力资源管理中的实践作用探索

　　　　　尹燕妮　张亦舜　张昕男　吴小沪（复旦大学附属儿科医院工会）

医院沟通问题案例分析及沟通管理探讨

　　　　　　　　　　　　　　　　　范峥莹（上海市第六人民医院工会）

关于EAP职工心理援助项目在医务系统应用推广的必要性

　　　　　　　　　　　　　　　　　赵一龙（上海市普陀区中心医院工会）

医师职业责任保险在缓解医患矛盾中的应用探索

　　　　　钱明平　计光跃　王　瑱　袁　静　沈嘉勇　李　文　孙　洁
　　　　　　　　　　　朱伟宏　范理宏（上海市第十人民医院工会）

创先争优在提升门诊服务质量中的应用与思考

　　　　　　　　　　　　　　　　　　　罗翠玲（上海市同仁医院工会）

发挥职工书屋作用助力职工素质提升——探索在新医改下职工书屋建设的新途径、新方法

　　　　　王伟权（上海市杨浦区控江路街道延吉社区卫生服务中心工会）

基于PESTEL-SWORT理论分析医疗纠纷对医务职工心理压力影响初探

　　　　　　　　顾震瑶（上海交通大学医学院附属瑞金医院北院工会）

新时代医院工会开展职工文化建设的实践及体会

　　　　　　　　　　　　　崔　屹（上海中医药大学附属曙光医院工会）

关于EAP与减轻压力

　　　　　　　陈秀萍（上海市杨浦区江浦社区卫生服务中心工会）

同工同酬对护士工作满意度的调查

　　　　　　　潘慧璘（上海中医药大学附属岳阳中西医结合医院工会）

医院工会文化体育活动对医院文化建设的作用及影响路径

　　　　　　　　　　　　　　　　　　龚　芳（复旦大学附属中山医院工会）

浅谈工会工作中文化教育与人文关怀的探索与实践

　　　　　　　　　　　　　　　　　仇许玲（同济大学附属同济医院工会）

上海市卫生健康系统工会工作理论研究会第二十三届年会获奖名单

一等奖(5篇)

现代医院管理制度下民主管理的现状与完善建议——以上海部分三级甲等公立医院为例

　　　　　　　　　　张驰东　何振宇　邱　琼　吴晓芹(华东医院工会)

上海市抗击新冠疫情医务人员心理健康状况横断面调查比较及干预效果评价

　　柯颖达　苏家春　周　萍　卢　霏　陈　宏(复旦大学附属华山医院工会)

突发公共卫生事件下定点收治医院的职工关怀与支持体系建设探索实践报告

　　　　　　　　　　　　　　　汪庭娟(复旦大学附属儿科医院工会)

上海市卫生行业工会干部队伍建设现状调查

　　陈惠芳　李　青　陈元美(上海交通大学医学院附属第九人民医院工会)

常态化疫情防控下医务人员对突发公共卫生事件应急救援知信行调查及影响因素分析

　　　　　　金玮韵　王梅娟　钱佳依(上海市第六人民医院金山分院工会)

二等奖(10篇)

市级医疗机构护工群体需求及工会服务现状的研究

　　　　冯　皓　吴　昱　蒋　勇　徐　炜　刘友军(上海市第一人民医院工会)

"巴林特小组"模式与职业心理调适——新医改背景下公立医院组织文化营建的探索

　　　　　　　　　　　　　　　陆　敏(复旦大学附属中山医院工会)

新冠肺炎疫情下医务人员压力、焦虑、抑郁状况及影响因素研究

　　　　　张宴萍　褚连芳　庄开岑　钱文芳　袁鹏亚　徐在华　夏仁娣

　　　　　　　　　　　　　　　　　　　　(上海市金山区精神卫生中心工会)

浦东新区医务女性生育二孩意愿及其影响因素研究
　　　　　　　　　　俞思伟　陈　英　杨小红　孙　非　郭薇琼　高　远
　　　　　　　　　　　　　　　　　　　　　　　（上海市浦东新区医务工会）
上海市公立医院文化建设现状及其影响因素分析
　　　　　　　　　　　　　　　　　　陈　玮　唐文佳　吴　平　俞郁萍
　　　　　　　　　　　　　　　　　（上海交通大学医学院附属瑞金医院工会）
突发公共卫生事件下医护人员"六大"关爱体系的建设
　　　　　　　　　　吴玉华　吴恩贞　薛文雄　何春晓　卫莺雪　冷海燕　韩　骅
　　　　　　　　　　　　　　　唐丽莲　李佳婉（上海市闵行区医务工会）
医院智慧工会信息化建设探索
　　　　　　　　　　罗翠玲　黄双慧　王　诚　查佳凌　胡晋阳（上海市同仁医院工会）
在应对突发公共卫生事件中医院工会精准化关爱的实践研究
　　　　　　　　　　　　　　张殷华　钱风华　沈梦雯　沈　杰　邵　顼
　　　　　　　　　　　　　　　　（上海中医药大学附属岳阳中西医结合医院工会）
公立医院党委关爱医务人员协同机制研究
　　　　　　　　　　　　陈　娟　丁晓宇　杨新潮　徐　褘　吴琪玮　包　晰
　　　　　　　　　　　　　　　　　　　　　　　（上海市第一妇婴保健院工会）
新冠疫情下构建医务人员人文关怀心理支持机制的探索
　　　苏家春　柯颖达　伍　蓉　卢　霏　周晓兰（复旦大学附属华山医院工会）

三等奖（15篇）

医务系统灵活就业人员"获得感"影响因素的实践研究
　　　　　　　　　　　　　　　　　　殷洁如（上海市静安区北站医院工会）
上海某三甲医院员工医务人员工作满意度调查分析与建议
　　　　　　　　　　　　　　　　　　栾　欣（复旦大学附属肿瘤医院工会）
后疫情阶段医务人员心理健康状况的现况研究
　吴诗瑜　曹晶莹　俞晓萌（上海交通大学医学院附属瑞金医院卢湾分院工会）
建好"前沿阵地"　激活"神经末梢"——杨浦区卫生健康系统EAP建设在突发公共事件中的应用与思考
　　　　　　　　　　　　　　许雯俊（上海市杨浦区精神卫生中心工会）
抗疫一线医务人员对基层工会服务的需求调查——以上海某区为例
　　　　　　　　　　　孙　珮　李玉华（上海市宝山区精神卫生中心工会）

文化兴院　品牌树院　医院工会在文化建设上的探索与实践
　　　　　　　　　　　　王海云　周　韵(上海市精神卫生中心工会)
浦东新区医务人员职业损害防范意识及防护现况研究
　　　　　　　　　　俞思伟　陈　英　唐周华　孙　非　郭薇琼
　　　　　　　　　　　　　　　　(上海市浦东新区公利医院工会)
在单位改革发展中实现工会组织的初心和使命的思考
　　　　　　　　　　陆丽华(上海市宝山区卫生健康委监督所工会)
关于新形势下医务职工队伍状况调研
　　　　　　　　刘佩艳(上海市长宁区北新泾街道社区卫生服务中心工会)
某专科医院基于绩效工资背景下的职工思想状况调查与分析
　　　　　　　　王培红　傅永军　邓延峰　马亚珍　王烟敏　胡毓敏
　　　　　　　　　　　　　　　　(上海市闵行区精神卫生中心工会)
工会建立困难帮扶精准化常态化机制的研究
　　　　　　　　崔　屹　沈　超　徐　敏(上海中医药大学附属曙光医院工会)
突发公共卫生事件下上海市宝山区医务职工心理健康状况调查
　　　　　　　　　　仲　华　张敏华(上海市宝山区精神卫生中心工会)
儿科医务人员人格特质与心理健康的调研和讨论
　　　　　　　　　　　　张仁运　吴小沪(复旦大学附属儿科医院工会)
突发公共卫生事件下工会维护促进职工身心健康的实践与探索
　　　　　　吴晓菁　叶松林　陈晓勤(上海交通大学医学院附属新华医院工会)
医患突发事件中医院应急管理机制与应对策略
　孙　平　陈　勍　成君来　严子吉(上海交通大学医学院附属仁济医院工会)

入围奖(30 篇)

医务职工休假现状调查与分析
　　　　　　　　　　　　刘　涛　顾勇伟(上海市松江区中心医院工会)
职工亲子工作室实事项目满足职工多样化需求的服务模式的探索和实践
　　　　　　　　汪　薇　吴玉华　吴恩贞　钱　莺　韩　燕　杨红霞　沈红菊
　　　　　　　　　　　　　　(上海市闵行区古美社区卫生服务中心工会)
深入推进工会会员普惠服务的调查研究
　　　　　　　　潘丽钰　陶燕琼　边琼萍　徐华玲　吕春平　范勤君
　　　　　　　　　　　　　　　　(上海市浦东新区卫生学校工会)

从职工亲子工作室入手，做好医院 EAP 项目的思考

           吴菲菲　徐燕敏　卜晓琳　李　勇　张　丽

              （上海市浦东新区公利医院工会）

加强医院文化建设促进医院品牌塑造的探索与研究

    胡永均　陈　丽　陈贤芝　柳洲诚（上海市金山区众仁老年护理医院工会）

组织行为学视角下公立医院党建带群建工作机制的探究

              金有欣（上海市第六人民医院工会）

浦东新区基层医务女职工维权需求现状及应对策略

       陆　晴（上海市浦东新区金杨社区卫生服务中心工会）

市级专科医院员工关爱需求及满足机制研究

         杨晓峰　张　燕　陶　蓉（上海市肺科医院工会）

抗击新冠肺炎疫情一线医务人员心理健康状况调研分析及人文关爱举措

   李剑勇　周　静　徐文君　吴慧珺　冷蓓峥（上海市第五人民医院工会）

新时代"浸入式"先进典型群体培树的路径探索与创新实践体会

              周雯静（上海市普陀区利群医院工会）

关于常态化疫情防控下"互联网＋"为工会赋能增效

      姜轶岚　董　军　冯晓刚（上海市疾病预防控制中心工会）

工会组织的巴林特小组活动对安宁疗护医务人员心理疏导的效果评价——以真如镇街道社区卫生服务中心为例

     杜惠颖　汪　浩　陈　晖　于　斓　郑晓栋　邱竞逸　游广宇

         （上海市普陀区真如镇街道社区卫生服务中心工会）

发挥工会职能　着力构建职工素质教育体系——浅谈新时期医务职工素质教育的形式与方法

                黄　玥（上海市杨浦区医务工会）

关于医务人员职业幸福的调研报告

             夏春萍（上海市松江区泗泾医院工会）

新形势下医务职工思想状况的调查与研究

      张舒玮　陆慧斌（上海市浦东新区潍坊社区卫生服务中心工会）

华东疗养院工会建设职工小家对医务职工的健康促进研究

                 （华东疗养院工会）

新形势下妇幼专科医院职工书屋建设的现状与思考

      杨万里　朱　芸　金　芳（上海市浦东新区妇幼保健院工会）

上海市卫生健康系统工会工作理论研究会第二十三届年会获奖名单

突发公共卫生事件下的职工心理关爱体系建设——以新冠肺炎疫情下基层疾病预防控制中心为例

(上海市奉贤区疾病预防控制中心工会)

围绕"四个全面"谋划和推进工会工作的思路措施

韩晓璐(上海市普陀区长风街道长风社区卫生服务中心工会)

医政管理结合工会疏导在抗新型冠状病毒肺炎中医护人员心理疏导的作用

钱明平　张　戟　陶建民　杨佳芳　李小艳　黄建华
袁　静　胡龙军(上海市第十人民医院工会)

"巴林特小组"在住培医师职业倦怠干预中的实践

黄　蕾　崔海松　汪　浩　张　旭(同济大学附属同济医院工会)

浅谈基层医疗机构工会组织在新冠肺炎疫情中如何发挥职能作用

戴晓青(上海市长宁区新泾镇社区卫生服务中心工会)

新形势下远郊农村地区社区护士核心能力提升需求及影响

丁美华(上海市浦东新区川沙新镇六灶社区卫生服务中心工会)

突发公共卫生事件下一线医务职工情绪管理的问题与对策

张燕鸣(复旦大学附属眼耳鼻喉科医院工会)

心理资本在助产士领悟社会支持与留职意愿的中介效应研究

施伟慧　朱晓萍　王　玲　邱昌翠　施　雁(上海市第十人民医院工会)

新时期疾控中心职工文化需求分析及改进策略研究

任　慧　潘　杰　齐　慧(上海市浦东新区疾病预防控制中心工会)

论如何加强新时代下医务职工精神文化建设

徐　蔚　郑昌月(同济大学附属同济医院工会)

新型冠状病毒疫情防控期间临床护士焦虑、抑郁心理状况与社会支持的相关性研究

许红霞　叶丽萍　张瑷珲　王　露　王　瑞　曹爱丽　刘　静　赵春燕
(上海市闵行区中心医院工会)

关于"社区医务人员心理健康状况调查研究"的调研报告

姚欣人(上海市普陀区宜川街道社区卫生服务中心工会)

医院工会学习型组织理论的运用及思考

焦菲菲(上海市口腔医院工会)

上海市卫生健康系统工会工作理论研究会第二十四届年会获奖名单

一等奖(5篇)

职业需求为导向提升医院护工综合职业素质的研究
  程　洁　蒋　勇　吴　昱　李晓康　刘友军(上海市第一人民医院工会)
新形势下关于医院工会网上职代会工作管理平台的应用
     杨晓峰　张　燕　陶　蓉(上海市肺科医院工会)
突发公共卫生事件中一线医护人员身心需求调查
       栾　欣(复旦大学附属肿瘤医院工会)
疫情常态下医务工会立功竞赛的形式探索与社会效益研究
   李晓琳　沈　菲　黄　玥　许雯俊　张雅君　余晓静
           (上海市杨浦区医务工会)
医改实施进程中职工队伍稳定状况分析
   刘姗姗　张宜民　娄继权　王军伟　陆潘靖　黄　瑶
   蔡　云　严　华(上海市浦东卫生发展研究院工会)

二等奖(10篇)

关于在医务青年中创新开展党史学习教育有效途径的调研报告
           邱　琼(华东医院工会)
应对突发疫情实施闭环管理期间医院员工关爱的实践与探讨
   李　晖　严叶霞　李　莉(上海市第六人民医院工会)
上海市精神卫生中心医务女性需求调研报告
       王海云(上海市精神卫生中心工会)
新形势下公立医院"党建带工建"双促进机制的研究
   孙旭珺　潘蓓敏　翁宇辉(上海市胸科医院工会)

创新党建带工建机制　建立可复制可落实模式
　　　　　　　　　王　珏　张　铮　方　璐　李　晶　边欣月　麻慧琳
　　　　　　　　　　　　　　　　　　　（复旦大学附属妇产科医院工会）
疫情防控常态化时期工会对临床一线护士心理健康状况的调查分析与应对策略
　　　　　　　　　崔　屹　谈晓红　徐　敏　沈　超　高月求　曹　康　陈映虹
　　　　　　　　　王　静（上海中医药大学附属曙光医院工会）
疫情背景下工会利用新媒体开展文化培训活动的实践和策略探究
　　　　　　　　　沈　杰　张殷华（上海中医药大学附属岳阳中西医结合医院工会）
医院员工心理资本建设探索与实践
　　　　　　　　　　　　　　　孟翠华　张小平（上海中冶医院工会）
疫情防控常态化背景下新冠疫苗接种点医务人员心理状态调查及疏导方式研究报告
　　　　　　　　　丁克颖　杨琴文（上海市闵行区疾病预防控制中心工会）
疫情防控常态化下医务职工和工会工作现状调研及对策研究
　　　　　　　　　吴恩贞　夏海英　成少华　吴玉华　王培红　唐丽莲
　　　　　　　　　　　　　　　　　　　　　　（上海市闵行区医务工会）

三等奖(15篇)

基于"集体记忆"理论下对医院精神文化建设的思考
　　　　　　　　　　　　　　　金有欣（上海市第六人民医院工会）
工会组织支持对医务人员工作幸福感的影响研究
　　　　　　　　　朱　辉　余　飞　秦　艺　李昌斌　陈万里
　　　　　　　　　靳　茜（上海市第十人民医院工会）
常态化新冠疫情防控下医院后勤职工的工作状况调查及思考
　　　　　　　　　　　　袁　静　钱明平（上海市第十人民医院工会）
上海市综合医院护工职业防护现况调查及分析
　　　　　　　　　刘聪香　陈青林　韩　颖　黄丽英　牛玉玉　贾苗苗　黄　芸
　　　　　　　　　　　　　　　　　　　　（上海市第十人民医院工会）
儿科医务职工健康促进长效工作机制的探索研究
　　　　　　　　　田　园　余　婷　章春草　尹晶娴　周　炯（上海市儿童医院工会）
新时期医院落实"党建带工建"工作研究
　　　　　　　　　　　　　　罗　华　周　炯（上海市儿童医院工会）

浅议新时代医院职工文化建设的探索与实践
　　　　　　　　　　　　陈　铖　沈　艳　冯爱成（华东疗养院工会）
正念自我同情心理干预对防疫医务人员共情疲劳的影响
　　　　　　　　封玉琳　孙慧君　徐　瑾　李　娟（上海市中医医院工会）
关怀伦理在提升新时代已育女职工权益保障工作中的对策研究
　　　　　　　　　　　　张松莉　曹　尉（上海市临床检验中心工会）
创造条件改善工作环境　关爱医务职工身心健康——以标准化员工休息室建设为例
　　　　　　　吴　平　韦益敏（上海交通大学医学院附属瑞金医院工会）
心理社会发展理论视角下医务青年心理社会需求调研分析
　　　　　　　马凯旋　朱　晋（上海交通大学医学院附属新华医院工会）
疫情防控常态化背景下加强医务职工思想政治引领工作
　　　　　　张文兰　于子荃　吕　娜　王　珺（上海市徐汇区医务工会）
公立医院工会完善职工创新工作室激励机制的路径探究
　　夏海英　吴恩贞　陈晓慧　李剑勇　许红霞　吴玉华　陈玉华　王慧宏
　　　　　　　　　　　　　　　陶辰蕾（上海市闵行区肿瘤医院工会）
医务人员心理健康状况及影响因素分析
　　　　孙　珮　唐　浩　孙晓露　仲　华（上海市宝山区精神卫生中心工会）
充分发挥"互联网"优势　推进"智慧工会"建设的探索研究
　　　　杨征翊　金玮韵　邬叶锋　张思远（上海市第六人民医院金山分院工会）

入围奖（30篇）

上海市三级医院护工人文关怀素质现状及影响因素研究
　　　　　　　　刘　倩　张　瑾　卢　群　李　燕　王　开　朱晓萍
　　　　　　　　　　　　　　　　　　　　　（上海市第十人民医院工会）
临床女性护理人员权益维护及权益意识现状的调查研究
　　　　　　姜　妍　尹小兵　王桂梅　李　娜　刘聪香　田晓岚　何　丽
　　　　　　　　　　　　　　　　　　　　　（上海市第十人民医院工会）
党建引领下医院职工文化建设的现状与创新路径研究——以情感型党组织建设加强护理人员关爱有效机制的探索与分析
　　　　　　　　　　赵宸册　朱晓萍　陈淑娟（上海市第十人民医院工会）
新形势下中医医院志愿者管理中常见问题及对策
　　　　　　　　　　　　　　　　　　　王岩梅（上海市中医医院工会）

新形势下医务人员职业技能素质提升中的调查和对策
　　　　　　　　　　　　　　　杨莉萍　李　俊（上海市皮肤病医院工会）
儿科医务人员人格特质与心理健康关系
　　　　　　　　　　　　　　　　　　张仁运（复旦大学附属儿科医院工会）
工会对大病职工心理帮扶模式的研究
　　　　　　　　　　　　　陆为华　高　熙（上海中医药大学附属龙华医院工会）
运用项目化管理手段提高工会经费使用绩效的初探和思考
　　　　　　　　　　　　　　　　　　　　　袁盛杰（上海市静安区医务工会）
疫情防控常态化背景下工会组织支持对医务人员职业倦怠的防御机制研究
　　　　　　　　　　　龚雯静（上海市普陀区曹杨街道社区卫生服务中心工会）
"党建服务微驿站"打造"老年患者人文关怀地图"的实践研究与体会
　　　　　　　　　　　　　　周雯静　刘　兵（上海市普陀区利群医院工会）
艺术疗愈对安宁疗护从业人员 SCL-90 测试结果的影响研究
　　　　　　　芮　莉　侯建华　杨学敏　樊海娃　吴　颖　孔祥雪　刘　兵
　　　　　　　　　　　　　　　　　　　　　　（上海市普陀区利群医院工会）
新时代党建引领下　以磁性医院管理模式全面推动医院文化建设"五优"发展
　　　　　　　　　　　　　　胡　颖　刘艳星（上海市普陀区精神卫生中心工会）
劳动派遣人员薪酬满意度调查分析
　　　　　　　　　　　　　杜　敏　倪燕青　顾昀来　王　欢　姜　华
　　　　　　　　　　　　　　　　　　　　（上海市浦东新区医疗急救中心工会）
浅谈"全面二孩"政策下工会组织的新作为
　　　　　　　　　　　　　　　　　　　赵　晶（上海市浦东新区卫生学校工会）
职工书屋建设的成效及存在问题的对策
　　　　　　　　　　　　　　　　　　　邵红梅（上海市第七人民医院工会）
加强工会经审工作规范化建设的研究与思考
　　　　　　　　　　　　　　　　　　　　　　韩　健（上海市浦东医院工会）
医务系统工会干部素质提升、职业发展的研究
　　　　　　　　　　　　　　　　　　　沈　莉（上海市浦东新区周浦医院工会）
当前医务职工素质工程建设变化与重点
　　　　　　　　　　　　　王　玲　周　芳（上海市浦东新区精神卫生中心工会）
新形势下基层工会经费规范管理情况调研
　　　　　　　　　　　　　　　严　岚　丁　燕　蔡　锋　单梅青
　　　　　　　　　　　　　（上海市浦东新区上钢社区卫生服务中心工会）

医改实施进程中职工队伍稳定状况分析
　　　　　　　　季国芹　陈　林（上海市浦东新区芦潮港社区卫生服务中心工会）
民主管理与和谐医院建设的思考
　　　　　　　　刘达宇（上海市浦东新区芦潮港社区卫生服务中心工会）
基于PDCA在医院工会组织文体活动的实践报告
　　　　　　　许红霞　张瑷珲　吴恩贞　叶丽萍　马建映　赵玉梅　薛　珉
　　　　　　　　　　　　　　　　　　　　　　（上海市闵行区中心医院工会）
全民阅读背景下基层医疗机构职工书屋建设探索
　　　　　　　　顾红琴（上海市宝山区友谊街道社区卫生服务中心工会）
新形势下卫生健康系统创新开展劳动竞赛的实践与思考
　　　　　　　　　　　　　　陆卫萍（上海市宝山区罗店医院工会）
新冠肺炎疫情背景下金山区卫生健康系统先进典型引领作用研究报告
　　　　　　　　袁鹏亚　李涤凡　吴大吉　施岱瑜　向　诚
　　　　　　　　　　　　　　　　　　（上海市金山区医务工会）
党建引领长三角地区"毗邻卫监61"跨界协同治理机制研究
　　　　　　　　曾德才　褚连芳　程　艳　袁春艳　徐　丹
　　　　　　　　　　　　　　　　（上海市金山区卫健委监督所工会）
党建引领下的志愿服务助推医院文化建设研究
　　　金玮韵　王梅娟　钱佳依　谈帐英（上海市第六人民医院金山分院工会）
党建带工建　工建促党建　以工会平台创新开展党风廉政教育
　　　　　　　　田建国（上海市青浦区疾病预防控制中心工会）
在关爱职工中提升医院凝聚力的实践与思考
　　　　　　　　　　　　　韩轶伟（上海市奉贤区中医医院工会）
党建引领下的基层公共卫生医疗机构工会组织建设与探索实践
　　　　　　　　袁　媛（上海市奉贤区疾病预防控制中心工会）

上海市卫生健康系统工会工作理论研究会第二十五届年会获奖名单

一等奖(5篇)

新时代上海市级公立医院工会干部"质与量"分析研究
　　　　　　　　　　　　　　　　　　邱　琼(华东医院工会)
上海市三甲医务人员心理健康影响因素及工会干预机制研究报告
　　　　　　　朱　辉　秦　艺　陈万里　靳　茜　李冠辰　余　飞
　　　　　　　陶建民　李昌斌(上海市第十人民医院工会)
疫情防控常态管理下医院妇委提升女职工权益保障工作研究
　　　　　　　　　　　　傅晟静　刘友军(上海市第一人民医院工会)
T医院抗疫闭环管理医护人员与非闭环管理医护人员职业倦怠差异研究
　　　　　　　黄　洁　罗翠玲　郑　涛　郭本玉　庄晓军(上海市同仁医院工会)
全面托管模式下的工会同质化管理研究——以上海市某医院全面托管嘉定区JQ医院为例
　　　　　　　　　　朱翔蓉　谢岳林　徐　迎(上海市嘉定区江桥医院工会)

二等奖(10篇)

常态化疫情防控下"互联网+"工会对一线医务人员心理健康的促进与实践研究
　　　　　　　　　　张松莉　曹　尉　王　健(上海市临床检验中心工会)
全过程人民民主视域下工会民主管理运行及作用研究
　　　　　　　　　　李晨倩　沙小苹[上海市卫生和健康发展研究中心
　　　　　　　　　　　　　　　　　(上海市医学科学技术情报研究所)工会]
疫情防控背景下工会服务提升实效性的研究
　　　　　　　沈　杰　张殷华(上海中医药大学附属岳阳中西医结合医院工会)
工会助力医务女性成才相关性因素的探讨
　　　　　　　　　　陆为华　高　熙(上海中医药大学附属龙华医院工会)

上海某三甲公立医院执业医师责任保险保障现状及趋势研究报告

王　瑱　吴嘉怡　沈嘉勇　李　文　徐赞新　计光跃
（上海市第十人民医院工会）

在医院文化建设中传承中华传统文化的实践探索——以上海中医药大学附属龙华医院为例

陈　豪　刘　胜　周雨花　张艳丽（上海中医药大学附属龙华医院工会）

基于"三会一课"制度下对青年医务职工思想政治引领工作的思考

金有欣（上海市第六人民医院工会）

硕士护士毕业后在临床工作落差感的质性研究

任君红　李晓悦　刘　芳　陈佳丽　胡　蝶　胡六梅　柏学青
（上海市第十人民医院工会）

上海某三甲医院医务人员职业倦怠现状与其影响因素的相关分析

黎佩莺　姜　妍　田晓岚（上海市第十人民医院工会）

基于EAP理念打造"平""战"结合员工关爱体系建设实践与探讨

李　晖　严叶霞　李　莉（上海市第六人民医院工会）

三等奖（15篇）

疫情防控常态化背景下服务型工会的创新与探索——以上海市第八人民医院工会为例

吕　娜　王　珺　李银萍　潘文新　金佳韵（上海市徐汇区医务工会）

临床女性护理人员权益保障体验及障碍因素的质性研究

王桂梅　姜　妍　李　娜　马　骊　李　翔　尹小兵
（上海市第十人民医院工会）

党建引领在疫情防控常态下对公共卫生人才队伍稳定性的研究

林　菲　高　霞　袁春艳　王丽华（上海市金山区疾控中心工会）

浅议群团组织融入公立医院高质量发展新文化建设实践研究

沈　艳　冯爱成　胡　滨　陈　铖（上海市保健医疗中心工会）

某三甲专科医院职代会提案工作的回顾与分析

周　韵（上海市精神卫生中心工会）

临床护士执业环境与职业倦怠现状研究

周花仙（上海市浦东医院工会）

关于发挥工会宣传优势　促进凝聚力建设的现状分析与路径探索

　　　　　　　　　　　　严玉洁　傅　虹　江　振　邢　怡
　　　　　　　　　　　（上海市闵行区浦锦社区卫生服务中心工会）

医院文化"软实力"在新冠肺炎救治定点医院运营中的"硬支撑"

　　　　　　　　　　　韦益敏（上海交通大学医学院附属瑞金医院工会）

突发公共卫生事件下综合性医院护理人员的心理关爱体系建设的研究

　　　　　　　　江　萍　周　艳　曹英华　杜锦萍　丁佐鼎　赵江霞
　　　　　　　付　迪　李梦较　席居哲（上海市浦东新区人民医院工会、
　　　　　上海中医药大学研究生院、华东师范大学心理与认知学院）

关于党建融合下区域化"心联体"平台构建的探索

　　　　　　　　胡　颖　王瑞芳　许　芳（上海市普陀区精神卫生中心工会）

新冠疫情影响下医务人员职业倦怠干预策略研究——以正念减压疗法为例

　　　　　　　　　　许红霞　张瑗珲（上海市闵行区中心医院工会）

新时期提升公立医院党建带工建实效性的思考

　　　　　　　　夏海英　吴恩贞　陈晓慧　陶辰蕾（上海市闵行区肿瘤医院工会）

工会开展医务人员思想政治教育的特点、任务与实现途径

　　　　　　　　　　　　池朝霞（上海市卫生健康委员会机关工会）

卫生健康智库工会社团的建构运行与发展策略研究——基于上海市卫健中心工会社团的案例分析

　　　　　　　　王月强　朱元骐　沙小苹［上海市卫生和健康发展研究中心
　　　　　　　　　　　　　（上海市医学科学技术情报研究所）工会］

网格化心理健康服务对我区医务职工心理健康影响研究

　　　　　　　李　鸿　王秀忠　张敏华　王　倩（上海市宝山区精神卫生中心工会）

入围奖（20篇）

突发性公共卫生事件下医务人员心理和行为调研报告

　　　　　　　　关晓锋　瞿海红　禹小娟　毛爱华（上海市浦东医院工会）

探索建立党建带群建的创新工作机制

　　　　　　　　赵君辉　杨凤英　陈海强　钱珍华　夏维娜
　　　　　　　　　　　　（上海市金山区亭林镇社区卫生服务中心工会）

工会服务在助推医院高质量发展中的实效性研究

　　　　　　　　　　杨莉萍　李　俊　张书明（上海市皮肤病医院工会）

疫情背景下工会引领社区卫生服务中心文化建设研究——以上海市普陀区真如镇街道社区卫生服务中心为例

       杜惠颖 陈 晖 于 斓 郑晓栋 邱竞逸

（上海市普陀区真如镇街道社区卫生服务中心工会）

"党建服务微驿站"打造"老年患者人文关怀地图"的实践研究与体会

          周雯静（上海市普陀区利群医院工会）

以党建带工建推动公立医院健康教育品牌建设的实践研究

      谭莉疆 潘 琴 张益辉（上海市第四人民医院工会）

工会参与住院患者医疗服务行风风险预警体系研究

    胡龙军 张 戟 刘勇超 李颖川 钱明平（上海市第十人民医院工会）

在深化区域党建工作中提升党务干部群众工作能力探析

      何 洁 刘 胜 高 炬 陈 豪 罗 婕 吕 明

（上海中医药大学附属龙华医院工会）

新形势下医务职工疾病保障工作现状及思考

        吴 昱 程 洁 刘友军（上海市第一人民医院工会）

工会在重大公共卫生应急事件中的作用发挥研究

     王 珏 张 铮 边欣月 方 璐 李 晶 薛文川 麻慧琳

（复旦大学附属妇产科医院工会）

浅谈疫情防控常态化背景下医务职工心理关爱的实践与思考

       李晨静 顾思浩 于文杰（上海市松江区泗泾医院工会）

新形势下做好公立医院工会工作的几点思考——基于《中华人民共和国工会法》修订视角

            栾 欣（复旦大学附属肿瘤医院工会）

人本文化 打造抗疫攻坚战里的温暖"方舟"

           张小平 郝津文（上海中冶医院工会）

疫情常态化防控及国务院新政颁布后基层医务人员心理状况调查

    张 斌 朱 艳 姚琦琦（上海市虹口区嘉兴路街道社区卫生服务中心工会）

建立职工代表巡视制度对完善职工代表大会运作机制的研究

        王晓燕 陈 萍 李 伟 白婷婷 唐佳丽

（上海市浦东新区航头鹤沙社区卫生服务中心工会）

党建引领下医院职工文化建设的现状与创新路径研究

     王 珏 张 铮 边欣月 方 璐 李 晶 薛文川 麻慧琳

（复旦大学附属妇产科医院工会）

加强新时代医务工会干部队伍建设实践探索
　　　　　高茂立　李晓琳　杨晓敏　王雯静　凌　芳　张雅君　沈　菲
（上海市杨浦区医务工会）

基于代际视角的Z世代卫生青年党建带团建机制的研究
　　　　　　　　金　曼　任伟芳　石卫红（复旦大学附属金山医院工会）

两院一体化管理模式下医院工会同质化管理的探索
　　　　　　　　朱冬梅　李　莉　潘志君　金有欣（上海市第六人民医院工会）

后疫情时代医务人员心理状况分析与思考
　　　　　　　　　　沈　超（上海中医药大学附属曙光医院工会）

上海市卫生健康系统工会工作理论研究会第二十六届年会获奖名单

一等奖(5篇)

团队介入式音乐治疗改善急诊和重症监护女职工的负性心理研究
  滕　健　何　平　李颖川　胡龙军　张梦玲(上海市第十人民医院工会)
公立医院高质量发展下医务人员工作幸福感的影响机制及提升对策研究
  周国江　季沈楠　胡钟慧　崔文彬　陈中建　蒋　卫　杨莉萍
  (上海市皮肤病医院工会)
长尾视角下的员工意见及机制研究——以复旦大学附属妇产科医院"员工心声码上提"项目为例
  王　珏　张　铮　方　璐　李　晶　薛文川　边欣月　麻慧琳
  (复旦大学附属妇产科医院工会)
公立医院发挥职工(劳模)创新工作室示范引领机制的作用研究
  谭莉疆　潘　琴　罗先俊(上海市第四人民医院工会)
新形势下提高职工代表参政议政能力思路研究
  代超越　王　彧　邵益斌　鲍峰立　许岩翔　孙利发　方　静
  周　彬　胡文杰　计玲佳　陈　春
  (上海生物制品研究所有限责任公司工会)

二等奖(10篇)

基于员工关爱体系建设的工会参与医院管理新路径研究
  苏家春(复旦大学附属华山医院工会)
新时代闵行区卫生系统基层工会干部队伍建设现状与对策建议
  严玉洁　傅　虹　吴恩贞　严玉兰　王　伟　黄晓玲　江　振
  (上海市闵行区浦锦社区卫生服务中心工会)
综合性医院青年医务人员职业期望现状调查研究
  许　虹　岳伟伟　赵一琼　傅　珺(上海市第十人民医院工会)

突发公共卫生事件下传染病专科医院工会的职工心理关爱体系建设
　　　　　　　　　　　　　孙浩思（上海市公共卫生临床中心工会）
基层医务工作者心理健康情况与影响因素研究——上海市社区卫生服务中心医务工作者心理健康调研
　　　　　　　董建树　王　怡　金　漪　万和平　陶　雷　李　晶
　　　　　　　　　　　　　　　　　　　　　（上海市健康促进中心工会）
急诊科护士抗逆力、隐性缺勤、职业承诺间的关系及现状调查
　　　　　　　张　娜　江玉　周敏杰　赵立东（上海市第六人民医院工会）
基层工会在职工职业发展技能素质提升中作用研究
　　　　　　　　　　　　单梅青　蔡　锋　李　燕　严　岚
　　　　　　　　　　　（上海市浦东新区上钢社区卫生服务中心工会）
工会开展医务职工健康促进工作的实践探索
　　　　　　　许红霞　庞医峰　陈　桑（上海市闵行区中心医院工会）
医院文化建设与职工满意度的调查研究
　　　　　　　　　　　倪瑞珺　栾　骁（复旦大学附属中山医院工会）
新时代党建引领下医院工会思政教育工作现状及创新路径研究——以上海交通大学医学院附属瑞金医院为例
　　　　　　　　　韦益敏　吴　平（上海交通大学医学院附属瑞金医院工会）

三等奖（15篇）

ICU女性医务人员心理韧性对职业倦怠的影响：一个有调节的中介模型
　　　　　　　杨　洁　蒋　莉　冯　竞　刘晓芯（上海市胸科医院工会）
医务女职工生育权益保障需求及爱心妈咪小屋的回应
　　　马凯旋　关秋洁　陈晓勤　赵慧莉（上海交通大学医学院附属新华医院工会）
如何建立健全关心关爱职工长效机制的实践和思考
　　　　　　　　　　　　宋海萍　曹晶莹　朱　彬　黄文娟
　　　　　　　　　　　（上海交通大学医学院附属瑞金医院卢湾分院工会）
构建和谐劳动关系维护劳动领域的政治安全研究
　　　　　　　　　　　张书明　杨莉萍（上海市皮肤病医院工会）
上海市级医院临床研究人才的引育与使用现状分析
　　　　　　　　　　　高深甚　王兴鹏（上海申康医院发展中心工会）
基于结构性方式构建培养医师处理临床代理决策中利益冲突的能力探索
　　　　　　　　　　　高深甚　倪文轩（上海申康医院发展中心工会）

医院工会在重大突发公共卫生事件中的应急协同能力研究调研报告
缪　红　龚婧如　乔向红　施如意（上海市浦东医院工会）
基于区域化党建的15分钟医务职工文化服务圈实践探索
朱翔蓉（上海市嘉定区江桥医院工会）
工会助力青年医务职工成长与发展需求调研研究
韩雯婷　邵　剑　李美慧　张　玲　牛耘丽（同济大学附属同济医院工会）
医务人员心理健康状况调查及影响因素研究
张宸韬　傅　燚　李清伟（同济大学附属同济医院工会）
党建引领下医院文化建设的现状与创新路径
张书明　杨莉萍（上海市皮肤病医院工会）
交织心服网　构筑心港湾——悦心联盟筑牢医务职工心理健康防线
刘艳星　胡　颖（上海市普陀区精神卫生中心工会）
基于岗位胜任力和角色理论构建上海生物医药临床研究领域人才培养体系研究报告
高深甚　王兴鹏（上海申康医院发展中心工会）
工会"阳光驿站"人文关怀之实践和探索
张殷华　沈　杰　邵　顼（上海中医药大学附属岳阳中西医结合医院工会）
医院护工现状及管理模式探讨
陈　雷（上海市黄浦区豫园街道社区卫生服务中心工会）

入围奖（20篇）

浦精工会在党建引领下开展职工文化建设的现状简析与创新路径初探
王　玲（上海市浦东新区精神卫生中心工会）
学习宣传贯彻二十大精神与职工思想政治教育相结合研究
倪文轩（上海市第十人民医院工会）
新时期职工文化建设创新路径研究
王裔婷　余　荣　姜轶岚　董　军（上海市疾病预防控制中心工会）
以闭环链接架起"双向奔赴"桥梁——学习贯彻二十大精神与职工思想政治教育相结合探析
房　芳（上海市公共卫生临床中心工会）
党建引领基层疾控机构民主管理实践
张文兰　于子荃　吕　娜　王　珺（上海市徐汇区医务工会）

工会数字化管理模式在浦东疾控中心应用与探索
周　鑫　郭绍华　符春娣　沈奕峰
（上海市浦东新区疾控预防控制中心工会）

医院工会开展职工思想政治教育工作思考
付丛会　高林强　倪　洁　徐向花（上海市金山区众仁老年护理医院工会）

做深做实团结凝聚和教育引导人才工作的实践研究
吴欢云　王　丰（上海市金山区卫生健康事业管理中心工会）

新入职护士应对突发公共卫生事件真实体验的质性研究
王　玲　施伟慧（上海市第十人民医院工会）

上海市某三甲专科医院职工红色文化建设调查报告
周　韵（上海市精神卫生中心工会）

新冠疫情常态化时期医务工作人员职业倦怠现状及影响因素分析
秦鸣妍　徐韦云　肖春兰　介　勇（上海市虹口区精神卫生中心工会）

新冠疫情暴发后"院内人文关怀、院院互助通道"心理服务体系建设调研报告
魏海燕（上海市南汇精神卫生中心工会）

公立医院妇委推动女职工立足岗位成长与发展的路径研究
方　璐　王　珏　张　铮　李　晶　边欣月　麻慧琳　薛文川
（复旦大学附属妇产科医院工会）

关于医务职工"急难愁盼"问题的调研报告
（上海市黄浦区医务工会）

虹口区医务职工心理健康状况调研分析
阮平勇　介　勇　崔桃桃　李　峰（上海市虹口区医务工会）

打造科室品牌在临床科室文化建设中的应用研究
陈　玲　陈　华　顾引军（上海市金山区精神卫生中心工会）

综合性医院青年医务人员职业期望的质性研究
许　虹　岳伟伟　赵一琼　傅　珺（上海市第十人民医院工会）

强化思想引领激发医院宣传思想工作新活力
廖　忠（上海市第一康复医院工会）

突发公共卫生事件下的职工心理关爱体系建设
沈　培　刘　瑞　赵　盈　赵　晶　张　丽（上海市浦东新区公利医院工会）

如何发挥卫生健康系统女职工的"半边天"作用
周　静（上海市嘉定区医务工会）